강제로 끌려간 조선인
군위안부들 3

강제로 끌려간 조선인
군위안부들 3

한국정신대연구소 ·
한국정신대문제대책협의회 엮음

숨은 역사의 발굴은 계속되어야 한다

한국정신대연구소와 한국정신대문제대책협의회가 '일본군 위안부' 피해자에 대한 증언조사를 시작한 지 10년이 됐고, 그 동안 두 권의 증언집을 출간했다. 이제 세번째 증언집을 준비하면서 우리는 벅차면서도 또 답답한 마음 역시 억누를 길 없다.

1999년 3월 15일 시점의 통계를 보면, 지금까지 191명의 피해자 할머니가 우리 정부에 신고했고 그 중 37명이 돌아가셨다. 최근으로 올수록 돌아가시는 분의 수가 점점 늘어왔다. 1993년 제1집에서 19명의 증언을 싣고 4년 후 제2집에서 15명의 증언조사를 마친 후, 2년이 지난 이제 겨우 14명의 피해자 할머니의 이야기를 더 정리하게 됐다. 100여 분 할머니의 숨은 역사를 우리는 계속 발굴해내야 하는데, 왜 이리 마음은 급한데 걸음은 더디기만 한지.

일본 정부가 문서자료를 전부 공개하지 않은 채로 서둘러 이 피해의 역사를 결말지으려 하는 차에, 우리는 한 사람의 증언이라도 더 확실히 정리해야 할 필요를 절실히 느낀다. 이 증언 기록은 지금 일본 정부와의 대결을 위한 것일 뿐 아니라 후세에 중요한 역사자료가 될 것이다. 그뿐 아니다. 이 피해자 할머니들은 50년 이상 속으로 삭였던 분노를 발산해야만 한다. 그 장을 우리가 마련해주어야 하는 것이다.

이 문제가 처음 제기됐던 1990년 이후 지금까지 우리 사회는 냄비처럼 끓어올랐다 식었다를 반복하면서 차츰 이 문제를 잊어갔다. 이런 와중에 이 책에 실린 좌담회에서 누군가 말했듯이 '무엇인가 잡아끄는 듯한 느낌'을 떨어버리지 못하고 외롭게 할머니들을 만나는 작업을 우리 연구소 연구원들은 계속하고 있다. '너무 지원이 없다'는 것이, 이 일을 하고 있는 연구원들이 우리 사회에 하고 싶은 말이다.

이 증언작업은 우리 사회에서 반드시 할머니들이 돌아가시기 전까지 하루라도 빨리 마무리해야 하는 일이다. 학계와 학술지원단체, 출판계에서 이 작업의 중요성을 인식하고 지원을 아끼지 않아 우리의 더딘 발걸음을 재촉해주길 바라는 마음이다.

이번 제3집에서 우리는 대체로 형식이 동일한 지난 두 권의 증언집과는 다른 몇 가지 새로운 시도를 했다. 무엇보다 중요한 변화는 증언 정리 문제다. 지난 두 권의 증언집에서 우리는 할머니의 이야기를 1인칭의 화법이되 다소 표준화하여 "……했다"의 문어체로 정리했다. 그것은 이 정리된 증언이 역사적 자료를 만드는 우리의 어느 정도 가공된 결과물임을 말하는 것이기도 했다.

그런데 이번 제3집에서는 피해자들의 말을 그대로 옮기는 데 될수록 충실해보고자 했다. 사투리와 존대말, 반말 등이 그대로 구어체로 옮겨졌다. 피해자들의 진술을 재구성한 이전의 방식에 비해 사실의 이해가 다소 어려울 수도 있으나, 피해의 경험이 더욱 생생하게 전달될 수 있을 것으로 생각된다.

좌담회 기록을 실은 것도 새로운 시도이다. 증언 정리작업에 참가한 연구원들의 대화를 통해 증언의 중요성, 군위안부 문제의 성격, 피해자 할머니들의 정서 등을 독자들에게 알리고자 했다. 다소 긴 듯한 좌담의 기록을 따라가면서 이 문제에 자연스럽게 접근할 수 있기를 기대한다.

우리가 어떤 기준을 가지고 피해자의 경험을 살려냈는가를 보여주기 위해 조사지침도 실었다. 조사에 임하는 우리의 자세부터 조사할 사항 등을 포함하는 이 지침은 증언 제1집을 위한 조사 때부터 우리가 사용했던 것이다. 보건복지부에서 신고한 군위안부를 조사할 때 우리가 이 지침을 제공하기도 했다.

그뿐만 아니라 이번에는 당시 일본군에 징집되어 남양군도의 파라오에서 겪었던 군생활과 위안소 경험을 직접 기고해준 홍종태 할아버지의 증언도 싣고 있다.

지난 두 권의 증언집에서 밝혀진 강제동원의 여러 사실들이 이번 3집에서도 확인됐다. 당시 조선의 전반적인 생활상태와 교육수준을 그대로 반영하여, 피해자들은 대체로 빈곤한 농가 출신이며 교육을 제대로 받지 못했다. 두 사람만이 소학교를 졸업했는데 그 중 한 사람은 근로정신대로 동원됐다가 군 위안소로 갔으며, 다른 한 사람은 간호원 양성소를 다니다가 군 간호원이 될 수 있다고 사기당해 끌려갔다. 모두 어린 나이인 12~18세였다.

이들은 많은 경우 취업사기와 폭력이나 협박으로 민간인, 군인, 순경 등에 의해 연행됐다. 이번에는 매매가 세 경우나 나타났다. 두 사람은 식모로 있다가 각각 일본인 집주인과 수양아버지가 판 경우지만, 한 사람은 친아버지가 팔아넘긴 매우 마음 아픈 경우이다. 부모가 자식을 파는 관습은 거의 찾아볼 수 없는 우리 사회였으므로, 증언 제1·2·3집을 통해 친부모가 자식을 판 경우는 이 한 사람뿐이다. 이번에도 근로정신대로 동원됐다가 위안소로 끌려간 경우가 한 사람 나왔으며, 공장에서 직접 뽑아간 경우도 한 사람 있었다.

피해자 14명 중 10명이 1936~42년에 연행됐다. 근로정신대로 동원됐던 피해자는 1945년에, 그리고 전쟁 막바지인 1944년에 필리핀으로 동원된 사람이 한 사람 있다. 나머지 두 명은 1934년에 연행됐다. 이번 피해자들은 전부 조선, 일본, 대만을 벗어난 중국, 남아시아, 남양군도의 먼 지역으로 연행

됐다. 1934년에 동원된 피해자 두 사람이 모두 처음에 몽고 지역으로 끌려 갔다는 사실은 흥미롭다.

위안소 생활의 충격으로 정신병을 앓은 사람이 둘이나 되고 매독에 걸린 사람도 여러 명 나왔다. 위안소에서 맞아 청각을 잃은 피해자도 있다. 캄보 디아에서 그곳 사람을 만나 결혼한 피해자 한 사람과, 피해자를 깊이 이해 하고 반려한 남편을 만난 감동적인 인생을 산 한 사람을 제외하고 모두가 정상적인 결혼생활을 하지 못했다.

증언은 단지 증언일 뿐으로 미루어두고 문서자료와 일치할 경우에만 증 거로서 사료적 가치를 인정하는 것이 일본의 정부뿐 아니라 학자들의 일반 적 입장인 듯하다. 물론 증언은 역사 연구에서 이미 중요한 위치를 점하고 있고 구술사 방법론도 크게 발전하고 있다.

그런데도 우리는 이런 일본 사회의 분위기 때문에 피해자의 신원이나 증 언의 내용에서 문서자료와 일치되는 부분이 있는가를 주의 깊게 보아왔다. 필리핀의 미군 포로수용소 문서에서 군위안부로 보이는 사람들의 기록을 바 탕으로 찾아낸 김소란(가명) 할머니는 이런 우리를 적잖게 흥분시켰다. 문서 에 적힌 한국 주소를 찾아 면사무소 제적부를 뒤진 끝에 소노다 소란이라는 포로명부의 이름이 김소란 할머니의 창씨개명한 이름이라는 것을 알아내고 서울로 옮겨진 호적지에서 동생을 통해 마침내 이 할머니를 만나게 됐다.

김소란 할머니의 기록이 포함된 필리핀의 한 포로수용소 문서에만 조선 인 군위안부로 추정되는 사람이 30여 명이었다. 김소란 할머니를 찾아내 정 리한 연구원이 밝히고 있는 대로 그 중 5명을 집중 추적했고 다시 그 중 단 한 사람 김소란 할머니를 천신만고 끝에 찾아낸 것이다. 이 할머니가 증언 한 연행과정이나 위안소의 상황 등은 '기록을 갖지 못한' 다른 피해자들의 증언 내용과 다를 바가 없었다. 일본군이 진주했던 수많은 곳에서 이와 비 슷한 문서들이 작성됐을 것이다. 그 문서들 중 발굴되지 않은 것이 대부분이다. 그 기록의 주인공들은 어디에 있는 것일까. 또 더 많은 군위안부들이 기록에도 남지 못한 채 죽었든가 어디론가 흩어져갔을 것이다. 이런 상황에서 문서기록만의 가치를 주장하는 것은 얼마나 잘못된 것이고 또 피해자들을 모독하는 일인가.

죄의식을 안고 사는 피해자들

일본군이 진주했던 중국, 남아시아, 남양군도 곳곳에 끌려갔다 돌아오지 못한 피해자들이 얼마나 있는지 우리는 어렴풋한 통계수치조차 갖고 있지 못하다. 다만 현재까지 일본에서는 이미 돌아가신 배봉기 할머니와 생존하고 계신 송신도 할머니가 확인됐으며, 타이에서는 노수복 할머니가, 그리고 중국에서는 우리 연구소원들이 지난 수년간 조선족이 많이 살고 있는 흑룡강성을 중심으로 30여 명의 피해자들이 있다는 사실을 확인할 수 있었다. 중국의 생존 피해자들은 대다수 고향이 남한인데도 국적이 중국이나 북조선으로 되어 있었으며 조사과정을 통해 한국 국적을 회복한 분들도 있다.

필리핀에도 대만에도 조선인 군위안부였던 사람이 생존하고 있다는 풍문이 들려오고 있다. 분명히 있을 것이다. 남양청 수도가 있던 팔라우에도, 인도네시아에도 아마 있을 것이다. 국내의 피해자들이 거의 예외 없이 증언한 내용 가운데 하나는 '어느날 갑자기 군인들이 오지 않기 시작했다'는 것이다. 어딘지도 모르는 전쟁터에 여자들을 끌고 와서는 그들을 그곳에 남겨둔 채 군인들만 도망쳐버린 것이다. 그들의 귀향이 얼마나 힘들었는지 우리는 증언을 통해서 너무나 잘 알고 있다.

귀향을 시도하다가 좌절하고 다시 돌아보기도 싫을 위안소가 있던 지역에 남게 된 피해자들에 대해 우리 국민 모두는 매우 깊은 슬픔을 가지고 있었던 모양이다. 캄보디아에서 일제시기에 끌려왔던 군위안부로 보이는 사람이 발견됐다는 소식은 식어가던 우리 사회를 다시 달아오르게 했다. 훈 할머니는 그렇게 해서 한국에서 가족도 찾고 국적도 회복했다. 훈 할머니를 돕는 모임도 만들어졌다. 결국 익숙지 못한 고국을 다시 등지고 말았지만 훈 할머니는 해외의 생존 군위안부 피해자에 대한 우리 사회의 관심을 크게 환기시켰다.

이런 아픈 역사의 파편들을 찾아내는 것은 우리 사회의 책임이다. 그러나 수년 전부터 중국의 생존 피해자를 찾아 증언 조사를 하는 작업을 정신대연구소에서 계속하고 있는 것이 고작이다. 중국 조사에만도 재원과 인력부족으로 지친 우리 연구소원들은 정부 차원에서 체계적으로 해외 공관들을 이용하여 해외 생존 군위안부를 찾는 작업을 해야 한다는 데 의견을 모으고 있다.

좌담회에서도 제기된 문제이지만, 피해자들은 대부분 자신에게 깊은 죄의식을 가지고 있다. 계속되는 강간에 익숙해져버렸던 자신을 자책하는 것이다. 속아서 또는 폭력으로 알 수 없는 먼 곳으로 끌려가 아무런 저항의 방도가 없는 상황에서 피할 길 없이 빠져든 생활인데도, 최초의 그 격심했던 충격이 무뎌진 자신을 수치스럽게 느끼고 있는 것이다. 피해자의 이런 의식은 자신도 모르게 군 위안소가 마치 평범한 매매춘의 장소였던 것으로 혼동하고 있는 상태와 무관하지 않음을 스스로 알지 못하고 있다. 그런 혼동은 바로 그 끔찍했던 군 위안소에서 교묘하게 이루어졌던 것이다.

1998년 UN 인권 소위원회 「맥두갈 보고서」에서 '강간센터'(rape center)라 명명했듯이 군 위안소는 지속적인 강간이 이루어졌던 곳이다. 또한 강간을 한 군인, 그것을 관리했던 경영자 들은 피해자들로 하여금 가게, 손님, 주인 등으로 부르도록 했는데, 이를 통해 당연히 피해자들 스스로를 매춘부로 인식시킨 것이다. '손님'을 많이 받은 사람에게 상을 준다든지 하여 위안부들 사이에 경쟁도 조장해 그런 의식을 강화시켰던 것이다.

위안소에서의 폭력과 가혹행위 중에도 간혹 이루어졌던 인생의 한 에피소드에 대한 추억도 그런 착취에 저항하지 않고 안주해버린 듯한 죄의식을 조장한다. 수년간의 위안소 생활에서 거의 모든 피해자들이 하나쯤 가지고

있는 애틋한 사랑의 기억이 그렇다. 이번 제3집에 실린 피해자의 증언 중에
는 그 지역의 위안부들 중 가장 아름다운 여자를 뽑는 미인대회가 열렸고
거기서 피해자가 뽑혔던 기억을 말하는 부분이 있다. 또 위안소 경영자와
사랑을 하게 되어 동거하고 다른 곳으로 옮겨 위안소를 경영하게 된 피해자
의 이야기도 있다. 인간이 사는 곳 어디서도 이런 인생의 단면이 이루어지
게 마련이다. 전쟁 속의 위안소에서도 마찬가지였던 것이다. 성폭력에 대한
치열한 저항이 몇 년이고 지속될 수는 없는 것이고 그것으로 죄의식을 가질
필요는 없는 것임을 우리는 피해자 할머니들에게 말하곤 한다.

제2차 대전 뒤 오키나와에 미군이 진주하고 나서 전쟁 중의 일본군 위안부
였던 여자들이 이번에는 미군의 위안부로 착취당하게 됐다는 사실은 이미
알려져 있다. 소련 변경 중국의 위안소에 있던 한 피해자는 종전 후 소련군
이 진주하면서 여러 좋지 못한 일이 일어났으며 적잖은 수의 여자들이 소련
으로 끌려갔을 것이라고 증언했다.

연구원은 이런 다소 모호한 내용에서 더 나아간 증언을 얻는 데 실패했
지만 이 증언을 실마리로 해 이런 또 다른 제국주의의 횡포에 관해 더욱 면
밀한 조사가 이루어져야 한다는 점을 지적하고 싶다.

지난 제2집에서 우리는 근로정신대로 동원됐다가 군 위안소로 끌려간 두
사람의 경우를 실었다. 이번 제3집에도 또 한 사람이 근로정신대로 동원됐
다가 공장견습과 2개월의 군사훈련을 마친 후 인도네시아의 하루마헬라라
는 섬의 군 위안소로 끌려갔다고 증언했다. 위안소는 군인이 관리하는 곳이
었다. 이 피해자는 진주에서 소학교를 졸업하고 집에 있다가 시청에서 나온
사람에게 인도되어 후지코시로 갔다고 증언했다. 1945년 2월에 진주에서 근
로정신대 모집이 있었다는 기록과도 증언은 일치한다. 피해자는 근로정신대
에서 배운 노래도 아직까지 기억하고 있다.

더욱 우리를 긴장시킨 사실은 진주에서 함께 갔던 30명이 다 같이 인도네
시아 위안소로 갔다는 것이다. 일제시기를 살던 사람들 대부분이 (근로)정신

대가 군위안부 동원의 한 수단이었다고 믿고 있다. 실제로 많은 사람이 정신대 동원을 피하기 위해 피신하거나 아무렇게나 결혼했다는 것은 잘 알려진 사실이다. 이 피해자는 바로 그 사실을 명확히 말하고 있는 것이다.

또 다른 한 피해자는 마을 이장의 인도로 어느 부잣집 딸을 대신해서 부산의 방직공장에 가게 됐다. 부잣집 딸을 대신해서 동원의 대상이 됐다는 내용은 앞서의 증언집에도 나온 것이다. 마을 단위로 동원의 숫자가 할당됐던 것이라고 믿는 우리의 인식을 사실로 확인해주는 증언이었다. 그 공장에서 얼마간 일하다가 15명의 여자가 뽑혀 군 위안소로 끌려갔다고 이 피해자는 증언하고 있다. 1943년의 일이다. 피해자는 그 최초의 동원이 근로보국대의 명목이었는지, 근로정신대의 이름이었는지 알고 있지 못했다. 여하튼 근로동원이었음에는 틀림없다. 그것이 군위안부 동원의 통로가 됐던 것이다.

군위안부 동원 자체는 불법이고 엄청난 국가폭력이다. 그런데 법적인 근거를 가지고 시행된 근로동원이 근로 이외에, 특히 군위안부라는 불법적 동원에 사용됐다면 이것은 또한 매우 중대한 국가범죄가 되는 것이다. 앞서 언급한 대로 우리 국민은 이미 그렇게 믿고 있으며 이제 증언도 나오고 있다. 근로동원, 특히 근로정신대와 군위안부 동원의 관계를 정리하는 것은 식민지시기 역사 정리작업의 중요한 과제라고 할 수 있다.

마지막으로 우리 연구소의 증언 성과물을 1993년부터 꾸준히 출판해주신 한울의 김종수 사장님을 비롯한 모든 분들께 이번 기회를 통해 감사의 마음을 전하고 싶다.

1999년 9월
정진성

강제로 끌려간 조선인 군위안부들 3

차례

물을 수 없는 52년의 세월

훈 할머니(본명 이남이)
1924년 또는 1925년에 경상남도 합천에서 태어났다.
싱가포르와 캄보디아로 끌려갔으며,
지금은 경상북도 경산에 살고 있다.

우리말도 부모님 이름도 다 잊었어요

내 고향은 바다 가까이에 있었어요. 집에서 걸어나가면 바다가 있고, 거기엔 고깃배가 오고갔던 기억이 납니다. 바다에는 방파제가 있었고, 집 가까이 절도 있었어요.[1] 나는 절에 **빠지지** 않고 다녔어요. 동네 할머니들이랑 다른 아이들도 다 가니까요. 서로 모여서 같이 가고 했어요. 아버지는 안 가시고 어머니는 오랜만에 한 번씩 가시는 정도였어요.

나는 내 고향을 진동으로 기억하고 있는데, 지금껏 고향을 찾아도 찾아지지 않으니 내 기억이 잘못된 것인지, 한국에도 큰 전쟁[2]이 있었다고 하는데 그때 가족이 모두 죽었는지, 이제 고향찾기는 다 끝났나요? 고향을 찾아줄 건가요?[3] 고향을 찾지 못하고 (캄보디아로)

---

* 본 증언은 통역을 통해 한국말로 옮겨진 것이기 때문에 표현이 부자연스러운 부분이 많다. 독자에게 이해를 부탁드린다.
1) 1997년 6월 한 달, 훈 할머니의 이야기가 국내 언론에 보도된 이후 고향찾기 작업이 적극적으로 이루어졌다. 이를 위해 할머니의 고향에 대한 기억을 끄집어내는 일을 계속 시도했는데, 국내 언론 중 훈 할머니 고향찾기에 가장 적극적이고 꾸준한 보도와 활동을 전개했던 한국일보의 당시 증언은 다음과 같이 정리되어 있다. "바닷가에 위치한 마을을 가로질러 시내가 흘렀다. 폭은 3∼4m로 그리 넓지 않았지만 꽤 깊고 물이 많았다. 마을은 시내를 중심으로 둘로 나누어져 우리집이 있는 쪽에 산이 있고, 반대편에 시장, 학교, 관공서 등이 있었다. 산 밑에는 너비 100m는 됨직한 길쭉한 모양의 물웅덩이가 있었는데 비가 많이 오는 계절, 밀물 때면 바다와 이어졌고, 건기 땐 물이 마르기도 했다. 집에서 바라볼 때 산의 가장 오른쪽 봉우리에 절이 있었다. ……마을은 반나절에 다 둘러보기 어려울 만큼 컸고 무얼하는 곳인지 잘 몰랐지만 큰 관공서도 세 개나 있었다. 시내 건너편 쪽 마을 끝의 부두 앞바다에 섬이 있었고, 그 곳에서 배를 타고 놀러가기도 했다. 부두 못 미처에 제법 큰 염전이 있었는데 친구들과 놀러가 소금 만드는 것을 구경하곤 했다(1997년 7월 8일자 한국일보에서 인용)."
2) 한국전쟁을 말하는 것이다.
3) 할머니는 8월 4일 귀국 이후 고향찾기가 큰 진전을 보이지 않자 면담 중간중간 조급한 마음을 많이 표현하셨다. 자신을 불쌍히 여겨 꼭 고향을 찾아달라

돌아가면 안 되는데. 고향을 꼭 찾아서 가족을 만나고 가야 되는데. 가족을 만나면 꼭 하고 싶은 말이 있어요. 가족들에게 물어보고 싶은 말이 있어요.

내가 한국말을 다 잊어버렸지만 고향이 진동이라는 것은 기억에 남아 있어요. 마을에 관공서도 있었는데 뭘 하는 곳이었는지는 몰라요. 마을 중간에 시내가 흘렀는데 나는 친구들과 밤에는 냇가에 가서 목욕도 자주 했어요. 다 여자친구랑만 갔지 남자들이랑은 같이 안 했어요. 그때는 그렇게 못했어요. 우리집 앞에는 포도나무도 있었는데.4) 당시 처녀들은 머리를 길게 땋았고 결혼하면 비녀를 꽂았습니다. 명절에는 제일 큰집에 모여서 먹고 놀고, 어린 우리들은 오후나 다음날 다른 집에 인사를 다녔습니다. 인사를 하고 돈을 받으면 과자를 사 먹기도 했어요. 우리는 큰집은 아니었어요. 고모도 계셨는데 어디에 사셨는지는 기억이 나지 않아요. 겨울에 눈이 내리면 아이들끼리 썰매를 만들어서 타고 놀았습니다. 꼬챙이를 만들어 그걸로 얼음을 찍으면서 50m5)는 타고 갔어요.

동네에서는 일본사람들을 보지 못했던 것 같아요. 어쩌다 시장에 가야 일본사람들을 보지 동네에서 흔하게 보지 못했어요. 학교에서 일본말을 가르치기는 해도 주로 한국말을 썼던 것 같아요. 그리고 나는 학교에서 배워도 일본말을 잘 못했어요. 남들 다 하는 몇 마디 정

는 부탁을 면담할 때마다 잊지 않으셨다.
4) 1997년 8월 6일 민속촌을 다녀오신 후 경기도 광주에 있는 '나눔의 집'을 방문하여 일박하셨을 때 세번째 면담을 했다. 그때 포도와 수박이 있었는데, 할머니는 포도를 보시며 자신의 집 앞에도 이 포도나무가 있었다고 했다. 안 익었을 때는 초록색이고, 중간엔 빨갛고 익으면 검정색이 되었다고 했다.
5) 할머니는 거리를 나타낼 때 미터, 킬로미터라는 표현을 잘 쓰신다. 우리 할머니들이 흔히 쓰시지 않는 단위인데, 캄보디아에서는 미터나 킬로미터가 거리의 단위로 흔히 쓰이기 때문에 할머니의 오랜 캄보디아 생활에서 습득된 자연스러운 표현방식이라고 생각된다.

도였지. 그렇게 공부를 열심히 하지는 않았거든요 아버지도 성을 '기와리'라는 일본이름으로 바꾸긴 했는데 이름은 한국이름이었던 것 같아요 우리도 한국이름으로 불렀고 내 이름은 나미(남이), 나매(남애)였던 것 같아요 동네사람들이 아버지를 '공무이'라고 불렀던 것 같은데. 내가 고양이, 개만도 못하게 살아 내 이름도 부모님 이름도 기억을 제대로 못 하네요 난 고양이만도 개만도 못하게 살았어요

아버지는 인물도 좋고 똑똑했어요 글씨도 잘 쓰셨고요 술은 드실 줄 모르고 노름도 안 하셨던 것 같아요. 친구들 데려와 노는 일도 없었어요 어머니는 그렇게 똑똑하지는 않으셨던 것 같은데 식구들 먹여 살리는 일에 아버지보다 더 신경을 썼어요 그래서 열심히 여기저기 다른 동네를 다니시며 물건을 팔곤 했지요 장신구 같은 것을 팔았어요 옷도 팔고, 비녀, 머리빗도 팔고, 옷감도 팔고. 어머니는 아무리 멀리 다니셔도 밖에서 주무신 적은 없어요 저녁이 되면 아버지가 어머니의 무거운 짐을 받으러 나가시기도 했어요 아버지 직업은 말하기 힘드네요 확실히 모르니까요. 집에서 일하는 사람 너댓 명을 두고 엿 만드는 주인일을 한 것은 기억이 나는데 그저 왔다갔다하는 걸 봤을 뿐 무얼 했는지 잘 몰라요

잘살지는 않았지만 남에게 빌리면서 살지는 않았던 것 같아요 쌀이 없어서 밥을 못 먹었던 적도 없는 것 같아요. 고기는 별로 안 먹어서 기억이 나지 않는데 해조류, 바다생선, 조개류는 많이 먹었어요 우리집이 직접 농사는 짓지 않았지만 논은 있었어요 사람을 빌려서 했는지 모르겠는데 벼를 베고 나면 누군가 쌀을 집에 가지고 왔어요 어머니가 장사를 하러 다녀서 우리는 농사를 짓지 않았던 것 같아요 마을에 농사 안 짓는 집이 많지는 않았어요 거의 다 농사를 지었지. 우리는 농사는 짓지 않았지만 모내기할 때 서로 돌아가며 남의 집 일하는 것을 도와줬어요 그땐 어머니도 가서 도우셨

어요. 동네 사람들이 벼를 베고 나면 잔치를 했던 기억도 나요.

우리 형제는 제일 위로 언니가 있었고 그리고 나, 남동생, 막내로 여동생이 있었습니다. 터울이 3~4년씩 났던 것으로 기억해요. 나는 바로 아래 남동생을 제일 좋아했습니다. 남동생하고는 4살 정도 차이가 났던 것 같아요. 내가 프놈펜에 있을 때 남동생이 편지를 한 번 한 적이 있었어요. 남동생과 제일 친했어요. 여동생에 대한 기억은 많지가 않아요. 언니는 내가 잡혀가기 서너 달 전에 결혼을 했습니다. 언니는 이마에 쑥 들어간 상처가 있었는데……. 결혼한 언니는 이삼 킬로 떨어진 같은 마을에 살았어요. 언니가 결혼할 때 연지곤지 찍고 사흘 동안 잔치했던 기억이 납니다. 그때 나는 음식 만드는 것을 도왔습니다. 뭔가를 기름에 부쳤던 기억이 나는데, 그것이 참 맛있었다는 기억이 있습니다. 언니 결혼하던 상에는 닭 발목을 묶어 놓았던 것도 기억납니다.

내가 끌려갈 때 남동생은 열두세 살[6]이었고 나도 남동생도 학교에 다니고 있었어요. 밤에 가는 학교였는데 학교에서 글공부도 하고 편지쓰는 것도 배웠어요. 학교에 가면 한두 시간 정도 공부를 해요. 학교가 집에서 멀지는 않았어요. 아마 반 킬로미터 정도 됐나. 학교는 흰색으로 된 긴 건물이었는데 아마 길이가 10m는 될 것 같아요. 학교 옆에는 큰 언덕이 있었고 나무도 많이 있었어요. 선생님은 일본사람이었는지 한국사람이었는지 모르겠는데 일본말을 잘했어요. 끌려갈 때 난 3학년이었어요. 동생도 3학년이었는데 나는 자꾸 시험에서 떨어져 동생하고 나이 차이가 있는데도 같은 학년이었어요. 아

---

6) 면담 초기에 할머니는 남동생의 나이를 8~9세 정도라고 표현하신 적이 있다. 그러나 2차 면담부터는 12살, 13살, 14살 정도의 연령이었다고 말씀하고 계신다. 동생의 학년도 2학년, 3학년, 4학년 등이 표현되었는데 정확하게 동생의 학년과 나이를 기억하지 못하고 계신 것 같다. 본문에서는 수차례의 반복 확인 중 가장 많이 나온 12~13세로 정리했다.

주 드물게 낮에 가는 경우도 있었지만 대개는 밤에 가서 공부했어요. 나는 사실 공부를 열심히 하지 않았거든요. 어머니가 장사를 하러 다니셨기 때문에 나는 집에서 밥도 하고, 빨래도 하고, 청소도 하고. 친구들하고 수를 놓기도 하고, 바다에 가서 조개를 캐거나 산에 가서 나물도 캤어요. 한 곳에 뭉쳐 있는 나물인데…….

우리집은 방이 두 개 있었어요. 한 방에서는 할머니와 부모님이 주무시고 또 한 방에서는 우리들이 잤지요. 가끔 나는 어머니하고 자기도 했어요. 내가 기억하고 있는 그집에서 태어났는지 그건 모르겠어요. 어렸을 적부터 죽 그집에서 산 것 같은데. 우리집에서 아래로 좀 가면 아버지 집이 하나 더 있었어요. 한때 그집에서 아버지가 다른 젊은 부인을 데리고 살았어요. 그 여자는 과부였는데 아버지와의 사이에 아이는 없었고 일 년 정도 살다가 헤어졌어요. 그집은 물이 자주 찼는데 그후에 팔았는지 어떻게 했는지 그건 잘 몰라요.

내가 끌려가기 전 나와 결혼하려고 하던 사람이 한 명 있었어요. 두 집 정도 지나면 그 사람 집이었어요. 나는 그렇게 좋아하지도 싫어하지도 않았어요. 나보다 더 나이가 많았고 얼굴이 길고 얌전한 사람이었어요. 나보다 너댓 살 더 많았나, 아마 20, 21살이었을 거예요. 농사를 지었는데, 이름은 기억이 안 나네요. 살기도 힘들었는데 그런 걸 기억하나요. 동생들이 있었고 맏이였어요. 그런데 동생들하고 모두 한 집에서 살지는 않았던 것 같아요. 동생들이 다른 집에도 가 있었던 것 같아요. 부모님은 안 계셨고, 고아죠. 그 사람은 내게 두세 달 있다가 나와 결혼할 것이라고 했어요.

그런데 우리 부모님은 내가 아직 처녀[7]가 못 돼 좀더 있다가 결혼하라고 하셨어요. 지금은 좋지 않다고요. 그 사람은 우리집에 가끔

---

[7] 당시 여자로서 몸의 것(생리)도 없었고 나이도 어려 부모님이 좀더 있다가 결혼하라는 말씀을 하신 것이라고 덧붙이셨다.

놀러와서 우리 부모님도 잘 알고 계셨어요. 내가 끌려갈 때 그 사람 집 앞을 지나가며 찾았는데, 그때 집에 없었어요. 일하러 갔나봐요. 내가 지금껏 이 이야기를 하지 않았던 것은 그 사람 마음이 진실이었는지를 지금도 잘 모르기 때문이에요. 그냥 해본 소리인지 어떤 건지. 내가 많이 좋아하지는 않았지만 그 사람이 나를 많이 좋아하기는 했던 것 같은데.

겁에 질려 따라나선 길이 50년 갈림길

저 자신도 궁금합니다. 왜 끌려가게 됐는지. 집에 있었는데 일본 사람 한 명이 집에 들어와서 나를 불렀습니다. 집 밖에는 여러 사람이 서 있었던 것 같아요. 군복을 입은 사람도 있고 일반 서민옷을 입고 있는 사람도 있고. 일본사람이 나를 부르러 왔을 때 어머니, 아버지 모두 집에 계셨어요. 아버지는 나를 부르러 들어온 일본사람에게 일본말로 뭐라 했는데, 나는 우느라고 자세히 그 말을 듣지는 못했습니다. 지금 생각하니 아버지는 그 일본사람을 몹시 무서워하셨던 것 같아요. 아버지가 했던 말이 기억나지는 않지만. 짐을 챙기라고 해서 나는 급하게 가방에 옷과 사진 몇 장을 집어넣고 따라 나섰습니다. 일본사람은 마당에 서서 빨리 가자고 재촉했습니다. 그 사람들이 나를 떠밀고 나가니까 아버지는 내 손을 붙잡고 우셨어요. 어머니는 그때 실신하실 정도로 바닥에 쓰러져 우셨던 기억이 너무 생생합니다. 나는 왜 가는지도 모르면서 일본사람이 무서워 시키는 대로 따라 나섰어요.

내가 끌려갈 때 그때가 정확하게 몇 월인지 기억이 나질 않아요.[8]

8) 50년 이상의 세월에 온갖 고통의 경험을 다 겪은 할머니는 특히 세월에 대한 기억이 분명하지 않으시다. 자신이 끌려간 때가 몇 년도인지, 프놈펜에서 몇

모내기하고 비가 오고 약간 더웠던 것 같은데. 짧은 팔은 아니고 긴 팔 윗옷을 입었는데.

그 일본사람들에 이끌려 가다보니 여기저기서 여자들 두세 명씩 을 또 데리고 오고 해서 마을을 떠날 때는 많은 여자들이 있었습니 다. 마을을 떠나 다른 마을에서 한 밤을 잤어요. 단지 걷기만 했는지, 뭘 탔는지는 기억이 나질 않네요. 모인 여자 중 어떤 사람은 나보다 나이가 많아 보이기도 했지만 거의 다 내 또래로 어려 보였어요. 그 수가 모두 몇 명이나 되는지는 기억이 잘 나지 않아요. 어쨌든 많은 사람들이 있었다는 기억이에요.

학교에 같이 다니던 친구 중에 내가 끌려갈 때 같이 간 사람은 없 어요. 같이 끌려간 사람 중에 아는 사람이 한 명 있기는 했는데 마을 이 틀렸어요. 친구는 아니었고 인사나 하는 정도였어요. 나보다 나 이도 많았고.

우리가 하룻밤 잔 집은 흙으로 된 벽에 기와지붕으로 일반 서민집 이었습니다. 한 방에서 여러 여자들이 잤는데 밖에는 너댓 명 되는

년의 군위안부 생활을 했는지 그 기억이 분명하지 않다. 하지만 이것은 이 할 머니에게서만 나타나는 혼동은 아니다. 많은 국내 피해자들도 몇 살 때쯤이라 는 기억은 있지만 그 당시가 몇 년도인지를 정확하게 기억하지 못하고 있다. 몇 살이라는 것도 한두 살의 범위를 두고 기억하신다. 때문에 국내 증언자들 의 기록을 정리할 때도 연구자들은 증언에서 드러나는 나이를 바탕으로 연도 를 추정하고 그 해당 연도에 발생할 수 있는 정황인가를 점검한다. 훈 할머니 의 경우 언론에서 주로 나타났던 끌려갈 당시의 나이는 18살이고 1942년 43년 경으로 드러나 있다. 할머니는 4차례 인터뷰 중 세 번째부터 자신의 나이가 18살보다는 적었던 것 같다고 말씀하셨다. "계속 18살이라고 이야기를 사람들 이 하는데 아마 그 보다는 어렸던 것 같아." 본 정리에서는 연도 추정을 다음 에 근거를 두고 정리하렸다. "생리를 처음 할 때가 아마 열예닐곱이었을 거 야." "남동생하고는 서너 살 차이나는데 내가 끌려갈 때 남동생은 12살인가 13살인가 했던 것 같아." "내가 딸을 낳은 것이 20살인가 21살이야. 딸은 46년 에 낳았어. 개띠해에." "프놈펜에서 3년, 4년 있었던 것 같아." 끌려갈 당시를 1942년 4, 5월 경으로 추정(모내기를 끝내고 그렇게 덥지도 않고 긴팔 옷을 입 었다, 산과 들에 꽃이 많이 피어 있었다 등의 증언을 전제)하였다.

남자들이 우리를 지키고 있었습니다. 그 남자들이 먹을 것을 가져와 나눠줬어요. 다음날 일어나서 그 일본 남자들이 가자는 대로 또 끌려갔어요. 끌려가면서 우리는 모두 조용히 있었습니다. 말을 걸지도 않고, 말도 하지 않고요. 무서웠으니까요.

마산[9]까지는 걸어서 갔는지 뭘 타고 갔는지 잘 기억이 나지 않네요. 멀리 갔기 때문에 뭘 타고 간 것도 같기는 한데. 마산에서 5일 동안 머무르면서 우리를 끌고 갔던 사람들이 소매 긴 일본옷도 사주고 목욕하는 데를 데리고 가기도 했습니다. 끌려가면서는 많이 울었어요. 그런데 마산에서 나와 같이 끌려온 여자들이 많고 옷도 사주고 하니깐 뭐가 뭔지도 모르고 지냈어요. 마산에 있으면서 기차를 타고 어디를 가기도 했던 것 같아요. 데리고 갈 때는 무섭게 굴더니 마산에 가서는 일본남자들이 잘 대해줬어요. 마산에서 지키고 있던 사람들은 우리를 데리고 갔던 사람은 아니었어요. 마산에서 사람이 바뀌었던 것 같아요. 그 사람들은 두세 명 정도였는데 군복을 입고 있었어요. 어깨 양쪽에는 짝대기가 두 개씩 있는 계급장을 달고 있었어요.

그후 마산에서 닷새를 지내고 아침나절에 작은 배를 탔어요. 조금 가다 큰 배로 옮겨 탔습니다. 배에 탈 때 일본군인 일고여덟 명 정도가 우리를 지키고 있었어요. 작은 배는 잠깐 탔던 것 같아요. 얕은 물에서 깊은 물로 옮겨가는 정도의 거리였어요. 큰 배가 있던 데는 깊은 물이었어요. 작은 배는 많아야 열 명 정도 탈 수 있는 배였는데, 우리가 옮겨 탄 큰 배는 3층짜리였어요. 아주 빠르게 가는 배였다는 기억이 나요.

---

9) 할머니는 본인과의 처음 면담 때부터 마산이라는 표현을 똑똑하게 했다. 마산에서 가족이 나타나지 않고 있는 현재에도 자신의 고향이 마산 근처였으며 배를 타고 싱가포르로 떠난 지역이 마산이라고 굳게 믿고 계신 듯하다.

배를 타니까 여자들이 아주 많았어요. 큰 배를 타고는 누가 누군지 모르고 밥만 타다 먹고 그랬어요. 우리는 맨 아래층에 있었는데 밥 타러 위에 올라가는 것말고는 나가지도 못하게 하고 화장실도 우리 자는 옆에 있고 하니 그 배에 우리말고 다른 사람 누가 타고 있었는지 잘 몰라요. 그런데 밥 타러 올라갈 때 보면 군인들은 많았던 것 같아요. 그 군인들이 몇 층에 있었는지는 몰라요. 군인이 많기는 해도 배 안에서 우리를 괴롭히거나 하지는 않았어요. 아래 내려오지도 않았고.

우리가 있던 곳에 뭘 쌓아 덮개를 해놓은 것이 있었는데 열어볼 용기가 없어 그 물건이 무엇인지 알지도 못하고 갔어요. 줄서서 올라가 밥 타서 먹고 그러고 앉아 줄곧 갔어요. 그 배를 타기 전까지는 그래도 마산에서 나쁘지 않게 있었기 때문에 마음이 많이 슬프지는 않았는데, 큰 배를 타고부터는 군인이 많고 이제 어디로 가는지 내가 죽을지 살지도 모르고 온통 바다만 보이니 슬퍼지기 시작했어요. 딴 사람들도 다 마찬가지였던 것 같아요. 서로 이야기들도 나누지 않고 갔어요.

큰 배를 타고 며칠을 가다가 폭풍우를 만나 배가 뒤집어질 것 같아 타이완에서 쉬었다 갔어요. 아마 한 밤 정도 쉬었던 것 같아요. 잠시 쉬는 동안 여자들이 무리를 지어서 시장에 가 구경도 했어요. 사지는 않고 보기만 하고 왔어요. 다시 배에 돌아가 배 안에서 하룻밤을 잔 것 같아요. 그리고 싱가포르로 간 거예요.[10] 우리끼리 얼마

10) 싱가포르는 1942년 2월 일본군에 의해 점령되었다. 당시 일본군은 싱가포르를 쇼난도(昭南島)로 개칭했다. 싱가포르에 가장 먼저 위안소를 둔 군대는 근위사단 통신부대로 알려져 있는데 1942년 2월 27일 주둔지 근방에 위안소를 개설한 것으로 기록에 나타난다(林博史,「マレー半島における日本軍慰安所について」,『自然, 人間, 社會』, 關東學院大學, 1993. 7). 80여 명의 위안부가 1진이 돼 개업했다고 한다. 또한 1942년 7월 194명의 위안부가 말레이 반도 수

나 걸렸나 하고 이야기를 나누었는데 반 개월 정도 됐다고들 이야기
했던 것 같아요.[11]

하나코가 되어

배에서 내려 얼마 가지 않으니 이층집이 있었어요. 그집은 누가
버리고 간 집인지 아무도 살지 않았어요. 집에서 바다가 보일 정도
로 아주 바다 가까이 있는 집이었어요. 나는 처음 내린 아홉 명 중에
끼였어요. 모두 조선사람들이었어요.[12] 집에 도착하여 샤워하고 옷
갈아입고 방 배정을 받았어요. 나는 이층에 배정받았어요. 이층에는
방이 세 개 있었는데 일층에는 몇 개였는지 몰라요. 함께 내린 여자
들 모두 그집에 있던 것이 아니라 나뉘어서 옆집에도 있었어요.

내가 있던 방은 크기가 두세 평 되고 방에는 침대만 하나 있었어
요. 이층에는 목욕하는 데가 없었어요. 그래서 씻으려면 아래층에
내려가서 씻었어요. 거기는 물을 틀면 나오는 데가 있어서 목욕도
하고 군인 받을 때마다 가서 씻기도 했어요.

주인은 아래층에서 우리를 지키고 있었어요. 그 사람은 군인은 아
닌 것 같고 보통사람 옷 입은 일본사람이었어요. 별로 말을 많이 하
지 않는 사람이었어요. 내가 하나코라는 이름을 가진 것도 그 사람
이 지어준 거예요. 주인이 때린 적은 없지만 나를 이리저리 밀치고

마트라로 왔는데 이들도 싱가포르에 있었던 것으로 추측된다.
11) 타이완에서 싱가포르까지 얼마가 걸린 것 같냐고 질문하니 약 열흘인 것
   같다고 했다. 전반적으로 세월에 얽힌 숫자 개념이 할머니에게는 제일 혼동스
   러운 부분으로 남아 있어 그런 이야기가 나올 때면 먼저 한 이야기가 번복되
   곤 했다.
12) 일본여자는 혹시 없었냐는 질문에 "일본사람이 자기네 사람들한테 그런 일
   시키겠어요?" 하며 반문하셨다. 할머니는 일본여자도 위안부로 있었다는 사실
   에 대해 전혀 알지 못하시고, 일본인 위안부도 있었다는 사실을 믿지 않으셨다.

잡아 끌고 큰소리를 치고 했어요

　싱가포르에 도착한 첫날부터 군인이 왔는데 좀 늙은 사람이었어요. 계급도 좀 높은 사람 같았는데, 내가 하도 울고 있으니 그냥 갔어요. 나이가 있는 사람이라 나를 불쌍히 여겼던 것 같아요. 무섭고 겁이 나 도망을 갔어요. 그때 넘어져서 난 상처가 지금도 왼쪽 발등에 있어요. 주인에게 붙잡혀와서 혼이 나고 다시는 도망가지 말라고 하면서 주인이 문을 잠그고 나갔어요. 방에 갇혀 너무 무섭고 외롭고 슬펐어요. 이틀째부터는 군인들이 괴롭히기 시작했어요. 한국사람과 아무런 관계가 없는 사람이니 불쌍한 마음이 없었겠지요. 그때부터는 해만 지면 군인들이 왔어요. 사오 일이 지나면서부터는 고생이 더 많았지요. 조금이라도 말대답하면 손으로, 군홧발로 때리니 죽으면 죽었다 생각하고 살았어요.

　거기에 부대가 어디 있는지는 알지 못했지만 군인들이 많이 있었어요. 모두 육군이에요. 내가 해군은 알아요. 흰옷을 입은 사람들인데, 그런 사람들은 못 봤어요. 모두 땅에서 일하는 사람들이었어요. 우리한테 온 사람들은 모두 육군이었어요.

　내 방에는 그래도 다른 사람들에 비해 군인이 많이 오지 않았어요. 군인이 들어오면 울고 소리치고 해서 그랬던 것 같아요. 하도 소리를 지르니 들어왔다가 그냥 나가기도 했어요. 그래도 하루에 두세 명은 왔어요. 다른 사람들처럼 그렇게 많이 왔다면 난 아마 죽어버렸을 거예요. 군인들이 들어와 그 짓을 하면 밑에서는 피가 나고 눈에서는 눈물이 줄줄 흐르고 내가 이렇게 눈이 나빠진 것이 그때 눈물을 많이 흘려서 그런 것 같아요. 그때 일을 자꾸 이야기하면 괴로워 눈물만 나요. 군인들이 많이 때렸어요. 자기들 마음에 들지 않게 하니까요. 들어오면 두세 시간 있었어요. 그러다 자기 볼 일 다 보면 가버려요. 그래도 싱가포르에서는 군인들이 적게 와 나았던 거죠 군인 한 명 받고 나면 아래충 목욕하는 데 내려가서 씻었어요 병에 빨간약이 있었는데 그걸 물에 타서 씻었어요

주인이 우리에게 '끼는 것'[13]을 한 봉지씩 나눠줬어요 군인이 들어오면 하나를 꺼내 끼라고 줘요 어떤 나쁜 사람들은 안 낀다고 해요 술 먹고 오는 군인들이 더하고, 안 낀다고 하면 막 싸워요 그러다 맞기도 하고, 맞다가 결국은 내가 끼워주고

다들 같은 처지에서 그렇게 괴롭게 있으면서도 우리 여자들은 서로 이야기도 못 나눴어요 내 자신도 괴로워 다른 사람 신경 쓸 겨를도 없었고, 각자 다른 방에 있으니 만날 틈도 없고, 다른 여자들이 방에 들어오려고 해도 주인이 못 들어 오게 막았어요 항상 머리는 단정히 하고 있어야 했고 얼굴도 화장 안 하면 혼이 났어요 나는 그렇게 괴롭게 있으면서 머리 만지고 화장하는 것이 너무 귀찮았어요 주인이 돈을 준 적은 없지만 옷이나 화장품은 사줬어요

그렇게 싱가포르에서 한 달 정도 있었어요 내가 있던 집과 옆집에 있던 여자들도 한 명도 안 남기고 모두 떠났어요 주인도 같이. 난 큰 가방에 옷이며 사진이며 챙겼어요 가방은 내가 한국에서 떠날 때 집에서 가져온 것이고 사진도 그때 가져온 것들이에요 내 사진, 가족 사진, 친구 사진 그런 거예요 옷은 일본사람이 마산에서 사준 것, 싱가포르에서 사준 것이었고

또 배를 탔는데 그 배는 그냥 일층짜리 배였어요 주인은 그 배에 타지 않았던 것 같아요 그런데 사이공에 도착해보니 주인이 보였어요 어떻게 온 건지. 그 배에는 여자만 탔어요 남자가 한 명 있기는 했는데 그 사람은 군인이었던 것 같고 배 운전을 하고 있었어요 배에서 자지는 않았어요 사이공에 도착해서 하루 잤어요 우리가 잔

---

13) 할머니는 삿쿠(콘돔)를 '스라움'이라고 표현하셨다. 이는 끼는 것을 지칭하는 캄보디아 말이다.

집은 이층짜리 큰 집이었는데 주인은 없었어요. 여자들 열 명 정도가 그집에서 잤어요. 자고 나서 우리는 군인 두세 명과 함께 군인 트럭을 타고 캄보디아[14] 프놈펜으로 갔어요. 타고 가면서 뒤를 보니 여러 대가 뒤따라 오고 있었어요. 아침에 밥 먹고 떠났는데 도착하니 해가 졌어요.

트럭이 도착한 곳에는 큰 건물이 두 개 있었어요. 한 건물에 방이 못 해도 20개는 될 정도로 큰 이층건물이었어요. 몇백 명이 들어가도 좋을 만큼. 방 문은 나무문이었고 자물쇠도 있었어요. 나는 1층에 있었는데 한 방이 두 개로 나누어진 방이었어요. 그집에는 베트남 여자 둘, 조선여자 해서 모두 열 명 정도 있었어요.

프놈펜에 도착해서 이틀은 쉬었어요. 일본병원에 가서 진찰을 받았어요. 그 병원은 일주일에 한 번씩 가서 계속 검사를 받았어요. 의사가 와서 우리를 검사한 적은 없었어요. 싱가포르에서는 병원에 간 적이 없었어요. 병원은 캄보디아에서 처음으로 갔어요. 의사는 군복을 입고 있었어요. 어깨에는 별 세 개를 붙이고 있었던 것 같고. 병원은 크지도 작지도 않고 적당했어요. 의사는 한 두세 명 되는 것 같았어요.

이틀 뒤부터 군인들이 오기 시작했어요. 프놈펜에서는 낮이나 밤이나 군인들이 왔어요. 처음 온 군인은 낮은 계급이었던 것 같아요. 프놈펜에서는 군인이 많이 왔어요. 많이 오면 20명, 적으면 10명. 5

---

14) 캄보디아 지역은 1941년 7월 일본군이 평화 진주한 것으로 기록에 나타난다(『대동아 전사』 제7장 南部佛印進駐). 해남도에 있던 4만이 넘는 군대가 남부 프랑스령 인도차이나로 진주하는데, 이때 이동한 군대는 제25군이었다. 프랑스 식민지였던 현 베트남, 라오스, 캄보디아 지역은 일본군의 본격적인 전투가 있었던 곳은 아니다. 베트남 등지는 프랑스 식민지였지만 당시 페탱 정권이 일본군과 타협했기 때문에 심한 전투는 없었다. 일본군의 규모 역시 크지는 않았다.

명 정도로 그렇게 적게 온 적은 없어요 적어야 10명이지. 싱가포르이나 프놈펜에서나 어려운 건 다 마찬가지였고, 프놈펜에서 군인이 더 많이 오고 나쁜 짓을 더 많이 당했지만 슬프고 외로운 건 싱가포르에서가 더 심했던 것 같아요.

군인들은 참 많이 때렸어요 마음대로 안 따라주면 아주 많이 때렸어요 '나쁜 짓'[15]들도 많이 하고. 여기 오는 군인들도 모두 육군이었어요 자고 가는 사람은 없고 와서 볼 일 보고 가요 고맙게 해주는 군인은 하나도 없었어요 가끔 먹는 약을 가지고 오는 군인이 있기는 했지만 그래도 다 나쁜 짓을 하고 가요 전쟁이 끝날 때쯤 만난 다다쿠마말고 잘해준 군인은 하나도 없었어요

여기서도 주인이 우리에게 삿쿠(콘돔)를 한 봉지씩 나눠줬어요 안 끼려는 사람이 있어도 무슨 수를 써서라도 끼워야 해요 내가 나쁜 병을 앓은 적은 없지만 같이 있던 여자 중에 임신한 여자가 있었어요 그 여자는 참 고생 많이 했어요 아이가 태어나기 전에 한국에 돌아 갔는데 그게 전쟁이 끝났기 때문에 돌아간 거예요 그때가 임신 9개월 정도 됐던 때예요 그때까지 계속 군인을 받았어요 피도 많이 흘리는 것을 봤어요 하도 무서워서 난 조심을 많이 했어요

군인을 받을 때마다 일일이 가서 씻었어요 하루에 이삼십 번은 씻어요 부분만. 그때는 씻는 데가 내 방 바로 옆에 있었어요 여기서도 빨간 약이 있어서 그걸로 씻었어요 프놈펜에서는 찾아오는 군인이 많았기 때문에 사람이 들어와 있어도 밖에서 줄 서 있으면서 '춋토' '춋토' 하며 소리를 지르고 문을 발로 차고 두드리고 했어요 그렇게 줄 서 있는 군인들이 있어도 한 명이 끝나면 나가서 씻었어요

---

15) 할머니는 군인들이 찾아와 하는 짓을 '나쁜 일' '나에게 죄를 짓는 일'이라고 지칭하신다. 또 자신이 행한 일은 '손님을 받았다'는 말로 표현하고 계신다. 이러한 표현은 현재 국내 증언자들과 아주 유사한 표현방식이다.

나쁜 사람들은 오래 있으려고 해요. '끼는 것'도 안 하려 하고 싱가포르에서나 다 마찬가지예요. 그러면 나는 싸우고 그러다 맞고, 내가 끼워줘야 하고 칼을 차고 들어왔다가 시키는 대로 안 하면 칼을 휘두르는 사람도 있었어요. 어떤 사람은 들어와 옷을 다 벗고 어떤 사람은 허리띠에 칼만 차고 달려들기도 하고 어떤 사람은 옷도 벗지 않고 나쁜 짓을 했어요. 군인들은 술에 취해도 다 멀쩡한 것 같아요. 자기 말 안 들으면 군화로 차고 칼 휘두르고…… 칼을 휘두르면 난 웅크리고서 꼼짝도 하지 못했어요. 술취한 사람은 들어와서 뭐라고 중얼중얼하고. 어떤 사람은 들어와 한두 마디 나누지만 어떤 사람은 들어오자마자 침대에 끌고 가요.

싱가포르에서 프놈펜 갈 때 배 안에서 처음 생리가 있었어요. 옷에 묻어서 알았는데 그때는 싱가포르에서 군인 받으면서 나온 그런 피인줄 알고 무섭고 놀라고 나중에서야 알게 됐어요. 배 안에서는 옷에 묻을 정도로 조금 있었는데 프놈펜에 와서는 많이 나왔어요. 그러니깐 프놈펜에서 생리가 본격적으로 시작된 거죠. 생리할 때는 주인이 대는 것을 줬어요. 많이 나올 때는 주인 허락받고 하루 정도 쉬었어요. 조금 있을 때는 계속 군인을 받았구요. 많이 나올 때도 계속 군인을 받으면 몸이 망가지니 쉬게 해줬던 것 같아요.

나는 심하게 병을 앓거나 아픈 적은 없었어요. 그런데 프놈펜에서 조선여자 두 사람이 죽은 것을 봤어요. 왜 죽었는지는 잘 몰라요. 죽어서 나갔어요.

여기서도 다른 여자들과 어울릴 기회는 거의 없었어요. 아주 가끔씩 시간이 있으면 두세 명씩 모여 이야기를 나눴는데 주인이 좋아하지 않았어요. 그래서 다른 사람들이 어떻게 지내고 무슨 일이 있는지는 잘 알지 못했어요. 그래도 모이면 한국말을 썼어요. 다 찡그린 얼굴로 앉아 이야기를 하지 거기서 웃는 사람은 없었어요. 우리가

입었던 옷은 홑겹으로 된 원피스예요

베트남 사람이 돈 받고 음식을 해줬는데, 여자들이 함께 모여서 밥을 먹었어요 하루에 두 번 밥을 주는데 종을 치면 우리가 가요 아침 열 시 정도에 먹고 해가 진 다음에 먹고 하루에 두 번 밥을 먹었어요 그런데 그것도 시간이 있어야 가서 먹는 거예요 군인들이 오면 그때를 놓치는 거예요 반찬은 내내 무나 오이절임 같은 것이고 맛있는 게 하나도 없는데도 어리니 먹는 건 다 맛있었죠 밥은 넉넉히 줬던 것 같아요

여기서도 주인이 옷이나 화장품은 사줬어요 싱가포르에서의 주인과는 다른 사람이었어요 여기 주인은 자주 바뀌었어요 어떤 사람은 두세 달 만에 바뀌기도 하고. 주인은 다 일본인이었는데 군인은 아니었던 것 같아요 보통사람 옷을 입고 있었던 걸 보면. 오래 있었던 한 주인은 결혼해서 부인도 있었어요

우린 두 주일마다 오전에 한 번씩 쉬었는데 그때 가끔 주인이 돈을 주며 시장에 가서 커피나 볶음밥을 사오라고 해요 그러면 두세 명이 시클로를 타고 시장에 가서 사왔어요 와프놈이라는 곳에 잘 갔던 것 같아요

프놈펜에 있을 때 남동생에게서 편지가 한 번 왔어요 어머니가 아프시다는 이야기, 막내동생이 죽었다는 이야기였어요 나는 그 편지를 받고 고향에 가게 해달라고 높은 사람에게 부탁을 했어요 큰 빵을 사가지고 군인들에게 물어서 그 사람이 사는 집에 찾아갔어요 높은 사람 집은 시장 가까이에 있었고 3층집이었어요 그런데 그 사람은 내 부탁을 들어주지 않았어요

군인들은 한 곳에 모여 있는 것이 아니라 여러 집에 나뉘어 있었어요 어떤 집에는 네다섯 명, 어떤 집에는 스무 명이었지요

다다쿠마는 나를 이렇게 고통스럽게 살게 한 사람이에요

다다쿠마16)를 알게 된 것은 전쟁이 끝나기 두세 달 전쯤이에요. 다다쿠마는 처음부터 잘 대해줬어요. 와서 나쁘게 하지 않았어요. 다다쿠마가 있던 부대 이름은 기억이 안 나네요. 그런데는 관심도 없었어요. 다다쿠마는 일주일에 두세 번 왔는데 어떨 때는 너댓 번도 왔어요. 싸우러 나가면 이삼 일 정도 못 오고 다다쿠마가 오는 날은 다른 군인을 한 명도 안 받았어요. 안 오는 날은 받았고. 다다쿠마가 와서 나에게 어떻게 하든지 주인은 상관 안 해요. 다다쿠마가 좀 높은 사람이라 그랬는지 왜 그랬는지는 모르겠어요. 가끔 다다쿠마가 자기 집에 데리고 가기도 했어요. 다다쿠마는 그집에서 혼자 살았어요. 다다쿠마가 집에 데리고 가면 하루 자고 오기도 했어요. 그때 다다쿠마가 준 반지가 있었는데 그후 폴포트 때 잃어버렸어요.

---

16) 다다쿠마 쓰토무는 본인의 증언에 따르면 당시 24세, 육군 중위로 2사단에 소속되어 있었다고 한다. 그 부대는 1945년 3월 버마에서 프놈펜으로 이동한 것으로 나타난다. 언론에 보도된 다다쿠마의 증언을 정리하면 다음과 같다. 1945년 8월 일본 패망으로 사이공으로 떠나려 할 때 시아누크 왕궁에서 프랑스로부터 캄보디아 독립을 위해 군대를 정비해달라는 연락을 받고 캄보디아에 계속 머무른다. 프랑스군을 피해 도망을 다니다 1946년 캄보디아 독립군과 정글로 들어가 군사고문 역할을 하게 된다. 하나코와는 1946년 말쯤 헤어진다. 캄보디아에서 약 9년여 생활을 한 후 1955년 일본으로 들어간다. 일본에서 1960년에 결혼하여 딸 한 명을 두었다(현재 아내는 세상을 떴고 딸과는 떨어져 살고 있다). 1962년 미쓰이 등이 자본을 출자해 캄보디아에 산림개발회사를 설립하면서 그 회사의 총지배인으로 다시 캄보디아에 가게 된다. 1975년 폴포트 사회주의 정권이 들어서면서 캄보디아의 사업이 불가능해 회사가 문을 닫고 실직을 하면서 기시 노부스케 전 총리를 알게 된다. 곁에서 정치일을 돕다가 APPU(아시아·태평양 국회의원연합) 일본의원단 사무국장의 일을 하게 된다. 현재 다다쿠마는 하나코와의 사이에서 낳은 딸의 존재와 하나코와의 동거사실을 부인하고 있다. 다다쿠마는 아직도 '대동아공영권'을 신앙처럼 여기는 우익 지식인으로 꼽히고 있다.

프놈펜에서 내가 일본군인들에게 그 나쁜 짓을 당한 지 한 4년이 됐을 때 전쟁이 끝났어요 프랑스군이 일본군을 이겼어요 그래서 일본사람, 조선사람이 모두 떠났는데 주인이 그집에 있는 여자들을 데리고 사이공으로 간다고 했어요 그런데 난 다다쿠마가 와서 같이 있자고 지켜주겠다고 해서 가지 않았어요 내가 몸을 지키지 못한 죄를 짓고 고향에 돌아갈 수도 없잖아요. 난 다다쿠마가 잘해준 사람이었기에 꼭 나를 지켜주겠노라는 말을 믿었던 거죠. 하지만 이젠 다다쿠마를 믿지 않아요 자기만 살려고 나를 버리고 간 사람이니까.

그집에 있던 여자들이 떠나기 전날 군인들이 그집의 문과 창문을 떼어서 트럭에 다 실었어요 아마 어디다 팔려고 한 건지. 그날 저녁은 여관 같은 데서 자고 다음날 모두들 사이공으로 떠났어요 나도 가려고 트럭에 타려 했는데, 다다쿠마가 날 집에 놔두고는 그들과 같이 사이공에 갔다 왔어요 다다쿠마는 내게 2~3년만 더 같이 살다가 돌아가자고 했어요 아마 열흘 정도 프놈펜에 계속 있었던 것 같아요 프랑스군이 왔다 해서 그때부터 도망다니기 시작했어요 그때 다섯 명이 같이 도망다녔어요. 나, 다다쿠마, 그리고 캄보디아 사람 세 명과. 그 사람들은 모두 높은 사람이라 했어요 지금은 모두 죽었어요 다다쿠마는 시아누크 왕과 친했던 것 같아요 그래서 더 있으면서 프랑스군과 싸우자고 했던 것 같아요 다다쿠마는 캄보디아 군인들을 모아서 프랑스군과 싸우는 것을 도왔어요

내가 임신한 것은 일본사람들이 다 간 후예요 딸애의 이름은 깨우[17]였어요 유리라는 뜻이에요 동네 사람들이 지어줬어요 아이는 개띠해에 낳았어요 아마 내가 20살, 21쯤이었던 같아요 산속에서 아이를 낳았는데 여자 두 명이 와서 도와줬어요 다다쿠마는 그때

17) 1994년 사망. 현재 함께 사는 손녀들은 깨우의 딸들이다.

나와 같이 산속에 있었어요 내가 아이 낳는 곳에서 조금 떨어진 곳에요 다다쿠마는 나를 절에 맡겨놓고 캄보디아 사람들과 함께 프랑스인과 싸우기 위해 갔어요 다다쿠마는 내가 애를 낳았을 때 딸의 얼굴도 봤습니다 커서도 봤고 그런데도 그애를 알지 못한다고요?

내가 있던 절에 다다쿠마와 잘 아는 사람이 있었어요 나보다 더 어린데 그때 중이 되려고 절에 있던 사람이었어요 다다쿠마가 도망다닐 때 죽지 않으려고 스님 되기 위한 공부를 서너 달 했는데 그때 친해진 거예요 그 사람이 하루는 "너는 모르지, 다다쿠마가 새부인 얻은 것" 하고 말하는 거예요 다다쿠마에게 중국인 부인과 딸이 있다는 이야기를 듣고 그날 밤으로 찾아갔어요 그 소리를 듣고 깜짝 놀라 그날로 찾아간 거예요 화가 나서. 중국 여자가 낳은 아이 이름은 카마였어요 우리 깨우보다 아마 두 살 정도 어렸던 것 같아요 나는 7~8년 동안 그것도 모르고 산 거예요 내가 다녀온 후로 깨우는 그집에 몇 번 놀러 갔어요 나는 가지 않고. 나에게 다다쿠마가 새 부인 얻은 것을 이야기해준 사람이 데리고 갔어요 그 사람은 아직도 살아 있어요 스쿤시에서 가까운 마을에서 잘살고 있어요 그 남자는 나에게 다다쿠마에 대해 이야기를 많이 해줬어요 폴포트 때 그 중국 여자와 딸이 죽었다는 이야기를 들었어요

다다쿠마가 중국 여자와 살림을 차린 것은 나와 같이 산 지 2~3년 후쯤인 것 같아요 프랑스 사람이랑 싸우러 간다고 나를 절에 맡겨놓고 떠난 뒤 새 아내가 생긴 것 같아요 다다쿠마는 나를 절에 두고 그후 나에게 오지 않았습니다 사실 같이 사는 동안도 많이 떨어져 있기는 했어요 도망 다니느라 나흘 만에 만나기도 하고.

다다쿠마가 캄보디아를 떠난다는 소리를 듣고 나를 고향에 데려다달라고 했어요 아이와 나를 한국으로 데려다달라고 부탁했어요 다다쿠마는 알았으니 잠깐만 있으라고, 일 년쯤이면 고향에 데려다

주겠다고 했어요. 그리고 다다쿠마는 프랑스 사람들이 다 간 후 혼자 캄보디아를 떠났어요. 다다쿠마가 일본으로 간 것도 주위 사람들이 알려줬어요.

나는 아직도 다다쿠마에게 화가 납니다. 그 사람 말을 이제 믿지 않아요. 그 사람이 나를 이렇게 힘들게 살게 만든 사람입니다. 다다쿠마는 내게 거짓말만 했습니다. 자기만 살려고.

캄보디아 남편을 만난 것은 전쟁이 끝나고 6년쯤[18] 있다가예요. 당시 캄보디아에서는 캄보디아 사람들끼리 싸우는 전쟁이 있었어요. 지도자들끼리요. 마을에 우두머리가 있었는데 부인이 있는데도 나를 잡아가려고 했어요. 그래 주위 사람들이 "너도 잡혀가겠다, 결혼을 해라"고 해서 결혼했어요. 남편은 농사를 짓던 사람이었어요. 결혼식을 한 것이 아니고 그냥 살게 된 거예요. 캄보디아 남편과 같이 살면서 딸이 장애가 되지는 않았어요. 그 사람의 술이 문제였지.

남편은 내가 일본군인들에게 못된 짓 당했던 일에 대해서는 전혀 몰라요. 내가 일본사람과 사랑해서 캄보디아에 온 걸로 알아요. 남편은 다다쿠마가 산속에 있을 때 밥도 날라다주고 해서 다다쿠마를 알고 있었어요. 남편과 헤어진 지는 10년 됩니다. 남편 술 먹는 것이 문제가 됐습니다. 남편과는 아이를 세 명 두었어요. 제일 위가 딸 스라이헤잉, 다음이 아들 아페잉, 막내가 딸 소폴이에요. 다 이삼 년씩 차이가 나요. 아들은 폴포트군에게 총 맞아 죽었어요. 내가 지금 살고 있는 스쿤시에는 10년 정도 산 거고 그 전에는 남편과 쯔렉이라는 마을에서 살았어요.

18) 일부 언론에 보도된 바에 따르면 할머니는 1955년 다다쿠마가 일본으로 돌아간 후에 캄보디아 남편과 결혼한 것으로 알려지기도 했으나 본인과의 면담에서는 1951년경으로 나타나고 있다. 이미 다다쿠마는 1946년, 47년경 하나코를 버리고 새 아내를 얻어 생활을 하고 있었다.

사진도 가지고 있었는데 폴포트 때 다 없어졌어요 가족 사진도 있고 친구 사진도 있었는데. 외국인을 모두 죽인다고 하여 땅에 숨겨두었는데 찾을 수가 없어요

나 고생한 것은 말로 다 못 해요 어떻게 말로 다 해요 산속에서 먹을 약도 없었고, 비가 주룩주룩 오면 천으로 애를 목에 매고 비를 피해 다녔습니다. 비가 오는 데를 미끄러지면서 도망도 다니고 다다쿠마는 다 잊어버렸겠지만 나는 그때 일은 하나도 안 잊어버렸어요 다다쿠마는 나를 캄보디아에 계속 있게 한 사람이에요 고향에 가려할 때 못 가게 한 사람이고. 다다쿠마는 내 딸하고 얼굴이 똑같았어요 지금 만나도 알아볼 것 같습니다. 다다쿠마는 캄보디아 말도 잘하고 글도 잘 썼지요 다다쿠마를 만날 수 있다면 두세 마디 꼭 물어보고 또 하고 싶은 말이 있습니다. 꼭 물어볼 것입니다. 여기서는 말할 수 없네요

내가 너무 고생하며 산 것을 어떻게 그걸 말로 다 해요 기억이 나는 것도 있고 너무 오래된 일이라 기억이 나지 않는 것도 많아요 하도 옛날 일이라 잊어버린 것이 많아요 생각도 왔다갔다하고 사실대로 이야기하자면 내가 일흔세 살이라는 것도 정확하지 않아요 그 나이도 내가 생각대로 계산한 거예요 내가 몇 살에 왔고 몇 살 때 결혼하고 하는 식으로. 하지만 일흔세 살 정도는 됐을 거예요 한국사람도 없고 누구와 대화할 사람도 없고 그냥 나 혼자 계산을 해서 생각하고 있는 나이니까. 폴포트 때 고생을 많이 해서 그런 것에는 신경 쓸 겨를이 없었어요 폴포트, 베트남전쟁 때 고생 많이 했어요 아무것도 신경 쓸 겨를이 없었어요 산에 숨어 있고, 절에 숨어 있고, 도망 다니다 아들도 죽고 내가 살아온 것 어떻게 다 말로 해요 말을 하려면 자꾸만 눈물이 나요

요즘에는 너무 가슴이 아픕니다. 머리가 어지럽고 가슴이 아파 잠

도 이루기 힘듭니다. 사람으로 태어나 고양이나 개만도 못하게 살았습니다. 싱가포르, 프놈펜에 있던 일들은 다 불행한 일들이기에 이야기할 필요가 없어요. 가장 억울한 것이 무엇이냐고요? 같은 여자니까 다 알 것 아니에요. 그래도 참아야지요. 어떻게 해요. 앞으로 가지도 못하고 뒤로 가지도 못하고. 일본사람을 생각하면 너무 가슴이 아파요. 나를 이렇게 가슴 아프게 한 일은……. 일본사람은 나를 끝까지 돌보지 않고 도망가기에 바빴어요. 자기만 살려고.

다음 생에 태어난다면 쥐띠해[19]에 남자로 한국에서 태어나고 싶어요. 모국 외에 다른 곳에서는 태어나고 싶지 않아요. 고국에서 태어났으니 당연히 한국 국적을 가져야지요. 외국인으로 캄보디아에 살아도 괜찮아요. 이제는 한국사람이 많으니까. 내가 한국에서 태어났고 한국사람이지 캄보디아 사람이 아니에요. 당연히 한국 국적을 가져야지요. 한국에서 살 것인지는 확실치 않아요. 한국에서 살고 싶지만 혼자 살아야 해서. 손녀가 있어야 도와주는데 아플 때 옆에서 거드는 사람이 없잖아요.

내가 만약 캄보디아에 갔다가 한국에 오고 싶다면 다시 오게 해줄 건가요? 캄보디아에 가서 한두 달 있다가 다시 와서 산다면 받아줄 건가요?[20] 이제 고향 찾는 것은 다 끝난 건가요? (정리:이상화)

---

19) 할머니는 띠 중에서 쥐띠가 좋은 것이라고 하셨다.
20) 할머니는 자신이 캄보디아에 돌아가 한두 달 정도 가족과 정리를 하고 마음을 결정하시겠다고 했다. 한국에서 살지 캄보디아에서 살지를. 처음에는 손녀가 없으면 안 된다고 강하게 말씀하셨는데 인터뷰가 끝나갈 무렵에는 자신만이라도 한국에서 받아줄 수 있느냐는 질문을 여러 번 하셨다. 할머니는 8월 6일 군위안부 할머니들이 기거하고 계시는 나눔의 집에 방문했을 때 눈이 안 보이고 다리가 불편하여 거동을 하지 못하시는 한 할머니께 이런 말씀을 하셨다. "복이 많으시네요. 왜냐고요? 먹을 게 있고 잘 데가 있는데 그게 복이지요. 눈이 안 보이고 다리가 안 좋아도 이런 도움을 받고 계신 것만으로도 복이지요. 캄보디아에 있으면 생각도 못 할 일이에요." 훈 할머니가 말이 안 통하고 가족을 찾지 못하면서도 나눔의 집에서 사시는 할머니들의 생활을 보시

정리자의 뒷이야기

1997년 여름 한계절, 언론에서는 '훈 할머니'라는 군위안부 피해자의 이야기를 화제로 삼았다. 캄보디아에서 약재상을 하는 황기연 씨가 1996년 7월 약초를 구입하기 위하여 캄보디아 프놈펜의 작은 마을인 스쿤에 들렀다가 훈 할머니의 손녀로부터 할머니 이야기를 듣게 됐다. 그는 1년 동안 수차례 훈 할머니를 만나면서 2차 대전 말기에 일본에 의해 위안부로 낯선 땅 캄보디아로 끌려왔다는 사실을 알게 됐고 이를 1997년 6월 언론에 알렸다.

한국인임을 숨기고 살아온 캄보디아에서의 50여 년 세월은 할머니에게서 한국말과 어린 시절의 기억들을 거의 모두 앗아갔다. 때문에 훈 할머니는 다른 군위안부 피해자보다 세간의 주목을 더 받아야 했다. 처음 훈 할머니의 이야기가 연합통신에 띄워졌을 때 대부분의 신문은 크게 다루지 않았다. 그러나 한국일보에서 바로 캄보디아로 기자를 파견하여 집중적인 취재를 시작하면서 훈 할머니의 이야기는 고향에 대한 모든 기억을 잊어버린 한 군위안부 피해자의 고향과 가족찾기에 집중되어 세간의 관심을 모으게 됐다.

당시 훈 할머니가 자신의 한국이름과 부모의 이름마저 제대로 기억을 못했지만 고향은 진동이라고 분명하게 말했고, 황기연 씨는 마산시 진동이라고 나름의 결론을 내리고 있던 상태였다. 훈 할머니 이야기가 알려진 후 마산시 진동면사무소에는 '훈 할머니 가족찾기 대책본부'가 설치됐고, 곧이어 일제 때 행방불명된 누나가 '훈 할머니'인 것 같다고 주장하는 사람이 나타났다. 언론에서는 가족을 찾았다고 보도했고 한국과 캄보디아를 연결하여 화상으로 서로의 얼굴을 확인하고 통화를 했다. 그러나 훈 할머니는 그들이 가족이라는 확신을 갖지 못했고 더욱 정확한 판단을 위해 유

고 한국에서 혼자 사는 생활도 완전히 불가능하지 않다고 판단하는 계기가 되었던 것 같다.

전자 감식까지 하게 됐다. 결과는 가족일 가능성이 전혀 없다는 것이었다.

이즈음에 불교 조계종의 후원으로 나눔의 집 원장인 혜진 스님과 싱가포르에서 군위안부 생활을 했던 김복동 할머니 그리고 필자가 캄보디아로 가게 됐다. 세 명이 캄보디아로 간 표면적인 목적은 그렇게 고향에 오고 싶어하는 훈 할머니를 한국에 모시고 오자는 것이었다. 그러나 그에 앞서 캄보디아에 도착하자마자 그 목적은 일단 멀어지고 훈 할머니가 진짜 한국사람이고 군위안부 경험을 했던 것이 맞느냐는 것에 모든 관심이 집중됐다. 이유는 캄보디아에 도착한 날, 찾았다는 가족과 훈 할머니의 유전자 감식결과가 일치하지 않는다는 발표가 나왔고, 이에 주변의 분위기는 그 동안의 가족찾기가 해프닝으로 끝나는 듯해 씁쓸해하는 상태였다.

가족찾기의 실패는 훈 할머니의 근본을 의심케 하는 분위기로까지 연결됐다. 어떻게 근 20여 년을 쓰던 한국말을 그렇게 모두 잊어버리고 부모 이름과 자기 이름마저 제대로 기억을 해내지 못하는지, 군위안부라는 기억마저 너무 희미해 의심을 하자면 한도 끝도 없는 상태였다. 캄보디아에 도착하자마자 그곳에 있던 한국언론에서 가장 먼저 요구한 것은 한국사람인지, 군위안부 피해자인지를 분명히 하자는 것이었다. 진위 여부를 알기 위해서는 훈 할머니의 증언을 더욱 세밀하게 들어보는 수밖에 없었다. 그러나 가족찾기가 실패로 끝난 후 훈 할머니는 맥이 풀려 있었고 언론에서도 기운이 한풀 꺾여 있던 상태였다. 특히 훈 할머니의 대리인 역할을 했던 황기연 씨는 언론의 반응에 매우 민감해 있었고, 할머니에 대한 보호가 과도하게 나타나 증언채록이 순조롭게 이루어지기 어려웠다.

1차 증언은 필자가 캄보디아에 도착한 다음날인 1997년 6월 19일 아침 프놈펜에 있는 황기연 씨 집에서 이루어졌다. 약 4시간 동안 할머니의 말씀은 주로 한국에 대한 기억과 군위안부로 끌려가게 된 과정에 관한 것이었다. 첫 면담 때에는 정리자와 통역 외에 나눔의 집에서 간 혜진 스님과 김복동 할머니도 자리를 함께 했다. 황기연 씨와 손녀는 자리를 함께 하지는 않았지만 자주 방을 드나들었고, 훈 할머니가 이들에게 신경 쓰는 것이 역력했다. 이야기를 잘 하다 갑자기 멈춘다든지 앞에서 자신이 했던 말인데도 잘 모르겠다고 하는 등 함께 자리했던 사람들이 느낄 수 있을 만치 할머니의 태도가 달랐다. 더 황당했던 것은 두 사람이 할머니가 했던 말을 따지고 조정하거나 꾸짖기까지 했다. 이런 상황에서는 할머니의 진실을 알아낼 수 없을 것 같아서 두 사람의 방 출입을 자제해주길 요청했지만 이 부탁은 들어지지 않았고, 이로 인해 황기연 씨와 작은 언쟁까지 해야 했다. 얼마 동안 이 일은 정리자를 무척 씁쓸하게 했고, 대체 이들이 왜 이렇게 할머니를 통제하려 하는지 의심스럽기조차 했다.

그러나 그 씁쓸함은 곧 해소됐다. 그들이 그랬던 가장 큰 원인은 그 동안의 언론의 태도와 세인의 반응 속에서 만들어진 것이었다. 근 보름 동안 이들은 언론에 들볶여 지쳐 있었다. 짧은 동안 훈 할머니는 그 동안의 생활과는 너무도 다른 체험을 강하게 했기 때문에 몸과 마음이 모두 지쳐 있던 상태였다. 때문에 훈 할머니에 대한 손녀와 황기연 씨의 그런 모습은 나름의 이유가 있었던 것이었다. 가족찾기가 실패로 확인됐던 그즈음, 그들이 우리에게 보였던 경계는 차라리 자연스러운 것이었는지도 모른다.

이후 훈 할머니의 이야기는 이미 언론에서 보도해놓은 것과는 다른 이야기들이 여러 군데 있었다. 어떤 것이 더 사실에 가까운 것인지를 여러 차례 확인해야 했다. 그런 과정에서 그 동안 언론이 가족찾기를 위해 할머니의 이야기와는 다르게 잘못 정리한 부분이 있다는 결론을 내렸다.

이 짧은 증언시간이 끝나자마자 당시 가족찾기가 실패로 끝나 맥이 빠져 있었던 기자들은 곧 바로 기자회견을 요구했다. 그들이 가장 궁금해하는 것은 한국사람이 맞는지 진짜 군위안부 피해자인지 사실을 밝혀달라는 것이었다. 그러나 그 짧은 만남 속에서 중요한 두 사실을 확인하는 것은 불가능했다. 특히 할머니의 외모가 너무 한국적이지 않은데다가(짧은 머리와 까만 피부, 그리고 안경 때문에 눈이 매우 커보였다) 고향에 대한 희미한 기억만으로 한국인인지 그 여부를 밝히는 것은 자신이 없었다. 그러나 군위안부 피해자라는 것은, 그 가해자가 이미 나타난 후였고 당시의 피해 경험을 이야기하는 할머니의 모습이 국내 군위안부 피해자 할머니들의 모습과 너무도 흡사한 느낌을 주었기 때문에 부족한 증언이었지만 거의 확실하다고 말할 수 있었다.

훈 할머니가 특히 언론의 관심을 모을 수 있었던 것은 이미 밝혀진 군위안부 피해자들과 다른 몇 가지 사실 때문이었던 것 같다. 먼저 당시 위안부였던 훈 할머니를 상대했던 장교였노라고 인정한 다다쿠마라는 일본인이 실존하고 있다는 점이다. 게다가 다다쿠마가 가지고 있었던 경력과 지위는 주목받을 만한 것이었다. 두번째 이유는 캄보디아에서 군위안부 경험을 했다는 피해자가 처음 나온 것이다. 특히 종전 후 현지에 버려진 이후 50여 년의 인생역정은 한 편의 드라마 같았다. 고향에 대한 불분명한 기억, 무엇보다도 자신이 철이 들어서까지 사용했던 말과 자신의 이름까지 모두 잊어버린 할머니의 모습 그 자체가 군위안부 정책의 만행을 충분히 고발하고 있었다.

그러나 한국인이라는 사실이 확인되지 못했기 때문에 할머니에 대해 많은 부분이 명료하지 못한 상태였고, 특히 할머니의 가족찾기를 위해서라도 그 확인은 거듭 필요한 것이었다. 이를 위해 할머니는 드디어 1997년 8월 4일 그렇게 그리던 한국에 오셨다. "내 이름은 나미입니다. 혈육과 고향을 찾아주세요"라는 서툰 글씨의 피켓을 들고서 말이다.

증언을 목적으로 한 4번의 자리 중 3번이 할머니가 한국에 오신 후 마련됐다(8월 6일 나눔의 집, 8월 16일과 18일 할머니가 한국에 계신 동안 돌봐드렸던 이광준 씨의 집). 할머니에 대한 이해는 할머니와 동행한 이런저런 자리에서 이루어졌다. 한국말을 모두 잊어버린 할머니의 이야기는 통역이 없으면 안 됐다. 캄보디아에서 할머니의 이야기는 현지에서 사업을 하는 교포에 의해 통역됐다. 한국에서의 증언은 할머니와 함께 온 한 학생의 통역으로 전달됐다. 그 학생은 선교사인 아버지를 따라 캄보디아로 간 지 3년 되는 중학생이었다. 그 학생은 할머니의 힘겨웠던 삶의 이야기를 통역하는 동안 누구보다도 할머니의 신뢰를 얻게 됐다. 덕분에 할머니가 이야기하기 힘들어하는 부분의 이야기가 나올 수 있었다.

훈 할머니는 1997년 8월 4일, 반백년 세월을 그려오던 한국에 오셨다. 애지중지 키우신 손녀 세 명을 데리고 한국에 오셔서 할머니는 고향이라 짐작되는 곳을 다니며 가족을 찾기 위해 많은 애를 쓰셨다. 훈 할머니의 고향찾기에는 적지않은 사람들의 노력이 있었다. 특히 캄보디아에서부터 할머니의 고향찾기에 심혈을 기울였던 한 기자의 모습은 필자에게 큰 감동을 주었다.

고향찾기와 더불어 할머니가 한국사람이라는 것을 확인하기 위해 여러 가지 수고가 있었다. 민속촌에 가서 옛날에 쓰던 물건들을 살펴보면서 기억을 되살리는 과정은 훈 할머니가 한국인임이 틀림없다는 생각을 굳히게 하는 계기가 됐다. 혹시나 하는 염려에 민속학자의 자문까지 받았다.

훈 할머니 가족찾기 과정 중에 많은 사람들로부터 제보전화와 자신의 가족인 듯하다는 문의전화가 있었다. 확인 결과 번번이 가족이 아니라는 것이 확인되어 안타까움만 더했고, 무엇보다도 할머니의 실망이 점점 커져갔다. 이러던 중 드디어 1997년 8월 29일 경남 합천에 사는 이순이씨가 훈 할머니의 막내 여동생으로 확인됐고, 당시 할머니가 치료를 받고 있었던 인천 길병원에서 극적인 상봉이 이루어졌다. 두 분의 얼굴이 너무도 닮아 가족이라는 확신을 가질 수 있었고, 유전자 감식의 과정까지 거쳐 가족임이 최종적으로 확인됐다.

훈 할머니의 부모님은 이미 모두 돌아가셨고, 부모님보다도 할머니의 머리에 또렷하게 기억됐던 남동생도 이미 돌아가셨음이 확인됐다. 할머니의 가족으로 막내 여동생 이순이 씨, 올케 조선애 씨와 조카들이 있었다. 또한 할머니가 흐릿해하셨던 본인의 이름은 이남이로 확인됐고, 당시 사셨던 집의 구조와 부모님에 대한 기억, 집에서 엿 만드는 일을 했다는 등의 기억들이 고향을 찾은 과정에서 모두 맞아떨어졌다. 그후 9월 10일에는 할머니의 국적 회복을 위한 관계서류가 법무부에 제출됐다. 그리고 10월 6일, 50년 만에 한국 국적을 회복하게 됐다.

할머니는 캄보디아에서 여러 가지를 정리해야 하고 남아 있는 가족들과 이런저런 상의도 해야 했기 때문에 추석을 지내시고 한국을 떠나셨다. 그후 캄보디아에서의 생활을 정리하고 한국에 영구 귀국을 하기 위해 다음해 5월 1일 돌아오셨다. 50년 만에 다시 조국을 찾고 이곳에서 마지막 생을 보내시겠다는 할머니의 입국에 많은 단체와 개인의 환영이 있었다. 5월 7일에는 다른 군위안부 피해자들과 함께 정부에서 지원한 생활안정 기금을 지급받으셨다.

훈 할머니는 경북 경산시 계양동에 사는 장조카 이상윤 씨 집에 거주할 예정이었는데, '훈 할머니 돕기 불교후원회'에서 경북 경산시 백천동에 아파트를 마련해줘서 한동안 그곳에서 함께 한국에 온 외손녀 잔니와 생활하셨다. 그후 다시 아파트를 나와 장조카 집에서[21] 생활을 하셨는데, 전혀 한국말이 통하지 않는데다가 캄보디아에 있는 가족들에 대한 그리움으로 한국에서의 생활이 쉽지는 않으셨다. 50여 년을 살아온 캄보디아는 할머니에게 또 하나의 조국이었고, 살붙이들이 살아 있는 또 하나의 고향이었다. 할머니의 외로움과 한국생활의 적응을 위해 백방의 노력이 있었고, 훈 할머니와 함께 온 외손녀 잔니의 한국생활 적응을 위해서도 여러 노력이 있었지만 잘 안 됐던 것 같다.

한국에서 4개월 보름을 생활하시고 할머니는 캄보디아를 다시 찾으셨다. 캄보디아에 있는 가족들을 만나기 위해 한국에 왔던 외손녀 잔니 그리고 장조카 이상윤 씨와 함께 9월 15일 캄보디아로 떠나셨다. 가족들을 만나고 내년 봄 한국에 다시 돌아오시겠노라는 말씀을 남기시고서.

훈 할머니의 출현은 군위안부 피해자에 대한 관심을 새롭게 일깨우는 하나의 계기가 됐다. 사실 전쟁이 끝난 후 고향에 돌아오지 못한 채 현지에 버려져 우리말과 기억을 잊고 지내시는 분들은 훈 할머니 이전에도 여러 분이 계셨고, 지금도 계속 그런 분들이 나오고 있다. 훈 할머니를 계기

---

21) 1998년 가을에 훈 할머니는 장조카 집과 합쳐서 경산시 화양읍으로 집을 옮기셨다.

로 하여 그런 분들의 고향방문과 국적회복 문제에 관심이 커지고 또한 앞으로 얼마 남지 않은 그분들의 생을 생각할 때 더욱 적극적으로 피해자들을 찾아야 한다는 절박감이 커진 것 또한 사실이다.

군위안부 경험이 남긴 피해의 정도는 고향에 돌아온 사람이나 현지에 버려진 사람이나 경중을 따질 바가 못 된다. 그러나 고향에 돌아오지 못하고 낯선 땅에서 긴 세월을 보낸 피해자들에게 원망이 한 가지 더 있다면 그것은 고향에 대한 그리움이고 고국에 대한 사무침이다. 찾을 수 있다면 최선을 다해 그분들의 마지막 원을 풀어드려야 할 책임이 우리에게 있음을 절감한다. 그리고 국적을 회복하고 한국에서의 생활기회를 마련한다고 해서 꼭 그분들이 한국에서 생을 마칠 것을 기대할 필요는 없다.

훈 할머니를 보면서 무엇이 그분에게 참 행복이고 진정 그분을 위한 것일까 많은 고민을 했다. 결국 당신이 원하는 것을 하시게끔 하는 것이 진정 그분을 위하는 것이라는 상식적인 결론을 내렸다. 훈 할머니에게는 이미 두 개의 고국이 있었다. 하나는 자신의 뿌리가 있는 곳이고, 하나는 자신이 뿌리를 내린 곳이다. 할머니에게는 두 곳 모두 아픈 기억만큼이나 소중한 삶의 터전이었던 것이다. 훈 할머니는 이제 자신의 뿌리를 찾으셨다. 그리고 또한 자신이 내린 뿌리를 지켜줄 수 있는 힘이 어느 정도는 있다고 생각하시고 있다. 할머니의 외손녀들에 대한 남다른 사랑을 지켜보면서, 사랑을 나누며 살 수 있는 곳이 할머니의 생을 마감할 수 있는 곳이라는 생각을 거듭했다. 할머니의 마음 깊은 곳에 서러움과 절망으로 남아 있던 한의 하나가 가족찾기와 한국 국적을 회복하는 과정에서 풀어졌다. 이것으로 우리는 우리의 도리를 다한 것으로 접어야 한다. 우리의 바람이 곧 그분의 바람은 아니기 때문이다.

피해자 한 명을 찾는 과정에서 그리고 그분의 명예를 회복시키는 과정에서 오히려 또 다른 피해가 당사자에게 갈 수도 있다는 전제를 놓쳐서는 안 되겠다. 대부분의 군위안부 피해자들은 자신의 과거 경험을 숨길 수 있는 한 숨기며 일생을 살아왔다. 겹겹이 쌓아놓았던 자신의 과거가 어느날 갑자기 모두 들추어진다고 했을 때 본인이 감당해야 할 충격과 여파는 일생 어떤 삶의 무게보다도 버거울 수 있을 것이다. 한순간 그 아픔을 모두 들춰내고 도려낸다는 것은 또 다른 상처를 남기는 일이다. 군위안부 피해자 한 사람의 증언을 듣는 과정은 함께 그분의 아픔을 달래고 다독이며 당시의 피해를 나누고 정신적인 상처를 치료하는 과정으로 이어져야 한다. 군위안부로서 생활한 경험의 후유증은 50여 년의 세월을 덮고 있는 것이다. 50여 년 당사자가 살아온 삶에 대한 이해가 전제되는 선상에서 군위안부 피해에 대한 증언이 나와야만 증언 이후 진정 그분의 삶의 회복이 이루어질 수 있는 것이다.

그간 10여 년 군위안부 피해자 할머니들을 접하며 숱한 갈등과 회의, 혼동을 반복했으면서도 훈 할머니의 힘들어하시는 모습을 보면서 나 자신의 역할의 한계를 또 다시 절감해야 했다. 무엇보다 훈 할머니가 당신의 과거가 드러난 몇 년의 세월이 아픔이 아니라 앞으로 남은 생의 후련함으로 이어졌으면 하는 바람이 간절하다. 훈 할머니는 내게 개인적으로 몇 가지 화두를 던져주셨다. 이를 풀어나가는 과정에서 내가 혼란을 겪고 있는 군위안부 피해자들의 문제에 대한 접근이 더욱 구체화될 것이라고 기대한다. 그리고 또한 진정 군위안부 피해자들에게 필요한 것이 무엇이고, 이분들과 함께 한다는 것이 무엇을 의미하는 것인지도 다시 한 번 생각하게 했다.

이곳에 정리된 증언내용은 통역을 통해 이야기를 전달받은 것이기 때문에 증언을 정리한 말투나 단어들에서 할머니의 생생한 모습을 드러내지 못해 안타깝다. 할 수 있는 최선으로 할머니가 하신 말씀을 되도록 빠뜨리지 않고 모두 정리하려고 노력했다. 통역을 통하지 않고는 할머니와 이야기를 나누지 못하는 한계로 많은 이야기들이 채워지지 못했다.

훈 할머니 한 사람의 회한을 풀기 위해 그리고 잘못된 것을 바로잡기 위해 참으로 많은 사람들의 관심과 실질적인 노력이 있었다. 군위안부 문제를 해결하는 일은 어느 한 사람의 노력으로 될 수 있는 것이 아님을 거듭 확인시켜주었고, 무엇보다도 정부의 적극적인 관심과 지원 없이는 이루어질 수 없는 일임을 절감했다. 아직도 고향 하늘을 쳐다보며 이 세상을 떠나기 전 고국땅을 한 번이라도 밟아보고 싶어하는 숱한 군위안부 피해자가 있을 것이라는 생각을 한다. 그리고 얼마 남지 않았을 그분들의 시간 안에 우리 노력이 더욱 구체적으로 적극성을 띠지 않으면, 우리가 아는 진실은 거짓의 힘 앞에 사그라질 수도 있음이 염려된다. 역사의 진실은 개인의 진실 앞에 가치가 있는 것이기 때문이다.

■ 정리자 이상화는

여성학을 전공했고, 성(sexuality)에 관련된 여러 문제에 관심을 가지고 있다. 특히 인권의 기본으로 상정되어야 할 인간의 성적 권리가 침해되는 문제와 그 피해에 관심을 모으고 있다. 군위안부 피해자의 정신적·심리적인 후유증에 관련된 몇 편의 글이 있다. 현재 대학에서 여성학과 성문화에 대한 강의를 하고 있다.

난 아무도 만나기 싫어

김소란(가명)

1926년 경상북도 군위에서 태어났다.
필리핀으로 끌려갔고, 지금은 경기도 부천에 살고 있다.

가난 때문에 돈 벌러 갔는데

　큰언니 클 때만 해도 제법 잘살았어요. 머슴 셋 두고 한 큰 살림이었어요. 대농사짓고. 엄마는 딸만 일곱을 낳으니까 시어머니 구박이 좀 심해요. 엄마가 고개를 한번 못 들었지. 내가 열다섯 살 땐가 아무튼 아버지는 마흔둘에 돌아가셨어요. 그때 할아버지는 살아 계셨는데 할아버지는 우리한테 재산을 별로 안 주셨나 봐요. 작은집 사촌 오빠를 양자 세우고. 물려주었으면 우리도 그런 일이 없었을 텐데. 작은아버지는 재산이 있었어요. 엄마 앞으로도 좀 해줬으면 되는데 그게 안 됐던 모양이에요.[1] 지금 생각하니, 지금 같으면 우리 앞으로도 얼마든지 받을 수 있잖아요. 옛날 법은 어디 그랬어요. 살아 있는 자식만 자식이지.

　갈 당시에는 할아버지, 할머니 돌아가시고 집안이 기울어져 많이 줄었어요. 아버지 돌아가시고 엄마는 심장병을 앓았고 농사일은 별로 없었어요. 삼촌 두 분, 오촌 세 분이 있었는데 오촌 한 분은 동대문 경찰서장이었고 한 분은 기마대 대장으로 있었어요. 그 당숙이 소노다(園田)로 창씨해서 우리 성이 소노다가 됐지요.[2] 그래도 우리 집안에 서로 윤기가 없었던 것 같아요. 엄마가 그리 없이 살아도 도움이 없었으니. 그래서 그 동네로 시집간 언니 둘이 도와주어서 엄마하고 우리 넷이 생활해갔지. 큰언니만 놔두고 중간에 언니들은 다

---

[1] 조선조에는 법적으로 딸도 아들과 마찬가지로 균분상속권을 가지고 있었다. 조선 말에 가면 관습상 아들 중심, 맏아들 중심으로 옮겨가지만 법은 여전히 균분상속으로 되어 있었다. 일제시기에 들어와선 일본 민법을 적용하여 딸이나 여성 가족원은 아주 예외적인 경우를 제외하고는 재산상속권이 없게 되었다.

[2] 1944년경 자료는 확인하지 못하였으나 1940년 『조선총독부 급 소속관서 직원록』에 의하면 경기도 강화경찰서 경부보(警部補)에 소노다(園田規吾)란 인명이 보인다.

결혼을 했어요

그런데 그해 봄인지 가을인지[3] 부산에 있던 결혼 안 한 큰언니가 왔어요. 큰언니는 날 소학교 넣어주고 떠났어요. 당시 시골은 "기집 애들 학교 가 바람든다"고 어른들이 이런 말 잘 했어요. 그래서 겨우 학교 간 거야. 난 의흥소학교 사학년까지 다녔어요. 그 언니가 다섯째인 나에게 와서 "병원에 호따이(붕대) 같은 것 씻어주고 치워주고 그러면 한 달에 돈 얼마큼씩 받는단다" 이러더라구요. 언니가 "한 일이 년 벌어가 와 잘살면 되잖아" 했어요.

그래서 "엄마 나 갈까?" 하니 엄마가 막 우시더라고. 우시면서 "니 성격에 그런데 가가지구 어떻게 배겨낼 수 있나? 일할 수 있나?" 하시더라고. 그래 내가 "하면 하지. 돈 버는데 힘 안 들이고 돈 벌 수 있나?" 그래가지고 떠났지요. 갈 때 엄마가 부산 부두까지 왔어요. 돈 벌러 가는 줄 알고. 그때만 하더라도 돈 벌 욕심으로 갔는데, 돈은 십 원 하나 구경 못 하고 그리로 빠져든 거지요.

부산에 갔더니 여관에 여자들이 있더라구요. 다른 여자들도 다 병원에 돈 벌러 간다고 좋아하고 있었어요. 내가 가장 나이가 어렸어요. 그 여관 이름은 생각 안 나는데 부두에서 비교적 가까웠어요. 부산 부둣가로 나가 배를 탔어요. 그 배는 큰 배였는데 군인들이 많이 탔어요. 그때 내가 어린 마음에 데이신타이 그런데 끌려가는 것 아닌가 하는 생각이 문득 들더라구요.

부산서부터 일본인 할머니, 할아버지가 우리를 필리핀에 데리고 간 것 같아요.[4] 배에 딱 타니까 여자말고는 한국사람 하나도 없고

3) 포로수용소에서의 미군 기록에 의하면 4월 29일 62명의 한국과 일본 여성을 데리고 갔다고 하는데 할머니 기억에는 여자들 중에 일본 여자는 없었다고 한다.
4) 이 부분은 혼동되었던 부분이다. 위안소 관리자가 된 사람들을 처음에는 배에서 보았다, 원두막에서 보았다고 엇갈리게 대답하였는데 필자가 1998년 12

전부 일본사람들이더라니까. 모두 군복 입었어요. 배 안에 가니 사람들이 우리를 간섭하고 자유를 안 주었어요. 배에서는 배 갑판에 올라가라 내려가라 하고 개인대로 자유행동은 못 하게 했지요. 배에 같이 탄 여자들은 몇십 명 됐어요. 부산에서 탄 그 여자들밖에 없었어요.

저녁이 되면 센스이칸(잠수함)이 나오면 물에 뛰어내리라고 물에 뜨는 옷 하나씩 나눠주고 채워주고 식사는 군인들이 해주는 식당에 가서 먹었어요. 다른 여자들을 보지 못했고 군인들만 많이 있었어요. 부산에 배 타서 어디서 내린다더니 대만하고 홍콩에 들러서도 내리지 않고 하루 저녁 배 안에서 자더라고요. 바나나 말린 것 한 통씩 나눠줬어요. 배를 타고 가는데 내 생각에 한 달쯤 걸린 것 같아요. 대만에 도착했다가 홍콩에 도착했다가, 가는 도중에도 애로가 많았어요. 미군 센스이칸이 나온다고 물에 뜰 수 있는 옷 입고, 배끼리 불 깜빡거리고. 그래가지고 도착했는데 마닐라라고 그래.

거기에 도착하니 참 평화롭더라구요. 아이들이 집 앞에서 앉아 기타도 치고 우리를 몇 층이나 되는 아주 큰 건물에 데리고 들어가요. 우리는 이층인가 삼층에서 잤어요. 그냥 맨바닥에 하루 잤어요[5] 마닐라 시내에서. 거기는 건물이 크더라고요. 군인들은 많이 보지 못하고. 그리고 전부 분배를 시켜요. 누가 배치한지는 모르겠어요. 서른 명을 싱가포르, 몇 명 또 어디로 몇 명. 군인들 타는 트럭 있잖아요, 우리 열 명을 그것에 태워가지고 갔다고.

마닐라에서 조금 떨어진, 동네 이름도 모르는 시골에 들어갔어요.

월 2일 증언을 마지막 마무리하는 시점에는 부산부터였다고 하였다. 과거사에 대한 증언은 아주 힘들어 하였지만 뒤로 갈수록 증언이 자세하고 생생해진 점으로 미루어 부산부터라는 증언이 정확하지 않나 생각된다.
5) 이틀인가 사흘 저녁 잤다고 증언하기도 함.

나는 병원에서 일한다니까 병원만 찾아봤어요. 그런데 큰 병원이 있더라구요. 이제 내 일할 자리구나 하고 생각하고 언니한테 물었어요. "언니, 저기 우리 일할 자리야?" 하고. 언니도 그렇다고 했어요. 언니도 몰랐지요.

그런데 차에서 내리니까 이상한 집으로 데려가더라구요. 원두막 같은 조그만한 집인데 대여섯 개가 있었어요. 영화에 보면 나무로 지어 계단으로 올라가게 돼 있는 오두막 같은 그곳에 집어넣더라구요. 거기를 다섯 명이[6] 쓰라면서 방을 하나씩 나눠주었어요. 원두막 같은 것 안에 나무로 칸막이를 해놓았어요. 비어 있더라구요. 새 것 같았어요. 방은 침대 놓고 겨우 왔다갔다할 정도예요. 옷은 벽에 걸고 우리가 가지고 간 가방을 두었어요. 문 열고 들어가면 바로 침대예요. 거기 있는데 필리핀 머스마가 밥을 가지고 왔어요. 거기서 먹고 잤지.

그 이튿날 병원에 우리를 데리고 가더라구요. 병원은 컸어요. 병원 원장은 계급이 대좌(대령)든가 했어요. 건물은 이층이었는데, 부상병들은 아래 위층에 많이 있었어요. 다 누워가지고 나보고 손 한 번 잡자고 서로 그러더라고요. 우리도 이제 여기서 일할 거다 하면서 다 손 한 번씩 잡고. 부대는 근처에 없었는데 부상병은 그렇게 많더라고요. 병원에서 일하는 사람은 다 남자고 여자 간호원들도 없었어요.

일 시키려고 그러나 보다 하고 좋아가지고 갔는데 거기서 전부 아래 검사를 해요. 이상하다 하고서 우리를 데리고 간 사람들에게 물었어요. 우리는 그 사람들을 '오바상' '오지상' 그렇게 불렀지요. 오지상, 오바상은 개인 옷을 입었더라고요. 나이가 쉰이 지난 사람이

---

6) 처음에는 두서너 명씩이라고 했으나 최종 정리에서는 본문과 같이 증언하였다.

었어요. 물으니까 아무 소리 말고 검사를 받으라는 거예요. "병원에서 일한다더니 왜 이런 검사를 받느냐"고 하니까 그 여자가 "무슨 말이 그렇게 많느냐, 그냥 받으라면 받지" 이러면서 막 꾸짖더라구요. 그래 할 수 없이 검사를 받았어요.

차리리 폭격이나 오지

한 사흘인가 있으니까 군인들이 들이닥치더라니까. 너무나 놀라고 무서웠지요. 그래서 오바상, 오지상에게 따졌지요. "잔소리 말고 시키는 대로 해라" 하더라구요. 야단칠 때 무서워요. "병원에서 일시킨다고 하더니……" 했더니 "고노야로(이놈)" "빠가야로(바보놈)" 하고 막 발길로 차고 말도 못 하게 하고 나가라 하고 제대로 항의도 못 했어요. 둘 다 얼마나 무서운지 몰라요.

그래도 우리가 몇 번이나 항의하러 들어갔어요. 혼자도 가고, 둘이도 가고 셋이도 가고. 다른 사람은 별로 안 그랬는데. 언니는 남자같이 괄괄했어요. 언니는 싸움도 하고 그랬어요. "이게 무슨 일이냐", "이런 일 할 것 같으면 누가 들어왔겠냐"고. "병원에서 일하고 돈 번다고 해서 왔는데 왜 이런 일 시키냐"고 하면 욕질부터 나오는데. 그래 뭐라고 말해요? 그러니 두 번 할 것 한 번하고 나중에는 지쳐가지고 포기해야지 안 되겠더라고.[7]

정말 이거 사는 게 아니라 죽는 게 낫겠다는 생각이 들었어요. 내 성격은 말을 저불저불 하는 성격이 못 되고 내성적이어서 말은 못 하고 혼자서 막 고민만 하고, 울기도 하고. 거기서는 발버둥을 쳐도 소용이 없어요. 누구한테 말할 데도 없고 맨날 언니한테 원망했지만

---

[7] 할머니는 관리자에 대한 항거에 대해 처음 증언할 때보다 좀더 주체적이고 구체적인 표현을 하였다.

언니도 몰랐다는 거예요.

"내가 이런 줄 알았으면 너를 안 데리고 왔을 건데, 나도 속아서 와서……" 이러더라고요. 언니도 그 지경이 돼놓으니까 동생 돌봐주고 그럴 형편이 안 됐다고요. 내가 언니한테 자꾸 하면 뭐 하랴. 그래서 내 자신 '에이 모르겠다' 그러고 몇 개월이 되고 나서 미군들 폭격이 왔어요.[8] 그게 우리를 살린 거야. 그때부터 군인들이 행동을 못 하니까.

오는 군인들은 육군들이었는데 어디서 오는지는 몰라요. 그건 일체 비밀이었어요. 부대가 어디 딴 데서 오는가 봐요. 부대는 못 봤어요. 어딜 나가게 해야 알지. 산책하러 나가도 오바상, 오지상이 빨리 오라고 그랬어요. 그집 옆에는 인가도 없었어요.

사병과 장교는 시간대를 달리 했고 밤 늦도록은 안 했어요. 장교도 와요. 대위 그런 사람들도 더러 와요. 장교도 대여섯 시 사이에 와서 일찍 갔어요. 주말이란 게 없었어요. 쉬는 날이면 더 나오고. 병원에 가는 날이면 좀 그거 하지만. 밤에는 안 오지요. 자고 가는 건 없어요. 많이 온다고 봐야지요. 술 먹고 오는 사람이나 못된 사람은 없었어요.[9]

군인들이 오면 할아버지가 우리한테 삿쿠를 주었어요. 상자에 넣은 것 주고 떨어지면 또 주고 거기서 병 앓은 적은 없었어요. 쓰고 나면 그들이 그네들이 빼가지고 버리고 난 물에 씻고 그 당시만 해도 그게 더럽다는 생각만 들었고 끝나고 나면 씻기 바빴어요. 난 소독약을 쓰거나 주사를 맞은 적은 없었어요. 다른 사람은 모르겠어요.

---

8) 미군이 필리핀에서 일본군에게 쫓겨간 것은 1941년 12월이었으나 1944년 1월경 루손 섬에 진주했다.
9) 한 마디 한 마디 질문에 아주 힘들게 답하셨다. 아주 구체적인 것을 물으면 대답을 안 하셨다. 한숨만 쉬고 얼굴은 벌겋게 오르고. 더 이상은 어려웠다.

물은 수돗물이 나오더라구요. 빨래, 세수, 목욕 다 수돗물로 했어요. 목욕탕은 없고 수도 나오는 데서 샤워하는 정도였어요. 원두막에 하나씩 있었어요. 그렇다고 씻을 때 약 같은 것은 일절 주지 않았고 그러니까 내가 상당히 조심했지요.

검사 받으러 그 병원에 열흘에 한 번씩 한 달에 두서너 번 갔나 봐요. 야전병원에서 원두막까지 차가 다닐 만은 하지만 도로가 좁고 양쪽에 나무가 있어요. 우리는 못 봤지만 야전병원에서는 큰길이 있을 거예요.

군인들이 올 때 돈이나 군표 같은 것을 주는 일은 일절 없었고 그저 밥만 먹여주었어요. 오바상, 오지상의 원두막이 떨어져 있어 어떻게 했는지는 모르지요. 난 거기 간 것만으로도 비관이 되어 군인들 하고 이야기도 하기 싫어 상대를 않았는데 그 중에 한국사람도 두셋 있었어요. 그런 사람들이 "어떻게 왔느냐"고 그러지요. 그래 이만저만해서 왔다고 하면 한국사람들은 "일본놈들은 다 그렇게 속인다"고 했어요.

그 중 한 사람은 학도병으로 끌려온 사람인데 나가면 자기하고 결혼해서 살자고 했어요. 집이 경북 어디라고 했는데 그 사람은 이야기하다 가고 꼭 성관계[10] 하려고 하지 않고. 한 번은 그 한국 군인이 군표 갖다주더라고요. 이것 가지고 나중에 바꿔 집에 갈 때 가지고 가라고. 그런데 동네도 사람도 없으니 어떻게 바꿔요.[11]

여자들은 병원 근처에 열 명 배치받아서 우리가 처음 가고 뒤로는 안 왔어요. 거기 오바상, 오지상은 우리 감시만 했어요. 특별히 군인

---

10) 정확하게 표현하면 성관계라고 할 수 없지만 할머니의 표현을 그대로 살린다.
11) "일본이 찌부러져가고 일선에 나가고 그러니까 나한테 가져온 것 같아요. 살아서 나가거든 바꿔서 나가라고. 그때만 하더라도 돈이 소중하지 않더라고요. 생명만 소중하지. 산속에 갈 때 옷 한 가지 안 가지고 갔는데 그것을 어떻게 가지고 가요. 다 버리고 갔지요."

이 지킬 필요도 없었어요. 외따로 떨어져 있었으니까. 집하고 병원 사이에 나무 많은 곳이 있는데, 군인들이 우리를 간혹 사진 찍어준 다고 하면서 데리고 나갔어요. 군인들이 데리고 나간 것 외에는 문 밖 출입도 별로 없었어요. 한 번은 할아버지에게 마닐라 구경시켜달 라 그랬어요. 그랬더니 무조건 안 된다고 그래요. 오바상, 오지상은 그저 우리들 감시만 했어요. 제일 넓은 첫째집에 있었어요. 원두막 에 있으면서 어디 나가지 마라, 어떻게 하라 주의만 주고 그랬어요.

밥은 원두막에 모여 먹었어요. 야전병원에서 이만한 좌판에 놓아 가지고 오지. 한데 모여서 먹지. 주인은 따로 먹고. 서너 명씩 모여 서 나 있는 데서도 먹고 딴 데서도 먹고. 밥은 아주 예쁘게 생긴 필 리핀 머스마가 날라주었어요. 반찬은 형편없어. 말도 못 해요. 두 가 지, 세 가지가 드물었어요. 과일 하나를 구경할 수 있나. 전혀 딴 음 식은 구경할 수도 없고. 삼끼 세때 밥만 기다리지. 일본식으로 주는 데, 거기 고추가 조그마한 게 굉장히 매워요. 한국사람이 매운 것 좋 아한다고 고추 몇 개씩 놔주고 아무것도 없어요. 그곳 쌀은 펄펄 나 는 쌀이었어요. 배가 고프니 안 먹을 수도 없고. 밥은 내 양이 크지 않았으니까 양은 맞더라고. 한국 군인이 군표를 갖다주었지만 그것 을 어디 바꿀 데도 없고. 나가야 간식을 사먹던가 하는데.

칫솔, 치약은 오바상이 주었어요. 돈에 대해선 아무런 말도 없고 옷도 거기서 준 것이 없었어요. 옷은 갈 때 가지고 간 것을 내도록 빨아 입었어요. 옷은 바지, 스커트를 몇 벌씩 가지고 갔어요. 긴팔, 짧은팔. 어디로 가는지 모르니까 돈 벌러 가는데 준비해 가야지.

난 거기서 말라리아에도 걸렸어요. 저녁이 되면 막 춥고 열이 나 고 며칠 앓다가 병원에 다녀 나왔지요.

거기서 사람들과 이야기도 별로 안 했지만 오지상, 오바상한테 일 본말 했어요. 같이 간 사람들도 일본말을 좀 했지요. 항의할 때도 그런 일본말은 쉬우니까 일본말로 했지요 난 또 학교 좀 다녔고 언니도 일본말을 좀 했어요 오지상, 오바상은 날 '소란'이라 불렀어요

폭격 오기 전에 하루는 밥 날라오는 필리핀 머스마가 하는 말이 자기 따라가재요 여기 있으면 죽는다고, 며칠 안 있으면 폭격한다고, 자기 따라가면 산다고 자기 따라가자고 그러는데 무슨 소리하느냐고 며칠이나 그러는 걸 내가 안 따라갔지요 딴 사람한테는 안 그러는데 나한테만 그랬어요 그 필리핀 애는 일본말 잘했어요 난 소학교 다니면서 일본말 배웠으니 어느 정도 이야기를 주고받을 정도는 됐어요

그냥 거기 있었더니 비행기가 몇십 대 왔어요 폭격하니까 집이 울리고 지진이 난 것처럼 땅이 울려 걸음을 못 걷겠더라구요 그래서 위에 양철을 덮어씌운 방공호라고 만들어논 곳으로 들어갔지요 서너 사람 들어갈 정도였어요 그것은 워낙 있던 거예요 폭격을 해대는데 병원부터 폭격을 하더라고요 그 부근에는 폭격할 데라곤 그곳밖에 없었어요 하루는 그렇게 폭격하고 있는데 밖에서 누가 빨리 나오라고 소리를 치더라고요 바로 우리 위에 폭탄이 하나 떨어져 있었어요 터졌으면 우리가 다 죽었지요 그 이튿날부터 산속으로 들어간 거예요

병원 원장이 병원에 있던 군인 한 스무 명과 우리를 데리고 산으로 인도했지요 부상병들은 병원에 그대로 있었어요 병원 원장은 대좌, 이름은 모르겠어요 몸이 뚱뚱하지 않고 깔랑한 게 키가 컸어요 그 사람은 심장이 나빠서 피난갈 때 굉장히 힘들어했어요

거기 산은 참 험해요 말도 못 해요 그리고 거긴 습기 많고 덥고 산에서 자면 온몸에 거머리가 붙어서 그거 떼내고 걸어가고 산을 넘고 또 넘고 그러다 보니 식량도 다 떨어지고 먹을 것도 없고 그러다 우리 여자 다섯 명[12]과 일본사람은 헤어지게 됐어요 처음에는

거기 있으면 비밀이 샌다고 일본 군인들이 우리를 죽인다는 소문이 있어 모두 따라 나섰는데 헤어지게 된 거예요 오바상, 오지상은 여자들 다섯 명하고 다른 군인하고 갔어요 일본도 막바지에 들어가니 자기네도 살아야 되니 우리보고 가려면 가라고 한 거지요 지도도 하나 없이 찾아 헤매고 높은 산도 넘어보고. 어떻게 하면 살아서 고국에 가나, 먹는 데만 신경 쓰고. 산속에서 바나나도 먹고 나무를 자르면 밑에 허연 게 나오는 나무가 있는데 그것도 파서 먹고 군인이 나무에 꽂아놓은 채 두고 간 칼을 하나 주워 요긴하게 썼어요 잎사귀 맛이 괜찮은 것은 먹고 쓰고 떫은 것은 안 먹고.

그러다가 하루는 텐트를 치고 있던 부상당한 군인 두 명을 만났는데 그 사람들이 우리를 우미라(바다)로 가라고 가르쳐줬어요

"우미라로 가라. 이 산을 따라 가면 우미라가 나오니 너희들은 그리로 가거라. 나는 죽으니까 너희는 나가서 살아라. 미군이 묻걸랑 저팬이라고 하지 말고 코리아라고 해라" 했어요.[13]

그래서 바닷가로 향해 가게 됐어요 살려고 그랬지 산속에 있었으면 죽었어요 그런데 걸어도 걸어도 우미라가 안 나와요 못 먹고 기운 없고 가다가 배고프면 구부리고 물 마시고. 무슨 기운이 있어 빨리 걸어갔겠어요? 우리가 고무신 신고 갔는 거, 거기선 게다짝 끌고 별다른 신발이 필요 없어 놔두었다가 그거 끌고 나왔어요 그게 떨어져 쪼가리를 묶어가지고 신다가 나중에는 맨발로. 엉망이지. 산을 몇 개나 넘어가지고 온갖 곡절 끝에 바닷가에 나왔어요 고향에선 머리를 갈라가지고 묶었는데 필리핀 가서 단발로 잘랐어요 그 단발

---

12) 소노다 소란, 소노다 킨단, 가네모토 요이, 가네모토 모모코, 마쓰모토 야나기.

13) 처음에는 헤어지면서 일본 군인 한 명이 하는 말이라고 했으나 이후부터는 헤어지고 도중에 만난 일본 군인이 이야기하였다고 정정하였다.

머리가 바닷가에 왔을 때는 허리께까지 내려왔어요. 껍데기하고 뼈밖에 없었어요. 말도 못 해요. 그 말 어떻게 해요. 머리엔 이가 생겨엉망이었어요. 바닷가에서 물에 들어가 씻는다고 들어갔는데 쓰러져서 겨우 나와서 가까운 대밭에 가 있었어요. 바닷가에는 해골도 있었는데, 거기서 게새끼 나오면 잡아먹고 풀도 뜯어먹고 사탕수수를 꺾어 먹고 별짓 다 했지요.

어느날 바닷가에 이집 삼층 가량 되는 산이 있었어요. 먹는 잎사귀가 거기에 있더라고요. 그래 그것 따러 산 위에 올라가 따고 내려오다가 바다에 떨어졌는데, 내가 어떻게 됐는지 언니 우는 소리가 귀에 들리더라고요. 그래 눈 떠보니까 내가 모랫바닥에 누워 있더라고요. 지금 생각해도 신기해요. 깊은 물에 빠졌는데 바다로 안 떠내려가고 모래사장에 밀려와 거기에 누워 있는가 몰라요. 하늘이 날 도와줬지요.

미군에게 구출되어 포로수용소로

거기서도 한 달 가까이 있었을 거예요. 바닷가에 대가 많았어요. 하루는 대밭 우거진 데 있는데 배 소리가 나요. 쫓아 뛰어나갔어요. 배가 저 멀리 지나가더라고요. 그래서 옷이 어디 있어요, 입었는 거 하나 벗어 막 손을 흔들고 소리쳤지요. 내가 어려서 그래도 머리가 잘 돌아갔는가 봐요. 그러니까 막 총을 쏘는 거예요. 그래서 대밭에 뛰어들어가 엎드렸지요. 그런데 총소리가 멈추더니 작은 배가 오는 거예요. 그 배는 미군 배였어요. 10명 넘게 탈 배였는데 미군들이 빨리 나오라고 하더라구요. 그래서 내가 손을 들고 나갔지요. 다른 사람도 따라 나왔어요. 다섯 명밖에 없느냐고 손으로 그랬어요.

한국말로 통역하는 사람도 있었어요. 우리가 머리도 길고 그러니까 여자라서 그런지 배에 다리를 쫙 내리고 올라오라고 그러는 거예요. 이제 살았구나 그런 생각이 드는 거예요. 그때 일본사람이 "일본 사람이 아니라 코리아라고 하라"는 말이 생각났어요. 미군들이 일본군 저기에 없느냐고 그러더라구요. 없다고 하니까 어디냐고 코리아냐 저팬니즈냐고 묻더라고요. 우리는 코리아라고 했지요. 어떻게나 말라가지고 조그만해졌는지 보르바꾸(상자) 조그만한 데 가서 누웠어요. 내가 제일 나이가 어리고 하니까 미군들이 와 보고 혀를 쯧쯧 차면서 먹을 걸 자꾸 갖다주더라구요. 자기들이 보기에도 안됐던가 봐요. 일어나 앉아서 받아 먹으면서 이제 우리 엄마 볼 수 있겠구나 하는 생각이 들더라구요.

거기서는 왜 이렇게 됐나 그런 생각만 들고 친하게 이야기한 일도 없고 자포자기하고, 모든 걸 비관하고 그렇게 지내왔어요. 그러다가 미군한테 포로가 돼가지고 고향을 간다 하니 그렇게 좋을 수가 없었어요.

그러니까 병원 옆에서는 일 년 안 됐어요. 여덟 달 있다가. 18살에 들어가서 20살에 나왔으니까.[14] 산속에서 한 6개월 있었어요.

배를 타고 한 두서너 시간이나 가니 맨 바닷가에 텐트를 많이 쳐놓고 미군들이 많이 대기하고 있더라고요. 거기에 우리를 내려놓고 사무실 차려놓은 데 데리고 들어가더니 지문 찍고 어찌 왔나 어찌 됐나 이런 것들 다 묻고 조사받았어요. 코리아 적고 이름 적고 지장을 찍었지요. 당시 우리는 일본 성으로 갈아 그렇게 정했기 때문에 조사할 때도 일본 이름을 말했어요.[15] 그때 조사하는 사람은 자신을

---

14) 돌아온 시기가 1945년이었다면 실제로는 18세에 가서 19세에 돌아온 것인데 할머니 기억은 20세에 돌아왔다고 한다.

15) 지문 찍고 조사를 어디서 본격적으로 하였는지 재차 물었을 때는 "마닐라에서 한 것 같아요. 포로수용소. 말라서 형편없었는데 그래도 사진에 살이 좀 붙은 것 보니 마닐라 같아요"라고 답하였다.

미국사람도 아니고 일본사람도 아니라고 했는데 말은 일본말로 했어요.16)

거기서 미군 짚차에 태우더니 또 몇 시간이나 가더라고요 가다가 해가 빠져가지고 또 하루 저녁 재워요 우리를 이층 침대가 서너 개 있는 곳에서 자래요 그날 저녁 찬송가를 부르며 예배를 드리더라고요. 그날이 일요일인지 수요일인지는 모르지만. 거기서 아침 주길래 먹고 또 짚차를 타고 하루 종일 가더라고요 그래서 간 곳이 마닐라예요. 마닐라 포로수용소로 데리고 가더라고요 수용소에 가니 사람이 얼마나 많은지.

거기서 수용소에 있는 사람들이 우리보고 "왜 피난갔느냐, 차라리 동네에 그대로 있었으면 고생 안 했을 텐데 왜 산으로 가서 그 고생을 했냐, 먹지도 못하고" 그러더라고요. 그래서 우리는 우리 있는 데는 동네도 없고 병원밖에 없는데 폭격을 받았다, 마닐라만 해도 동네가 있으니 지하에서 폭격 피하고 있겠지만 우리는 굶어죽기는 매한가지고 그래서 군인을 따라 나섰다고 하니, 그 사람들이 "그래, 고생했다" 그러더라구요

수용소에선 밥 나눠주는 사람이 한국사람이더라고요 남자 셋이요 식사 때 되면 큰 통에다 밥을 담아가지고 문을 열고 들어왔어요 거기는 한국사람이라고 밥도 많이 줬어요 그런데 문은 자유로 못 열었어요 영창, 감옥소같이 화장실도 방 안에 있고 출입은 자유스럽지 않았어요 방은 마루방인데 굉장히 커요 우리가 들어가면 바깥에서 열쇠로 잠궜어요 수용소는 오래된 집인데 아주 컸고 거기에 방이 있어 사람들이 마루에 나올 수 있게 되어 있었어요 하루에 두

---

16) 이 말로 할머니는 일본인이 아니라 다른 나라 사람인 것으로 생각했다. 그러나 필자가 이해하기엔 당시 미국에 있던 일본인의 처지에 대한 자괴감에서 자신을 그렇게 소개한 것이 아닌가 생각된다.

어 번씩 햇빛 구경을 시켜주었지요. 거기서는 우리 다섯 명을 그대로 한 방에 넣어주었어요. 한 방에 다섯 명 들어갈 수 있게 된 것 같아요. 포로수용소에 들어가 있으니 밥도 잘 주고 대우도 좋고 그때부터 살았구나 하는 생각이 정말 들더라구요.

산에서 내려오니까 피부병같이 막 돋고 영 형편없더라고요. 머리에 이가 있었는데 약을 막 쳐주고 샤워실에서 감고 그러니 이가 없어졌어요. 내 팔에는 좁쌀 같은 것이 돋아 미군들이 병원에 데리고 다니고 그랬어요.

그런데 그 수용소에선 그리 오래 있지는 않았어요. 얼마 있다가 조금 작은 수용소로 나뉘어 보내졌어요. 트럭을 타고 움직이고 두 번째 옮긴 데는 조금 자유를 주더라고요. 방이 죽 있어서 일본 여자, 대만 여자와 말도 하고 서로 왕래도 하고 그랬어요. 거기 여자들도 젊었어요. 그 사람들은 위안부 그런 건 안 한 사람 같아요. 서로 말해도 그런 말 안 하고 표시가 안 나고 하니 모르지요.

거기서는 조그마한 종이딱지를 한 장씩 주면서 필요한 것 사 쓰라고 했어요. 그래 그걸로 치약도 사고 칫솔도 사고 비누도 사서 세탁도 해가 입고 했어요. 거기서 살이 많이 쪘지요. 영양가 있는 것도 먹고 그랬으니. 산속에서는 먹질 못했으니 뼈하고 껍데기만 남아 있었는데, 그 사진(포로수용소에서 찍은 것)은 여기서 찍은 것 아닌가 해요. 살이 좀 찐 것 보니.

어느날 저녁에는 일본 여자들이 울고 난리더라고요. 총 쏘는 소리 같은 것이 나더라고요. 하나비라(불꽃) 터뜨리는 소리였어요. 그리고 뉴스가 나오더라고요. 일본이 항복했다고 라디오로 뉴스를 들려주었어요. 영어로 하고 한국말도 하고 일본말로 해주었어요. 각처 사람이 있으니. 항복했다니 우리는 얼마나 좋아요. 우리는 좋아가 그 카는데 일본 여자들은 울고 난리가 났어요.

거기 있다가 또 옮기더라고요. 일본 항복 후 우리를 트럭에 태워 가지고 다시 부둣가 가까이 천막이 많이 있는 곳에 수용시키더라구 요. 그리고 고향에 편지할 사람 편지하라고 하더라구요. '이제 됐다, 고향에 편지도 다 쓰고' 하고 집에다 엄마에게 편지를 했지요. 그 편지는 내가 집에 도착하고 나서 왔지만.

거기서 얼마 안 있다가 배를 타고 일본으로 갔다가 집으로 왔지요. 그렇게 빨리 갈 수가 없어요. 올 때는 얼마나 걸렸는데. 갈 때는 금방 가는 것 같아요. 일본 부두에, 거기가 오사카인지 일본 어딘지 기억이 잘 안 나네요. 내리니까 한국사람들이 우리를 여관으로 인도 해요. 여관에서 자고 이튿날 부산 가는 배를 또 태우더라고요. 부산 에서 또 하루 저녁 자고 이튿날 각자 집으로 가는 기차표를 끊어줘 서 집으로 왔어요.

처음에는 이제 집에 가라 그러는데 우리 수중에 돈이 있어요, 뭐 가 있어요? 그래서 걱정이 되더라구요. 일본에서 배가 닿아 거기에 나온 사람이 여관에 데려가고 한국에 가는 배를 태워주더라고요. 부 산에 도착해서 하룻밤 잤는데 거기서도 또 사람이 나와 검사하고 각 자 가는 곳으로 표를 주어 집으로 돌아왔어요. 같이 온 다른 사람은 부산에서 헤어졌어요. 두 사람은 마산인가 충무로 갔고 가네코인가 하는 사람도 있었는데 한국에 와서는 서로 연락이 없었어요.

집에 돌아오니 엄마는 신문 같은 것 보면 폭격돼서 어떻다 하는 걸 보고 매일 절에 가서 사셨대요. 일선 병원에 간 줄 알았으니까요. 갔다 온 다음 우리가 어떤 일 당했다는 걸 엄마에게 이야기했지요. 엄만데 이야기 안 할 수 있어요? 엄마가 심장병이어서 내가 결혼하 고 나서 서울대병원에 입원을 한 달 시켰는데 이미 늦었어요. 한 달 만에 돌아가셨어요. 나 때문에 이 병에 걸려가지고…….17) 그뒤로 고향에 가고 싶지도 않고 고향에 가도 아무도 없고 양자 했던 오빠가 서울에 있는데 제삿날 가보면 제사도 안 모시고. 우리가 도와주고 해야 하는데 못 그러니 제사도 안 모시는 것 같아요.

언니는 와서 충청도 논산으로 시집갔어요. 형부가 소주 도가를 했어요. 나는 출가해서 서울로 올라오고요. 언니가 한 번 서울에 댕기러 왔어요. 언니가 나를 늘 측은하게 봤어요. 데려가서 고생을 시켜가지고요. 이제 시집와서 이래 사니까 언니가 전에 우리 일은 잊어버려라고 해서 내가 "언니도 이제 걱정 없이 잘살아, 내 사는 것 이자뿌라"고 그랬지요. 그러고 나서 못 봤어요.

논산이 폭격이 제일 심했잖아요. 애들 아버지가 경찰인데 피난가면서 논산에 들렀어요. 언니가 밥을 해주면서 "동생은 어떻게 하고 혼자서만 피난가느냐"고 막 울더래요. "전쟁도 지겹게 겪는다"고 그랬다는데……. 쟤들 아버지가 언니가 해준 점심 먹고 경찰들이 다 부산으로 이동하여 부산으로 갔어요. 그 이후 언니 소식이 없어요. 알아봐도 없어요. 그때 돌아가신 모양이라요.

남편은 고향이 한 고향이에요. 한 고향이라도 14리가 떨어져 있었어요. 난 조마조마하게 여기며 결혼했어요. 아이 셋 낳을 때까진 몰랐는데 어떻게 그걸 알아가지고 만날 구박이지 뭐요. '구박받느니 내 자신이 나가야겠다' 그러고 내가 나온 거지요. 스물한 살에 결혼해서 아들 셋 낳고 서른하나에 집을 나왔어요. 막내가 네 살 때 나왔어요.

애들 친아버지는 돌아가신 지가 한 오 년 정도 되는가 봐요. 내가 집 나올 무렵에는 딴 여자하고 살았어요. 개성 여잔데 다방 마담하

---

17) 필리핀 가기 전에부터 심장병을 앓았어도 자신이 거기 갔다 온 일이 어머니에게 더 큰 부담을 주었다고 생각하는 것 같다. 사실이기도 하겠지만 많은 피해자들이 특히 이렇게 자신이 부모에게 불효했음을 가슴에 깊이 느끼고 있다.

던 여자였다든가. 애들 아버지가 그전에는 서울에서 손꼽히는 사업가예요. 크게 하다가 그 여자 만나가지고 속으로 재산 다 뺏겨버리고. 자식들은 대학까지 교육을 다 시켰어요. 그 양반은 정신이 이상해져버렸어요. 그러니까 그 여자가 그 아버지를 큰애한테 보내더라고요. 정신이 이래 되니까 재산 있는 것 장부 내놓고 도장 찍으라니깐 도장 다 찍어줘 버렸어요. 본인이 도장 찍어줬으니 법에 가도 말 못 하잖아요. 그 많던 재산 하나도 못 찾았다고요. 그 여잔 지금도 그 돈으로 잘살아요. 나보다 세 살 아래라요.

그 여자가 얼마나 나한테 그랬다고요. 위안부로 갔다는 그런 말 내세우고 막 그랬어요. 그래 내가 말 못 하구로. 내가 갖은 설움 다 받았어요. 헤어지기 일 년 전부터 있어서 집에도 잘 안 들어오고. 그래서 나중에 내가 집 알아서 찾아갔지요. 그랬더니 그 여자가 얼굴을 들고 그래 말하던데요. 그걸 알고 날 누르려고요. 그래서 내가 두 말도 안 했어요.

새로운 인생을 시작

그 관계로 이혼당하고 내 자신도 싫고 그래서 밖에 나가지도 않고 지냈어요. 바로 위 언니네 집에 있는데 세월이 가고, 친하게 다니던 집에 다니다가 이니(지금의 남편)를 만났어요. 이니는 당시 총각이었어요. 대학도 졸업하고요. 이니가 날 보고 인간이다 보니까 서로 마음이 그케가지고. 그 문제 때문에 그렇게 됐는데 두번째 속여가지고 또 그렇게 한다면 더 큰 상처를 입잖아요. 그래서 되면 되고 안 되면 안 되고 언니에게 사실대로 이야기해달라고 해서 바른 대로 이야길 다 했어요. 사실대로 이야기해도 이니는 좋대요.

"과거 일인데 무슨 상관 있느냐." 그래서 내 속으로 '참 배운 사람이 다르긴 다르구나' 했어요. 나이 차이가 있는데도 좋대요. 자기집에서 장가 가라 캐도 안 가고, 참 반대가 심했어요. 그래서 이래 사십 년 넘어 살고 있잖아요. 사십 년이 지나니까 시부모님도 다 이해하고 살아요.

처음에는 집 나와가지고 장롱에 걸려 있는 옷을 방에 내놓고 불지르려 하고, 내 혼자 산에 올라가려 그러고 굉장했다고요. 병이 심해가지고요. 그래 어느 병원 안 간 데가 없었다고요. 이니 만나기 전에도 그런 증상이 있었어요. 그래서 늘 약 먹고, 내 혼자만 가슴에 여놓고, 누구한테 말할 때는 없고…….

세브란스병원에선 안에서 말하는 것밖에 안 들리게 장치해놓고, 원장 선생님이 어렸을 때부터 오늘까지 이야기를 죽 하라고 했는데 차마 이 이야기는 못 했다고요. 살다가 아이 셋 낳고 애들 아버지와 이혼했다는 이야기만 했지요. 거기 갔다 왔다는 이야기는 못 하겠더라구요. 거기 약도 먹어보고 별난 데 약을 다 먹어봐도 안 돼요. 내 자신이 생각해봐도 내가 왜 이러나 내가 돈 사람 같더라고요. 내가 왜 이러나 왜 이러나 달래다가도 순간적으로 나 자신도 모르게 돌아버리고 그럴 때는 문을 열고 밖으로 뛰쳐나가요. 한겨울에도 문 열어놓고 있고요. 한 사십 년 전이에요. 이니하고 있을 때였어요.

이니 내 때문에 고생 많았어요. 그때 공무원 생활할 때, 시청에 있을 때 월급 내 약값에 다 들어갔다구요. 그러면 내가 안전하고 주부 행세나 하면 마음을 놓고, 또 발작을 하면 병원에 가서 약을 지어오고. 그러다가 안양에 조카한테 다니러 갔는데 조카가 "이모, 여기 중앙병원 정신과에 가보세요, 서울대병원과 자매 맺어서 박사들도 좋은 박사 많이 와 있을 거예요" 그러더라구요. 그래서 찾아가 봤더니 정말 거기 원장 박사님이 참 좋으시더라고요. 그래도 그거 한 가지는 말 못하고 비밀로 지키고 있었어요. 원인은 그건데……. 거기서 약을 주는데 그 약을 먹고 나니까 발작되는 게 차차 없어지더라구요. 그 박사님이 날 살린 거예요. 정신도 맑아지고 신경이 예민한 것도 없어지고요. 약이 떨어질라카면 좀 불안하다 그것 한 가지뿐이지, 지금은 딴 정신은 없어요.

이니 참 착해요. 참 도움을 많이 받았어요. 위로를 받고요. 고맙고 때론 불쌍한 생각도 들어요. 솔직한 이야기지요. 내 앞으로 자식들이 셋이나 있지만 이니 앞으론 자식도 없잖아요. 지금 할아버지와 사이에는 애가 없어요. 그 당시에 애기를 낳으려면 낳았어요. 여섯 명이나 소파수술했다고요. 저쪽에 자식이 있는데 이쪽에도 자식이 있으면 자식끼리 그렇잖아요. 내가 자식을 두 군데 낳아가지곤 안 된다, 그 정신 한 가지 가지고 임신만 되면 병원에 가서 소파수술했어요. 나중에는 할아버지도 건강 나빠진다고 못 떼게 했지만 내가 거절했지요.

그래서 지금 애들이 이니한테 잘해요. 친아버지 못지않게 잘해요. 이혼해서도 애들이 왔다갔다했어요. 이니하고 오래 몇십 년 살다 보니까 애들도 장성하고 우리 엄마에게 잘해 좋다며 이니를 잘 따르고 그래요. 애들 자식도 키워주기도 하고요. 애들이 "지금 아버님이 안 계셨으면 우리 엄마가 어떻게 됐을지도 모르고 저거들하고 사는 것보다 아버님하고 사시는 게 훨씬 마음이 편하시지 않냐"고 그래요. 애들은 어떤 문제로 이혼을 했는지 몰라요. 아버지가 딴 여자를 봐서 그랬나 보다 그러지, 일체 몰라요. 알아서도 안 되고요. 그런데 왜 남과 같이 잘 못사는지……. 시에 공무원으로 있었어요. 이십 년 정도 전에 그만두고.

애들은 커서 미국으로 갔어요. 한국에 누가 있느냐고 미국에 오시라고, 애들이 아버지하고 오시라고 해서 갔는데 미국 가보니 답답해서 못 살겠어요. 그래서 영주권만 안 없애게 일 년에 한두 번씩 왔다

갔다하고 우리 둘이는 한국에서 살자 했지요 큰애하고 둘째는 미국 간 지 15년이 다 됐어요 이제 기반 다 잡았어요 오라는 데 안 온다고 도와주지를 않아요 한국에 편안하게 해주면 안 올까 봐. 뇌신경약도 여게서 몇십 년 먹는 병원이 있고 혈압약도 몇십 년 먹는 병원이 있는데 미국에 가면 약이 달라지잖아요 그게 첫째고, 또 내 마음도 자식하고 같이 있는 것보다 따로 있는 것이 편코 자식들하고 있으면 든든한 마음은 있는데, 어려워요 같이 있으니까 어려워요. 내 내 저거들하고 같이 살았으면야 상관없지만 내가 젊었을 때부터 집을 나왔잖아요 나는 이니하고 살고 저거는 저거대로 왔다갔다했으니……. 그리고 저거 친아버지 같으면 살아도 괜찮은데 아니니까 내가 자꾸 신경이 쓰이더라고요 그래서 한국 가 산다카고 나와버렸어요 막내가 들어간 지 한 달 안 됐어요[18] 그것까지 들어가 버리니 마음이 허전하네.

지금 집은 천만 원 보증금에 30만 원, 워낙 전세는 3천만 원이에요. IMF라고 월세 10만 원 깎아줬어요 아이들이 미국에서 오면 여기가 가찹잖아요 그래서 여기서 떠날 수 없어요

1990년대 초부터 (일본군 위안부에 관해) 보도되는 걸 보면서도 알린다는 것 자체가 두려웠어요 안 하려고 했어요 없던 걸로 하고 있었지요 난 지금도 일본 전쟁영화 나오면 보기 싫다고 끄라고 그래요 테레비에서 노인네들 나와 보상 어쩌구 데모하고 그랬잖아요 그런 것도 보기 싫어 안 봤어요.

내가 이 나이 되도록 살아도 어디 가더라도 활발치 못해요 그때 그 충격이 컸고, 내 마음이 꽉 억조인 것 같고, 살아 와서 엄마 곁에 와도 즐거움이란 것을 몰랐어요 가기 전에도 상당히 내성적이었는

---

18) 1997년 1월 현재.

데 그렇게 당하고 나니까……. 지금도 내 마음이 즐겁고 어디가서 허허 하고 웃고 그래본 적이 없어요.

그 말은 내 자신이 입 밖에 꺼내기가 싫었어요. 지금도 사람들 만나면 대화 안 하고 그런 것은 '저 사람들은 내 같은 것을 안 겪었겠지' '저 사람들은 내보다 낫다' 그런 생각이 들고 저 사람들하고 이야기하면 돌아서면 내 뒤꼭지가 부끄럽다 그랬어요. 세월이 지나면 없어져야 하는데 안 없어지더라고요. 그래서 친구도 없고 어쩌다가 형제들 모이고 항상 집에 이래 혼자 있지요. 할아버지 일 안 나가면 할아버지 하고 있고요.[19] 내 입으로 그것 말하고 싶지도 않고 그때 처음 말했잖아요. 이니 만날 때도 알려야지 안 알렸다가는 나중에 또 이런 불상사가 생기면 죄인밖에 안 된다, 그래가지고 이니한테 고백했잖아요. 나는 그런 사람이다, 그래도 좋으냐 그랬더니 날 어디로 봐서 그런지 "좋다"고 해서 그래서 둘이 이렇게 사십 년 넘어 살아온 거예요.

전번에 구체적인 것을 물을 때 심장이 뛰고 벌개졌잖아요. 비슷한 경험을 가진 사람들하고 만나면 옛날 일이 생각나서 더 괴로울 것 같아요. 그래서 사람들 만나고 싶지 않아요. 내 혼자 가만 있으면 옛날 것이 자꾸 떠오르고 외롭고 하면서도요. 나이 많은 사람들이 심심하면 놀러오라고 하는데도 발길이 돌려지질 않아요. 과거 아무것도 없었다면 평화롭게 딴 사람 만나가지고 이야기도 하고 웃어도 보고 하지만은……. 이게 다 내 운명이라고 생각해요. (정리: 강정숙)

---

19) 아직도 할아버지가 없으면 불안해한다. 특히 저녁이 되면. 같이 살던 동생도 서울로 간 후 이웃이나 다른 친구들이 있는 것이 아니라서 더욱 그러한데 자신의 껍질이 하도 두꺼워서 벗고 나오기가 어렵다고 한다. 그래서 아직은 일할 만한 할아버지가 일을 하기 힘들다.

정리자의 뒷이야기

일본군이 패주한 후 재차 필리핀에 진주한 미군이 정리해놓은 한국인 포로, 특히 군위안부였던 피해자들의 명단이 발견됐다. 그것은 미국 국립 문서보관소에서 오랫동안 자료를 발굴하는 작업을 해오던 방선주 교수에[20] 의해서였다. 이 명단 속의 인물들을 찾아 나서게 된 동기는 1996년 여름 일본 NHK 방송에서 연구소로 협조를 요청하면서부터였다. 객관적이고 양심적인 태도로 조사에 임하는 다큐멘터리 팀이라는 것을 알고 이 기회에 우리가 한국 정부에 신고한 할머니 중심으로 조사하던 것에서 약간 벗어나 새로운 방식으로 포로명단 속의 인물들을 찾아나섰다. 필리핀에서 미군의 포로가 된 한국인 여성들의 직업은 여러 가지로 적혀 있었지만 대부분 군위안부로 생각됐다.

특히 포로가 된 경위가 조사되어 있던 다섯 명의 여성이 집중 조사대상이 됐다. 그들의 주소와 친인척 이름이 비교적 자세하게 적혀 있었다. 이를 연구원들이 나누어 조사하게 됐다. 그 중 나와 여순주 연구원은 소노다 킨단, 소노다 소란을 조사하게 됐다. 포로명단 중에는 자매가 같이 간 경우가 몇 있었는데 이 경우도 그러했다.

찾게 된 과정은 이러했다. 포로명단에서 한국 주소를 일본어 발음으로 영어 표기한 것을 거꾸로 해독하여 주소를 알아낸 다음 해당 면사무소를 방문하여 제적부 열람을 시작했다. 오전 내내 창씨명을 하나씩 점검하면서 제적부 13, 14권을 두 사람이 두 번씩 들추었으나 소노다라는 성은 없었다. 같은 성도 다양하게 창씨하여 찾는 것이 더 어려웠다. 창씨개명된 것에 일관성이 없었던 것으로 미루어 당시 이를 얼마나 단시간에 강요한 것인지 느낄 수 있었고 가족단위로 성이 마구 정해진 것을 보면서 일본의 분열책과 아울러 우리 민족의 소극적 저항도 느낄 수 있었다.

오후에 면사무소에서 제적부 열람을 계속하여 17권을 뒤진 후에서야

---

20) 방선주, 「미국자료에 나타난 한인 종군위안부의 고찰」, 『국사관논총』, 1992. 10.

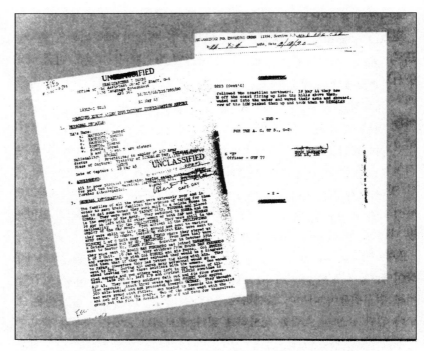

1945년 김소란 할머니의 필리핀 미국 포로수용소 기록문서(출처: 미국 국립보건소)

드디어 바로 이것이다 할 만한 호적을 발견했다. 그때의 환희와 두근거림
이란. 생존해 있다면 이분들은 미군 포로가 됐기 때문에 기록이 있는 최
초의 생존 피해자가 되는 것이다!

그런데 둘 중 언니는 주민등록번호도 찍혀 있지 않은 것으로 보아 죽
거나 행방불명이겠다고 예측됐다. 동생 소노다 소란의 호적은 서울 모 구
청으로 호적지가 변경되어 있었다는 것을 면사무소에서 확인해주었다. 이
제 서울로 가면 만날 수도 있겠다는 생각이 우리를 이제 주위를 여유롭게
살피게 했다.

기왕 서울에서 이곳까지 왔으므로 당시 이야기를 들을 수 있는 분을
찾아야겠다는 생각이 들었다. 그래서 노인회를 찾았다. 그곳 여러 분을 통

해 면사무소에서 오래 일했다는 노인회 회장을 만나게 됐다. 마을 한갓진 고추밭에 물을 주고 있는 할아버지를 물어물어 찾아가 근처 무덤가에 앉아 옛이야기를 들었다.

이 할아버지 말에 의하면, 소노다란 성은 종씨 중에 서울 동대문 경찰서장하던 사람이 소노다(園田)라고 하여 그 동네의 일가가 소노다로 창씨했다고 한다. 그리고 우리가 찾는 이들과는 촌수는 멀지만 일가이고 같은 동네에 살아 잘 안다고 했다. 그러나 자신은 1943년경 지원병으로 끌려나가 그집 사람들이 어떻게 됐는지는 알 수 없고 8·15 이후에도 그집 사람들이 모두 외지로 나가서 잘 모른다고 했다. 결국 우리가 일차적으로 알고자 한 것은 알 수 없었지만 면에 있었기 때문에 지원병이란 형식으로 강제로 징병되지 않으면 안 됐던 사정과 군인으로 나가 겪었던 중국 덕현(德縣) 등지에서 일어난 일들, 위안소 관련 이야기도 들을 수 있었다.

가뭄 끝에 그날 비가 왔다. "처서에 비오면 벼 천 석을 감하는데"라고 할아버지가 한탄했다. 마을로 나와 할아버지의 차대접까지 받고 후일에는 할아버지의 군대 경험을 더 자세히 들을 것을 기약하면서 마을을 떠났다.

일단 피해자의 생존과 소재지를 어느 정도 파악하여 마음은 흡족했다. 필리핀으로 가게 된 경위는 본인의 입을 통해서 알 수밖에 없다. 다만 늦게서야 결혼신고를 하고 호적을 옮겼는데 생존해 있다고 하더라도 우리의 조사나 방문을 어떻게 여길까 조심스러웠다.

그래서 서울에서 다시 하나하나 짚어서 할머니의 소재를 찾았는데 할머니는 연결이 안 되고 동생분과 연결됐다. 약간은 거북하고 불편하게 전화를 받았다. 그리고 할머니를 찾는 이유를 꼬치꼬치 물었다(그 이유는 나중에 알았다. 그때까지 할머니 사정을 아는 이는 주위에 할아버지 이외는 동생도 몰랐던 것이다). 염려되는 마음에 나는 더듬더듬 이야기했다. 마침 그때 할머니는 미국 로스앤젤레스 아들네에 가 있었다.

그 통화 직후 미국으로부터 연락이 왔다. 처음에는 남편 분이 우리집으로 전화했다. 거북해할까 봐서인지 그쪽에서 먼저 사정을 잘 아니 말해도 좋다고 하면서 필리핀 포로 사실은 어떻게 알게 됐는지, 그리고 50년 전의 일을 조사하는 이유에 대해 물었다. 그 사정을 이야기하고 할머니와 직접 통화를 통해 할머니의 경험을 간단히 들었다. 내가 한 전화가 아니라 국제전화 요금의 부담을 느끼고 있는데 할아버지로 전화가 바뀌었다. 할머니가 매우 흥분하고 충격을 받았다고 했다. 할아버지는 현재는 미국에 있지만 한국에도 주소지가 있고 12월쯤 귀국할 예정이라고 했다. 후일을 기약하며 연락처만 확인하고 전화를 끝냈다. 할머니가 귀국할 때까지 기다려 1996년 말에 처음 만나게 됐다. 연락을 하니 처음에는 "찾아오신거니 연락은 안 드려야겠나" 하면서 증언을 시작했다.

이런 과정을 거쳐 힘겹게 할머니를 만나게 됐는데 당시 할머니는 경제적으로 좀 어려운 상태였다. 아들들이 어머니가 미국으로 오라고 하는데 오지 않는다고 거의 지원을 하지 않아, 두 분은 경제적인 문제로 앞으로 미국으로 가야 하나 어떻게 하나 걱정중이었다. 미국에 가면 노인네들이 말이 통하지 않아 감옥 생활을 하다시피 해야 하고 병원 약도 걱정되어 미국에 영 가서 살고 싶지 않다는 것이 할머니의 속내였다.

그래서 나는 할머니와 할아버지와 상의한 결과 두 분이 정부에 신고하는 것이 좋겠다고 결정했다. 할머니의 증언에 기초하여 글을 작성하고 포로 기록을 첨부하여 정부에 신고하여 1997년 봄부터 정부 지원을 받게 됐다. 이 사실을 들어 최근 할아버지는 "그래도 늦게 복은 있는 셈이다. 정부에서 이렇게 지원을 해주니"라고 한다.

우리는 할머니의 역경도 역경이지만 할머니와 할아버지의 만남, 그리고 맏이이면서도 할머니의 전 남편자식까지 거두면서 자기 자식에 대한 욕심을 크게 드러내지 않고, 정신적으로도 어려움이 많았던 할머니를 꾸준히 간호하고 치료하면서 긴 시간을 한결같이 생각해오신 할아버지에 대한 감동이 더 컸다. 이 일을 하면서 인생이 소설보다 더 소설적이라는 말을 늘 되뇌며 지냈지만, 이 두 분과 같이 흐뭇한 경우는 없었다.

그러나 아직도 할머니의 상흔은 남아 있다. 지금도 할머니는 옆에 할아버지가 없으면 불안해한다. 그래서 증언을 채록할 때도 대부분 옆에 같이 있는데, 할아버지는 어려움을 알고 "깊은 이야기는 내가 피해줄 테니까 말하라"고 미리 말씀하셨다. 그래서 위안소 생활에 대해서는 할아버지가 없을 때 물어봤다. 하지만 할머니가 위안소에서의 생활에 대해서는 워낙 말하기 힘들어하여 질문하기가 쉽지 않았다. 당시를 회상한다는 것조차 정말 힘든 일이라는 걸 이 할머니의 모습을 보며 다시 느낀다. 정리자들이 느낀다 한들 정말 얼마 정도이겠는가. 이런 일이 없어야 한다는 마음으로 시작한 일이지만 정리자인 내 자신이 너무나 냉혈한으로 느껴질 때가 많다. 할머니의 고통에도 불구하고 이것 저것 묻지 않을 수 없으니 말이다.

그리고 언제나 주의하는 것이지만 피해자의 인권 침해가 안 되도록 조심해야 한다는 것을 다시 느끼게 됐다. 연구자의 관심과 피해자의 인권 문제는 늘 긴장관계에 있다. 이번에도 할머니를 찾기 위해 할머니의 경험을 동의도 받지 않고 동생에게 이야기하지 않을 수 없었던 점을 죄송하게 생각한다. 할머니는 가장 가까운 할아버지가 이미 그 사실을 알고 있었고 할머니를 만나고 나서 동생분들이 언니를 잘 이해해줘서 할머니에게 특별한 피해가 없었던 것이 큰 다행이었다.

■ 정리자 강정숙은
1956년 진주에서 출생하여 이화여자대학교 사학과에서 한국근대사를 전공했다. 1992년 3월 이래 한국정신대연구소에서 활동하고 있으며, 여성사에 관심을 갖고 한국근대여성사에 관한 글들을 쓰고 있다.

순경 집 수양딸 노릇하다가

김군자

1926년 강원도 평창에서 태어났다.
중국 훈춘, 고까시로 끌려갔다 왔으며,
지금은 경기도 광주군 퇴촌 나눔의 집에서 살고 있다.

부모 일찍 돌아가시고 딸 셋이 뿔뿔이 흩어져서

강원도 평창군에서 태어났어요. 내가 큰딸이야. 밑으로 여동생이 둘 태어났어. 아버지는 산으로 다니시면서 도 닦다가 마흔 살에 장가가가지고 나를 마흔두 살에 낳어. 어머니는 열네 살에 시집와 열여섯에 나를 낳으셨지. 아버지가 어머니보다 스물여섯 살 위야.

우리 외갓집에는, 딸 여섯에 아들이 하나, 칠남매야. 우리 어머니가 둘째딸인데, 동생이 조롱조롱하지. 우리 외갓집이 어렵지(침묵). 나이를 몰랐대, 양반 그런 것만 봤지. 옛날에는 선도 안 보고 양반이라 하면 결혼했잖아. 그랬는데 잔칫날 신랑이 왔는데 친정아버지나 마찬가지더래.

우리는 경주 김씨야. 우리 큰집은⋯⋯ 평창에서 5대가 살았어. 나여섯 살 먹어가지고 세간(분가)났거든. 보통 시골사람 정도로 먹고 살았지. 많지는 않았는데 논농사도 짓고 밭농사도 짓고. 나는 학교는 못 댕겼어. 우리 형제들 다 못 배웠어.

아버지는, 내가 열 살 정월에 돌아가셨어. 왜 돌아가셨는지 몰라. 그때 우리 어머니가 스물여덟이야.[1] 우리 아버지 앞으로 양자를 했잖아, 큰집 작은오빠를. 나 어렸을 때 했나 봐. 우리집에 아들이 없으니까. 그니까 아버지가 돌아가시고 나서 재산을 양자가 다 가진 거지. 우리 엄마도 얼마쯤 가졌겠지. 그래도 나는 모르니까. 오빠는 몇 살인지 몰라. 뭐 수염도 나고 엄마보다 나이 더 많이 먹었어.

그래 어머니가 나 열한 살 먹어서 딸 셋 앞세우고 주문진 친정으로 간 거지. 그래가지고 둘째동생은 남의 집 보내고 엄마가 친척이 있는 신리에 가 살았지. 엄마는 막내 데리고 장터에서 떡장사 하면

---

1) 실제 계산해보면, 그 당시 할머니의 어머니는 스물여섯이 맞겠으나 할머니는 그렇게 기억하고 있다.

서 살았어. 나는 혼자 주문진 외할머니집에서 한 3년 살고. 그러다가 엄마가 막내동생 봐주러 오라 해서 신리로 갔어. 대관령 넘어가기 전에 있는 평창군 대화면 신리라는 데서 한 1년 산 거지.

여기서 엄마가 돌아가셨지. 목병으로. 목 안이 부어가지고 말을 못 하더라고, 목에서 막 소리가 나더니 그냥 돌아가시더라고. 한 달쯤 앓았나? 어머니는 시방 같으면 살 수 있었겠지.

나 열네 살 먹어서 도로 막내동생 데리고 주문진 이모집으로 왔지. 막내동생은 이모네 집이 어렵고 하니까 남의 집에다가 준 거지. 안 가려고 우는 동생을 내가 데려다가 줬어요

나는 이모집에서 열여섯 살 먹도록 살다가 강원도 철원에 갔어. 최철지라는 사람네 집에 수영딸(수양딸)로 갔어. 제정(帝政) 때니까 살기 힘들지. 이모집이 가난했고. 그래 이모네가 아는 쌀장사가 소개해줬어. 그런 집에 수영딸로 가면 좋다고, 아무도 없고 호강하고 편안하다고 그래가지고 간 거지.

최철지는 첩이랑 같이 살았어. 이 사람들한테 어머니 아버지 했어. 아주머니는 아이 없고 한 사십 살 먹었나 봐. 큰마누라는 한 삼십 살 됐는지……. 큰마누라는 머스마 하나 있는데 최철지하고는 떨어져서 살았어. 나는 거기서 밥해먹고 그러는 거지. 수영아버지가 순경이야, 그때는 순사라 했지. 거서 한 일 년 살았나? 내 이름이 군자잖아, 그니까 기미코라고 불러. 나는 가네모토 기미코라고 했어. 수영아버지가 그렇게 불렀지.

근데 (침묵) 그때 어떤 사람이 하나 생겼어. 오봉산이라고 하는 사람인데 그때 전매청 댕깄어. 철원 역전에 최철지네 집이 있었는데, 그 사람이 집앞으로 밤낮 지내댕겼어. 한 1년 지내댕기고 이러니까 알게 됐어. 손목 잡고 하는 것까지는 없고 좋아만 했지. 결혼하려고도 그랬는데……. 난 아무도 없잖아. 그 남자 집에서 어른들이 그냥

다른 여자하고 장가들였어. 이 사람이 집에 들어가지 않고 야단했어. 그래도 옛날에는 집에서 어른들이 저기하면 자기 맘대로 못 하잖아. 시방 같지 않잖아. 그걸 알고 최철지는 나를 죽인다고 쫓아다니고 왜 그랬는지, 사귀지 말라고 그렇게 하는 거야.

최철지, 수영아버지 그 사람, 간질해. 순경인데도 길가다가 간질하고. 눈이 시뻘건 게 쳐다보기만 해도 무서워. 지금은 죽었을 거야(침묵). 지겨워. 수영아버지가 가라고 해. 어디로 간단 말도 안 하고 가면 돈도 벌고 이러는데 가보고 오라고, 돈 못 벌게 생겼으면 다시 오라고 그러더라고.

열일곱 살(1942년) 3월에 갔어. 최철지가 나보고 가라 하고 나서 사흘 만에 한 서른댓쯤 사십 가까운 한국 남자가 집에 왔어. 군복 입고 있었어. 계급은 없고 그 남자는 그 전에도 한 번 집에 왔었어. 와서 그런 말은 안 하고 갔거든, 그랬는데 다시 왔더라고 그 사람이 나를 혼자 데리고 갔어.

갈 때 머리는 중단발 붙들어매고 갔어. 검정치마에 연두색인가 저고리 입고 검정고무신 신고 짐도 없어 아무것도 안 가지고 가라니까 그냥 간 거지. 최철지랑 그 부인이 집에서 나오지도 않고 잘 갔다 오라고 하데. 나는 처음에는 심부름 보내는지 알았거든.

그런 줄 알았는데 기차, 화물차 타고 보니까 그게 아니더라고. 표는 그 사람이 끊었겠지. 차 안에 여덟 명이 있었어. 다른 여자들을 또 한 남자가 데리고 있더라고 그 남자도 한 사십 먹었을 거야. 한국사람인데 군복을 입었어. 군속처럼 계급은 없고 총칼은 없고 센토 모자[2] 군인들 쓰는 모자 있잖아 계급장 없이 그런 모자 쓰고

여자들하고는 낯설고 그러니까 말 안 했어. 그냥 앉아만 있는 거

---

2) 센토는 전투(戰鬪)의 일본말. '센토 모자'는 일제시기 일본군인이 쓰던 약식 모자였다 한다.

지. 바닥에 앉았어. 의자가 없고 화물차니까. 근데 군인들이 많더라고. 우리는 화물차 한 쪽으로 탔는데 군인도 저쪽에 앉아 있고. 속이 어둡지는 않았어. 문 열어놨으니까. 그러고 하룻밤, 하룻낮 갔나 봐. 가면서 무얼 먹었는지도 몰라. 어디까지 가는지 모르지. 가면서 좀 이상하더라고 뒤숭숭해 마음이…….

그랬는데 내려가지고서 트럭 타고 한참을 갔어. 역에서 계급 단 군인이 트럭 가지고 나와 기다리고 있더라고. 여자들 여덟 명이 다 같이 갔어. 그 사람들 둘은 앞에 타고. 여자는 트럭 뒤에 타고. 트럭 탈 때 마음이 이상했지 겁도 나고…….

긴가쿠 이안죠

한참 가, 옛날 여관 같은 집에 내렸어. 그집이 괜찮더라고, 이층 집이고 부대하고는 좀 떨어져 있었어. 동네 속에 있더라고. 중국사람이 가까이 살았지. 가까이 있어도 중국사람 안 만나. 가니까 거기에 여자들이 아홉 명인가 있더라고. 그 사람들이 그래, 거기가 훈춘이라고.

거기서 한 일 년 반 있었어. 먼저 있던 사람들이랑 다 같이. 열일곱이 같이 있었던 거지. 밖에 문 위에 긴가쿠 이안죠라고 붙어 있었어. 한자인지 일본말인지 몰라. 나는 한글밖에 몰라. 긴가쿠 이안죠라고 하더라고. 그집은 사각형으로 돼 있어. 담장도 대문도 없고 밀고 닫는 미닫이문 열면 문 양쪽으로 방이 있어. 방 벽을 타고 안으로 들어가면 바로 안마당이지. 안마당에서 하늘이 보여. 마루는 방 밖으로 안마당을 빙 둘러서 주욱 있어. 일층에는 방 아홉 개, 이층도 그렇고. 방은 크지 않아 벽은 도배했어. 장판 방이고 담요만 있었어. 나는 일층에 있었어. 데리고 간 남자가 그 방을 주었어. 사무실은 미닫이문 맞은편으로 마당을 가로질러 가지고 있었어. 그 옆이 안방이고. 남자 주인이 방을 주어. 씻는 데는 마당 옆에 있어. 화장실도 그 옆에 있고. 화장실은 재래식이야.

남자 둘에 여자 하나가 같이 살았어. 여자는 우리를 데리고 간 남자 한 명하고 같이 살아. 그 두 사람이 말하자면 주인인가 봐. 다른 남자는 종업원이고. 여자보고 아줌마라고 했지. 아줌마는 한 서른대여섯 되나 봐. 사무실엔 주인 남자가 있고. 사무실에서는 뭐 사람 오는 숫자 저거하겠지 뭐(침묵), 거기서 뭐했는지 잘 몰라. 그 사람들한테 맞는 사람도 있지. 이 사람들이 감시했어. 다 한국사람이야.

콩깻묵밥 먹었어, 매일. 김치가 있었어, 별 반찬 있나? 콩깻묵이 뭔고 하면 콩으로 기름짠 것, 그 건데기 넣고 밥한 거야. 쌀은 어쩌다가 조금씩 보이지. 밥은 그릇에 줬어. 아줌마가 해주었지. 주인네 방에서 한꺼번에 먹어 비좁지 뭐. 시간 맞춰 밥을 주니 시간 안 맞추면 밥을 안 주지. 하루에 세 번 먹어. 시간이 정해져 있어. 아침에 일곱시 반일거여. 점심은 열두시 반이고 저녁은 다섯시 반일 거야. 한 삼십 분 먹었어. 목욕은 남자가 인솔해서 훈춘에 있는 목욕탕으로 데리고 가. 한꺼번에 열일곱 명이 일주일에 한 번씩 갔어. 남자는 목욕탕 밖에서 기다리고 있고.

토요일날은 오후부터 군인 받고. 오후 한 서너시 넘으면 와. 군인들이 일요일날 많이 와. 아침부터 오지. 아침 한 아홉시 되면 오고 밤에는 일곱시 전에 가. 트럭 타고 오지. 걸어서 오는 것(군인)도 있고 혼자 오는 군인 없어. 조(組)로 와. 장교가 인솔해가지고 나오지. 군인들이 외출할 적에 장교들이 데리고 와. 와가지고 장교는 방에 안 들어오고 군인들 들어가는 것만 보고 있지. 군인은 사무실 거쳐서 앞마당에 방방이 줄을 서. 전체 한 100명 넘게 서서 기다려. 바글바글하지 뭐, 걸어댕길 수도 없었지. 생리해도 못 쉬어.

평일날은 군인[3]은 안 오고 밤에 장교만 왔어. 평일날 낮에는 피곤하니까 자지 뭐. 어디 나가지도 못하고 그냥 낮잠 자고 쉬어. 저녁에 장교가 오면 받고. 장교는 자고 가기도 했어. 장교는 토요일, 일요일 밤에도 왔지.

거기 가서 이틀인가 그냥 있었지. 목요일쯤 갔나 봐. 토요일부텀 군인들이 나왔으니까. 나한테 처음 들어온 사람이 쫄병이야. (할머니는 한참을 침묵하다가 다시 말을 바꿨다.) 아니 금요일날 밤에 저녁 먹고 나서 일곱시 넘어 장교가 왔어.

나이가 한 삼십 되나 봐. 일본사람이지. 일본말 하는데 알아들어? 모르지. 오십사 년 전인데 뭘. 거절해서 두드려 맞았지. 귀퉁백이를 얻어맞았어. 그래서 고막이 터졌어. 한 두어 번 때렸나 봐. 이쪽 저쪽 양쪽으로 때렸는데 오른쪽 귀가 터졌어. 안 들려, 지금도 귀에서 피가 나오는데 그냥 말았지. 아팠지만 뭐 병원에 가지 않았어. 피가 나오고 그냥 아문 거지.

많이 올 때는 하루에 한 사십 명 받나 봐. 씻지 못해. 끼는 거 저거하니까는 아파. 아픈데 어디 생각해주나, 나만 아팠지. 검사해요 매주 금요일날 검사해요. 군인 트럭 타고 우리가 의료 저거 하는 데로 가요. 검사하는 사람은 군인이지 뭐. 군의라고 그 사람 혼자서 다 해. 병원은 군대에 있어. 검사할 때 병원에는 여자들이 우리밖에 없었어. 병원은 막사로 지은 거야.

성병 걸려본 적이 있어, 매독. 치료받았지. 그때 군인은 안 받았어. 매일매일 병원 가서 치료받았지. 육백육 주사를 맞았어. 한 삼일은 맞았을 거야. 냄새 나지. 그게(삿쿠) 어떤 거는 터지고. 터지기 땜에 안 하는 사람도 있어. 군인들이 가지고 오나 봐.

---

3) 일반 사병을 뜻한다.

돈은 안 줬어. 표를 가지고 온 거 같아. 주인 줬겠지. 옷은 그냥 쓰봉(바지) 입었나 봐. 윗옷도 아무거나 입었어. 빨래는 내가 하지. 화장, 안 했어. 머리는 파마했을 거야 아마. 미장원이 옆에 있어 주인이 불러와서 했어. 불파마라고, 머리를 손가락만한 거로 두루루 말아서 마지막에 숯불 넣은 거를 머리에 꼽아. 잘못하면 머리가 타고, 뭐 그랬지. 돈은 내가 안 줬어. 신발은 게다[4] 신고 어디 나가나? 겨울에도 게다 신었어. 양말은 군인이 신는 누런 거 신고.

도망간 사람은 없어. 가서 몇 달 있다가 도망가려고 하던 사람도 있었지. 주인한테 붙잡혔어. 두드려 맞고 딴 사람들이 못하게 본보기 하느라고 많이 맞았어. 남자가 지켜. 감시가 얼마나 심한데. 감시하려고 남자가 있는 거야. 에핀(아편)한 사람은 있었어. 그 사람은 나이 좀 먹었더라고. 우리보다 먼저 와 있던 사람이야. 에핀 사려고 이불 뚜르르 말아가지고 내다 팔고. 주인한테 야단나지 가두고. 나는 술 담배 안 했어. 나와가지고 술집에 있을 때 담배 한 오개월 태웠지 모양으로. 그리고는 안 했어.

여자들끼리 뭐 좋고 나쁠 게 없어. 싸우지도 않고 친구로 사귀지도 않고. 순자라는 여자 이름이 기억나. 충청도에서 왔대나 봐. 일본식으로 부르지 뭐. 준꼬, 기미꼬, 사다꼬, 다 그렇게 불러. 나는 기미꼬였어, 수양아버지가 지어준 이름 그대로 불렀지. 번호로는 9번인가였어. 주인이 기미꼬라고도 부르고 9번이라고도 했어. 한국말 해도 괜찮았어. 우리들끼리는 한국말 하지. 나는 일본말 할 줄 몰라.

임신하면 주인이 유산시켜. 나는 생리가 열여섯에 시작해서 마흔여덟에 끊어졌지(침묵). 유산한 적 있어. 군인 중에 친한 사람은 있었지. 육군 소쬬 금줄에 노란 별 하나 빨간 데 가서 금줄이 있고 별이

---

4) 일본식 나막신.

있어. 우리한테 군인들이 죠센징, 센징, 한도징(반도인)이라고 했지. 일본사람 싫어, 나는 일본말 절대 안 해.[5] 그때 일 생각하면 진절머리가 나. 지겹지. 노상 슬프지.

고까시[6]에는 트럭으로 갔어. 한참을 갔는데, 얼마 갔는지는 모르겠어. 군인들이, 그 부대가 전방으로 들어가니까 간 거지. 거기는 일층 빈 집이야. 허스름하고. 그냥 개인들 사는 것 같은 집이었지. 일곱 명이 거기 들어갔어. 주인 여자하고 주인 남자가 따라가고, 같이 있던 다른 사람들은 어떻게 됐는지 몰라. 다른 여자들하고 종업원 남자는 훈춘에 남았지.

고까시는 마을이 없어, 벌판이지. 부대하고도 멀어서 부대가 까맣게 보이지. 검사하러 갈 때는 트럭 타고 부대로 갔지. 목욕은 그냥 집에서 물 데워가지고 했어. 우리가 직접 물 데우고 빨래하고 비누 같은 거는 군인이 갖다주지.

고까시에서도 군인은 토요일, 일요일만 와. 여자들은 외출이 없었어. 모든 것이 훈춘에서와 한가지지. 거기 있다가 해방됐어. 거기서 한 일 년 반 못 되게 있었어. 스무 살에 나왔으니까.

해방 후 맨손으로 나와

해방됐는지 어떤지도 몰라. 그러는데 남자가 너희 맘대로 가라고 그러더라고. 돈은 아무것도 안 주고 맨손으로 나왔어. 그래 일곱 명이 백두산으로 걸어나왔어. 한 보름 걸렸는가 봐. 백두산으로 나와

---

5) 나눔의 집에는 일본사람들이 자주 온다. 할머니는 그 사람들을 의식해서 하는 말인 것 같다.
6) 고까시는 일본식 발음의 중국 지명이다. 훈춘시 근처에 있는 작은 지명으로 추정된다.

김군자 할머니의 32세 때의 모습

가지고 두만강을 건넜어. 두만강을 일곱이 다 건넌 거야. 그래가지고
회령으로 나왔지.

거기 오니까 뭐 사람들이 보따리 싸 짊어지고 모두 가고 그러더라
고. 회령에서 다 헤어졌어. 그 다음에는 다 나 혼자 다녔지. 거기서
걸어서 성진까지 나와가지고 성진서 또 기차, 화물차 타고 나왔지.
사람이 기차 위에도 타고 안에도 타고 형편없었지. 돈 안 주고 탔어.
그래가지고 철원으로 또 왔어. 처마 밑에서도 자고 빈 집에 들어가
서도 자고 그렇게 해가지고 돌아온 거야. 그때 뭘 먹었는지도 몰라.
한 달 여드레 만에 철원까지 왔어. 완전히 거지였지. 철원에서 일 년
어떤 술집에 있었지. 최철지한테는 안 갔어. 보기 싫은데 뭐. 술집에
서 오봉산이는 다시 만났어. 그 사람도 징용 다녀왔대.

거기 있는데 여성동맹 나오라고 지랄들하잖아. 빨갱이들이 시내 행진하고 돌아다니는 거야. 그래가지고 귀찮더라고. 살기 싫더라고. 그래서 인자 삼팔선 넘었지. 길잡이 따라 삼팔선 넘어가지고 춘천으로 와가지고 수용소에 가 또 일주일 있었지. 그래 인제 서울로 왔지, 아는 사람하고 같이 넘어왔거든. 그래서 그 친척들이 있는 아현동으로 갔어. 거기 갔는데 아는 데가 있나 뭐, 저거 하는 데가 있나, 아무 것도 없지 뭐. 그래서 소개소로 간 거야. 소개소에서 뚝섬 어떤 술집 소개해주어 거기서 한 두어 달 있었는데 뭐가 하나 생기더라고(웃음). 남자가 하나 생겨. 파출소에 주임이라나, 뭐 에핀네(부인)가 없다고 그러더니, 에핀네가 있더라고. 에핀네가 와서 막 지랄하데. 그래가지고 털어버렸지 뭐.

털고서 그때는 이제 남의집살이하러 간 거야. 그래가지고 돈 쪼깨 벌면 산에 기도 다니고 절에 가고. 뭐 좀 알아보려고, 깨쳐보려고, 왜 이렇게 기구한 운명인가고 좀 알아보려고…… 아버지가 도를 해서 그런지 나도 그러고 댕겼지.

절에 한 삼십 년 댕겼어. 그랬는데 스님들한테 기도 훼방받고 그만뒀지. 그리고 또 한동안은 식모살이도 한 12년 하고, 그 다음에 또 강릉에서 빵장사했어. 그래가지고 남가좌동 와서 미제 장사했지. 미제 장사하다가 또 다 털어먹고 세관에서 나와서 자꾸 털어가니까 다 털어먹고 보따리 장사했어. 옷 말이야. 평화시장에서 물건 떼다가 삼척에다가 팔고 또 저녁 차에 와서 새벽에 물건 해가지고 가서 또 팔고. 한 달쯤 했는데 또 못 하겠더라고. 그래서 식모살이한 거지. 그러다가 세계정교[7]에도 한 8년쯤 다니고 2년 전부터는 천주교에 다니고 있어요.

---

7) 우리나라 신흥종교의 하나.

위안부 등록 안 하려고 했어. 안 하려다가 한 거야. 죽으면 그만이지 뭐. 세계정교에 입산해가지고 아주 거기서 죽을 생각으로 내가 있었거든. 그 종단 기도처가 각처에 있어. 정선에 수련하는 데 가 있었어. 거기서 사람들이 많이 기도하고 그러거든. 거서 있는데 아파서 병원에 다녔더니 의료비가 많이 나왔더라고, 25만 원. 그래서 정선군청에 찾아갔지. 배급 타 먹고사는 사람이 이걸 뭘로 내느냐고 그랬더니, 군수가 돈을 5만 원 주면서 비서보고 말하더라고 비서가 복지과에 말해서 그것이 무마해졌잖아.[8] 의료보험이 무마되고 돌아왔는데 군청 복지과에서 산골로 막 찾아오더라고. 그래가지고 얘기 얘기하다가 위안부 얘기해가지고 등록하게 됐는데 1995년도 11월 15일부터 상담해가지고 1996년도 2월 28일자로 등록이 됐어. 등록이 돼서 이제 돈이 나오는 거라.

군에서 나를 그 산골짜기에서 자꾸 나오라고 해, 방을 얻어준다고. 근데 그 종교에서는 또 날 제주도로 가라고 그러는 거라. 하늘나라 믿는 건데 종교가 커요.[9] 그래 그 종교 따라 제주도로 가려고 그랬어요. 1996년도 10월 24일 제주도로 가려고 정해놨는데, 22일 군청에서 와서 짐 말짱 싣고 나와버렸어. 그래가지고 연립주택을 주더라고. 소년소녀가장 사는 덴데, 방 두 개에다가 욕실 있고 주방 있고 그런 데를 주더라고. 거기서 살다가 아프니까 어떻게 할 수가 없더라고. 양쪽 옆에 사람들이 살아도 문이 닫혔으니까 어디 갔겠거니 하고, 그러니 죽어도 모르겠어. 아침에 밥 해먹고 성당 갔다 저녁에 오고 그렇게 살았어. 그러다가 작년 가을에 여기 나눔의 집 왔다 갔어. 군

---

8) 그 이후에 의료비를 내지 않아도 되었다고 한다.
9) 지금도 나눔의 집에 있는 할머니의 방에는 동쪽 벽으로 세계정교 총령(교주)이 줬다는 '하늘사람'이라는 글씨가 담긴 족자가 크게 걸려 있다. 그리고 그 북쪽 벽으로는 성모마리아상을 모셔놓은 할머니의 기도처가 있다.

청에서 여기를 가라고 자꾸 그러더라고, 나눔의 집으로 가라고. 1998년 3월에 들어왔어.

자꾸 아프니까, 무릎이 아주 아파요, 관절수술을 몇 번 했어. 걷기도 불편하지. 연립주택에 군청 사람들이 와서 자꾸 들여다보곤 하지만 한 집에 사는 것만 못하잖아. 그래서 인제 와서 보고 여기 오기로 작정을 했지. 여럿이 살면 저거하니까 싶어 온 거야. 나눔의 집에서 매주마다 성당에 다니고 있어요. 기도는 매일 방에서 드리고. 정선 군청 직원이 내 대모야. 젊은 사람인데 나한테 잘했어.

작년에 강릉병원에 입원해 있으니까, 정선에서 온 위안부라고 테레비에 나오고, 케이비에스고 어디고 안 나온 데가 없어요.10) 그래서 동생도 알았어. 지금까지 말 안 했거든. 이종동생 아들이 엄마한테 말한 거야. 이모가 테레비에 나오더라고, 정신대 그걸로. 그래가지고 동생이 병원에 왔어. 시방 동생 하나는 죽고 하나는 삼척에 있어, 막내동생. 막내동생 보려고 스물아홉 살에 주문진을 찾아가니까 막내가 시집갔더라고. 스물두 살에 갔대. 내 아래 동생도 결혼해 서울에서 살다가 죽었어. 막내는 사남매야, 딸 둘 아들 둘. 작은동생도 아들 하나 있고. 나만 없지. 다 괜찮게 살아.

억울해요. 남 하는 결혼 한 번 안 하고. 어떻게 보면 자유롭다고도 할 수 있고 박복하다고도 하고 평생 살아나온 게 이렇게 기구해. 남 보기엔 안 그럴 것 같다는데…….11) 테레비에서 인터뷰하고 그러는데 짜증내고 그랬어. 망신이지. (정리: 조최혜란)

---

10) "어떻게 온갖 텔레비전에서 다 알았어요?"라고 묻자, 할머니는 "그 병원에서 공짜로 해주면서 그 대가로 나를 알렸나 봐"라고 했다.

11) 할머니는 전체적으로 잘생기고 예쁘다. 칠순이 넘은 나이인데도 깨끗한 피부와 큰 눈, 우리가 흔히 말하는 복코(우뚝 솟아 콧망울이 뭉뚝한)에, 두툼한 입술과 귓불이 두툼한 큰 귀 그리고 풍채 좋은 몸매이다. 전체적으로는 우아한 분위기가 흐른다.

정리자의 뒷이야기

할머니는 매일 서너 시간 이상 묵주기도를 올린다. 천주교에는 1998년 부터 다녔지만, 종교적인 활동은 30대 초부터 꾸준히 해왔다고 한다. 젊어서 절에 다닐 때는 하루에 서너 시간씩 결가부하고 앉아 참선한 적도 있다 한다. 할머니를 봤을 때 무척 맑은 눈빛이 인상적이었다.

"뭐 들을 게 있다고"라면서 할머니는 나눔의 집, 할머니 방에 앉아 낮은 목소리로 자신의 이야기를 하기 시작했다. "강원도에서 태어났고, 수양 아버지 땜에 훈춘으로 갔다가 고까시에서 살고, 그래 왔지." 아주 혼쾌하게 시작한 할머니는 내가 위안소 생활을 구체적으로 질문하기 전까지는, 가끔씩 기억을 더듬기 위해 침묵하면서도 여전히 느긋하게 살아온 자신의 삶을 이야기했다. 할머니는 내가 무엇인가를 물으면 짧고 간결하게 그것을 설명해주었다.

그러나 위안소 생활에 대해서 질문하기 시작하면서 할머니는 더 긴 침묵을 하고 한숨을 자꾸 내쉬었다. "사십 명……. 이제 고만해. 다 잊어먹은 거 말하니까 자꾸 그때가 떠오르잖아." "군인들이 많이 올 때는 몇 명이나 오던가요?"라고 내가 질문하자, 할머니는 나를 쳐다보며 한참 눈을 깜박거리더니 그렇게 대답했다. 그것으로 할머니와의 이야기는 끝이었다.

"나, 안 해." 처음 면담하고 보름쯤 지나서 내가 찾아가자 할머니는 나를 보더니 대뜸 그 말부터 했다. "예, 할머니가 원하시면, 그만할게요. 그럼 저, 할머니 지난번 말씀해주신 것은 증언집에 싣지 말까요?" "괜찮아, 테레비에도 나오고 다 아는 걸, 뭐."

그 허락을 받은 후 나는 할머니와 함께 텔레비전을 보면서 지나치듯 혹은 같이 누워서 뒹굴다가 물으면서 할머니의 증언을 정리해나갔다. 그러면 할머니는 또 자연스럽게 대답해주곤 했다.

할머니는 일본 대사관 앞 위안부 문제를 위한 정기 수요시위에도 자주 참여하면서, 대중매체들이 할머니를 면담하면 혼쾌하게 응하는 편인 것 같다. 또 할머니랑 같이 시장을 갔을 때, 내가 사진을 찍으면 할머니는 자연스러운 자세를 취해주곤 했다.

　그러나 할머니는 여전히 위안소 경험에 대한 부분에서는 곤혹스러워하는 것이었다. "임신했던 적도 있으셨어요?"라는 질문을 하면, 한참을 침묵하다가 "응, 뗐지, 자꾸 묻지 마" 해서 말을 중단하거나 혹은 성병에 대해서 물으면 "매독 걸렸다가 나았지, 그만해"로 할머니와의 이야기는 끝이었다.

　맑은 눈빛의 이 할머니에게 현재형으로 남아 있는 그 위안소의 경험. "할머니, 가슴에 쌓아두지만 말고 말씀하셔서 푸세요. 저도 같은 여자라서, 참 세상살이가 힘든 게 많아요. 할머니랑 같이 풀어가고 싶어요." 할머니에게 몇 차례, 나는 이런 식으로 내 마음을 전해줄 뿐이었다.

　■ 정리자 조최혜란은
요즘 부모 성을 즐겨 쓰며 즐겁고 행복하게 살려고 노력한다. 여성학을 전공하던 학생시절 이 문제를 접한 후 어느덧 10년이 다 돼간다. 피해자 할머니들을 만나뵙고 안타까워하거나, 또는 이러저러한 일로 화를 내기도 했던 날도 있다. 그러나 언제인가부터는 타인을 변화시키려하기보다는 이제 자신의 변화를 우선 꿈꾸며 살아가고 있다.

쓰고 또 쓰옴서 살았어

김옥주
1923년 대구시 대신동에서 태어났다.
중국 해남도로 끌려갔으며,
지금은 경기도 광주군 퇴촌 나눔의 집에서 살고 있다.

열두 살에 일본사람 집서 2원 받고 식모살이 했어

요즘[1] 잘 울어. 그냥 가만히 있으면 눈물이 절로 나와. 지난 과거를 생각하면 무신 영화 한 편이지 싶어. 이렇게 살아온 내 자신이 한없이 원망시럽고(울음). 남에게 쏙고 또 쏙은 내가 나쁜 게지. 남 원망 안 해. 해봐야 소양(소용)없고.

나? 대정 12년생인데 지금 일흔 몇 살이더라(말을 멈추고 생각을 한다). 나이도 잘 모리겠네. 돼지띠야. 눈은 아직까지 좋아. 글을 읽으려면 안경을 껴야 하지만서도 몸이 말이 아니야. 술로 한평생 살았더니 위도 나쁘고, 담석수술 했더니 요즘에는 아무것도 못 해. 기억도 형편없고. 오십대까지만 해도 내 기억이 이라지 않았는데. 내가 한 번 말을 내놓으면 끝이 없지. 말을 잘해. 재밌는 얘기도 많이 알고. 젊어서는 책으로만 살았는데 요즘에는 잘 안 보여 글을 읽기 힘들어. 테레비로 세월 보내지.

대구 대신동에서 태어났어. 대신동은 그때도 대구 한복판이야. 컸어. 집이 서부시장 옆이었지. 나는 9남매 중 다섯째야. 남자 형제 다섯에 여자형제 너이. 크면서 지지고 볶고 지지고 볶고 그리 살았지. 두 살 차이인 작은언니하고 이제는 다 죽고 나 혼자만 남았어. 남동생 셋도 여동생도 다 죽었어.

광산 김씨야. 해방되고 안동 김씨하고 싸워. 남자는 남자끼리 여자는 여자끼리 애들은 애들끼리 안동에서……. 별꼴이야. 나는 싸우

---

1) 김옥주 할머니와의 면담은 1996년 11월 30일부터 이루어졌다. 면담 당시는 강원도 인제군 북면 원통리에 거주했으나 그후 얼마 지나 1997년 4월 29일 경기도 광주군 퇴촌면 나눔의 집으로 입주했다. 주요 면담은 할머니가 나눔의 집으로 가기 전에 이루어진 것이다. 같이 살던 할아버지는 할머니가 나눔의 집으로 오던 날, 아들들이 사는 부산으로 내려갔으나 1999년 나눔의 집 근처에 별도의 방을 얻어 살고 있다.

지 않았어. 소문만 들었어. 우리 오빠도 거게 가 싸우고. 족보 꺼내 놓고 왕족이니 씨족이니 장난소리가 싸움이 됐대. 우리 같이 천한 거는 그런 것 관심 없어. (먹고 살려니) 입이 바빠.

아버지는 성함이 아마 김상헌일 거야. 아버지는 왔다갔다하면서 뭐 하는지 잘 모르겠어. 상해 간다 해쌌는디. 독립운동했다고 해. 나 잘 몰라. 그거 했다 소리 오빠한티 들었어. 대여섯 먹을 때 기억은 안 나더라고. 글타(그렇다) 그것만 아지. 헌병들이 집에 만날 와 있었 어. 가만히 생각해보니께 아버지 땜에 그랬나 봐. 아버지가 나 열살 인가 열한 살인가에 돌아가셨지. 그러니께 집안이 곤란했어.

위로 오빠 둘에 언니 둘이었어. 오빠들은 서당에 댕깄어. 큰언니 는 배우지 못했어도 어깨너머로 배와갔고 붓으로 글씨를 쓰면 얼매 나 잘하든지. 둘째언니는 아무것도 못 배웠지. 오빠들은 잡화가게를 했어. 과자도 팔고 지금 구멍가게나 한가지지. 사는 기 형편없었어. 밥도 잘 묵지도 못했어. 우리집은 오빠가 성도 바꾸었어, 가네야마 라고.

우리집도 그 전에는 잘살았다는데, 나는 부자로 사는 기 못 봤어. 옛날 늙은이치고 호랑이 안 잡은 늙은이 있나? 말만 들어 풍월이지 내가 뭘 알아야지. 만날 넘의집살이 했으니까. (말을 멈춘다.) 옛날에 잘살면 뭐하고? 우리 고모는 일본에서 잘살았대. 숯 굽는 산에 다녔 다는데. 지금은 죽었어. 자식들도 사는 데는 끄덕없는가 봐. 딸 하나 만 부잣집으로 시집갔다가 망해 알코올 중독이 됐대. 시집갈 때 짐 이 십리 길은 됐다는데 부잣집 딸도 그렇더라고, 자기 그거 없으면 (침묵). 사람 운명이란 거는 가래로 막으려야 막을 수 없고, 운명이란 것은 기구해.

나는 소학교 3학년까지 댕깄어. 아홉 살에 들어가서 열한 살까지 다녔어. 대구 수창학교, 그 학교는 역사가 깊어. 배우 신성일이도 거

학교 출신이잖아. 팔십 전 주고 들어갔어.[2]

학교 그만두고, 그래 열두 살 되는 3월에 일본사람 집에 들어가 오 년 살았어. 우리집은 땟거리도 없는 형편이니까, 이우지(이웃) 사람들이 소개를 한 거지. 그집에서 먹고 자고 한 달에 2원 받았어. 그때 돈 2원은 큰돈이야. 쌀이 두 말, 서 말 되니까. 쌀 한 말에 70전, 80전 했거든. 돈 받으면 다 어매(어머니) 갖다줬지. 오 년 내내 2원씩 주데.

내 이름은 가네야마 마사코, 금산정자(金山正子)야. 마사코라는 이름은 내가 일한 집 주인인 일본 소죠가 지어줬어. 소죠는 말하자면 특무상사야. 그 사람 성이 마쓰모돈가 마쓰야만가 하고 이름은 시게미쓰야. 별 달았지. 어깨에다가 빨간 천을 대고 노란색 별 세 개가 붙어 있어. 그 사람들(일본 군인들)은 초보자부터 헝겊으로 노란 별 달잖아. 장교는 목에 별이 있고 하얗고. 대구 수송동에 정류장 종점이 있고, 그 옆에 못이 있거든. 거 종점서 한 십 리 가면 큰 부대가 있어. 그 관사에서 살았어.

나는 부인 심부름하고, 그릇도 씻고, 빨래도 하고, 밥도 하고, 말하자면 식모지. 집이 이층인데, 이층을 올라갔다 내리갔다 하면서 청소도 하고, 화분도 닦고, 시장도 봤어. 쫄병들이 차로 태워줬거든. 일이 많았어. 아이들이 서이야. 머시매 둘에 기집애 하나야. 그애들 봐주고 기저귀 빨래하고.

마쓰모도는 조선말도 잘했어. 우리보다 더 잘했어. 부인도 조선말 잘하데. 부인이 나를 무시하지는 않았어. 나를 마사코, 마사코, 마보

---

2) 현재 대구광역시 중구 수창동 73번지 소재 수창초등학교는 일제시기인 1907년에 세워졌다. 당시 그 지역 지주들 중심으로 사립 수창학교라는 이름으로 개설된 이 학교는 1910년에는 수창보통학교로 개칭되고 1914년에는 공립으로 되었다. 일제시기 이 학교의 입학은 의무사항이 아니었으나 할머니는 이 학교의 입학이 의무였던 것처럼 말을 하고 있다.

94   강제로 끌려간 조선인 군위안부들 3

우[3]라고 불렀어. 애들은 나보고 네짱, 네짱, 언니 언니 했지.

우리집엔 종종 갔어. 명절 때나 추석이나 설날에는 집에 보내주어. 엄마, 오빠, 언니 생일 때도 보내주고. 쫄병들 차로. 그때는 일본사람 끗발 있었잖아.

그때 거게서 잘못된 거야. 생각해보면. 그렇게 있다가 열일곱 살 돼논게, 얼굴이 부여니까 나이가 있으니까 괜찮잖아. 그러니까 마쓰모도가 인천으로 일하러 가겠느냐고 묻는 거야. 식모로 한 달에 8원 준다고. 그 열일곱 살 묵었는데, 내가 뭘 아나? 봄인데 3월이야, 만 열여섯 살밖에 안 됐는데, 내 생일이 음력으로 시월 스무엿새날이니까. 그래 아무것도 모르는 거야. 모리고 좋기만 하는 거야.

8원씩 세 달 것을 먼저 줬어. 삼팔은 이십사, 마쓰모도가 나에게 현찰로 24원 선불을 준 거야. 큰돈이나마나 집에 이십 원 주고 어매에게 줬지. 나는 사 원 가지고. 얼매나 좋은지. 그놈 가지고 옷도 해 입고(웃음).

어데 가는지 모르고 인천 가는 줄만 알았지. 돈을 많이 받는다니, 마쓰모도 집에서는 2원 받았는데, 8원이야. 갈 때는 우리집에서 있다 갔어. 한 열이틀 묵었나? 호적이 있어야 된대. 고령 덕곡면 고향에 가서 호적 떠와 마쓰모도 갖다주고, 어떻게 서류를 맨들어갔는지는 모리겠어. 부담이 없었어. 사진도 안 찍고 아무것도 없었어.

우리 어머니는 대구역까지 따라 나와 내게 능금을 사줬지. 나는 대나무로 얼근얼근 얼근 것에 든 능금 들고, 보따리 없이 그냥 갔어. 마쓰모도는 선물로 간따호꾸(원피스)를 두 벌 사주데. 대구에서 기차 탈 때 부인과 애들 다 나와주었어. 마쓰모도가 다른 여자도 이런 식으로 보낸 것인지 나는 모르지. 내 당한 것만 알지. 내중에 알고 보

---

3) 일본식으로 마사코의 '마'에 나이 어린 사람을 친근하게 부를 때 쓰는 '보우'를 합한 호칭.

니까 마쓰모도는 알고 했다는 생각이 들어. 알고 있으면서도 속인 게지. 가이난 도4)에 가서야 속은 걸 알았지. 흰 고무신 신고. 머리는 아주 길었어. 두 갈래로 나눠 사후란뽀5) 빨간 걸루 간단하게 묶고. 간따호꾸 입고. 간따호꾸는 지금 말하면 원피스야.

마쓰모도가 일본 남자 둘에게 날 넘겼어. 한 사람에게 히라키 상, 히라키 상 그러더라고. 나말고 여자가 두 사람이 더 있었어. 기차 안에서 만났어. 히라키는 조선말도 잘하던데. 아침에 서울역에서 내렸어. 히라키는 우리를 다른 사람에게 넘기더라고. 한 사람은 일본사람, 한 사람은 조선사람, 다 남자야. 일본사람은 개성 간다고 가고, 우리는 조선사람을 따라 인천으로 갔어. 인천에서 한양여관이던가 (한참을 생각한다), 지금은 없을 거여. 거게서 사나흘 묵었지. 그리 있으니 일본 남자가 개성에서 여자 둘을 데려왔더라고.

다시 배를 타더라고. 식모로 8원 받는다고 인천으로 간다고 해서 왔는데, 인천에서 다른 여자들하고 같이 다시 배를 타는 거야. 이상해서 내가 "어디 가냐" 물어봤지. 그 사람이 "그리 되야 있다. 거기가 보면 안다"고 해. 그래 나도 거기 가면 되나 보다 했지.

청도에 갔어. 일본말로 진또라고 해. 인천에서 청도까지 이틀인가 사흘인가 걸렸을 께야. 그기서도 여관에 며칠 묵었을 거여. 한 열흘인가……. 거기서 머리 자르고 파마했어. 진또에서 이 사람들이 우리를 일본 남자에게 넘기더라고.

또 배를 탔어. 이 배가 어디서 오나 허면 대만에서 오는 일본배야. 그 배로 상해까지 민간인들과 같이 갔어. 군인은 없어. 큰 배야. 상

---

4) 중국의 섬인 해남도(海南島)의 일본식 발음이다. 할머니는 1997년에 이곳을 다시 방문하여, 아직까지도 이 4층집이 있는 것을 확인하였다. 현재 그 집은 무척 허름해져서 가난한 사람들이 살고 있다고 한다.

5) 사후란뽀는 일본말 사쿠란보를 뜻하며, 머리를 묶는 고무줄로 모양은 끝이 벚꽃 꽃망울 같은 알맹이가 세 개 매달려 있다.

해에서 소와토[6]는 멀지 않고 상해, 소와토는 내려 구경만 하고 바로 가고, 암용, 관토[7] 거쳐 그 다음에 홍콩, 홍콩은 배에서 저게 홍콩이라데. 그것뿐이야. 그렇게 가이난 도까지 갔어.

(잠시 생각에 잠긴다) 거쳐가는 데를 왜 이렇게 상세하게 기억하냐 하면, 뱃사람 하나가 나를 좋아했거든. 대만사람이야. 내가 갑판에만 나가면 나를 졸졸졸 따라와. 그래가지고는 보이는 데마다 저기는 어디다라고 알려주는 거야. 그 사람은 스물두엇 되나 봐. 애라 애들을 좋아하는 거지. 가이난 도에서 헤어질 때 막 울더라고. 그럴 줄 알았으면 연애라도 해보는 건데. 손목 한 번 못 잡았어.

여자 다섯인가 갔어. 서이는 대구, 둘은 개성사람. 같은 배를 타고 쭉 갔어. 여자들은 연배가 나보다 위야, 다. 스물하나, 스물둘, 스물넷, 이러데. 그 당시에는 이름도 모르고 성도 모르고 그냥 갔지. 그 사람들이 언니지. 그 사람들은 좀 뭐 하는지 아는 사람들인 거 같애. 나는 덜렁대기는 해도 너무 순박했어. 촌에서 큰 것같이, 쉽게 말하면 바보야 아무것도 몰랐으니. 스물넷인가 하는 사람은 결혼하고 애도 낳았대. 나중에 알고 보니 남편이 팔아먹었대. 대구사람이야. 살아 돌아와 헤어지고 한 번도 못 만났어. 또 열아홉 살. 나이 어린 사람은 (잠시 말을 멈춘다) 꾐에 빠져 왔대.

개성사람은 서로 똘똘 뭉쳐갖고……. (생각에 잠긴다.) 피양도(평안도) 말도 잘하고 자기네끼리 똑똑해. 언니가 유리꼬, 동생이 유끼꼬. 언니는 스무서넛, 동생이 스물 됐지. 동상이 인물이 이뻐. 꼭 양년같이 생겼어. 사촌이라고 지들끼리 그래. 기끼꼰지 기오꼰지도 있었어. 그이도 스무 살 넘었지. 거거 가가지고 다 안 게지. 김순이라

6) 산두(汕頭). 중국 광동성 동부 한강(韓江) 하구 부근에 있으며, 인구는 40만(1970년 기준)인 도시이다(河部利夫 編, 『世界地名辭典』, 일본: 東京堂, 1980).
7) 중국 광동(廣東)의 일본식 발음.

고도 있었는데 지금은 어이 됐는지 잘 모르겠어. 거그서는 끝까지 같이 있었는데. 그 사람들 지금은 다 죽고 없을 거야(한숨).

배에서 밥 주데. 맛있지. 세 끼가 장국밥. 우메보시, 생선 튀김, 김치 같은 것은 없지만 전부 그런 거야. 가이난 도에서 또 이 사람들이 우리를 다른 사람에게 넘기는 거야. 지금 말하면 우리를 물건 넘기듯 계속 넘긴 거야. 트럭으로 이동했지. 언니들도 나왔더라고.

가이난 도 에비스

한 보름 정도 우리끼리만 있게 하더라고. 거는 하도바(부두)에서 멀리 떨어진 곳이야. 허름한 이층집인데 집 색깔도 어두웠던 거 같애. 밥도 다 날라다주고. 거게서 원피스 입고, 구두 신고, 게다 신고. 거거 다 주인이 다 주는 게지. 옷도 다 저거가 사주고.

먼저 있던 언니들이 가끔 와 "부산은 어떻드냐?", "대구는 어떻드냐?"고 자기들 고향을 묻데. 그렇게 있다가 병원에서 검사받고 우리가 살 집으로 갔어. 우리끼리 있던 집 바로 그 근처야. 가까웠어.

집이 가이코[8] 시내에 있는데 시계탑 같은 게 보이더라고. 부대와는 따로 있었어. 맞은편이 군부대였어. 길 하나 사이로 부대 정면, 딱 정면에 있었어. 위층에 올라가 있으면 군인들이 보여. 좀 익숙해지고 군인들이 보이면 서로 손질 발질해대며 장난질하고. 거 있잖아 엿 먹어라 하는 시늉, 거 하다가 뒤로 벌렁 나자빠지는 군인도 있었어.

위안소 이름은 에비스. 자아, 잘 보라고. 일본말로 쓰면 이래 돼. 에는 エ, 비는 ビ, 스는 ス. 그리고 내 이름은 마사코 マサコ.[9] 간판은 대문에 들어오는 오른쪽으로 세로로 나무판에 까만 붓으로 에비

---

8) 해구(海口)의 일본식 발음으로, 해남도의 중심도시이다.

지금까지 남아 있는 에비스 건물. 지금은 가난한 사람들이 살고 있다.(사진 안해룡)

스라고 쓰여 있어.

우리집은 사층이지. 범위가 너무너무 커. 변소도 없거든, 변소하고 집하고는 여기하고 저 통나무 집 정도 사이야.[10] 그 전부터 있던 집이야. 옛날 중국 집인데, 가정집이 아니고 부대나 학교나 모르기는 해도 그런 것이었는 것 같애. 이불도 옥상에 널어야 되고. 살림집들은 거 밑에 있고. 이층은 비워 있어, 다락 같애. 삼사층은 (군인 받는) 방으로 사용하고 일층은 제일 밑에 식당하고 부엌, 목욕탕이 붙어

---

9) 할머니는 글을 써내려갔다. 정리자가 공책을 내밀자, 할머니는 또박또박 마 사코를 써 넣었다.
10) 현재 거주하는 할머니 방과 통나무로 만든 나눔의 집 쉼터 사이의 거리를 말하는 것으로 한 50여 미터쯤 된다.

있었어. 목욕은 일주일에 한 번 하고 맨날 샤워하고. 방은 각자 하나씩 썼어. 방이 3층에 다섯 있고, 4층 너이 있고, 방이 넓으니까 가고 싶은 대로 갔어. 방은 약한 판자로 막은 것이니까, 내나 엉터리지.

나는 그때 3층에 있었어. 침대 있고, 책상 있고, 트렁크 있고, 한두 평 정도 될까? 책상에다는 일본 잡지 읽다 놔놓고, 학교에서 좀 배워 쪼께(조금) 읽을 수도 있으니까. 꽃병도 있고 연필 몇 개 있고

죠바11)는 삼층에 있어. 거기에는 장부 있고, 장기판, 책이 있고, 옷도 있었어. 삼층하고 사층 사이에는 줄이 매달려 있었거든. 사층 한쪽에 동그랗게 구멍을 내 삼층 죠바하고 연결이 되도록 줄을 매달아놓은 거야. 줄에는 책 집는 집게 같은 거를 달아놨어. 사층에서 우리가 삼층 죠바에게 집게에 군표를 똑 꽂아 내려주면, 삼층에서는 삿쿠하고 막휴지를 또 그 줄에 달아 올려보내. 우리는 줄을 내리보낼 때, 아래에 대고 "마사꼬", "기오꼬"라고 크게 제 이름을 부르지(웃음).

군인들이 자유로 여자를 선택했어. 죠바 옆에 의자가 있거든. 거기 앉아 있으면, 군인들이 데리고 들어가는 거야. 오랫동안 상대했던 군인들은 많이 있어. 사람이 살다 보면 강아지를 키워도 정이라고 인간으로서 인간이 인간을 상대하는데 좋아지는 손님도 나빠지는 사람도, 포악한 사람도 있고. 때리는 사람도 있고, 손찌검하는 사람도 있고.

손님 접대하고 나면 아래를 빨간 약물로 씻어. 그리고 크레졸로 손을 씻어야 돼. 한 방울만 떨어뜨려도 물이 뽀얘. 여자들 있는 층마다 다 나눠. 씻는 데는 층마다 다 있었어. 물통에 빨간 약물이 잔뜩 담겨 있었어. 술취한 군인들이 오면 헌병이 와. 지키는 게 아닌데 전화하면 와. 주인이 해도 되고 내가 해도 되고 죠바에 전화가 있어.

---

11) 帳場의 일본말로, 이 죠바는 심부름꾼과 위안소 사무실을 뜻한다.

또 헌병은 시간 맞춰서 둘러봐.

우리는 순전히 한국 여자만 있었어. 아홉 명일 때도 있고 열두 명일 때도 있고. 부산, 서울 (한참 생각에 잠긴다) 주로 경상도 대구, 부산이 많더라고. 이북여자들은 똘똘 뭉쳐가지고 주인이 똥을 싸데. 육군만 받아. 내가 있던 에비스하고 아사이, 스바키, 고도베키는 육군이 오고 일반인들은 전혀 못 와. 군인들은 검열하면 병이 없는데 일반인들은 안 그러니까. 해군도 안 받고.

주인은 한 오십대 일본 여자야. 30대 남자도 있었는데 죠바 비슷했지만 주인 같기도 했어. 이 사람들은 우리 가기 전부터 그런 일 했나 봐. 이 남자를 주인여자는 극진하게 대접했어. 느낌에 꼭 부부 같았어. 나이는 남자가 어리지만 옛날에 군인이었대. 육군 제대했대. 모자 쓰고 별 단 사진이 위안소에 있대. 죠바에다가 걸어놨어, 자기 사진 군인들 보라고. 선배니까. 또 내가 "왜 걸어놨느냐" 물으니까는 "죠바가 돈을 쏙여먹지를 못하게 하려고 그렇다" 그러더라고. 장부 정리는 중국사람 죠바가 했으니까는. 주인이 신발 사주고 옷 사주고 일주일에 한 번 소불고기 꼭 해주고. 전쟁 끝날 무렵에는 하잘것없었어. 군인도 안 오고. 화장품도 일체 다 대주었어. 생리대는 가재 같은 거 내가 사서 쓰고 빨 수 있었지. 비누도 있고. 나는 생리를 열네 살에 시작해서 사십다섯에 떨어졌어.

밥 해먹는 사람은 중국사람이야, 부부와 애. 그 사람들이 물 다 들어올리고, 청소 다 하고, 목욕물 데워주고 빨래는 별도로 해주는 여자가 있어. 마마상이라 했는데 해온 대로 우리가 각자 돈을 주었지. 썹보이라는 죠바 심부름꾼도 있었어. 이 사람이 장부 정리를 했어. 중국 아이였는데 우리가 놀렸어. 이름이 이상하잖아. 지금도 살아 있을 거야. 급할 때, 그러니까 전쟁이 났을 때는 죠바가 서넛 될 때도 있었어. 중국사람들이지. 글자만 알면 되잖아.

가자마자 며칠 쉬고 가자고 끌려가는데, 육군병원이었어. 거 가하래, 성병 검사. 검사는 군의관이 오리주둥이 같은 것을 넣어가지고 하는 거고 냉 같은 거 검사하고, 피검사하고. 그러니 같잖지. 어떻게 할 줄 모리고 벌벌 떨리고 눈물이 쏟아질 수밖에 없지. 생전에 그런 일 안 겪다 겪으니까네. 그것은 어디 비중할 수 없지. 그 사람들도 알더라고. 기계 넣기 전에 순박하다 아니다를. 지금은 운동도 심하지만 그때 당시는 그런 거도 없으니께 포(表)가 나지. 거 가서 당할 때 기가 막힌 게지. 처음이니까는 겁이 나는 거지. 검열 거개가 하니까는 특별히 내놓는 거야. 한 사람이 처녀인지 아닌지 아니까. 군의관이 직접 자신이 와서 맘에 있는 거 없는 거는 떠나서 주인한테 전화를 하는 거야. 며칠까지 시키지 말라고. 처녀만, 가면 다 그렇데.

군의관이 내내 혼자 오는 거야. (군의관이) 죠바에게 군표를 줬지, 내가 왜 받어. 그라고 나서 내가 손님 받고. 가끔 그 사람 만내고. 저녁만 되면 가끔 오지. 자고 가. 주인이 더 좋아하지. 저 뭐 하드래도 나쁜 거 봐주겠지. 예를 들어 검열할 때도 그렇고 건 그렇겠지.

처음에는 문짝 걸어놓고 밥 안 먹고 씨름했지. 울기만 했어. 침대 밑에 숨어 있었어. 하도 그러니 군의관이 그냥 돌아갔어. 이렇게 밥도 안 먹고 난리를 피우다가 간 지 한 달쯤 돼 말라리아 걸려 혼이 났어. 병원에 한 달 정도 입원했어. 불란서병원이야. 위 아래로 피를 쏟으니 주인이 거기로 입원을 시키더라고.

일주일에 한 번씩 정해놓고 성병 검사 받았어. 직접 야전병원 가가지고. 거 가면 딴 집 있는 사람도 많아. 일본 여자들도 많고, 중국 여자도 있어. 대만 여자, 홍콩 여자, 상해 여자도 있고. 성병은 나는 없었어. 그런 나쁜 병 같은 거 한 번도 없었어.

임신했지. 많이 뗐어. 주인이 나를 민간 병원에 데리고 가서 떼내

야. 눈치 안 나게 떼내. 낳으면 자기 손해잖아. 니 애 낳아갖고 어떻
게 살 낀데 그래. 많이 뗐어. 여자 중에 (임신) 안 한 사람 하나도 없
어. 그런데 삿쿠 끼면 되는데, 삿쿠 안 낄라고 하는 놈들이 있거든.
삿쿠 안 낄라 하는 놈이. 지금 같지 않고 뭐 이 남자 저 남자를 상대
를 해도 군인이고, 일주일에 한 번씩 군의관이 검열하니까는 저거덜
이 안심을 하거든. 그래 삿쿠를 안 낄라캐. 그래 도진과에서 수술했
지. 도진과는 민간 병원 이름이야, 일본 병원이지. 하고 나니 주인이
다 돈 대줬지. 내가 돈 어딨노? 자살하려고 했을 때도 주인이 돈 댔
지. 이것이 나중에는 빚이지. 빚인데 기양(그냥) 있는 거 같으면 괜않
은데, 예를 들 것 같으면 만 원이면 그게 이자가 붙는 거야. 이자가
곱으로 붙는 거야. 이자를 꺼나가야지. 손님 받으면, 예를 들어 오늘
얼매 벌면 한 달 계산하면 빚이 얼매가 꺼진 것이지.

  조선말 하면 벌금을 2원 물어. 되도록이면 안 쓰는 거지. 난 문 적
없어. 일본집 있어서 본래 일본말 잘하니까. 말이 그렇지 여자들끼
리 싸워 봐. 조선말 안 쓰나? 벌금 안 내려고 죠바에게 '토상, 토상'
아빠라고, 나이 어려도 그렇게 부르며 아양부리고, 평소에는 이름
부르고 "안짱, 안짱(오빠)" 하다가도 말이지. 군인은 헤이따이상이라
고 불렀지. 주인에게는 '카상, 카상' 했어. 엄마라고. 죠바는 우리 이
름 부르지. 주인도 그렇게 불러. 나는 마사코야. 여게서도 귀엽게 부
를 때는 마보우였고. 다른 여자들도 유리꼬, 기오꼬 그런 식으로 불
렀지. 여자들끼리도 이름만 불렀어. 번호도 있었어. 나는 7번이야.

  영화는 우리 돈 내고 봤지. 자유시간에는 맘대로 돌아다니지. 외
출은 내 맘대로야. 도망? 나 혼자 배 타나, 비행기 타나? 다 빙 둘러
섬이니 도망갈 수도 없어. 감시할 필요가 어디 있어? 바다로 튀어내
릴 수도 없고, 생판 모르는 섬뿐인데. 거 어디라고 나 혼자 빠져나올
수 있나. 거는 감시 같은 거 안 하고 자유여. 자는 건 자유야. 휴식도

그렇고. (잠시 생각) 매일 그러는 거 아니니까. 휴가는 달에 두 번이
고. 장교도 많이 왔어.

거기는 늘 뜨시. 일 년 열두 달 추위는 없어. 춥다고 해봐야 여그
초가을 같거든. 거그는 주야로 더우니까. 하루 종일 덥고, 오후에는
비가 착 왔다가 개고. 거게서 제일 좋은 게 게이상 고쿠시 오데라야.
절이지. 휴일 하루 놀면 거게빼게 갈 데 없어. 꽃도 많고 산중인데
시내에서 이십 리나 될 거 같애. 거그가 거서 제일 좋은 데래.

거 갈 때는 건강했어. 가서 담배 배우고. 들은 말 들은 대로 예예,
시키면 시키는 대로 하는 게 바보지. 내 몸만 그리 되는 거지. 내가
담배는 거기서부터 피웠어. 남들이 피우면 어린 게 머 몰라서 자꾸
피워. 마약 같은 거는 아예 없었어. 헌병들이 무섭기도 하고. 만주
같은 데는 그런 게 있었다 하던데 거기는 일절 없었어. 뭐 술 먹고
허슬피슬한 여자도 없고. 아주 그런 거는 철두철미해.

고향으로 편지도 했지, 잘 있다고. 사진 보내주고. 동생한테 답장
도 왔어. 헌병들이 막 하루 열 번도 오는 거야, 엄중해. 주인이 우리
데리고 신사참배하고. 한 달에 한 번 갔나? 어떻게 하는지 다 잊어먹
었어. 국민학교 때부터 배웠는데. (잠시 생각) 일본놈들은 천황이라
면 꿈벅 죽어버려 아주. 또 뭐 필리핀 소록쿠, 그러니까 점령해 일본
이 이겼다 하면, 군인들 모여 있는 데 가서 "만세, 만세" 부르기도
했어. 한쪽에 서서 일본말로 "반자이, 반자이" 하며 손을 올렸다내렸
다 했지(웃음). 하와이도 이겼다 하면 만세하고, 싱가포르도 그렇고.
기모노나 양장 입고 갔어. 입는 것은 자유였으니까. 다 나가야 돼.

군표는 군속은 3원, 여그 말하면 상사 하사급들은 2원이고 또 하
병은 1원 50전이고, 그기로 끝이야. 장교는 긴밤 있으면 10원이고,
그냥 왔다 가면 한 시간에 3원이야. 한 시간이 지나면 추가로 받지.
인자 사병들은 아침 여덟시면 여덟시, 아홉시면 아홉시, 열시면 열

시 이런 식이고, 저녁 다섯시만 되면 하사관들, 아홉 시부터 시작해서 장교들은 아침까지야.

군표는 하루에 보통 대여섯 개를 받아. 한 달에 휴일 두 번 있고, 멘스할 때는 안 해도 돼. 거절했어. 생리하면 죠바가 방문에 다가 야쓰미(휴식)를 써서 풀로 붙여 놓아. 군표 받으면 주인이 다 가게가(가져가) 버리지. 말하자면, 군표는 가짜돈이잖아. 주인이 돈을 주지 않았어. 용돈은 생계. 팁…… 군인들이 안됐다 싶은지 주지. 뭐 오십 전도 얻고 이십 전도 먹고 그래 묵지. 이것으로 군입질하고 고향으로 송금은 한 번도 안 했어. 에비스에 술은 없었어. 나는 거기서는 술 안 마셨어.

말일경이 되면 주인은 여자를 다 불러 일층 큰 방에 모여놓고 그러는 거야. 아무개는 일등했다, 이등했다, 삼등했다, 너희는 뭐 했냐. 매상 표시를 했어. 여자들 각자 이름 밑에 한 일자로 칸이 쳐진 종이를 충마다 벽에 붙여 놓아. 죠바 있는데 물론 붙였겠지. 한 칸에 이 원씩, 벌면 버는 대로 단계단계 한 일자로 올라가는 거야. 빨간 연필이면 빨간 연필, 새파란 거면 새파란 거로 고걸 싹싹 기리나가는 거야. 쫙 올라가는 거지. 그래 이십 원을 벌면 단계가 열 개가 되는 거지. 그리 올라가기 뗌에 이걸 죠바도 여자도 속여먹지를 못해. 여자는 여자대로 밝히고, 주인은 주인대로 밝히고. 내중에 주인이 이래 봐가지고 일등한 여자, 손님 많이 받은 여자는 말일경에 상금을 주는 거야. 상금 얼마 주고, 기모노 한 벌에 쇼리 신발, 아주 이쁘게 맨든 게 있어. 그걸 줘. 돈도 주고. 말하자면 십 원도 주고 이십 원도 주고 일등, 이등, 삼등까지는 주거든. 그래되는 거야. 손님 많이 받으라는 거야. 무조건 손님을 많이 받으라는 거겠지.

주인과는 그날 따라서 친하기도 하고 손님 많이 받은 사람은 노는 날 용돈도 주고, 아니면 푸대접하고 나를 덜 좋아하는 느낌이 있었어. 귀엽다고는 했는데. 난 뺑이질을 잘 쳤어. 왜 그런지 거부하면 주인이 때리려고 으름장 넣고 꾀가 나니까. (잠시 침묵) 이삼 년 지나 꾀가 나는 거야. 나도 주인한테 독한 소리도 하고 군인한테도 싫으면 싫다 하고 주인이 붙들고 놔주질 않으니 다른 데도 가지도 못혀.

거거서 인자 나름대로 미쓰가 나와. 미쓰 뭐인가 미인슈퍼인가가 나오는 거야. 한국 여자하고 일본 여자만 했지. 중국 여자, 대만 여자도 다 빼놓고. 가이난 도 가이코서 내가 또 들어간 거야. 주인이 니는 나가라 나가라 하는 거여. 이자 기모노 꼭 입고 오일 같은 거 하고. 머리도 막 싹싹 채야 돼. 이자 그래가지고 나갔는데 거그서 인자 잘 봤는지 우엤는지 내가 들어갔어. 거그서는 서로 다 알잖아. 어디 있는 여잔지. 가이코 내에서 이자 시내에서 여그서 말하자면 헌병, 군인이 추첨해서 자기네들끼리 주고 받는 거겠지. 누구누구 뽑는다 뭐하고 그기 사단으로 가는 기지. 사단으로 가가지고 또 인자 뽑는 거지. 허허 축에 들어가드라고, 그때는 또, 허허허.

민간민도 군인도 극장 모여가지고 다 손뼉치고 앉아 있어. 극장 나가고 그랬거든. 뭐 빨가벗고 수영복 이런 것 없고, 기모노 입고 몸 보고 몸 재보고 다했어. 사진은 없어. 뭐 그런 여자들이야. 식당에 댕기는 기어코라던가 뭐던가도 있고. 두 형제가 됐어. 유키코는 이뻤어도 안 돼. 몸은 내가 낫다 했거든. 내가 이등했어. 군인들이 사단에서 나와가지고 다 보고, 또 헌병들이 다 해. 주인은 못해. 니 이쁘다 이런 식으로 못하거든. 내 식구니까 못하는 거야. 주인은 아무 상관이 없어. 그래 당선돼가지고 사단에 가서 인사하고. 가이코 시내 한바퀴 돌고. 미스 자페니즈였겠지. 가서 2년 만에 그랬으니 열아홉이었지.

춤도 배웠어. 배우는 거는 무상이야. 왜 그렇냐 하면 거게(거기)는 일본사람이 많잖아. 또 많으니까 이 사람들이 우리를 추첨받아 뽑는

거야. 키 재어보고 뭐 이래 보고 얼굴 보고 뭐 보고 이래 다 봐가지
고 잘하겠다 못하겠다 판단해가 자기네가 가르쳐주는 거야. 그러면
행사다 뭐 어디 소록쿠, 이겼다 하면, 술 한잔 먹는다 카면 우리가
그리 가서 오도리 뭐하고. 전적으로 춤추는 기 아니고 하지만, 그 단
계는 어디고 가니까는 이자(이제) 가서 양산, 우산 들고 춤추고, 지금
말하자면 부채춤 같은 거 배우는 거지 뭐. 우리가 배워가지고 하는
거지.

연회 가는 거지. 연회, 엔카이, 일본말로 그래. 가면 용돈 줘. 줄 때
도 있고 안 줄 때도 있지. 이 돈은 주인한테 안 줘도 돼. 것도 군인들
이 맘에 드는 사람한테 주지. "아무한테도 말하지 마" 하며 주고. 주
면 맛있는 거 사 먹지 뭐하나(웃음)? 자주 댕기는 기 아니고 행사가
있으면 가고 그러는 거지 뭐.

해코지하는 놈들도 있었지. 등뒤에 흉터 있어. 칼로 맞았어.12) 지
숙소 있는데 거 놀러가자고 한 거이지. 쫄병인데, 안 간다고 했더니
칼로 콱 찔러. (군인은) 헌병대에 들어갔지. 내가 "니도 헤이따이상
(兵隊) 나도 헤이따이상"이라고 했지. 다 그래, 거기 있는 여자들.
"당신도 헤이따이상, 나도 헤이따이상, 나도 이리 산 것도, 고향을
떠나서 이리 산 것도 천황을 위하여." (침묵) 천황을 위하여, 많이 해.
거 있는 여자들 누구든, 거 있는 여자들은……

자살하려고도 했지 뭐. 너무 지쳐가지고 싫더라고. (잠시 생각) 석

---

12) 이 말은 할머니에게 우연하게 듣게 되었다. 1997년 할머니가 정리자의 집에
들렀을 때 할머니는 너무 허리가 아프다고 했다. 나는 할머니에게 주물러드리
겠다면서, 몸을 마사지할 때는 속옷조차 안 입어야 좋다는 말을 들었던 터라
윗옷을 다 벗기를 요청했다. "같은 여자끼리"라면서 할머니가 윗옷을 훌훌 벗
었는데, 등에 큼지막한 상처가 있었다. "웬 상처예요, 할머니?"라고 물었더니,
"군인이 칼로 그랬지, 뭐"라고 지나치듯 말하며, 할머니는 그 당시를 말하기
시작했다.

달 만에 그랬나? 술 먹은 군인이 와가지고 막 육체관계할 때, 막 오래, 그럴 때는 내가 좋다 나쁘다 판단도 모리고 잘, 그래 그러니 싫잖아. 자꾸 여러 사람을 상대하니까는 휴 몸서리가 나고 소림(소름)이 끼치고, 아이고 차라리 내 이리 사느니 이 죽는 기 나아(침묵). 약도 사러 갈 수도 없는기고, 말라리아 약이라고 거 말라리아 예방약을 먹거든. 말라리아 약을 많이 줘. 한 번에 두 개 먹는, 그것을 사오십 개 먹어버렸어. 이틀 만에 일어나 (침묵) 보니까 도진과에 있더라고, 도진과에 있어. 개인병원 거 가 있어. 사홀 만에 퇴원했어. 군인들은 검열할 뿐이지 치료는 못 해요 도진과에서 하지. 거 가이난 도에 갔다 왔다는 사람은 다 알아. 도진과라고 거의 다. 일본 병원이 하나뿐이니까는. 커. 안과도 있고 치과도 있고 다 있으니까는. 일본 놈들이 보는데, 의사가 많아. 전기 뜸질도 하고 다 해. 일층이야.

간 지 한 삼 년 돼가지고 마쓰모도가 왔더라고. 내가 난리를 쳤지. 그 사람이 갖고 있는 긴칼을 뺏어가지고 날 죽이고 가라고, 니가 뭔데 날 이리 만들었느냐고. (말을 멈춘다) 내가 붙들고 막 울고불고 다리를 물어뜯고 내 비야(화)가 안 풀린다고 조선말, 일본말 써가면서 해댔지. 거그서 주인에게 얼마 있어야 하냐고 물어봤어. 계약이 3년이라더군. 난 3년이 지나고도 계속 거기에 있었어. 빚이 줄지 않으니까. 광동에도 갔어. 죠바가 우리를 데리고 갔어. 한 사오개월 있었나 봐. 여자들 여섯이 갔나. 매상이 있기 때문에. 몇 개월 있다 곧 에비스로 다시 나왔지. 그렇게 있다가 내가 어디를 가도 괘않게 됐어. 말하자면 계약이 끝났나 봐. 스물두 살에 자유로 됐어. 말하자면 무상이야. 빚이 없어진 거야. 언제부터인지는 기억이 안 나지만. 그래서 나는 친한 미치코하고 같이 세키로쿠(石綠)에 갔어.

거서 기무라라는 사람이 식당을 하고 있었거든. 기무라는 나이가 많아 사오십대 할아버지야. 나를 아주 귀여워했어. 원래 이 사람이

가이코에서 식당을 했었거든. 우리가 밥 먹기 싫으면 이 사람한테 음식을 시켜다 먹었거든. 그 사람이 다시 세키로쿠에 가서 식당을 연 거야. 거서 식당일 봐주며 한 몇 개월 있었나 봐. 기무라가 용돈 좀 줬지. 거그는 아주 촌이야. 가이코 시에서 이틀 걸려야 가. 너무 심심하데. 기무라 따라서 여러 군데 놀러다녔어. 유레이(揄林), 핫쇼(八所)……. 다카라바시(寶橋)에는 미치코와 같이 방 얻어 있었어. 해군이 있는 덴데 거 마작하는 데 있었어. 거 구경하며 살았지. 하루살이 같이 덤벙대며 산 거야.

놀러다니다가 다시 에비스로 왔어. 친구들이 있으니까. 와갖고는 한 일 년 동안 내 맘대로 하고 살았어. 돈은 한 200원 있었어. 그걸 쓰는 거지, 기분 내서. 군인 받을 필요도 없고. 아니면 내가 원하면 받고 그런 거지. 손님 받으면 주인이 육 먹고 사를 나 준다든지 고부고부(5部)로 절반씩 나눠 먹는다든지 했어.

군의관을 잊을 수는 없지. 제 딴에는 잘했으니까는(침묵). 또 정붙인 사람은 세키로쿠에서 한국사람 허만복이라고, 거 기차역에서 기차 가면 신호하는 사람이야. 월급 받는 사람인가 봐. 그래 그 사람이 스물일곱이라던가 하여튼 내보다 나이가 많아. 그 사람이 좀 키도 쬐고만하고 얌전한 게 그런대로 내 맘에 들었는데, 살 수가 있나 못 살지. 노래를 잘 부르드라고 한국 노래를. 그런데 가서는 한국 노래를 듣기 힘들어요, 축음기도 귀하고. 기타를 치고, 노래를 그리 잘 부르더라고. '울며 부산항에' 뭐 그런 노래 '타향살이' 부르고 뭐 '거리에 핀 꽃도 푸대접 마시오' 카는 그런 노래도 부리고. 우리 가슴에 닿는 노래만 자꾸 부르던데. 것도 방에 들어와서. 자기네끼리 홀 안에 들어와 기타 치고 노래 부르고.

같이 살자던 사람은 있고 없고가 문제가 아니고(침묵). 뭐 같이 도망가자는 사람은 없었어. 그기서 도망갈 수 있나, 섬인데. 일본에 같이 가자고 한 사람은 있기야. 그런 소소한 경우 많이 있지. 자기 맘에 들면 냉중에 제대하고 가자고 뭐, 같이 가자고, 뭐 한도 수도 없지(웃음). 그런 사람 어떻게 일일이 말로 다 해. 한때야. 것도 나이 어리고, 나보고 영어로 함박꽃 같다는 사람도 있었으니께. 영어를 내 아나. 그걸 외야가지고, 해방되야 나와 통역하는 사촌동생한테 물어 알았지.

후큐슈에 주인이 같이 가자 해 갔는데 모기가 어찌나 많은지. 외출나간 거야. 여기서도 군인을 받았지. 한 두 달 있다가 왔나? 광동에서 가까워. 에비스에서 절반이 거기 갔어. 거기에 내 애인이 있었어. 좋아하는 사람이. 일본 남자 소쬬야. 구마모도 시미즈라고 그래. 나는 그절(그것을) 몰랐어. 근데 내가 인자 후쿠슈 가니까 아 뱃머리에 나왔드라고……. 배를 타고 막. 우리는 큰 배에 탔는데 뽀드를 타고 막 그때만 해도 "마보우, 마보우" 하는데 얼매나 반가운지. 허허 그때만 해도 반갑드라고 아주 허허. "오도록 부탁을 많이 했다, 오라고 부탁을 많이 했다"고 그래, 헌병한테로.

"에비스 마사코 좀 불러내라." 그런 말까지 했다고 자기가. 거 반갑다고 아주 와가지고 그라드라고. 이 사람, 처음 만난 것은 에비스에서야. 그 사람이 가고 나서 보니까는 꽃화분 놓는 테이블 위에 글씨를 써놨어. 메모를 해놨드라고. 나중에 읽어보니까 '위안부가하다카네가코벤소데키스' 그렇고 써놨더라고 일본말이지. "오카시네 고레 난데스네(이상하다 이게 뭘까). 아 그렇구나 위안부가 하다카네, 빨가벗고 끌어안고 변소에서 키쓰한다" 그 뜻이야. 허허. 그런 글씨를 써놨어. 농담으로인지 내가 글을 아는가 보려고 시험하기 위해서였는지는 모르지만 내가 읽어보니 그런 거야.

그 다음에 왔길래 "아유 왜 그런 걸 써놨느냐" 하고 내 물어보니까 "어떤 뜻인데?" 그래. "아 위안부가 하다카네가코벤소데키쓰라고 써놨드라"고 했지. "니 글 아나?" 그래. "수고시." (이 말을 하며 할머니는 당시의 상황인 듯 약간 몸을 비틀며 수줍어하는 표정을 지었다.) 조금이라고 내가 그라니까 "으응 난 하나도 모르는 줄 알았다, 조선 여자들 글 아는 여자 없는데, 조센노(조선의) 온나(여자) 뭐 글 같은 거 아라비아 숫자도 모린다"는 말을 해. 나는 "글은 모르면 몰라도 조금은 아는 듯하다"고 했어. 그때만 해도, 좀. "우소보우" 했지. 거짓부렁의 일본말이야. 하니 깜짝 놀라는 기야. 이 남자가, 그 질로 자꾸 단골로 댕기는 거야. (말소리를 높인다.) 이 남자가. 댕기며 내가 모르는 거는 가르쳐주는 수도 있고.

그기 지금 생각하니까 공민대야. 맨날 앞장서야 하는 기야, 전쟁만 났다카면. 그렇기 땜에 본부에 붙어 있을 사이가 없었어. 보기 힘들었어, 아주. (생각에 잠긴다) 저 사람이 좋다 안 좋다카는 그런 것 뿐이지 사랑인지 뭔지, 내내 일본놈은 일본놈이다 카는 그런……(침묵). 자꾸 내가 나를 사랑하고 애끼는 듯하던 일본놈이 나를 이렇게 헛구녕에 빠치았으니 니도 그런 종자다 카는 그런 마음으로 딱 돌아서삘고, 또 그런 마음 두고도 내가 임시로 (말을 낮게 한다) 내가 외로우니까 저 남자한티 지대이갔지. 내가 의지해야 되겠다, 내가 마음이라도 주어야겠다, 그런 마음이 들 때 있고. 어린 마음에도 그런 마음이 자꾸 들어. 자꾸 배신감이 들어. 내가 내 자신이 왜 그런지 모르겠어. 좋으면서도 그렇더라고, 좋으면서도. 지금도 이 사람이 안 잊혀져. 싱가포르 점령할 때 죽었대.

후큐슈에서는 관동을 들러 나왔어. 배를 타야 하는데 배가 없어 기다렸지. 우리가 왔다는 말을 들었는지 의사 선생이 왔데. 나 처음 한 사람. 그 사람이 주인한테 말해가지고 나 데리고 나가 온천하고 중국음식 사주고 했어. 이때는 이 사람이 거 있었나 봐.

해방 후 먹고살기 위하여

　해방되고 바로 주인네 먼저 나가고. 배가 한 배 차야 한다고 기다렸어, 에비스에서. 해방 그 이듬해 음력 9월에 나왔어. 가이난 도에서 일본 거쳐 부산으로 왔지. 많이 나왔어. 나는 대구에 바로 왔지. 집으로. 내 나이 스물셋, 만 육 년 만에 나온 게야. 보니 반갑기야 반갑겠지. 식구들이 말은 안 해. 대충 눈치로 알았겠지. 편지도 했으니까. 큰언니가 나중에는 울면서 팔자라고 다 팔자라고.

　돌아와서 집에 이삼 년 배기(박혀) 있다가 꿈작도 안 했지. 그라다가 내가 스물일곱에 며르치(멸치) 장사를 시작했어. 내가 마음먹고 도가 가 물어봐가지고, 말하자면 어물전에 내가 물어봤어. 그리가지고 이고 댕기면서 팔다가 내중에는 안 돼 부산 가 막 메루치(멸치)

김옥주 할머니의 31-2세 때 모습

배뙤기도 하고 굵게 놀았지.

며르치 장사를 하며 다닐 때 만나는 남자마다 침 안 흘리는 놈이 없는 거야. 내가 예쁘지는 않았어도 몸매는 그런대로 좋았거든. 그러니 귀찮지. 그래 의지할 만한 남자를 소개받은 거야. 사랑이 있고 없고가 문제가 아니라. 아는 이발사가 소개를 해줬어. 나하고 맞을 거라고.

"아들들은 있는데 마누라는 죽었다"고. 일본에서 살다 나왔다고. 서른세 살인가에 영감을 만났어. 사람이 말도 느리고 어리숙하고. 거게 내가 속은 거지. 나중에 7년 만에 알았는데 (잠시 생각) 큰엄마씨가 애 업고 왔더라고 속초로. 그때는 속초에 살았거던. 영감이 오징어배 탔으니께네.

아휴 고생은, 고생은 말도 못 해. 영감 따라 속초로 원통으로 내돌아다녔지. 영감이 고깃배 따라다니고 미군부대에도 좀 있고 했을 때는 생활이 괜찮았어. 오십 넘어 영감이 사고당하고부터는 경제활동이라고는 하지를 못했어. 내가 부산에 가서 목욕탕 집 식모살이도 하고 원통으로 이사와서는 산나물, 냉이, 딸기, 칡 캐다 팔고, 남의 리아카 밀어주고. 얼마나 내가 인복을 못 타고났시면 어릴 때부터 오늘날까지 이렇게……(울음).

휴우…… 약을 먹고 죽을라꼬…… 했다고 내가. 이게나마 (같이 살아온 할아버지) 어디, (침묵) 나는 주민등록상으로는 혼자야. 이 가짜 할아버지, 삼십사 년을 같이 살았어도 동거인이야. 남이야. 누구 나무랄 것도 없어. 첫째 나쁜 건 내가 나쁜 거야. 모든 기 내가 처리 못하고 어리숙헌 게 내가 나뻤지. 남을 원망하고 싶지 않아요(한숨). 현재에 와서도, 내가 운명적이라고 자꾸 메끼고 싶고.

이제는 영감이 노망기까지 있어요. 그래 거 아들보고 데래가라 했어. 내가 이자 볼 자신이 없다고. 아들이 안 한대. 작년(1995년)에 쫓아보냈더니 다시 돌려보냈어. 나도 아파 몸도 제대로 움직이도 못하는데. 저거덜은 내가 지 아버지 데려가 저거 고생시켰다 하지만 내 고상은 말도 말도 못 해. 내 송장 치우기도 걱정시러운데 이 영감을 어이 해야 할지 모르겠어(울음).

메루치 이고 다닐 때는 나 가고 싶은 대로 어디든 내 맘대로 돌아다녔어. 그때 여자들 몇 만났어. 같이 있던 여자는 아닌데, 숨기지 그 사람들. 내가 말 거 하고 친해지면 말하지. 일본에서 나온 여자 만났어. 지금 밀양 살 거야. 봉천이라 카더라 어디라 카더라, 그렇다고 그래. 대구에서 얼음공장 곁에 가게 보고 있더라고 그 여자가. 그래 내가 가이난 도 갔다왔다니까 봉천서 자기도 그런 일 막 당해가지고, 근디 남편은 금쪽같이 모린다고 우리끼리 비밀로 하자고.

이 아줌마들하고는 친하게 지냈지. 가깝게, 우리집도 왔다갔다하고. 그래 영감 만나가지고는 이라고 댕기느라고 못 만났어. 주위에서는 내가 며루치 장사니까 친하겠지 생각했겠지. 같이 막걸리도 마시고 잉어회도 먹으러 댕기고. 밀양 아줌마하고는 동상(동생) 형하고, 그냥 친하고. 그 사람 언니도 알고 오빠도 알고 밀양 가가지고 친하고. 보고 싶어 아조 대구는 못 왔어. 참 부산에서는 같이 있던 여자 만났어. 시장에서, 보이(보니) 있데. 결혼했대. 치과의사하고 무허가 의사지, 뭐. 아이가 없다고 걱정이야. 그집에 놀러도 갔어. 남편이 모리지. 여자는 나를 만주에서 카페 하는 언니 집에 있던 친구라고. 메루치 장사할 때 알았지. 몰라 그후에는.

원통에서도 한 사람 만났어. 우리랑 한 집에 살았거든. 우리집에서 세 살았어. 나보다 두세 살 더 먹었는데, 꼬마 무당이라고 키가 아조 쪼매해. 고향이 전라도야. 그 여자가 싱가포르 갔다 왔대. 기생학교도 댕기고 장고도 잘 치고. 춤 잘 치고 아조(말에 장단을 넣는다). 남도 판소리 잘해. 근디 싱가포르 가가 해방되고 나왔다고 그래.

한 삼 년 전(1993년)에 죽었어.

남자도 부산 가 한 사람 만났어. 어떤 부인이 "좀 보자" 그래. "날 왜 보자고 그러냐" 그니까 "우리 남편이 보자꼬" 그래. 난 모리겠는데, 자긴 날 안대. 얘기 들어보니까 거게 있던 사람이야. 나한테 온 손님은 아니고, 지가 날 봤대. 마사코라는 것도 알고 세키로쿠에서 쇠 팠대. 또 한 사람 부산서 만났어. 서울사람인데 피란통에 만났어. 그 사람이 우리 친구 미치코 돈을 좀 먹었어. 그리서 내가 며르치하고 김하고 끌고 막 디밀고 가다가 젊은 남자 젊은 여자가 있길래 가 아는 체했더니 남자가 아니라고 내둘러 도망가(웃음).

살기가 너무 힘들었어. 그래 신고를 한 거야. 93년에 했어. 돈 준다카니(한숨). 물질적으로 너무 고통을 받으니까는. 거 만날 밥도 못 먹고. 그 지랄하니 사람이 먹어야 살지 안 먹고 사나. 이웃 사는, 그전에 면 호적계 서기로 댕긴 사람을 찾아갔어. 술 잔뜩 먹고. 그래 그 사람에게 내 말하는 대로 써달라고 부탁했지. 나는 손이 떨려 글을 못 써, 글이야 쓸 줄 알지만. 술을 너무 먹었더니. 기억도 흐리고. (말을 멈춘다.) 또 대구로 연락해갖고 조카한테하고 언니 아들이야, 외사촌 동생한테하고 신원증명 두 통 떼달라고 했지.

그것을 보사부로 직통으로 보낸 거야. 거짓말 하나 안 보태고 내 당한 것만 써 보냈지. 보사부에서 연락을 했는지 도에서 와가지고 또 확실한가 안 한가 묻더라고. 94년 정월부터 돈 탔어.

마음 좀 편하고 (한숨) 먹는 것도 제대로 좀 먹게끔 그리하고 살다 죽었으면 좋겠어. 맨날 쫓겨온 것처럼 벌벌벌 떨리고 술 한 잔 마셔도 긴장되고.

내 성격이 원래 꽉꽉꽉 하는 성격이야. 그냥 이대로 살다가 죽었으면 좋겠어. 송장 치는 게 걱정이지 딴 게 뭐 있나? (정리: 조최혜란)

정리자의 뒷이야기

"정말 할머니 맞아요?" "서른대여섯은 됐을 거야. 그때는 술도 안 먹고 ……." 나는 사진 한 장을 손에 들고 넋을 놓고 들여다봤다. 서글서글하게 웃음 짓는 세련된 미모의 젊은 여성. 고른 치아와 밝은 눈웃음 속에서 지금의 할머니 모습을 찾기는 쉽지 않았다.

할머니는 나이 들면서 술로 세월을 살았다 한다. 그래서인지 수전증으로 손을 조금 떨고 눈에는 핏줄이 선 채, 얼굴색도 좋은 편이 아니다. "나는 성질대로 꽉꽉 살았어." 할머니는 무척 빠른 어투로 그렇게 말했다. 그것이 무엇을 뜻하는지, 나는 할머니를 만나면서 곧 눈치챌 수 있었다.

처음 할머니를 만난 것은 강원도 원통에 있는 할머니의 집에서였다. 한국정신대문제대책협의회로부터 서울 중앙병원에서 통원치료를 받고 있는 한 할머니의 소식을 접한 순간, 나는 곧장 할머니를 만나려고 길을 나섰다. 강원도에 가본 적이 별로 없는 나로서는 구경도 해보고 싶은 마음이 굴뚝 같았다. 그날, 1995년 11월 30은 첫눈이 오고 무척 추웠다. 원통에는 내 발목 위 정도까지 눈이 쌓여 있었다. 나는 터미널까지 마중나온 할머니를 따라 한 5분 정도 걸어갔다. 50미터 가량의 시장을 지나 눈 덮인 지붕으로는 허름한 슬레이트가 드문드문 내비치고, 벽돌담으로 둘러싸인 집들이 좁은 골목을 사이에 두고 즐비하게 늘어서 있었다.

할머니는 할아버지하고 사글세로 방 한 칸, 부엌 하나에 살고 있었다. 밖에서 문을 열면 곧장 부엌이었다. 화장실은 부엌문을 열고 밖으로 나와 벽돌담을 끼고 빙 돌아가면 나오는 안채에 있었다. 사글세 집으로 아주 불편했다. 날이 저물어져, 할머니 집에서 나는 하루를 자게 됐다. 할머니가 병원에서 퇴원한 지 채 보름도 되지 않을 때였다. 그런데 할머니는 겨울차비를 이미 다 해놓고 있었다. 나는 할머니가 빨아놓은 뽀송뽀송한 이부자리에서 자고, 다음날은 할머니가 싸주는 김장김치를 가지고 집에 돌아왔다.

그후 할머니는 매달 한 번씩 중앙병원에 통원치료를 받았다. 12월부터 나는 몇 달 동안 할머니와 같이 병원에 다녔다. 강동고속터미널에서 만나 같이 가곤 했는데, 내가 약속시간이 늦으면 할머니는 병원으로 벌써 가서는 혼자서 진료를 마무리지어버리곤 했다. 처음에 나는 무색했으나 곧 할머니가 말 떨어지자마자 실행하는 성품을 가진 분으로 이해할 수 있었다.

다시 할머니와 진지하게 자리를 마주한 것은 1997년 3월, 우리집에서였다. 할머니는 원통에서부터 내가 사는 의정부에까지 미역거리, 산나물 들을 바리바리 싸가지고 왔다. 그리고서 할머니는 조금 편리한 곳으로 이사를 갔다고 했다. 화장실, 부엌이 다 방 안에 있으니까 너무 편리하다는 것이었다. 그러나 할아버지가 그 즈음 노망기가 있다면서 눈물을 글썽였다.

그리고 할머니는 이사한 집에서 채 한 달도 되지 않아 나눔의 집으로 이사를 왔다. 3월 통원치료 때 나는 할머니가 나눔의 집에 가보고 싶다고 해서 그곳까지 동행한 적이 있다. 할머니는 나눔의 집을 보자마자 방을 정해놓고 곧장 오실 태세였다. 그리고 얼마 지나지 않아, 할머니는 원통의 방을 빼 나눔의 집으로 입주를 해버렸다. 이때 할머니는 할아버지를 아들네 집으로 보냈으니 걱정 없다는 것이었다.

할머니의 이런 앞뒤 안 가리고 '꽉꽉꽉' 해버리는 급한 어투와 빠른 행동력은 힘든 상황을 대처해나가려는 할머니가 지닌 강한 개성의 한 표현인 것 같다. 그러나 어느 선택, 가령 할아버지를 만난 것에 대해서랄지 '제 꾀에 제가 쏙은' 것으로서 허탈해하거나, 수십 년을 술로 세월 보낸 것을 보면서 그것이 과연 할머니의 천성일까 하는 생각이 들었다. 그리고 할머니 말대로 당신의 '급한 성질'이 내게는 할머니의 시원스런 장점으로 여겨지기보다는 어쩌면 할머니 스스로 아직은 지난 시절을 내면화하지 못한 데서 오는 가슴답답함의 또 다른 표현이 아닐까 하는 의문으로 남게 됐다.

할머니는 대구가 고향이지만, 경상도 사투리가 심한 편이 아니며 표준말, 강원도, 전라도 말씨가 섞여 있고 때로는 일본말도 쓰곤 했다. 여러 사람, 여러 지역을 거쳐온 인생역정이 할머니의 말투에 녹아들어 있는 듯하다. 할머니는 술을 안 마시려고 노력하다가도 "세상이 원망시럽고, 속에서 열불이 나면 술을 찾게 된다"고 한다. 나눔의 집에 온 후로도 할머니는 반복적으로 한 보름 정도는 술을 마시지 않다가 사나흘 동안은 밥을 입에 대지도 않고 술로 보내곤 한다.

그러나 일혼이 넘고 술을 많이 드는 편임에도 불구하고 할머니는 여전히 빛나는 눈빛을 지니고 있다. 할머니는 만날 때마다 기억을 더듬어 젊은 시절 읽었던 소설이나, 주변에서 겪은 것들을 말하기를 좋아한다. 그리고 또 나를 만난 지 두번째 되어 같이 병원에 갔을 때였다. 누군가를 만나자마자 할머니는 나를 "우리 수양딸"이라고 소개했다. 나 이외에도 할머니는 살아오면서 지금까지 수양딸, 수양아들들을 많이 만들었다고 한다. 안면 있는 사람과 허물없이 세상을 이야기하는 이 똑똑한 그리고 관계맺기를 좋아하는 할머니가 진심으로 웃을 수 있는 날이 항상 하기만을 바랄 뿐이다.

고향 잃고 이름 잃고 떠돌이 인생 50년

김은례

1926년 평안남도 평양에서 태어났다.
중국 남경으로 끌려갔다 왔으며, 지금은 서울에서 살고 있다.

학교 못 가게 하는 아버지가 미워

김옥실, 옥실이가 본래 내 이름이야. 해방 맞고 고향 못 가니까 남의 집 호적에 새로 이름을 해서 올렸어요. 김은례라고. 여태 김은례라 쓰고 있지만 부모가 달아준 내 이름은 옥실이야, 김옥실. 평안남도 평양, 여기서 내가 태어났어요. 평양 시내에서 10리쯤 들어가면 우리집이야. 촌사람 걸음으로 1시간 정도 가지 아마? 본채와 사랑채가 있고 마구간에는 소도 한 마리 먹였어. 집 주위에는 수숫대 울타리가 삥그렇게 둘러처져 있었지.

울 아버지는 형제가 많았어요. 모두 5형제인데 아버지가 맏이지. 모두 같이 한 집에서 살았어요. 할머니, 장가간 작은아버지 두 명, 삼촌 두 명, 작은어머니 두 명, 사촌들 세 명, 모두 열두 명인가. 대식구야. 그 좁은 집에서 그러고 살았어. 울 어머니는 내가 일곱 살 되던 해에 병 때문에 돌아가셨어요. 무슨 병이었는지는 잘 모르겠어. 아마 지병이 있었던 것 같아. 어머니 생각하면, 당신 몸 아픈데도 어린 나를 둘러 업고 외가까지 몇 리 길을 걸어서 갔던 기억이 나. 그러곤 집에 돌아와서 시름시름 앓다가 돌아가셨어요. 덩그러니 나 하나만 낳아놓고 세상을 뜬 거야. 울 엄마도 일찍 죽은데다가 식솔은 많고 하니까 울 아버지 책임이 막중했지. 그래서 그랬는지 아버지는 버럭버럭 화를 잘 냈고 특히 나한테 야단을 많이 했어요.

그래서 나는 외로움을 많이 탔어요. 어려서부터 에미 없이 자라다 보니 이리저리 치이는 일도 많았고 또 집안에서 큰딸이라 책임도 중했어요. 그런 나를 챙겨주고 감싸준 건 울 할머니였어요. 내가 맏손녀라고. 할머니는 딸자식을 못 낳았으니까 특히 맏손녀인 나를 무척 이뻐했지. 할머니는 이웃에 잔치가 있으면 종종 일해 주러 가시곤 했는데, 그때마다 나 주려고 먹을 것을 허리춤에 감추고 오시는 거야. 그런 날이면 내가 밤이 되기만을 눈이 빠지게 기다리는 거야. 그러면 모두 다 잘 때 할머니가 나를 몰래 깨워. 날 혼들어 깨우면 벌떡 일어나서는 그냥 얼른 받아서 먹는 거야. 밤이니까 깜깜한데 뭐가 보여? 뭘 먹는지. 옛날에는 목욕도 1년에 한 번 할까말까 했잖아, 그래서 몸에 이가 많았지. 그때 그걸 그렇게 먹으면서 이도 수도 없이 먹었을 거야, 아마. 그래도 맛있다며 먹는 거야.

어렸을 적 생각하면 그때 먹었던 강낭콩 맛이 기가 막히게 맛있었어요. 여름에 밭이랑에 강낭콩을 심었는데, 할머니와 같이 밭일을 마치고 돌아오면서 강낭콩을 한 소쿠리 따와서 삶아 먹었던 게 기억나. 그땐 별다른 간식이 없었잖아요. 그게 꿀맛이야.

우리집은 농사를 지었는데, 이북은 논농사가 어렵잖아. 그래서 거의 다가 밭농사야. 그것도 지주 집에 땅을 빌려서 반타작으로 농사를 했어요. 수수, 옥수수, 메밀, 감자 농사지 뭐. 반타작해서 지주한테 반 주고 나머지 반은 우리가 갖는데, 식구가 워낙 많으니까 먹고 살기가 빠듯했어요. 그래서 삼촌들은 농사일이 없을 때는 공장에 일도 나가고 그랬어요. 나도 어려서부터 집안일을 거들었어. 멀건 옥수수 죽으로 새벽에 끼니를 때우고 해 뜨면 나가는 거야. 밭에 나가 어른들을 도와서 감자도 심고 잡초도 뽑고, 날이 저물 때까지 일을 하는 거야. 그리곤 집에 와서 사촌들도 돌봐주고 쇠죽도 쑤고 그랬어요. 어린 마음에 하루 종일 뛰어놀고 싶기도 했지만 별 수가 없었지 뭐. 그땐 다들 그렇게 살았어요.

내가 열한 살 때였을 거야. 하루는 동네 친구 하나가 한글도 가르쳐주고 또 노래도 배워주는 데가 있다며 함께 가보자고 하는 거예요. 요즘 말로 하면 '초등학교'겠지, 아마? 호기심도 나고 글도 배우고 싶고 해서 아버지 몰래 친구 따라 한 며칠 거길 갔어요.

아, 그런데 아버지한테 딱 들킨 거야. 불호령이 떨어졌어요. 아버지는 "에미나이새끼가 글 배워서 어디에 쓰갔네. 연예편지질이나 하려구 그러나!" 하면서 집안이 발칵 뒤집어진 거야. 나는 할머니 뒤에 숨고 아버지는 다리 몽둥이 부러뜨린다고 날 잡으러 오고, 야단도 아니었어요. 보다 못 해 할머니가 아버지한테 그러는 거예요. "내가 가라 했다, 내가! 딸 하나 있는 거 에미도 없고 불쌍치도 않냐? 세상이 바뀌었는데 야도 한글은 깨쳐야지, 어째 애비가 그러냐"

할머니가 그래도 어림도 없지. 핵교 못 다니는 거지 뭐. 며칠을 집 밖으로 못 나갔어요. 그런데 나는 내가 하고 싶으면 꼭 해야 돼요. 내 성질이 본래 그래. 아버지가 야단을 해도 핵교에 가고 싶은 거야. 그래서 그후로 틈만 노리는 거야.

하루는 아버지가 일 마치고 방에 들어가시길래 나는 뒷마당에 가서 일하는 척하며 아버지 거동을 살폈어요. 아무 눈치가 없길래 '이때다' 싶어서 얼른 수숫대 울타리를 뚫고 달음박질을 쳤지. 혼날 때 혼나더라도 나도 다른 애들처럼 글도 배우고 친구도 사귀고 싶었거든. 그렇게 몇 번 핵교에 갔어요. 그리고 아버지가 날 찾으면 할머니는 '옥실이 이웃에 심부름 보냈다'고 둘러대곤 했어요. 그러다가 또 들킨 거야. 반 죽는 거지 뭐. 그러고는 핵교 가는 건 생각도 못했어요. 도리가 없잖아요? 핵교 다니는 친구들 보면 부럽기도 했지만 소용이 없는 거예요. 그때부터 아버지가 보기 싫은 거예요. 이놈의 집구석이 싫고 나가고 싶은 거야.

그렇게 지내다가 하루는 동네 아주머니들끼리 모여서 하는 얘기를 옆에서 듣게 됐어요. 평양에서는 권번[1]이 최고라나? 권번이 되면 소리도 배우고 장구, 가야금도 배우고 춤도 배운다고 하데? 내 생각에 이렇게 집에 있어 봤자 지지리도 가난한데다가 뭐 하나 배우지도

---

1) 권번(券番)은 일제시기에 기생들이 기적(妓籍)을 두었던 조합이다. 일종의 기생양성학교다. 할머니는 기생을 권번으로 잘못 이해하고 있다.

못하고 아버지 눈치만 봐야 되고 하니까 욕심이 나는 거야. 권번이 되면 고운 옷 입고 가마 타고 다닌다고 하더라구. 그 당시 내가 욕심이 많고 하고 싶은 것이 많았던가 봐. 그래서 권번이 돼서 울 할머니 호강시켜 드려야겠다는 생각에 집에서 몰래 나왔어요.

10리를 걸어서 평양 시내로 갔지. 권번 가르치는 선생님 집이 어디냐고 물어물어서 찾아간 거야. 거기에 가서 권번이 되고 싶어서 왔다고 하니까 나더러 잘 부르는 노래 하나를 불러보라고 하잖아. 여자 선생들 앞에서 노래를 불렀는데, 아 글쎄 선생이 무릎팍을 탁치면서 소질이 있다고 칭찬하는 거예요. 3년만 교육받으면 훌륭한 권번이 될 거라고 하는 거야. 그날로 나는 그집에 양딸로 들어갔어요. 권번 교육 받기 전에 거기서 청소도 하고 설거지도 하고 어깨너머로 소리도 배우면서 잘 지내고 있었어요.

그런데 한 5일 지났나? 내가 그곳에 있는지를 어떻게 알았는지 아버지와 할머니가 찾아온 거야. 아버지는 "이 에미나이가 조상 망신 동네 망신은 다 시키고 돌아다닌다"면서 야단이 난 거야. 할머니도 우시면서 나더러 집에 가자고 달래는 거야. 어떻게? 하는 수 없지 뭐. 아버지한테 붙잡혀서 다시 집으로 돌아왔지.

그렇게 집에 와서 얼마 있다가 바로 평양 근방에 있는 양말공장에 나가게 됐어요. 그때는 다들 못사니까 공장에 들어가는 것도 쉽지 않았어요. 면접도 보고 신체도 검사하고 해서, 건강하고 약삭빨라 보이는 사람만 뽑았지. 그때는 내가 워낙 건강하고 일도 잘했거든. 3년을 거기서 양말 가장자리 코 짜는 일을 하다가 다시 담배공장으로 옮겼어요. 그때로 치면 담배공장 일은 다른 일보다 고급이야. 한 달 일하면 쌀 반 말 정도 살 수 있는 돈을 받았지. 도시락 싸서 출퇴근했는데 아침 8시에 가면 저녁 7시까지 일하는 거야. 사람마다 맡은 일이 다 틀려요. 담당이 정해져 있는 거지. 나는 담뱃가루를 포장각에 넣는 일을 했는데, 그때 내가 만든 담배 이름이 '장수연'[2]이야.
이건 그때 나온 다른 담배들보다 좀 싼 편이지. 이것말고 요즘 담배
처럼 한 개피씩 종이에 말아서 만드는 담배도 여러 개 있었는데 다
른 담배들 이름은 기억이 안 나네. 그것들은 요즘 나오는 솔담배 수
준인데, 그때로 치면 최고지. 거기에 한 4년 못 되게 다녔나?

또 내가 숙성하니까 혼담도 오가고 그랬는데 시집 갈 마음이 안
생겨. 그때는 다 어렵게 살았잖아요? 혼담이 들어오는 곳도 다들 살
림이 어려운 집이고 하니까 내가 싫은 거야. 여태껏 어렵게 살다가
남의 집에 시집가서 또 고생하며 살 생각하니까 지긋지긋한 거야.
그냥 공장 다니며 돈 벌어서 할머니와 함께 그러고 사는 게 좋다고
생각했지.

하루는 다들 일나가고 할머니 혼자 집에 있는데 우리집에 일본인
순사와 조선인 순사, 이렇게 두 명이 찾아온 거야. 그때가 열일곱 살
되던 1942년 음력 5월쯤 됐을 걸 아마? 한 명은 말을 타고 또 한 명
은 그냥 걸어왔다는데, 할머니한테 나를 "일본에 있는 방직공장에
보내야 한다"고 통고했다는 거야. "거기 가서 3년 만 일하면 돈도 많
이 벌 수 있다"고 하면서 자기네가 "며칠 뒤에 다시 올 테니까 옥실
이를 어디 내보내지 말고 꼭 집에 붙어 있게 하라" 하고 갔다고 하
대. 만일에 "도망가고 없으면 우리 식구 모두를 총살시킬 줄 알라"
면서 무섭게 협박까지 하고 갔대요. 그러니 어떡해? 할 수 없지. 내
가 일 끝나고 집에 오니까 할머니가 나를 붙잡고 울면서 "순사가 다
녀갔다"며 그 얘길 하는 거예요. 그리고는 "절대 못 보낸다"고 종일

---

2) 담배인삼공사 홍보실 자료에 따르면, 장수연(長壽煙)은 일제시기에 조선총독
  부 전매국에서 시판한 가루담배다. 1923년에 처음으로 생산되었고 1955년 8월
  에 시판이 중단되었다고 한다. 담배가격은 1945년에 400원이었고 화폐개혁 이
  후 가격은 28환으로 추정된다.

을 우셨어요. 나도 이국 땅에 혼자 가는 게 무섭고 싫었지. 하지만 어찌 할 도리가 없잖아? 내가 안 가면 우리 가족들을 다 죽인다는데.

그래서 내가 그랬지. "할머니, 할머니. 너무 걱정 마. 설마 거기 가서 죽기야 하겠어? 내가 가서 3년 동안 열심히 일해가지고 돈 많이 벌어 올게" 나는 속으로는 무섭고 걱정도 됐지만 '열심히 일해서 우리 할머니 호강시켜드려야겠다'고 생각한 거야.

그리고는 며칠 있으니까 순사가 다시 찾아왔어요. 아침을 먹고 있을 때였지 아마? 이웃에 사는 내 나이 정도 돼 보이는 여자아이 하나도 같이 왔더라구. 그애 이름은 기억이 안 나네. 그애와 나, 우리 마을에서는 이렇게 둘이 가게 됐다고 했어요.

할머니도 우시고 아버지도 우시고 모두들 눈물바다였어요. 가야지 어떡해. 아침도 먹는 둥 마는 둥하고 순사를 따라 집을 나섰지. 우리 할머니는 나를 붙잡고 우시면서 마을 어귀까지 따라 나오셨어요. 할머니한테 내가 "할머니 걱정 마, 잘 갔다 올게, 돈 많이 벌어서 올게" 하면서 겉으로는 담담한 척 위로를 했지.

하지만 속으론 얼마나 두렵고 무서웠는지. 한 번도 고향 밖을 나가본 적이 없었거든. '아이구, 내가 거기 갔다가 다시 못 돌아오면 어쩌나' 하고 생각하니까 눈물이 앞을 가리는 거예요. 순사를 따라 가다가 또 돌아보고 가다 또 돌아보고, 그렇게 해서 간 곳이 기차역이에요.

무슨 역인지는 몰라. 평양역인가? 거기서부터는 순사가 어떤 여자한테 우릴 맡기데요. 이 여자를 따라서 기차를 타고 하루 종일을 갔어요. 어스름녘에 배가 들어오는 항구에 도착하데. '일본 가려면 배를 타야 하니까 이제 배를 타려는구나' 하고 생각했지. 거기가 어딘지 기억도 안 나. 항구에 여자애들이 많이 모여 있었어요. 다들 나같이 일본에 일하러 가는구나 하고 생각했어요. 한 60명쯤 됐나? 같이 온 여자는 우리를 내려놓고 어디로 갔는지 모르겠고 그냥 그렇게 서 있는데, 한 30대쯤 돼보이는 깡마른 여자 하나와 남자 몇 명이 우리들한테 이리 가라 저리 가라 배를 타라며 지시하는 거예요.

그래서 배에 올랐지. 그 사람네들이 우리들을 일본까지 데리고 가는 모양이었어요. 깡마른 여자는 위에는 하얀 것을 입고 아래에는 몸빼바지를 입고 있었어요. 남자들도 그냥 보통 차림, 군대 복장은 아니야.

일본 방직공장에 간다더니

배에 타고 나니 '이제 떠나는구나, 일본에 가는구나' 싶었지. 그런데 그 배가 밤낮없이 며칠을 자꾸만 가는 거예요. 일본까지는 한 이틀이면 간다고 들었는데 어딜 그렇게 가나 싶어 겁이 났어요.

배에는 일반 사람들도 많이 타고 있었어요. 그래서 내가 물어봤지. "이 배가 어디로 가는 거예요?" 하니까 중국 상해를 돌아 남경으로 들어간다고 하는 거야. 기가 딱 차는 거예요. 고향집 할머니 생각도 나고, 그냥 무섬증이 생기는 거예요. 그런데 나중에는 아무 생각도 없었어요. 배멀미가 어떻게나 심한지 누워도 안 되고 앉아도 안 되고 세 끼를 주먹밥 하나씩 주는데 먹지도 못하고 계속 구역질만 하는 거예요. 며칠을 그러고 갔어요.

하루는 기진맥진해 있는데 배에서 내리라고 해요. 그때가 아침나절이었어요. 사람들 얘기를 들으니까 밤낮없이 와서 보름 만에 떨어졌다고 하는 거예요. 거기가 남경이라나. 배에서 내리니까 군용 트럭이 여러 대 와 있어. 그걸 타고 또 어디로 가는 거예요. 한 차에 스무 명 정도 탔나 몰라. 트럭을 타고 하루 종일 가서 해질 무렵 즈음 되니까 어디다 내려놓는 거예요. 나와 고향에서 함께 간 친구를 포함해서 모두 열 명 정도를 내려다 놓았는데, 주변을 둘러보니까 민가도 없고 건물도 없는 산골짜기였어요. 거기에 도착해보니까 군인들이 판자로 가건물을 둥탕둥탕 짓고 있데요. 그래서 그렇게 생각했지. '공장을 지금 짓나 보다. 공장이 다 지어지면 여기서 일하나 보다'고.

첫날 하룻밤은 천막 같은 것을 처놓고 거지처럼 대충 잠을 잤어요. 자는 둥 마는 둥 자는 거지 뭐.

다음날 되니까 집이 얼추 완성됐는데 일자로 길게 지어 놓은 집이에요. 대문도 없고 지붕도 제대로 없어. 시골 닭집같이 그렇게 지어놓은 집이야. 칸칸이 칸을 질러서 방이 한 10개가 있고, 제법 큰 방이 또 하나가 더 있어. 방바닥에는 다다미를 가져와 깔아놓았어요. 칸칸이 질러놓은 방은 기다랗게 생긴 게 한 사람이 누우면 꽉 차는 크기야. 작은 방은 군인들 받는 방이고 큰 방은 여자들이 자는 방이에요. 군인 받은 방문 앞에는 여자들 이름을 하나씩 써 붙여놓았어요. 세면실도 부엌도 따로 없고 방들만 줄줄이 있어요.

어디서 여자 하나가 그곳에 우리를 찾아왔어요. 한 40대쯤 돼 보이는 조선 여자가 머리는 쪽을 지듯 틀어서 핀을 꽂고 옷은 군복이야. 그 여자가 방 하나에 한 사람씩 딱딱 넣어놓고, 담요 두 장에 목침 하나씩 주데. 그렇게 방에 있는데, 잠시 후 그 여자가 나를 어디로 데리고 가요. 얼마를 걸어가서 나를 사무실 같은 데 데려다놓은 거예요. 거기는 높은 군인이 지내는 방이야. 금줄 세 개에 별 하나? 세 개던가? 계급이 높았지. 한 15일 동안을 그놈 방에서 지냈는데 처음에…… 말도 마요, 생구녕을 뚫는다더니…… 그 일본놈한테 생구녕을 뚫렸어. 아프다고 소리쳐도 소용이 없어요. 그리고는 다시 여자들 머무는 집으로 돌아왔지. 나중에 알고 보니까 그 높은 놈은 나랑 그렇게 지내다가 딴 데로 옮겨갔대요. 그렇게 돌아와서 있으니까 매일같이 사병들이 오기 시작하데.

하루에 한 열 명 받았어요. 여자들을 밤조, 낮조 2교대로 나눠서 번갈아가며 군인을 받았어요. 밤이든 낮이든 군인 받는 날에는 꼼짝없이 그 짓을 해야 되는 거야. 주말에는 더 많아서 15명 정도가 와. 아침 11시쯤부터 군인들이 오기 시작하는데, 군인들이 오면 방문 앞에 저희가 알아서 줄을 쭈욱 서고 자기 차례가 오면 한 사람씩 들어왔어요.

좋은 놈은 그렇지만, 성질이 괴팍한 놈들은 말도 마. 아래가 하도 아파서 제대로 상대를 못 해주면 짐승 때리듯 나를 패는 거야. 그때 머리를 하도 맞아서 지금도 이렇게 머리가 자주 아픈가 봐. 또 일이 끝나면, 군인들 옷도 바로 입혀주고 각반도 단정히 매어줘야 했어요. 그것도 딱딱 제대로 해야 해. 그래서 나는 각반 하나는 귀신처럼 잘 맸어요.

산골짜기에는 군인들 부대하고 우리뿐이야. 내가 있던 곳에서 걸어서 2~3분쯤 가면 부대가 있어요. 군인들은 얼마 머물다가 이동하고 해요. 한 달쯤 가서 이동하면 또 다른 부대가 오고 사람들이 바뀌었어요. 그 산골짜기 일대가 모두 군대가 있는 곳이니 주변에는 민가도 없고 판자로 지은 가건물만 드문드문 있었어요. 같이 갔던 여자들 중 다른 이들은 아마 근처에 있는 다른 데로 보내졌나 봐. 어디가 어딘지 알 수 있어? 온 데가 군인 천지니까 도망도 갈 수 없고.

그집에서는 우리만 지냈지. 밥도 따로 해먹지 않았어요. 군인들 네댓 명이 왔다갔다하며 우리에게 부대에서 밥을 갖다 주었어요. 주먹밥, 된장국, 짠지 같은 거지 뭐. 밥은 세 끼를 먹었어요. 목욕은 군인들이 물을 실어다 주면 탱크 같은 데 채워놓고 드럼통에 물을 받아서 천막을 쳐서 가리고 했어요. 여름에는 밖에서 그렇게 하고 추울 때는 집 안에서 대충 씻었지.

우리한테 방을 배정해주었던 40대 그 여자가 수시로 찾아와요. 일본말을 잘하는 이에요. 그래서 군인 상대하는 일로 일본놈들과 사소한 문제가 생기면 중간에서 이 이야기 저 이야기하기도 해요. 따로 그집에 같이 머물면서 우리들을 관리하는 사람은 없었어요. 우리를 관리하는 여자쯤 됐던가 봐. 수시로 그 여자가 오고 또 군인들이 몇 명이 밥을 가져다주러 왔다갔다하며 우리를 관리하는 거지.

그 여자한테 속옷가지나 삿쿠, 소독약, 비누, 달거리할 때 쓰는 베 같은 것을 배급받아 썼어요. 삿쿠는 배급도 받지만 군인들이 가져오기도 했어요. 또 계급 높은 군인들은 치약이며 비누를 주고도 가고 더러 불쌍하다며 돈도 넣어주고 가는 사람도 있었어요. 졸병은 소용이 없고 높은 놈들이나 옷 사 입으라고 조금씩 주고 갔어요. 영감 그려진 중국돈[3]인데 지폐예요. 가운데 동그랗게 영감이 그려져 있어요. 가끔 그곳에 일본 여자가 얼굴분, 옷가지 같은 것을 팔러 오면 썼지.

또 1주일에 한 번씩은 아래에 병이 있나 없나 검사를 받았어요. 내가 있던 집에서 받았지요. 수시로 들르는 40대 그 여자가 검사를 했는데, 그이가 간호부나 뭐 됐던가 봐. 군인과 관계를 할 때는 병 오른다고 삿쿠를 끼고 또 잘 들어가라고 동그란 통에 든 미끈미끈한 크림 같은 약도 발랐어요. 끝나고 나면 소독약으로 뒷물하고. 나는 열네 살 때부터 달거리를 시작했는데, 달거리할 때는 군인 받는 걸 가끔 쉬기도 했지만 처음 몇 번만 그랬지 군인들이 많이 올 때는 쉬는 게 어디 있어요, 어림도 없지. 쉬지도 못하고 그 짓을 그렇게 하

---

3) 할머니는 군표를 중국돈이라고 했다. 정리자가 할머니에게 그 당시 통용되던, 지나사변 당시의 '군표' 사진을 보이자 그것이 그때 본 중국돈이라고 했다. 글을 읽을 줄 모르는 할머니로서는 돈에 한자 표기가 돼 있는 것을 보고 그것을 중국돈으로 인식한 것으로 생각된다.

니까 병에 걸릴 수밖에.

아래에 병이 나면 오리같이 생긴 걸 아래에 넣어서 검사하는데, 한 반 년 정도 있으니까 바이도쿠[4]라나 임질에 걸렸어요 그래서 로쿠로쿠[5] 주사를 맞았는데 그거 맞으니까 목구녕서 파아 하는 느낌이 올라오더라고. 며칠을 주사 맞고 약 먹고 해서 나았어요 그리고 또 한 번은 질 안에 염증이 생겼는지 근질근질하다가 통통 부어서 무척 아팠던 적이 있었어요 그 여자가 질 속을 들여다보더니 "아직 괜찮다, 며칠 더 있다 째면 되겠다"며 그냥 군인들을 받게 했어요 내가 아래가 아파서 못 하겠다고 그 여자한테 애걸을 하는데도 계속 군인을 받게 하데요. 그러다가 그냥 까무라쳐버렸어요 그제야 하루를 쉬게 해주었는데 나한테 얼마나 심하게 욕을 하던지…….

아래에 고름이 차 부어서 죽을 지경인데, 그이는 그냥 칼로 고름 찬 곳을 쭉 찢더니 솜에 하얀 가루를 묻혀서 넣어주데. 그리고는 다 나았다고 하면서 다시 일하라고 하데. 내가 너무 아파서 "차라리 나를 죽여달라"고 했더니 "이년이 엄살 떤다"며 야단도 아니야. 같은 조선사람인데도 그 여자는 인정사정도 안 봐주고 참 독했어요

정말이지 그러고 지냈어요 그 짓도 이골이 나니까 나중에는 아무 생각도 없어. 자포자기하고 지내는 거지 뭐.

부대 따라 이곳 저곳을 떠돌며

6개월 정도 그곳에 있다가 다른 데로 이동을 했어요 함께 있던 10

---

4) 바이도쿠(ばいどく)는 성병의 일종인 매독(梅毒)의 일본말. 할머니는 바이도쿠를 또 다른 성병 중의 하나인 임질(淋疾)로 잘못 알고 있었다.
5) 할머니가 말하는 로쿠로쿠 주사는 당시 성병치료제로 쓰이던 살바르산 '606'호를 뜻한다. 로쿠로쿠는 숫자 66의 일본어다.

명이 함께 옮겨갔어요. 한 1년을 있었는데, 여기도 처음 있던 데와 마찬가지로 산골짜기 외딴 곳에 군인부대만 있고 또 집도 판자로 대충 지은 집이지 뭐. 여기서도 처음 있었던 곳과 비슷하게 생활하며 지냈어요. 그런데 수시로 들르던 그 40대 간호부 여자는 우리랑 같이 안 왔지. 다른 여자 하나가 와서 그이와 비슷한 일을 했던 것 같애. 그런데 그 여자는 기억이 잘 안 나네. 아마 그 여자도 조선인이고 간호부였을 거야. 그렇게 한 일 년을 있다가 또 이동을 했어요.

세번째로 간 곳은 중국인이 살던 민가였나 봐. 일자로 길게 생긴 집인데, 집 뒤에 솔밭이 있었어요. 우리가 이집에 도착해보니까 여자들 세 명이 거기 살고 있데요. 술집에서 일했던 여자들 같아 보였어요. 이들도 조선 여자들이에요. 그렇게 열세 명이 이집에서 지냈지. 여기 오니까 각자 방이 따로 없어요. 그냥 한 방에서 커튼 같은 것을 쳐서 칸을 질러놓고 군인들을 받는 거야. 서로가 보기도 하고. 말도 마, 짐승이 따로 없어.

근처에 중국인 민가도 드문드문 있고 차를 타고 얼마를 나가면 남경 시내가 있었어요. 한 시간쯤 갔나? 잘 모르겠네. 시내에 병원도 있어. 본래 중국인 병원인데 일본 군인들이 쓰나 봐. 군의관, 간호사가 여러 명 있었어요. 세번째 집에 와서부터는 몸이 아플 때 병원에 가서 진찰받기도 하고 또 그전처럼 내가 있던 집에서 검사받기도 하고 그랬어요. 여기서도 먼젓번과 비슷하게 간호부 여자 하나와 군인들 몇 명이 우리 있는 데를 수시로 들락날락하면서 관리했던 것 같애. 기억이 잘 안 나요 언젯적 일인데. 첫째 있었던 집에 오던 40대 간호부 여자, 우리를 관리하던 그 여자는 내가 중국 가서 처음 만난 사람이라 기억이 나지만, 다른 간호부 여자들은 기억이 가물가물하네.

여기 와서는 가끔 외출도 했어요. 아무때나 할 수는 없고 높은 군인이 허락해주면 나갈 수 있었어요. 두어 달에 한 번 외출했을까? 높은 군인들이 가는 데 함께 갔어요. 우리끼리는 못 가요. 군인들과 같이 차를 타고 시내로 나가는 거예요. 저 어딘가 가면 시내가 있데. 시내에 가보면 한국사람들도 더러 있고 민가도 있고 요리점도 있어요. 따라 나가서 목욕도 하고 옷도 사고 반지, 목걸이도 사고 그래요. 중국엔 금값이 싸데요? 물건은 높은 군인들이 조금씩 주고 간 것 모은 걸로 사는 거야.

한번 그렇게 나가면 중국 음식점에 가서 술 시켜놓고 노래도 하고 높은 사람들이랑 같이 노는 거예요. 외출 나갈 때는 기모노도 입고 그랬어요. 그때는 중국말도 좀 하고 일본말도 곧잘 했어요. 지금은 다 까먹었지 뭐. 세번째 있었던 집에서 일본 군인한테 수업 같은 걸 받았어요. 일본 노래도 배우고 또 일본말로 뭐 외우라고 해서 외우기도 했어요. 얼마 못 배웠지. 그러고는 얼마 안 돼서 해방이 됐으니까. 또 우리가 있는 곳에 중국인, 조선인 장사들도 더러 물건을 팔러 와요. 알뜰한 여자들은 돈을 모으고 씀씀이가 헤픈 여자들은 이것저것 사고 그래요. 나는 돈을 별로 안 썼어. 화장도 안 하고 멋도 안 냈거든.

그런데 높은 사람 하나가 나를 아껴줬어요. 금줄 하나에 별 하나, 소위였어요. 그이는 의사야. 나이가 마흔 좀 넘었어요. 기다란 칼을 차고 다녔어. 높은 사람이 나한테 야심을 보이니까 졸개들이 나를 덜 먹었지. 부하를 시켜 날 자기 자는 방에 데려가고 데려다주고 했어요. 나한테 좋은 주사는 다 맞춰주고 잘해줬어요. 그 주사가 무슨 주사인지는 몰라. 아마 영양주사겠지 뭐. 저랑 살자고 하데. 이름이 오사카라나 에스카라라나? 내가 글을 똑똑히 모르니까 이름도 가물가물하네. 결혼하고 왔어요. 일본에 본여자가 있으니 나를 못 데리고 갔지. 그 사람 지금 죽었을 거야. 여든이 넘었을 거니까 아마 죽었겠죠.

함께 지내던 여자들은 내 또래가 몇 있고, 나보다 두 살 적은 이도 둘이고, 많은 이도 예닐곱 명 정도 됐어요. 고향이 전라도인 여자, 경상도인 여자, 다들 여기저기서 온 이들인데 그렇게 친하게 지내지도 못했어요. 그저 서로가 불쌍하게 생각하고 지내는 거야. 갑갑해서 밖에 나와 앉아서 얘기하면 죽어버리자, 자살하자고 했어요. 하도 힘드니까. 고향에서 같이 갔던 친구랑은 친하게 지냈어요. 아무래도 같은 데서 갔으니까. 서로 울기도 많이 했어요. 그 친구는 해방되기 얼마 전에 일본 군인 높은 놈과 눈이 맞아서 그이 따라 일본에 갔지. 나보고도 같이 가자고 했는데, 나는 "고향 가야 한다. 가서 할머니 봐야 한다"고 싫다고 했지. 지금 일본에 살아 있는지 어떤지. 어디 살아 있겠어, 모르지……

또 거기 같이 있던 여자들 중에 몇 명은 죽어 나갔어요. 황해도 여자 하나가 나무에 목매달아 죽고, 또 하나는 자고 있는 군인한테서 몰래 총을 훔쳐다가 자기가 총을 쏴서 죽고, 또 아편해서 죽은 여자, 참 많이 죽었어요. 죽어 나가면 다른 데서 여자들을 또 데려오데요. 나중에 들어온 여자들 중에는 열두 살 먹은 애도 있었어요. 제일 어렸어요. 그애도 방직공장에 가자고 해서 왔다 하대요.

전쟁이 갈수록 심해졌는데, 비행기만 왔다 가면 중국사람들은 개죽음이 되는 거야. 비행기가 어느 나라 것인지 나는 모르지. 그건 것까지 어떻게 기억해, 내가. 하루에도 몇 번씩 와요, 비행기가. 시내에 바짝 깔아서 쏘고 가는 거예요. 비행기가 오면 수건에 물 축여서 귀 막고 방공호에 들어가라고 해요. 무섭데요, 정말. 그러는 통에 미친 여자도 있고 폭격에 죽은 여자도 있었어요.

또 아편 하는 사람들도 많았어요. 정말 중국에는 아편쟁이들이 많대요. 노동하는 사람들, 가정집 여자들, 아편 안 찌른 사람이 없었어요. 중국인, 조선인 장사들이 몰래 와서 파는데 나도 한 번 찔러보니까 세상이 내 세상이여 그렇게 좋을 수가 없어요. '요맛에 이짓을 하는구나' 하고는 한 번 해보고 다시는 안 했어요, 인생 조지겠다 싶어서. 함께 있던 여자들도 몰래 아편을 많이 했어요. 군인들이 찔러줬어요. 들키면 큰일나지. 군인은 아편을 못 찌르게 돼 있었거든. 그래도 군인들이 몰래몰래 찔러줬는데, 같이 아편 찌르고 그걸 하면 그렇게 좋다고 하면서 여자도 찔러주고 자기들도 찌르고, 그렇게 했어요.

여기에 와서 조선 집에 편지 서너 통을 부쳤어요. 편지는 보내고 싶으면 보내라고 하데요. 이북과 연락이 가능하다고 했거든. 더러오는 조선인 장사들을 통해서 부쳤지. 내가 떠나올 때 할머니가 주소를 일러줬거든. 그래서 주소는 아직도 똑똑히 기억하고 있어요. 내가 글을 모르니까 글 아는 친구가 편지를 대신 써줬어요. 그런데 편지가 잘 갔는지는 모르겠어. 답장이 안 왔으니까.

한 번은 광목이랑 목화를 부쳤어요. 돈을 모아서 샀는데 그때는 광목과 목화가 귀했거든. 할머니한테 '방직공장에서 잘 지내고 있고, 돈 많이 벌어서 가겠다'고 편지를 넣어서 부쳤어요. 편지 부친 날이 8월 12일이었어요. 그걸 부치고 4일 지나니까 해방이 됐다는 말 들리데. 그래서 그 날짜는 정확히 기억해요. 8월 16일이 돼서야 해방이 된 것을 알았으니까.

그런데 일본 군인들은 다들 어디 갔는지 도망가고 없고, 그집에 우리만 남게 됐어요. 조선사람들이 찾아와서 해방 맞았다고 해서 시내로 나갔지. 시내에 나가니까 만세를 부르고 일본인들은 도망가고 난리법석이었어요. 함께 있던 여자들도 다 어디로 갔는지 뿔뿔이 흩어지고, 나랑 몇 명만 남게 됐어요. 이제 어떻게 해야 하나 하고 이리저리 다니다 배가 고파서 어느 집에 밥을 얻어 먹으러 들어갔어요. 50대쯤 되는 조선 부부가 사는 집인데, 그 시절에 조선사람들이 중국에 많이 살았나 봐. 우리더러 "고향이 어디냐, 어떻게 하다 이곳까지 왔느냐, 참 딱하게 됐다"며 친절히 대해줬지. 밥을 얻어먹으며 그집에서 얼마 동안 있었어요.

해방 맞기 전에 일본 군인들 따라 가끔 시내에 나와보기는 했지만 일반사람 사는 민가 있는 데는 마음대로는 못 돌아다녔잖아. 차 타고 술집만 가고 목욕 가고 했으니까. 그런데 자유 몸이 돼서 나와 보니까 이곳이 별천지야. 중국사람들 인력거를 타고 다니고 자전거도 타고 다니고 사람이 무척 많아. 중국사람 사는 집을 보니까 큰 선풍기가 돌아가고, 또 중국사람들 돼지 비계 진짜 잘 먹데요.

며칠 있으니까 들리는 소문이, '조선사람은 조선 들어가는 배를 탈 수 있다'고 해서 배를 타러 갔지. 그런데 배 타기 전에 중국놈들이 물건 조사를 하는데, 가지고 있는 걸 모두 빼앗는 거야. 그놈들이 어디서 조사 나왔는지 나는 모르지. 군복 같은 걸 입은 것 같기도 하고 몰라. 그놈들한테 여기 있으면서 일본 군인이 찍어준 사진들이며 금 11돈을 옷가지에 넣고 오다가 홀랑 다 뺏겼지 뭐. 조사가 엄청 심했어요. 그래서 물건은 하나도 못 가져 나왔어요. 일본 군인한테 받은 중국돈은 물건 조사하는 중국놈이 "아무짝에도 쓸모가 없으니까 불로 태우라"고 하데. 군인들이 주고 가고 주고 가고 해서 모은 것이 3년을 모으니까 좀 됐는데 얼마였는지는 기억이 안 나. 그래서 모두 태우고 왔지. 그곳에서 돈을 많이 번 조선사람들 중에는 돈을 가마니로 태웠다고 하데요.

며칠 있다가 조선 들어가는 큰 배를 탔어요. 어느 나라 배인지는 몰라. 아무튼 모두가 조선사람들이야. 사람들이 무척 많았어요. 여자 남자 섞여서 탔는데 한마디로 난리통이야. 아편쟁이들은 아편을 못 맞아서 고함을 지르고 사람이 많아서 제대로 누울 곳도 없어요. 무지 고생이 심했어요. 배에서 끼니 때 주먹밥 한 개씩을 주는데 배멀미가 심해서 먹을 수가 없어요. 좀 먹으면 다 토하고. 그냥 그러고 가는 거예요. '이제 고향에 가는구나' 하면서 할머니 생각만 하고 가는 거예요. 들어보니까 보름 동안 간다고 하데.

고향을 눈앞에 두고 또 팔려간 신세로

부산항에 도착하니까 누런색 제복 비슷한 옷을 입은 남자들이 배 타고 온 사람들을 나라베6)로 서라는 거야. 그리고는 짐 검사를 하더니 종이돈 한 장씩을 나눠주면서 그 돈을 가지고 고향에 찾아가라고 해. 얼마인지는 모르겠는데 그걸 가지고 차비 해서 가라고 하데. 중국에서 3년을 지내고 스무 살이 돼서 조선에 나왔으니, 할머니한테 3년 동안 일본 방직공장에 가서 돈벌어 온다고 고향을 떠났는데, 정말 3년 만에 조선에 들어온 거야. 그런데 누구 하나도 고향에 가려면 어떻게 해야 갈 수 있는지 자세히 가르쳐주는 사람이 없었어. 막막했어요.

막막해도 할 수 없었지. 사람들한테 떠밀리다시피 해서 부두를 빠져나왔어요. 날도 어두워지고 해서 중국에서 함께 나온 여자 몇몇이랑 같이 잘 만한 곳을 찾아보기로 했지. 부두 근처에서 어렵게 잘 만한 곳을 마련하고 간단히 요기를 했어요. 말이 좋아 여관이지 그집에는 난리통에 고향 찾아가려고 몰려든 사람들로 시커매. 피난민 수용소가 따로 없어요.

자는 둥 마는 둥하다가 다음날 아침에 일어나서 같이 왔던 사람들과 헤어졌어요. 각자 고향에 잘 찾아가라며 부둥켜안고 우는 거야.

---

6) '나란히'라는 뜻으로 일본어 ならべる(나란히 세우다)에서 나온 말.

다들 떠나고 나니 막막한데. 함께 나온 이들 중에 이북이 고향인 사람은 나 혼자뿐이었거든. 그래서 나는 혼자 남아 거기에 있는데 충청도 대천이 고향이라는 여자 하나가 말을 걸어오는 거야. "아가씨 고향이 어디야, 내가 좋은 데 소개해주랴?" 하는 거야.

내가 "이북이 고향인데 어떻게 가는지 몰라 이러고 있어요" 하니까 그 여자 말이 "지금은 못 가. 등본을 내면 이북에 갈 수 있지만. 아가씨 나이도 어리고 배운 것이 없으니까 가기 힘들어. 고향 가게 해달라고 모르는 사람에게 부탁했다가 엉뚱한 데 데려다주면 큰일 나지" 이러면서 나한테 자기 말을 들으라는 거야.

내가 돈도 없고 하니까 자기가 좋은 데 소개시켜줄 테니 우선 돈부터 벌라고 하데. 나도 생각해보니까 돈 번 것 하나도 없이 고향에 갈 수도 없고 해서 일단 돈이라도 좀 벌면서 알아봐야겠다고 생각했어요. 그래서 그 여자의 소개로 충청도 서산이 고향이라는 40대쯤 돼 보이는 남자를 따라 충남 서태안이라는 곳으로 갔어요.

가서 보니 술집이야. 기가 차는 거야. 그래서 내가 술집 주인에게 화를 내면서 "고향에 가겠다"고 했지. 그랬더니 술집 주인이 그래요 "선돈 준 거 다 내놓고 갈 테면 가. 나는 아가씨 데려온 사람한테 이미 돈 줬어." 알고 보니 부산에서 만난 그 두 사람이 나를 2년살이로 그집에 팔아넘긴 거예요. 기가 막힐 노릇이지. 그때 그 빚이 얼마였는지는 기억이 안 나네.

'이제 고향에는 다 갔구나' 하고 생각하니까 앞이 깜깜해요. 돌아갈 방법이 생긴다고 해도 다시 붙들린 몸이 돼버렸으니 아무 소용이 없었어요. 또 처음에는 고향에 가서 할머니 볼 생각뿐이었지만, 가만히 생각해보니까 무슨 낯짝으로 그간에 있었던 일을 할머니한테 얘기할지 막막했어요. 용기가 안 났어. 그래서 그후로 고향 가는 것을 포기하다시피 했지. 할머니 생각을 하면 눈물이 앞을 가렸지만

김은례 137

어떻게 해? 도리가 없잖아. 울기도 많이 울고 죽을까 생각도 했어요.

술시중 들면서 그렇게 그곳에 있다가 서태안이 고향인 남자를 만났어요. 농사 짓고 배 부리는 어부인데 부자라고 하데. 그이는 내가 마음에 들었는지 술집 주인한테 돈을 주고 날 데리고 갔어요. 6개월을 술집에 있다가 그 사람을 따라 나선 거야. 나보다 열 살 많은 사람이야. 그런데 가서 보니 큰마누라가 있는 거야. 말하자면 첩살이 신세지 뭐. 큰마누라가 어떻게나 사나운지 고생이 말도 못 했어요. 그렇게 지내는데 동지 섣달에 그 남자가 배 타고 나갔다가 바람이 불어서 배가 엎어져 죽었어요. 그래서 그집을 도망쳐 나왔지. 한 1년 살았어요, 그집에서.

그렇게 나와서 서산이라는 데를 갔어요. 배운 것도 없고 돈도 없고 하니까 할 수 있어? 할 수 없이 이집 저집 술집을 돌아다녔지. 그러다가 함께 술집에 있던 여자와 동업으로 술장사를 시작했어요. 그런대로 손님은 많았는데 외상술이 왜 그렇게 많아? 그래서 망해 먹고 다시 광촌이라는 데를 갔어요. 거기서 다시 술집 일을 하다가 언니 하나를 만났어요. 내가 호적도 없이 타향살이하며 그렇게 지내니까 나를 딱하게 생각하며 동생처럼 돌봐줬어요.

그 언니 덕분에 호적을 만들었어요. 그때가 스물여덟이야. 언니 아버지 밑에 내 이름을 올려줬어요. 그런데 이름을 올릴 때 면사무소 직원이 실수를 해서 나이를 10살이나 어리게 올린 거예요. 그래서 본래 1926년에 태어났는데 10살이나 더 어리게 1936년 8월 5일로 올랐어요. 그래서 내 이름이 '김은례'가 된 거야.

그러고 살다가 서른세 살에 농사 짓고 옹기 장사하는 시골 홀아비를 만났어요. 딸 셋에 혼자 사는 남자야. 나더러 같이 살자고, 아들 하나만 낳아주면 된다는 거야. 술장사도 이골이 나고 벌이도 시원찮고 해서 그 남자한테 재처자리로 들어가 농사지으며 살았지요. 땅이 한 100평, 200평 됐나? 그럭저럭 농사를 지으면서 살았어요. 딸 하나를 낳아서 사는데 6·25가 터진 거야. 그때 그이가 죽었어요. 인민군이 데려간다고 땅을 파서 조카를 숨겼다가 발각이 돼서 맞아 죽었어요. 딱 2년 살고 죽었어요. 지지리도 복도 없어요, 나는…….

남편이 죽고 나서 딸을 데리고 나와서 남의 집 농사일도 보고 장사도 하고 고생고생하며 딸 하나를 키웠어요. 그런데 딸 하나 있는 거 국민학교도 제대로 못 시켰어. 그래서 그게 평생의 한이야. 공부 못 시켜준 것 때문에 딸한테 원망도 많이 들었어요. 그래도 그것이 얼굴이 반반하고 똑똑해서 천안에서 가게 점원으로 일하다가 학교 선생하는 남자를 만나서 결혼했어요. 지금 잘살아.

딸 시집 보내고 딸 따라서 서울에 올라와서 여태껏 혼자 살아요. 나는 성격이 더러워서 남한테 손 내미는 거 싫어해요. 그래서 품삯 받고 밭 매는 일도 하고, 자동차공장 청소부로 일도 하고 이일 저일 안 해본 게 없어요. 그렇게 지내는데 테레비에 나처럼 끌려간 할매들 나오고 정신대 얘기 나오는 걸 보게 된 거야. 그걸 보니 옛날 생각이 나서 잠이 안 오는 거야. 또 잠을 자면 꿈에 그때 일이 나타나. 그래서 하도하도 속이 틀어 오르고 속상해서 옆집 여자한테 얘기했어요. 딸한테는 얘기 못 했지, 어떻게 해. 사위가 알면 망신스럽고 큰일이잖아. 며칠을 그러고 있는데, 옆집 여자가 와서 나더러 그러는 거야. "할머니, 할머니. 이제 다 늙었는데 뭐가 창피해요? 이런 일은 나라에 신고해야 돼요." 그 여자 말이 "신고하면 국가에서 생활보조도 해주고 한대요" 하면서 자기가 대신 알아봐 주겠다고 했어요. 그래서 고민고민하다가 신고했지요. (정리: 서은경)

정리자의 뒷이야기

내가 김은례 할머니를 처음 만난 것은 1993년 5월경이었다. 정신대로 중국에 끌려갔던 평양 출신의 할머니 한 분이 이웃에 혼자 사신다고, 시흥에 사는 한 40대 여성이 한국정신대문제대책협의회에 전화 신고를 한 것이었다. 텔레비전 아침 프로에 군위안부 증언자인 강덕경 할머니가 나오는 것을 보고서야 할머니는 평소에 딸처럼 생각해온 이웃에게 뒤늦게 털어놓은 것이었다.

할머니를 만나러 서울 시흥에 있는 허름한 지하 전세방을 찾아갔다. 그 이웃이 "나이 많은 노인네가 워낙 부지런하고 남에게 어려운 소리 안 하는 성격이라, 이웃에 살면서 되려 할머니의 도움을 많이 받고 지낸다"고 귀띔해주었다. 아니나다를까, 내가 찾아간 시간이 점심시간이 한참을 지났는데도 할머니는 나에게 어려운 걸음해서 시장할 거라고 하면서 자장면 한 그릇을 시켜서 먹으라고 권했다. 점심을 먹고 갔지만 할머니의 대접을 거절할 수 없어서 얼른 자장면 한 그릇을 해치웠다. 그리고는 인터뷰를 시작하려고 하자 할머니는 또 떡과 과일을 내놓으면서 "먹어야 내가 섭섭하지 않다"며 하나하나 집어서 내게 권했다. 마치 귀한 손님처럼 푸짐한 대접을 다 받고서야 할머니와 얘기를 나눌 수가 있었다.

4시간이 넘는 긴 이야기를 시작했다. 고향이 평양이라고 했는데, 그 어디에도 평양 사투리를 찾아볼 수가 없었다. 할머니의 어투에는 서울 말씨에 충청도 사투리, 그리고 번지 모를 억양마저 섞여 있었다. 알아듣기가 좀처럼 쉽지 않았다.

열일곱 나이에 겪었던 뼈 아픈 사연을 50여 년이 지나 백발이 허연 지금에 와서야 처음으로 털어놓는다며 크게 한숨을 내쉬는 김은례 할머니. 담담하게 풀어놓는 할머니의 얘기 속에는 이제껏 가슴속에 묻어뒀던 할머니 본래 이름과 아득한 고향집 이야기가 담겨 있었다.

할머니와의 첫 만남 이후 여러 차례 할머니를 찾아갔다. 김은례 할머니는 과거에 대한 기억이 무척 흐린 편이었다. 그래서 묻어뒀던 과거의 기억을 여러 차례 들춰내야 했던 나로서는 할머니께 무척 죄송스러웠다. 하지만 할머니는 질문에 늘 열심히 답변을 주셨고 또 정대협에 '군위안부'로 등록하신 이후에는 수요시위나 군위안부와 관련된 여러 행사들에 성실히 참석하시고 있다. 또 신고 당시, 딸에게 자신이 군위안부였음을 처음 얘기했을 때는 딸과 갈등도 있었지만, 할머니의 사위가 이해하고 따뜻하게 감싸주어서 이후에는 별 문제 없이 가족과도 잘 지내고 계신다.

할머니는 정부의 '군위안부 생활안정대책' 법안 발표 이후로 정부에서 마련해준 강서구 임대 아파트로 이사를 했다. 국가에서 생활보조금이 지급되지만, 할머니는 구청에서 하는 취로사업 등을 하며 여전히 부지런히 일을 하며 지낸다.

"늙었다고 집구석에 있으면 뭐 해? 쉬엄쉬엄 일도 하고 해야지. 나는 일 안 하면 몸이 아파요. 걸어다닐 수 있을 때 바지런히 일하고 다녀야 건강하지."

할머니는 얼마 전에 지병으로 앓고 있는 허리 디스크와 골다공증 때문에 허리 수술을 하고 한 달 넘게 병원에 입원해 있었다. 퇴원 후에도 구청에서 하는 취로사업에 나가서 누구보다도 부지런히 일하시고 또 매주 수요일이면 빠짐없이 옆 동에 사는 문필기 할머니[7]와 함께 수요시위에 참석한다.

그런데 할머니는 1998년에 정부가 지급한 '일본군 위안부 특별지원금'이 나온 이후 여러 가지로 고민이 많은 편이다. "정부에서 돈이 나와서 내가 다른 할매들한테, 우리 때문에 수고한 사람들한테 얼마씩 거둬서 고맙다는 성의 표시를 하자고 했지. 그래서 수요시위 올 때 돈 챙겨가지고 꼭 나오라고 했는데 몇이 안 나온 거야. 너무하잖아? 사람이 도리를 지켜야지. 몰라, 정말. 갈수록 생각이 더 어지러워져. 정부에서 돈 나오고 나서

---

7) 문필기 할머니는 정신대연구소가 간행한 증언 1집 『강제로 끌려간 조선인 군위안부들 1』에 소개된 일본군 위안부다. 문 할머니도 정부에서 임대해준 서울 강서구 임대 아파트에서 생활하고 있다.

할매들이 다들 주저앉은 것 같애. 정부에서 우리 생각해서 돈 준 건 고맙지만, 일본놈들이 사죄하고 배상할 때까지 끝까지 싸워야지, 안 그래? 수요시위에 한 번 나가려면 버스 타고 나가서 지하철 타고 또 한참을 걸어서 가야 해요. 나도 몸이 안 좋으니까 힘들어서 못 나가겠다 싶을 때가 있지. 그래도 내 생각은 이래. 매주 수요일마다 여러 곳에서 사람들이 데모하러 와서 우리 할매들 때문에 고생이 많은데 우리 할매들이 꼭 나가야지, 안 그래? 몰라요. 이 일이 언제쯤 끝이 날지……. 내 죽기 전에 끝이 날 건지 몰러……."

■정리자 서은경은

1969년 부산에서 출생하여 이화여자대학교 사학과를 졸업하고 방송작가로 일하고 있다. 대학시절 여성문제에 관심이 많아 한국정신대문제대책협의회의 자원봉사자 일을 했고 1992년부터 정신대연구소의 회원으로 활동하고 있다. 1998년 중국 흑룡강성과 길림성 지역의 조선인 군위안부 실태조사에 참여했고 현재 군위안부 문제를 널리 알리기 위한 본 연구소의 인터넷 홈페이지를 기획하여 제작중이다. 해외거주 군위안부들의 국적회복문제에 많은 관심을 갖고 있으며 군위안부들의 모습과 증언을 생생한 영상자료로 남기는 데 힘쓰고 있다.

언니와 함께 끌려가서

심달연
1927년 경상북도 칠곡에서 태어났다.
만주, 사할린으로 끌려갔으며, 지금은 대구에서 살고 있다.

먹을 게 없어서 나물 캐러 갔다가

내 고향은 경북 칠곡군 지천면 신동인데 그때만 해도 골짜기라예. 동네 이름이 '이른'[1]이라 카던가 그카지 싶다. 동네 이름은 이른이 고, 신동 저 읍 절(곁)에 가만(가면) 철둑이 있고 열차가 댕겼어예. 그 라고 산 밑에 이래 소릿질(소랫길)이 있었다카이. 소릿질이 뭔가 카 만, 요새는 마카(전부) 질(길)로 닦아가 있지만도, 옛날에는 질로 안 닦고 리야카 겉은 거 아니믄 소 겉은 거 질맹이(걸망) 지키이가(지게 해서) 나무 겉은 거 해가오고 하던 질이 있다카이. 그 질을 건네가지 고 우리가 철둑 절으로 고리 갔거든. 거 가서 나물 뜯다가 그놈들한 테 붙들리갔잖아. 그때 내 나이가 좌우간에 한 열시(열세) 살 됐지 싶다. 그러니 못 전디고(견디고) 밑이 전부 다 째지고 그랬지.

우리 아버지가 호박골 덕천에서 나왔다고 했는데 아버지가 거기 서 살았다는 것인지, 거기서 태어난 것인지는 모르겠어예. 우리 엄 마 고향은 칠곡이라 캤어예. 아버지가 결혼을 하고 나서도 분가를 안 해서 내가 큰아버지 호적에 조카로 얹혀 있는 기라예. 아버지는 칠형제든가 팔형제로, 그 웃대(윗대) 할매가 쪽박에 밤 담듯이 아들 만 소복이 낳다 카더라. 그런데 그 중에 딸로 하나 낳아노니 좋아 못 전디더란다, 날로(나를) 낳아놓으니. 태순이라 카는 언니는 우리 엄 마가 낳은 사람이 아이고 우리 아버지가 장개도 안 가고 아를 하나 낳아와가 키왔다 카데. 그래 키와서 나하고 한 살 차인가 났지 암매 (아마). 우리 엄마는 키가 크고 얼굴이 남상진(남자의 얼굴처럼 생긴) 편이라예, 아버지는 키가 쪼끄만하고.

---

1) 할머니의 호적등본에는 본적이 경북 칠곡군 지천면 신동 192번지로 되어 있 는데 1988년 5월 1일 토지 명칭 변경으로 신동이 신리로 바뀌었다. 할머니가 살았던 동네 이름인 '이른'은 해방후 덕산동으로 바뀌었다.

우리는 만날 둘이 끌어안고 자고 그랬구마. 우리 둘이 같이 지내던 쪼그만 머릿방이 있고, 요만한 봉창이 하나 있었다카이. 거게 머리만 제우(겨우) 우야믄 들어가고 우야믄 안 들어가는 쪼그만 봉창이 있었다카이. 그리로 내다보고 엄마가 찾는다찾는다 이캐쌌고. 나는 뭐든지 언니 시키는 대로만 했어. 어데 심부름을 가도 같이 가고 내(늘상) 그랬다카이. 그 언니가 날로 말도 못 하구로 귀해 캤다카이. 챔빗까(참빗으로) 싹싹 빗기가 머리도 땋아가지고 요래 해주고, 댕기가 없으마 지가 어데 가서 구해와가 묶아주고 이랬다카이. 말도 못 하기 다정시럽고 자정(잔정)도 많고, 이기 또 애살이 많아가(애발라서), 지는 우째 찾아도 날로 찾는다카이.

우리 언니는 누가 머 하마(하면) 거 가서 가마이(가만히) 듣고 와가 지도 땅바닥에 요래 쓰마, 나는 발로 문대뿌고. 그때는 저런 종우(종이)도 없었구마. "아이구 이년아, 니 가마이(가만히) 좀 있그라" 이카미 손으로 요래 가라가(가려서) 쓰마, 나는 손을 발로 틱 차고 문대뿌고(문질러버리고) 노상 이랬다카이. 이래도 성질 한번 안 내고, 머 써붙이난 거 보마 "봐라 이거는 뭣이다" 카고 이카데. 그거는 국문을 좀 안다카이. 그때도 국문 갈치는 데가 있었는데, 우리 언니는 그 안에 드가지는 못하고 맨날 문 앞에 가서 듣고 땅에 지 혼자 쓰민서 배았다카이. 머리가 좋으이까네 그래라도 했지, 나는 그런 것도 안 하는 기라. 댕기메 훼방만 놓는다카이.

그기라도 배아놔노이 언니는 "어데 가도 내가 니 찾아올 자신 있다" 이카미 "내가 꼭 니 델러 오꾸마 시키는 대로 해래이" 이카미 갔다카이. 그 질로 가가는 어데 가서 죽었는지. 죽었으니 안 오지, 안 죽었으마 찾아오누마. 시방이라도 살았으마 어데 가서 찾드라도 찾아오지. 지는 눈깔이 밝아가 찾는다카이. 그걸 생각하믄 너무너무 불쌍하고…….

(요즘도) 나는 여러 군데서 사람이 오마 우리 언니 오는가 싶어가 맨날 찾는다 카미 우리 언니도 같이 가서 그랬다 이카이, 다른 할매들이 아이구 세상에 카민서 인제꺼정 살았은들 얼굴 보면 알겠나 이카더라. 안 그렇다 카미 우리 언니는 살았으마 지가 우예라도 날 찾을라꼬 애쓰지 그냥 내삐리지는 안 한다꼬 캤다.

　그때 내가 열두 살 먹었던가 열세 살 먹었던가 그 정도 됐지 싶다. 우리도 농사를 쪼끔 지었는데, 일본사람들이 나와서 설치고 다니면서 다 **뺏어가예.** 그래가 묵을 게 하나도 없다카이. 묵을 게 없고 배는 고프고 하니 엄마가 가가 나무뿌리라도 캐오라카데. 어지러버 못 다니겠다 카미 뭐라도 뜯어오라카데. 그래가 언니하고 둘이서 나물 캐러 나갔다카이.

　그래가 그걸 뜯고 있는데 차가 오디만은, 모자 쓰고 커다꿈한(커다란) 사람들이 두어 명 내리데. 내려서 쫓아오디마는 우리 광주리를 틱틱 차뿌리는 기라. 그라디만 차를 타라꼬 그라는 기라. 그래 둘이 고만 끌안았어예. 그때 들에 딴 사람은 없었어예. 그라더니만 나를 발로 차버리고 우리 언니를 머리꺼디(머리채)를 이래 쥐고는 차에 끄잡아 엎데. "언니야" 하고 내가 막 울면서 그카니까 쫓아오디만 내조차도 줏어 올리버리데. 이래가지고 둘이서 한꺼번에 잡혀 갔어예. 나는 벌써 두 번이나 걷어채였지. 거기 올라가서도 나를 구석에 발로 차부쳐가지고 나는 고개도 못 들고 구석에서 이래 웅크려가 내내 울었어예. 지금 말하면 억울해서 울화통이 뒤집어져서 그렇지만, 그때는 영도철도(아무것도) 모르고 막 울민시나(울면서) 그래 끌려갔어예.

　차에 실리가 갈 찍에 우리는 어데로 가는지도 모르는데, 해가 아직까지 좀 있었어. 가(가장자리)에 있는 다른 사람들이 그카드라. 보니까 학생이드란다. 소학교가 그 어데 있었던 모양이라. 학생들이 오는 거를 같이 싣고 갔는 기라. 차에 올라왔는 거를 나중에 물어보니까 6학년이라 이카드란다. 6학년 아아들 학교서 나오는 거를 마카 (전부) 차에 조(주위) 실어가. 책보는 전부 발로 차 던지뿌고 같이 데꼬갔는 기라. 그때 6학년이믄 그것도 내 또래밖에 더 되는교. 그것들도 그래 끄짓고(끌고) 갔다카이. 나는 차에 엎디리가 있으미, 다른 사람들이 이야기하는 것만 들었지만 눈 밝은 사람들은 알 끼라, 어느 국민학곤지. 그때는 책보를 허리에 이래 묶고 이랬다카데. 그거를 이래 잡아땡기가 뜯고, 안 되니까 쭉 째가(찢어서) 던지뿌고, 사람만 잡아 싣고 갔단다. 막 아아들이 죽기살기로 우니까, 구둣발로 디리 차뿌는데, 저짝에 있는 사람들까지도 울리(울려)요 구둣발에 거 한 번 채이면 얼매나 아픈지요 말도 모(못) 해요. 그거를 그래 맞고도요 아아들 살점이라서 견디지, 요새 겉으마 골병이 들어가 못 살구마.

가다가 하룻밤을 잤는데 거게가 어덴동 그것도 모르겠고, 이튿날 아침에 일찍이 또 차에 태워가 나가데. 나가디만은 그래 인자 배를 탔어예. 배를 탔는데 역시 오래 갔는 모양이라예. 얼매나 갔는지 얼매나 오래 됐는지 그거는 모르겠어예. 앉았다 보면 낮에도 자고 밤에도 자고 이카이 얼매나 갔는동 그거는 모르겠는데, 누가 여기가 대만이다 이캤는 기라. 여가 대만 맞지 이카는기, 대만 망치 이캤다카이. 지금도 못치는 망치 그카만 항상 내가 거서 한 번 들었던 소리 같다 이래 싶으다카이.

거서 조금 있다가 또 어디로 또 갔는 기라. 거서 띨(떼갈) 적에 우리 언니하고 덩치 큰 거는 먼저 띠가 나갔는 기라. 거서 또 내가 얼매만치 울었는지. 다른 아아들은 "울만 또 때린다. 울지 마라 울지 마라" 이카고. "아이구 언니야 난 우야꼬, 난 우야꼬" 이카이 "내가 델러 오꾸마" 이카는 그거는 내가 평생을 기억을 하고 있어예.

"시키는 대로 해래이. 시키는 대로 하믄 된다. 우지 마라, 때린다.

뚜드려 맞는다." 그카민서 저는 겉으로는 안 울고 속눈물만 흘리고 떨어져나갔는 기라. 그래가 차에 태워져 가버리는 바람에 헤어진 뒤로 여지꺼정 나는 우리 언니가 죽었는지 살았는지 생사도 몰라예.

죽지 않을 정도로 맞으며

그래가 우리는 떨어져가 거 있다가, 거서 조그만 강을 또 하나 건너예. 거는 한국 남자들도 몇이 있어예. 그 사람들도 끌리와 가지고 거게서 일하고 있다캐예. "우리는 저짝에 석탄공장서 석탄 캐는 일한다" 이카는데, 시커먼 기 꼴이 얄궂지도 않한 기라예. 우리하고 낯이 익으니까, "너 겉은 저래 어린것들이 여게꺼정 끌리왔나, 그래 너거 부모는 아나?" 이카미 물어봐예. 그래 "우리 부모도 모르요" 이카미 잠시 이야기하고 있으만 "왜 일은 안 가고!" 카면서 (군인이) 저만치서 감(고함)을 질러예. 감을 한 번 지를 때 퍼뜩 가야지 안 그라마 요마꿈한 칼로 가 댕기미(가지고 다니면서) 그것가 팍 던지예. 그라마 이런 데 푹푹 꼽히예. 나도 저게서 누가 오라카는데 퍼뜩 안 온다고 먼 데서 쥐 던지가지고 여게 척 꼽히데. 허벅다리 여기²⁾에 숭(흉) 있어예, 칼 숭터. 여게는 칼이 꼽히가 척 드리져버리데(처져버리데). 허벅지 여기(오른쪽 허벅지 안쪽)는 푹 꼽히가 그대로 있데. 그래가 있은께 곁에 있는 사람이 누가 그거를 잡아땡기 가지고 빼버리데. 여도 그래가 아파가지고 얼매나 고생했다. 그놈들이 그냥 약만 좀 발라주라꼬 이카고

그라이 혼이 다 나가 뿐다카이, 정신없어예. 거 갔다온 사람치고 정신 말똥말똥한 사람은 내 희한하다 싶으다카이. 뚜드려 맞는 것만

---

2) 그러면서 할머니는 왼쪽 무릎 위 바깥쪽을 보여주셨다. 지금도 거기에는 흉터가 남아 있다.

해도 뚜드려 맞고 나믄 정신 하나도 없어예. 나는 뚜드려 맞아가지고 하룻밤씩 죽었다가 깨나기도 하고 이랬다카는데 뭐. 그라니까 죽은 줄 알고 병원에 끌고 갔다가 숨쉬고 안 죽었다카만 또 끌고 오는 기라.

거기는 요서 이래 강을 보면 얼매 안 되는데, 저쪽을 건네 가지를 못 하는 기라. 다리도 없고 아무것도 없는 기라. 거는 또 집도 없고 산빈달(산비탈)에다 이래 천막을 꽉 쳐났데. 거게(거기에) 저녁으로 군인들이 와서 자고 낮으로는 지키는 사램이 있고 그랬어예. 그러니까 그 강가에 사방으로 빙 돌아가미 군인들이 전부 총 둘러메고 있어예. 혹시나 싶어가 이래 닐받아(내려다) 본다카이. 이래 보마 내려가도 못 해예. 저기 사람 하나 어떡삐떡그리마(어른거리면) 이래 공중을 보고 총을 타다다닥 쏜다카이. 그카마 사람 하나도 없어예, 다 올라가 뿌리고. 거서는 물건 갖다주는 것도 배로 안 오고 비행기로 와서 조예(줘요). 요만큼만 한 과자를 봉다리에 넣어가 그거를 두 사람 앞에 한 봉다리씩 나눠 준다카이. 거서 한 이십일 있었는가 몰라. 거 있다가 군인들이 또 딴 데로 가면설랑 또 띠가(떼서) 나갔다카이. 그때는 날짜가는 것도 모르고 그랬어예.

거게서 같이 지낼 때는 포장을 이래 크게 쳐놓고 중간에 이래 천을 디라(드리워)가지고 칸맥이를 했다카이. 요쪽에서 이래 히시고(헤치고) 들받아보고(들여다보고) 주깨고(지껄이고) 그래예. 그런데 낮으로도 서로 지끼지도(이야기하지도) 못하구로 해예. 같이 이래 지끼는 줄 알만 총소리가 타다다닥 캐예. 그카만 구석에 가가 요래 웅크리가 숨도 안 수고(쉬고) 가만 있어예.

그카디만 한날 지녁(저녁)에 뭐가 한 바리(마리)가 들오디만은 옷을 싹 끄잡아땡겨 뿌리는 기라. 그래가 어데로 날 델고 갔어예. 거가 어덴지도 나는 모리겠는데 높은 사람인지 뭔지한테 가서 데리고 왔다 이카고. 그래가 옷 비끼라 이캤는 모양이라. 그래 여는 다 벗고 (윗옷) 아래쪽은 안 벗고 이래가 있으니까 안 벗는다꼬 막 머러카는 기라(나무라는 거라). 머러카민서 발로 막 들구 차고 머리끄디(머리 채)도 쥐고 막 땡기고 머리를 바닥에다 대고 칵칵 들이박고 이카더 라카이.

그러니 안 돌고 우야는교. 그래노니 전신에 멍이 막 들고 대가리 에는 돌멩이도 백이가(박혀) 있고, 내중에는 부어가 손도 못 대겠고 이렇데요. 전신이 툭툭 불거져가 이래가 아파가 맨날 울고, 저런 거 뭐 묵을 거 조도 신경도 안 쓰고 묵지도 안 하고 이러이 빼짝 말라 가 그랬어예.

그카다 일 년 가고 이 년 가고 인자 추버(추위)도 닥치고. 내가 시 방 조금 찹은(찬) 데는 방바닥에도 그냥 앉지를 못해예. 시리시리서 못 앉아예. 그라고 발도 그렇게 시리고. 발하고 손하고 한 해 겨울에 다 얼어부렀어예. 그래가 그 이듬해 여름이 되니 퉁퉁 붓데. 동상이 걸렸다가 녹아노니 또 얼매나 근지럽던지(가렵던지), 그걸 이런 데 대고 막 긁어가지고 온데 물이 질질 나니까 그래 약을 좀 주데. 그래 가지고 겨우 우째 나았어예.

그래 약을 받으러 갔는데 두 놈인지 몇 놈이 앉아서 저거꺼정 뭐 라고 뭐라고 해쌌디마는 저거 델라보내라 캤는개비라. 그라디만 일 로 와보라고 불러딜이는 기라. 그래 들어가서 옆에 이래 섰었디마는 "앉으라 카면 앉지" 카미 귀때기를 이래 팍 때리는데 왜앵 카민서 눈앞이 캄캄한 기라. 그라고는 여게 아랫도리를 빗기가(벗겨서) 조사 를 하는 기라. 손가(손으로) 여를 막 벌시보고(벌려보고) 손가락도 이 리 여보고 이 지랄을 하더라카이.

아이고, 안 들어가는데 그걸 대고 억지로 쑤시고 넣을라카이 막 째지는데 얼매나 아픈교, 그래 죽는다고 발로 탁탁탁탁 굴리다가 내중에는 그냥 시퍼러이 넘어가 뿌렀는 기라. 이래가 또 오줌을 한 일 주일 동안 못 누었는 기라, 오줌찌(오줌보)가 맥혀가. 뭐 묵지도 못하고, 오줌을 눌라 캐도 오줌이 생전 안 나와예. 여 배는 아파 못 전디겠고. 여 밑에는 째져가 피가 나와서 흥건하니 이래가 있고 그랬어예. 그래가 있어도 그 새끼들은 겁 안 내예. 그래가 있는데도 데꼬 가서 저거 하고 싶으만 또 하고 꺼뻑 자물시(까무러쳐) 있으만 저쪽에다 끄집어다 갖다놔예. 나중에 깨보만 그쪽이라예. 그런데 그 이튿날 저녁 되면 또 와예. 와서 또 해예. 이라니 한 번 할 때마다 한 번씩 죽어버리는 기라, 나는. 나중에 깨보만 여가 통통 부어가지고 아파서 못 전디예. 그렇기나 말기나 군인이 와서 하자 카만 또 해야 되는 기라.

그때 오줌 못 누는 병 때문에 얼매나 고생을 했는지, 말은 일본말 통하지도 안 하지, 그러니까 여기 건들리면 아프다고 노상 우는 기라. 자꾸 우니까 와, 와 카는 기라. 그래 여가 아퍼서 오줌을 못 눈다꼬 손짓 발짓하미 설명을 하니까 저거가 옆에서 누는 거를 지켜보는 기라. 진짜 오줌를 못 누거든. 그래가 병원에서 거기 보는 사람을 데리고 와서 보디만도 오줌을 못 눈다캐. 그래 기계를 넣어가 오줌을 막 빼내고 이라디만 또 약도 주고 그라데. 그거 먹고 나니까 조금 낫는 기라.

그래 거서 한 일 년 있다가 또 딴 데로 끄질고 가더라꼬 거가 어덴지는 모르겠는데 여름나고 나니까 또 춥은 기라. 만준동(만주인지) 어덴동 천지 내가 알 수가 있어야지. 그런데 거는 다섯 명씩 다섯 명씩 요래 띠가(떼서) 나가데. 전부 세 번으로 나눠가 이래 띠가 나갔어예. 그런데 나는 원캉(워낙) 아프고 맨날 울고 해싸노이 젤 나중에 나갔다카이. 거 가도 또 맨 그런디라. 군인들이 오고 그런 기라. 그런데 한 사람이 한국말 좀 하데. 그래 어째 여기꺼정 왔느냐꼬 묻는 기라, 그래 나는 모른다고 이카고. 그 사람은 날 보디만은 뭐 걸렸구나 이카고는 안 하고 가더라카이. 하자 소리 안 하고 나가고 나니까 뭐 겉은 놈들이 들어오디만은 좋다 카고 또 할라고 대드는 기라. 여를 보니까 퉁퉁 부어가지고 있고 피가 질질 나고 막 이렇거든, 그러니까 어떤 놈들은 하다도 그냥 가버리고 그라더라카이. 이래가 전신이 다 째져가 얄궂고 이랬어예. 그래가 옳키 먹지도 못하고 꼬질꼬질 말라가 요새 저 원싱이(원숭이)카마 더 못했어예. 말라비틀어져가 입도 다 돌아가도 그랬어예. 그카다 보이 그러구러 몇 년이 흘렀는 모양이라.

그러니까 차타고 붙들려 갔다카는 거하고, 처음에 강 건네고 또 두번째 강 건네고 그거 기억나고, 또 사람 많은 데 끌려가서 뭐라고 주께쌌던(이야기하던) 거하고 그런 거밖에 몰라예. 어데어데 카는 거 그걸 내가 몰라예. 거게가 중국인동 이북인동 천지 그거를 몰라예. 내가 전에 서울에 가서도 캤어예. 내가 글로(글을) 모르기 때문에 내가 끌리갔던 데가 어덴지는 모른다. 그런데 사람이 덮치가 하자카던 거 그거는 확실히 알고 있다 이캤다카이.

한숨 실컨 자고 나만 인제 아파서 못 전디는 기라. 그때는 인제 아파가 자물시는 기라. 그래 아파서 내(늘상) 울만 운다고 또 뚜디리 패지, 사람을 지애를(꼼짝을) 못 하두룩 해예. 그렇키 그래가지고 거서 삼사 년을 내가 우째 살았던동 몰라. 그러니 뼈만 남아가지고 사람이 다글다글카고(꼬장꼬장하고) 온 전신이 얼어가지고 형편도 없고 그랬지.

같이 있던 사람들이 내보고 그카데. 너거 언니는 하마(벌써) 죽었다. 미국놈들이 원자탄인가 뭔가 던져가 땅이 다 뒤집어지고 우리도 죽을동 모른다 아나, 너거 언니는 하마 벌써 죽었다. 그카디만은 그 말이 맞는 모양이라. 일절 연락도 한 번 없고 이러쿰 사람 찾는다 캐도 찾을 수가 없어. 우리 언니는 그때만 해도 한문3)을 쪼매 배와가 글을 안다카이. 지는 어데 가도 날 찾아올 수 있지만은 나는 찾아갈 수도 없어예. 꼬옥 내 니 찾으러 오꾸마카고 갔던 그기, 그 길로 영영 못 봤잖아예. 아직꺼정 소식을 모르잖아예 내가.

그래가지고 내가 저게 나눔의 집에, 중국사람들도 오고 어데 사람들도 온다 캐가 거도 한 번 안 갔던교. 해나(행여나) 우리 언니 모습이라도 닮은 사람이라도 있는가 싶어가, 거도 내가 안 갈 것도 한 번 갔다카이. 거 가서 하룻밤 자고 왔나 이틀밤 자고 왔나 그랬거든. 중국에 있던 사람들도 거 다 왔데요. 그런데 봐도요, 같이 가 있었던 사람이라 캐도 서로가 모르겠는 기라. 세월이 하도 오래 돼노니 사람이 마카(모두) 빈경(변경)이 다 되뿌리고, 어떤 사람은 빼빼 말랐던 이런 사람도 이만큼 이래 돼버리니 우예 아는교, 호박같이 부풀어버렸는데.

그래 내가 캤다. 나는 왜놈이라 카만 뻿다구(뼈다귀)를 갈아가 묵어도 분이 안 풀린다고. 내가 고생한 거는 말로 다 못한다꼬 내가 기억을 다 못 해가 그렇지, 나는 말도 못 하고 완전 등신이 돼가지고 사람짓도 못 하는 거를 한국에 나와가지고 이래 사람을 맨들어놨다고. 그기 오래 되고 내가 안 죽고 사니 이래 기억을 채리가(차려서) 살고, 내가 믿음을 믿으가 사니 이런 정신이라도 채리가 있지 안 그라면 벌써 땅 밑에 가고 없다 이캤어예.

그런데 나(나이) 차가(차서) 갔는 년들은 와가 영감 얻어가 아를 몇 개씩 낳았다카이. 내가 그캤다, 몸서리도 안 나던갑다, 아 놓고(애 낳고) 바라코 앉았구로(세월을 보내다). 안 그런교, 그래. 다 영감 얻어가 아 낳아가지고 미느리(며느리) 보고 딸도 있고, 딸 따문에(때문

---

3) 공부를 좀 해서 글을 안다는 뜻으로 할머니가 쓰신 표현.

에) 겁이 나가지고 사진 찍으러 안 나온다 이카더라.

거게 있을 적에 표 겉은 거 받은 거는 없어예. 돈도 없어예. 우리
가 가서 돈 주고 뭐 사고 그런 것도 없고 거저 주는 대로 먹고 되는
대로 입고 살았지. 여름에는 난닝구(런닝셔츠) 같은 거 그런 거 뭐
하나씩만 입고 살고, 헌옷 한 보따리씩 누가 가 오던가 그렇더라. 그
거 가지고 졸라가 그냥 이수운(아쉬운) 대로 이래가 입고, 빤스도 남
자가 입던 긴동(것인지) 여자가 입던 긴동 누구든지 몸뚱이만 들어
가만 서로 끼가(껴서) 입고 그랬어예. 빤슨동 사리마댄(사루마타. 팬
티의 일본말)동 뭐 펄렁한 거 한 개만 입으만 되는 기라. 겨울에는
춥어니까 뭐 두둑거리가 입지예. 아이구 목욕도 못 해요, 어데가 하
는교. 저 아래 물가에는 내려오지도 못하구로 하지, 묵는 물도 제우
(겨우) 갖다 묵는데. 묵는 것도 우야다가 비행기로 한 번씩 날라다
주고 그랬는데.

끌리가기 전에는 월경도 없고 젖(젖가슴)도 없고 아무것도 없었어
예. 언제 처음 있었는공 그것도 나는 몰라예. 거 있으면서 임신이 됐
든지 어떤지 그것도 나는 몰라예. 워낙 그때는 내 정신이 하나도 없
었거든.

막 무슨 냄새가 등천을 하니(진동을 하니) 머리가 아파서 마 죽겠
대예. 그때는 인자 죽는 줄 알았어예. 그때는 물가에 가서 물 먹고
이래 엎디리 있어라카데. 그래 낮에는 내두룩 물가에 가 엎디리 있
고 저녁에 올라오만 또 그놈들이 내(늘상) 오는 기라. 한 놈 하고 나
만 또 한 놈이 들어오고 또 들어오고. 하는데도 이래 죽은 듯이 누워
있으만 저쪽에 있는 포장을 걷고 이래 들받아보미 "다 되가나, 멀었
나" 이카는 놈도 있고. 어떨 적에 디기 설치고 하만 내가 못 전디서
이걸 막 뚜드리고(발을 구르고) 그카만, 어떤 놈은 뒤로 들어와가 다
리 잡고 있는 놈도 있지 싶어. 어떨 때는 못 설치구로 이래 붙들고

팔도 양쪽으로 제치가 양쪽 팔 여를 꼭 눌라가 있어예. 그래 오죽하면 몸서리가 나서 사람만 보면 시껍을 하고(혼이 나서) 피해다녔을까봐예. 거서는 진짜 사람소리만 나면 맨날 도망가고 그랬어예. 그때 여자들이 한 댓 명 같이 있었는데, 같이 있었던 사람 이름도 인제 기억도 안 나고 얼굴도 다 잊아먹었어예.

그래가 거서 또 어데로 끄지까(끌려) 갔는데, 거서는 또 우예 됐는동 여게보다는 쪼끔 낫게 있었는데, 하도 냄새가 많이 나고 이캐. 폭탄 겉은 거를 하도 많이 터재(터뜨려)노니까 냄새가 그케 나고 눈도 못 뜨겠고 어떤 때는 숨도 못 쉬겠고 이랬어예. 그러니 밍(命)이 있어가 살지, 못 살아예. 내가 밍이 질긴 진(길긴 긴) 모양이다 이캤다카이, 이제끔 살고 보이. 그래서 마카 이래 땅에 딱 엎디리가 땅공기 그것만 마시고 엎어져 있어라카데. 우리는 그때 섬에 있었어예, 조그만한 강도 하나 있고 그런 섬에. 그런데 그때 우리는 섬에서 암것도 모르고 있었지만, 폭탄 갖다 서로 던지고 온 천지에 터지고 이래 난리가 났던 모양이라.

저 원대[4]에 사는 남자 하나도 거게 갔다왔는데 내가 이 얘기를 하이꺼네, 한국 남자들 붙들고 가서 일 시키고 했는 거기라 카민서 지금은 거게가 이북땅[5]이 돼가 있다 이카더라. 거게 이름이 뭐라 카는 거를 들었는데 내가 잊아뿟다카이. 그 사람도 그 섬에 끌리가서 일하다가 해방되고 정신없는 난리 틈타서 몰래 나왔다 카더라.

내가 한국 나올 때도, 강가에 이래 엎디리 있다가 한국사람이 누가 일본에 있다가 나오미 나를 봤는 기라. 아들 둘밖에 없어노니 아아들이 저거 여자다, 저 여자 델꼬 가서 우리 동생하자 그카미 데리

---

4) 대구의 지명(현재는 서구 원대 1가에서 3가까지 있음).
5) 외국이라는 뜻으로 할머니가 쓴 표현. 원대에 사는 그 남자를 만나서 지명을 확인해보려고 했지만 딴 데로 이사를 가고 없었다.

고 가자 카더란다. 그래 그 어마이 아바이가 데리고 왔어. 한국에 델
꼬 나왔다카이. 그래가 내가 한국에 나왔다카이.

한국에 올 때는 다른 배 타고 왔어예. 군인들도 아이고 다른 한국
사람들이 있었는데 "아이구 세상에 아가씨가 어떻게 왔노, 오래 됐
나" 카는데, 나는 몇 년 됐는동 그것도 모르는데 요만할 찍에(적에)
왔다 카미 내가 이래 키를 갈촤(가르쳐)줬다카이. 나올 찍에 억시 배
를 오래 탔어예. 도착한 기 부산인지 인천인지 그것도 기억 못 하겠
어예. 내리가지고 대구까지 찾아올 줄도 나는 모르지. 날로 델꼬 나
온 그 사람들 집에 가서 살았는 기라. 그 부부가 아들만 둘인데 일본
에서 오래 살았대. 중늙은이쯤 됐는데 그때만 해도 머리가 희끗희끗
하니 새치가 표가 나드라카이. 데리고 와서 나사가지고(낫게 해서)
저거(자기들) 딸 할라고 약도 해믹이고 데리고 있었는데, 하다하다
보이 저거 골빙이(골병이) 들고 안 돼니까 갖다 내비리뿟는 기라. 그
사람들을 어데서 만났는지는 나도 몰라예.

그 사람이 절에다 갖다 내삐리고도 여게 한 번인가 두 번 찾아왔
드라 카데. 물어물어가 찾아와 보이 마이(많이) 좋아졌드라 카미, 저
거가 카데. 그라고 초상났다고도 한 삼 년 전에 저 원대 동사무소로
연락이 왔드란다. 날로 델꼬 왔던 그이가 죽었다꼬, 장사가 언제다
카고 심달연이라 카는 사람 앞으로 연락이 왔다 카미 봉투를 갖고
왔데. 그때 그거를 누가 봤던동 모르겠다. 이래 보디마는 심달연이
아주아주 옛날에 일본6)서 델꼬 왔는 그 사람이 죽었단다 이카데. 그
카이 억시 안됐데예. 그래 내 캤다. 그 사람 살았을 찍에 한 번 오지.
그 사람도 이제 생각하이 너무너무 좋은 사람이다 싶어.

_____

6) 국내가 아닌 외국이라는 뜻으로, 만주로 추정되기는 하나 어딘지는 정확히
모름.

귀국 후 계속되는 투병 생활

그런데 저거가 데리고 있어 보디 그카더란다. 데리고 있어 보이 정신도 옳찮지, 나이는 차고 몸에 병은 있지 그래가지고 도시(도대체) 안 되겠다카미 어데다 딜다(데려다) 놔뿌자 이캤는 기라. 이카미 어데 절에다 갖다 내삐리뿟는(내버린) 모양이라. 그냥 내삐리 놓으면 죽을 끼고 싶어놓으니. 그래 거게 가서 나는 내내 불만 때주고 이카다가, 그럴 적에 우리 동생이 그 절에 몇 번 댕겼던 모양이라. 그때는 무슨 제를 올렸던동 삼일 동안 그 절에서 기도를 하는데, 기도를 하고는 절 뒤로 이래 댕기고 하다 보이 밥하고 있는 사램이 전에 우리 언니 같다 우리 언니 같다 하고 이상하게 자꾸만 끌리더란다. 이래가 집에 갔다가 또 오고 집에 가서 생각하마 지가 내 얼굴이 또 떠오르고 또 떠오르고 이렇더란다. 이래가 지가 절에 또 왔는 기라. 그래 스님한테 가서, "스님요, 우리 언니가 둘이가 나가가 지금까지 소식이 없는데 저 사람이 암만캐도 우리 언니지 싶으구만요, 그러이 내가 데리고 갈라요" 이캤단다. 그러이 스님이 "델고 가라" 카더란다. "델고 가서 우야던동(어쩌던지) 공양 좀 잘해주라" 이카더란다. 그래가지고 저번에 죽었는 내 동생이 나를 데리고 왔는 기라.

내 형제는 전부가 여섯 명인데 오빠는 없고, 언니는 나보다 두 살 더 많았지 싶다.[7) 우리 둘이가 제일 위에고 밑에 동생들은 나이 차

---

7) 할머니의 호적등본에는 할머니의 어머니가 낳은 자식이 모두 11명 얹혀 있다. 이중 어릴 때 일찍 죽었거나 할머니가 위안부로 끌려가 있던 동안 사망한 사람(남동생이 1984년에 한꺼번에 사망신고한 형제가 세 명 있는데 이들의 정확한 사망년도는 알 수가 없다)들을 빼면 1954년에 태어난 막내까지 6남매가 된다. 그런데 할머니가 태어날 때 태를 덮어쓰고 나왔다고 집에서 태순이라고 불렀다는, 같이 끌려간 언니는 호적에는 없다. 그래서 그 언니의 나이도 한 살이나 두 살 많았던 것으로 할머니가 기억할 뿐 정확하지가 않다. 이 태순이 언니에 대해서는 1997년 4월 사진작가인 이토 다카시가 할머니의 고향으로

이가 많이 났어예. 그런데 내 바로 밑에 동생 그게 눈쌀미가 있어놔 가지고 나를 어째 알아본 기지. 남동생이 둘 있었는데 그 중에서도 큰아들은 일찍이 죽어뿌고 그 동생은 내가 가기 전에 있었는지 없었는지 지금 기억도 안 나예. 지금 저 충청도에 사는데 올개(올해) 오십둘이라카든가 너이라카든가 잘 모르겠다. 나를 돌봐준 그 여동생이 연결을 시켜조서 나는 알게 된 거지. 그런데 그 여동생이 죽은 지도 벌써 십 년이 넘었어. 제우 내 정신이 돌아오는 거 보고 내 병 옷 불은 꺼주고는 지가 먼저 죽었지. 병으로 죽었겠지 뭐. 그때 나는 정신도 안 돌아와서 암것도 모르지. 여섯달 고생해가 죽었다카는 거 보이 암이 아닌가 싶으더라. 아아들(조카들)도 그거 모르데.

우옛노 하니까 저 하양8) 사람이, 전번에 우리 동생캉 이우지(이웃에) 살았던 사람이 한 번 왔데. 하마 몇 년 전이다. 니 우예가(어떻게) 나왔는 줄 아나 카미 이야기해 주데. 거도 할마시라가(할머니여서) 그 사람도 하마 죽은 지 오래 돼예, 작년인가 재작년에 죽었다 카더라. 그런데 온돌방에다가 옛날의 창호지문의 문살 띠뿌고(떼버리고) 목만 한데(찬 데) 내놓고 나머지는 풀로(풀칠해서) 때워놓는 기라. 이래놓고는 옷을 입히가 방 안에 눕혀놓고 불을 때는 기라. 솔잎을 따다가 방 안에 깔고 그 위에다가 소금 뿌리놓고 또 솔잎 놓고 그래놓고는 가마이때기(가마니)를 덮어놓고 방에다가 장작불로 모탯불(떡시루를 찔 때 때는 센 불)로다가 하루 점도록(종일) 막 때더란다. 가마이때기를 덮은 우에다가 사람을 눕혀놓고 그 위에다 또 가마이때기를 덮는 기라. 그러니까 목 우(위)에만 밖으로 내놓고 나머지는 전

취재를 갔을 때 만난 동네 할아버지가 증언을 해주었다. 심차도 씨의 딸들이 끌려간 다음해에 자신도 오키나와의 미야코지마로 징용을 간 박노인(당시 77세)은 할머니의 언니 이름이 난옥이었다고 하면서 노래를 잘 불렀다고 했다.
8) 대구 인근의 지명. 현재는 경산시 하양읍으로 되어 있음.

부 찜질을 시키는 기라. 종일 그래 불 때고는 저녁때 되서 인자 사람 꺼잡아내주고 그랬는 기라. 아이구 답답해라 카면 인자 물 주고 그 랬다카네. 수지빗국(수제빗국)을 끓이가지고 안 먹을라 캐도 넘구라 꼬 막 떠밀이고 그랬는 기라.

그래 뜸질을 시킸는데 세번째는 끄잡아내놓니까 전신에 살점이 저절로 툭툭툭 터져가지고 누런 물이 찔찔찔 나오더란다. 그래가지고 내 몸에 있던 나쁜 병하고 동상을 고치는데, 지금 보이는 쬐매끔 쬐매끔한 요기(이것이) 전부 터져가 뭐가 나온 그기란다. 전에는 숭터가 제법 컸는데 인자 약간 남아 있어예. 이런 기 뭔지 난 몰랐다카이. 그런데 이기 전부 그거 했던 기라카네. 그래가지고 얼매나 애를 먹고 나왔는동 아나 카미 그카더라. 내 여동생이 애를 많이 먹었어예.

그라고 그럴 때는 사람들이 사람이 아니라꼬요 짐승이지. 밥 한 숟갈도 못 얻어먹고 살았으니. 그래 이 위장도 빵꾸났다 캐가, 뭘 먹 었다 카만 왝 하고 올리고 구토질이 나는 기라. 그런데 먹은 걸 토하 마 거기에 피가 올라온다 캐예. 그래 병원에 가 물으니까 위장에 빵 꾸가 났다 카더란다. 그래 가루약 그거를 내 사다 믹이고, 육무초(익 모초)를 우리 동상이 오래 해믹있는 기라. 시방 그거를 알고 묵을라 카마 씹어가(써서) 한 그릇도 못 묵구마. 그거를 겨울되마 큰 가마솥 에다 한 솥 고아서 걸러가 놔놓고는 쬐매끔쬐매끔 떠믹이고, 인자 여름에는 풋거 그거를 허방에다, 큰돌을 움푹 들어가구로 파가 맨든 허방에다 넣어놓고 돌로 쿡쿡쿡 찧어가 이래 짠다카이. 그거를 허연 이런 대접에다 한 대지비 조예. 그거를 안 묵으마 큰일난다 캐가 겁 이 나서도 그거를 묵어야 되는 기라. 안 묵을라카마 코를 이래 쥐고 는 들이부어뿐다 캐.

시방 카는데 위장병에는 그기 그래 좋다카네. 그럴 직에 나는 그 기 뭔지 뭣도 모리고 내 묵었다카이. 그거를 묵은 찌기(찌꺼기)가 거름 무디기(무더기)가 돼가 비를 맞아서 허옇게 바래가 있었다카이. 이거 다 니가 약 짤아가 묵은 기다, 이카더라카이. 어떨 때 한 번씩 내 정신이 돌아오만 동생이 인제, 이거 다 니가 묵은 약찌기다 이카미 이런 거 뭐 갈차주기도 하고 그랬어예. 그런데 어떨 때는 알겠고 어떨 때는 암만 주께도(이야기해도) 하나도 귀에 안 들어와예, 눈에 보이지도 않고 정신이 내 왔다갔다했는 기라. 그카마 내 동생은 또 찔찔 울고, 지는 울어싸도 나는 슬프지도 않하는 기라. 그러니 그럴 때는 내 맘도 아닌 기라. 내 그랬다카이. 그러구러 나는 살아나왔어예. 나는 아무것도 몰라예.

그런데 누가 이거를 믿으마 참 좋다캐가. 정갱이 이기 한 번씩 가다 도지마(도지면) 억시 아파예. 그런데 저거를 믿는 사람이 가르쳐주는 기라. 이래 내려앉아가 남묘호랭겟교 남묘호랭겟교[9] 카미 아무것도 생각지 말고 남묘호랭겟교만 찾으만 부처님이 이 머릿속에 지혜도 떠오르게 해주고 내가 오늘 뭐 해야겠다 내가 밥 묵어야겠다 카는 것도 생각나게 해준다 이카데. 이래가 이거 한 지도 오래됐어예. 우리 동상이 어데 가 듣고 와가 시키가지고. 그런데 이걸 하고는 다리는 침도 안 맞았는데 고마 괘않데. 저 원대 있을 때만 해도 다리를 찔름찔름 절었어예. 걸음을 옳키 못 걸었어예.

여 아래도 부어가지고 우리 여동생이 기왓장 깨진 거를 꿉어가지고 찜질을 많이 시켰어예. 그라고 미꾸라지를 살아 있는 거를 사다가 날 눕어라 카고 거다 집어옇데. 살은 거를 몇 바리(마리) 넣어놓고 이래 꽉 막고 있으마 그기 안에서 병 겉은 거를 다 빨아묵는단다. 다 빨아묵고는 거서 죽는 기라. 안 그렇겠는교, 그래. 답답으이(답답해서) 거 있는 거는 다 묵을 거 아이가. 그거는 내중에 용쓰니께 다

9) 남무묘법연화경(南無妙法蓮華經)의 일본식 발음. 일본 불교의 한 종파인 일련종(日蓮宗)에서 법화경에 귀의하는 뜻을 나타내서 부르는 말.

나오데. 미꾸라지는 다 나온다카더라.

그라고 살이 이만치 퉁퉁 부어가지고 한국 나와가도 도져서 애 많이 먹었어예. 기왓장 꿉어가 걸레에다 싸가지고 여다 내 대고 있고 뜸질하고 그랬다카이. 그 기왓장이 그렇게 좋단다, 부었는 데는. 호박도 삶아가 내 주고 약도 별별 희한한 것도 많이 먹었어예. 나는 뭐가 뭔지 몰라도, 안 먹으마 때리직인다 카는데 우야노. 나는 말 안 들으마 때린다 카마 그기 제일 겁나는 기라. 거기서 하도 맞아서. 쪼매 묵고 묵기 싫어가 요래 놔두고 있으마, 안 묵을 끼가 카미 눈을 부라리미 때리는 시늉을 하고, 지키고 있는 따문에 어데 내빼지도 못한다카이. 그래노니 나는 시간만 있으마 어데 기(기어)나갈라꼬 눈이 뺄개가지고 설치지예. 자꾸 기나갈라 카는데 이거 뭐 나가구로 하나, 나갈라카마 대가리 다 주뜯어뿌는데. 머리를 막 이래 감아가 쥐고는 막 뚜디리패는데, 내빼면. 우리 동상도 그랬어예, 나가믄 마 직인다카고. 한번 나가믄 못 붙들거든, 나가믄 걸음아 날 살리라 카고 어데든동 막 내빼가거든. 그러니까 나가믄 직이뿐다 카면서 내 가돠놓고 있었잖아. 날로 가돠놓고 살았어예.

그러니 내가 그걸 생각하만, 부처님 참 감사합니다 싶어예, 이래 기억을 찾아조서. 그때 하마 구청서 와가 아파트 가라 캤는데, 그럴 적에는 아직 다리도 옳기 못 쓰고 찔름찔름 절고 허리도 굴신을 못해가지고 그랬어예. 돈 답답해도 "국토개발(취로사업의 의미) 겉은 거 그런 거 하겠는교". 이카는 거 "못 한다" 카고, "아파트는 하나 주께요, 거 가소" 카는 거 그때는 거도 안 간다 캤은께. 그때만 해도 내가 아직까지 정신이 왔다갔다했어예. 그기 원대에 있을 땐데, 그러니 생전 삽작(대문) 밖에도 안 나가고 살았어예. 원대 거 살아도예, 거 골목 절에 사람이나 날 알까 안 그라믄 몰라예. 원대서 오래 살았어예. 아아들 말로 거서 이십 년 살았다 카든데 그래도 사람 몰라예.

그 전에는 어데 살았는가 카만, 질(길) 건너가 제일은행 카는데 그 짝에, 그뒤에 미나리깡(미나리밭)이 있었어예. 거게 쬐매끔한 집이 있었어예. 그게 여동생하고 같이 살았는데, 거는 여름 되면 모기가 버글버글 끓어예. 거 살다가 그래 이짝으로 건너왔잖아. 좋은 집 사 가지고 좀 낫기 살아볼라 카다 고마 일찍 죽었제. 본래 영감이 좀 벌 어논 기 좀 있었겠지. 그거 가지고 집 사고, 땅도 한 300평 있었는데 그집 안 놓칠라고 아아들 공부도 국민학교밖에 안 시키고 그랬잖아.

시방도 귀에 비행기 소리가 들려

정대협에 신고는 구청에서 했지. 원대 있을 때 한날 쌀집 앞에 이 래 나와 있응께, 삼반의 통장이 "할매, 머(뭐) 한 번 물어봅시더" 이 카데. "와요?" 카이꺼네, "할매는 와 이제끔 혼자 살았어요? 그라고 와 혼자 돼 있는교?" 이래 묻데. "몰라요" 이캉께, "여 있는 사람은 조칸교? 시집조칸교, 친정조칸교?" 이캐. "시집은 안 갔구마" (내가) 이카이, "내중에 등본 한 장 줘보소" 이카는 기라.

"등본 우리집에 띠다 논 거 있구마" 카이, "한번 가(가지고) 와보 소" 이카드라. 그래 보디마는 "할매, 저 동사무소에 봐도 혼자 돼 있 고, 내가 암만 봐도 이상하다 싶었다" 이카는 기라. 우리 큰조카 뒤 에 내가 얹히 가 있는 거를 보고, 이상하다 저그 어매가 와 앞에 안 있고 뒤에 가 붙었는고 싶었는 기라. 그 전에 통장이 그게 가 효도관 광 간다꼬 자꾸 나오라 캐가 경준가 한 번 갔다. 거 가서 놀민실랑 (놀면서) 카데. "그래 우예가(어떻게 해서) 그러냐?"고 묻데. 그래 내 가 싱긋이 웃으미, "내 옛날에 덴노헤까이[10] 카는 데 일본에 갔데

---

10) 천황폐하의 일본어 발음 덴노헤이카가 잘못된 것.

이.” “그래 우예 갔는교?” “나물 뜯는데 와서 차로 잡아가서 그래 끌리가 안 났나.” “아이구 그라마 할매 고생 마이 했겠네요” 그카더라.

그래가 통장이 그거를 알고 있었거든. 전쟁 때 일본 갔다 오고 시집은 안 갔다 캤거든. 그래 인자 테레비에 나오는 거 보고 자기가 동사무소에 가서 그랬는 기라. 그래가 구청으로 연락이 드갔는 기라. 구청에서 한번 나와가 나를 보자 카디마는 그담에는 구청으로 또 나오라 카는 기라. 갔더마는 또 묻데. “덴노헤까이 할 때 일본에 갔다” 이카이, “군인이드나, 순경이드나?” 이래 묻데. “순경이 어떤 긴동 군인이 어떤 긴동 모르지만도, 다리에 이만치 머 감고 모자 쓰고 이래 오이 그기 군인인지 먼지는(뭔지는) 모른다” 이캤지.

나는 오늘날까지 아무것도 아무한테도 말 안 했구마. 거 넘사시럽어서(창피해서) 어데 가서 카겠는교, 그 소리를. 어떤 때는 내가 어렴풋이 알아도 다리이(남)한테는 그저 왜놈 있을 적에 덴노헤까이 일본 갔다 왔다 그 소리만 하고 이랬지. 그캐 놔노이 이 할매가 정신대 할무이구나 카미 그래 신고를 했는 기라. 그래 이런 할무이가 자식도 없고 조카캉 살민서 조카를 아들이라 카고 이래 숨기고 사는 할매가 있다 캐노이 그래 오라 카는 기라. 그래 내가 그렇다카이 “할매 진작 다리이한테 캤으면 어떠노, 이기(이게) 하마 찾는 지가 한 일 년 됐심니더” 이카데. 그래도 우리는 몰랐는 기라. 아아들은 저그 일한다고 돌아댕기제, 누가 그거 살피는 사람 있는교.

남동생은 내가, 큰누님이 안 죽고 살았다 카는 것만 알지 아무것도 몰라예. 일 년에 한 번 올동말동 우야다가 한 번씩 우리집에 와예. 요기 이사오고 난 뒤에 한 번 왔데. 전화국에 가가 전화번호 찾아가 이리로 전화가 한 번 왔데. 그래가 작년 생일 때 찾아왔데. 우리는 참, 호적에 얹히 있어가 누부(누나)라 카니까 누분 줄 알지, 내가 끌리갔을 때 그때는 태나지도 않했지. 지금 나가(나이가) 오십 몇 살이라 카이 그때는 안 낳지. 그러이 한 분썩 봐도 정도 없데요 언제 한 번은 카더라, "여 이래 살지 말고 누님 마 내한테 갑시다". 그런데 "아이구 어언지(아니다)" 캤다. "요새 누가 신랑 패거리 좋다 카나, 나는 내 혼자 살란다, 나라에서 날로(나를) 믹이 살릴라 카는데 내가 머하로 거게 가" 캤다. 안 그런교, 그지요?

구청에서도 카데. "할매는 걱정 말고 우야든동 아픈 데 있거들랑 자꾸 아프다 카고 병원에나 댕기고 하소, 우리가 다 알아서 아들점 딸점(아들처럼 딸처럼) 다 해드리끼요" 그카면서 와서 그키(그렇게) 참 고맙구로 카데요 "어데가 살아도 우리가 다 알고 찾아갈 챔인께 할매 걱정하지 말고 사소" 이카데. 그래 내가 조카들보고 칸다. 너거 날보고 신경 쓰지 마라. 나는 죽어도 구청에서 다 장사지내주고 한다. 너거는 아무것도 걱정하지 마라.

시방 가마이 생각해보믄 무슨 소리가 나믄 내 귀에는 비행기 소리가 우르릉 카는 거 겉애. 내가 어떨 때는 신경이 예민해가 잠이 푹 안 들만, 아파트 이것도 구부러지는(무너지는) 소리가 나예. 쾅 카는 소리가 나믄 '아이구야꼬 이북놈들이 내려온다 카디 또 이북놈들이 내려오는갑다' 이래 싶어예, 마음에. 그래 밖에 사람들이 있는가, 저 문 열어봐예. 저 문 열고 내다보면 불이 **빠딱빠딱**해예. 그래가 저게 한참 있다가 담배 한 대 피고 한참 바락코(우두커니) 앉았다가, 그러카다 보면 하룻밤 몇 번씩 내가 일나예. 아직꺼정 그게 남아 있어예. 시방꺼정도 그런데 옛날에는 뭐 어땠겠어예. 하룻밤에 여러 곤백 번도 더 일나가(일어나서) 내빼고 이캐싸이 그걸 어떠키 붙들었겠는교. 그거를 생각하이 내가 마 삐가 아프다카이.

내가 칸다. "그놈들 지진이 일나가 전부 몰살해야 된다, 왜놈들이라 카는 거는 한 놈도 안 남구고 몰살해야 된다" 이카이, 우리 큰머시마[1]가 이칸다. "할매 정신대 할머니 카는 거 그기 뭐꼬? 할매는 와 거기 가서 사진 찍었는데?" 이카고 아아들이 보고 그칸다 카는 기라. "너그 할매 정신대 할머니라 칸다" 카는 기라. "카믄 카구로 놔 둬뿌라, 니는 머가 답답노." "내 넘사시러버 죽겠다, 아아들이 막 놀리드라" 이칸다. 그기 머시마라서 아직 아무것도 몰라예. 딸아 같으믄 막 알라꼬 설칠 낀데. 먼저 여기 와가 방송국에 사람들이 사진 찍어갔으이 테레비에 내보내겠지. 그뿐 아이다. 서울 가가 몇 번 했는 거도 저 일본으로 다 보냈다 이카이, 거 일본으로 왜 보내는데 이칸다.

저게 누구는 할아버지가 가서 신고를 했는데, 영감한테 나는 이런 사람이다 카고 같이 살았는 기라. 그 사람들은 나(나이) 차서 가가 아무 이상도 없고 그렇단다. 그래 나보고 "와 영감 얻어 안 갔노" 이칸다. (밑이) 다 째져 나발 같은 거 어느놈이 딜꼬 살며, 남자 그거 몸써리도 안 나드나, 내사 사나(사내)라 카는 거는 꼴도 보기 싫고 말도 하기 싫다. 개매로(개처럼) 그짓하는데 우예 그 남자 델꼬 사노 이칸다. 몸써리나서 우째 사나(사내) 얻어가 아 낳고 사노.

누구는 지 죽음옷 다 해놨다 카든데 나는 할 꺼 없다 캤다. 내야 아무데나 불구디(불구덩이)나 화장터에 갖다 조여(집어넣어)뿌라 캤다. 나는 내가 아파가 죽지 싶으마 내 조카들한테 유언할 챔이라. 화장터에 가 끄질러(태워)가지고 저 산에 가 날리뿌라 카지 머. 나는 그런 거 없다. 죽어가 내가 잘 될라꼬 카나, 죽고 난 뒤에 암만 잘하믄 거 뭐하는교. 다 소용없구마. 산 사람이 묵고 살아야지. 아이들 묵고 지픈(싶은) 것도 몬 해주는데. 딴 거 아무것도 하지 말고 광목 한 벌 떠가 입히가 살라가, 요새 저 물도 없으이 산에 갖다 날리뿌면 된다. 조선팔도 다 돌아다니구로. 그기 젤 편타. 안 그런교?

내가 그카마 조카들이 웃는다. 할마시 참, 시방 내가 못 사이 그카

---

11) 할머니가 키우고 있는 큰조카손자.

는데 잘살마 내 좋은 데 갖다 묻어주께요, 오래만 사소 아, 필요없다. 묻기는 머하러 묻노. 묻어놔놓고 까짓거 상주도 없는 거 그 뭐하노. 우선에는 잘 해놓지만도 내중에는 풀이 뭣 같을 거고, 자주 안 가보고 하마 미(묘)도 멋걸이(무엇같이) 돼뿔 끼고, 그러믄 도로 손해다. 시체 속에 나무뿌리 같은 거 막 파고 들오는데. 공동묘지 같은 데 가보만 미 절에 나무 겉은 거 많이 서 있고 이런 거는 자석 없는 묘구만. 자석(자식) 있는 기 그래 놔두는교. 나무가 이만큼 크만요, 뿌리가 전신만신 걸로(그리로) 다 파고 드갔구마. 그러니 자식 있어도 못 사누마, 그런 거는. 미를 돌아보지를 못한 기지. 그러니 말하자만, 살라서 날리는 기 젤 좋은 기라, 아무 뒤탈이 없지.

나는요, 우리 부처님이 요 앉아 계시지만도, 우리 부처님 공덕 참 많이 받았어요. 우리 아파트 사람들도 그칸다. 할매 여 아파트 이사 올 때는 정신이 쫌 이상한 사람이다, 이캤는데 차츰 알고 보이 지금은 그때보다 영 좋습니다, 말하는 것도 그렇고 그때는 걸음도 옳게 못 걷디. 재작년 7월달에 이사왔어요(1995년 7월).

너무너무 좋아예 이거는, 돈도 안 들고 법 중에는 최고 높은 법인 기라. 이거 하다 딴 데 가믄, 그 사람은 못 살아예. 그집에는 대번에 큰 환란이 일나가 얄궂게 되예. 그렇고 딴 종교 암만 믿다 여게 들어와도예, 이기 마카 내 손아랫사람이니까 부처님이 전부 살갑다고 다 쓰다듬어 주는 기라. 우리 애들 보마 쓰담아주듯이 그거 한가지라.

우리 부처님이 그렇키 영검이 좋아예. 그래 나는 맨날 지혜 떠오르도록 해주이소, 본존님예 우야든동 사람 되도록 해주이소, 넘캉 섞이댕기도록 해주이소 맨날 이캤거든. 그랬디만은 이래 주위에서도 전부 도와주고, 본존님이 도우니께 마카 이래 듣고 와가 날로 도와주제. 어덴가 몰라 그렇지, 우리집에 사람 여주는 거는 다 본존님이 지혜를 조서 이리로 가라꼬 원정을 다 해준다꼬요. (정리: 이정선)

정리자의 뒷이야기

심달연 할머니는 1927년 7월 5일 경상북도 칠곡군에서 태어났다. 13살 때 언니랑 같이 들에 나물 뜯으러 갔다가 각반을 찬 군인 두 사람에게 끌려서 두 사람이 함께 잡혀갔다. 붙들려갈 때부터 조금이라도 저항하면 사정없이 얻어맞는 공포분위기였던데다 위안소에서 부닥치게 된 경험들이 어린 심신에 너무 큰 충격을 주어서, 할머니는 그 후 몇십 년 동안 정신착란 상태로 살아오신 것으로 보인다.

그래서 자신이 어떤 경로로 끌려가서 어디에서 위안부 생활을 했는지에 대해 정확한 기억이 없다. 학교에 다닌 적이 없고 글자를 깨치지 못한 상태에서 그런 일을 당했기 때문에 더욱 자세한 사항을 기억 못 하는 듯하다. 하지만 그곳에서 생활하면서 겪었던 고통스러웠던 기억, 만신창이가 된 자신의 형편은 아랑곳하지 않고 쉴새없이 들이닥치던 군인들에 대한 끔찍한 기억은 지금도 생생히 남아 있다고 하셨다.

할머니의 이야기를 종합해보면 처음에 끌려갔던 곳은 대만이었던 것 같으나 그 다음에 이동한 곳이 어딘지는 분명하지 않다. 동상에 걸려 고생했던 점으로 미루어보아 만주였던 것 같기도 하나, 귀국과정의 이야기를 들어보면 일본의 북쪽인 사할린이었던 것 같기도 하다. 폭격이 심했던 지역이었던 것 같으며 전쟁 말기에 할머니는 정신이 온전치 않은 상태에서 위안소에서 버림을 받은 것으로 보인다.

전쟁이 끝난 뒤의 포연 속에서 생판 모르는 남의 손에 이끌려 귀국하게 된 점이나 어느 절에 맡겨졌다가 여동생의 눈에 띄어 보살핌을 받게 된 점 등은 마치 소설의 한 부분처럼 느껴지기도 했다. 그 여동생이 온갖 고생을 하며 할머니의 병을 낫게 한 뒤, 병으로 먼저 죽고 할머니는 그 동안 조카손자 둘을 거두며 살아오셨다. 큰조카가 사업에 실패한 뒤 며느리가 먼저 집을 나가버리고 큰조카도 공사장을 찾아다니게 되어 그 자식(현재 중1)을 맡게 된 것이다. 작은조카손자(현재 초등 1년)는 조카딸의 아들인데, 그 역시 생활이 어려워 부부가 따로 돈벌러 나가면서 아이를 할머니께 맡긴 것이다. 작은아이는 자녀가 없는 그전의 이웃사람이 자기가 키우고 싶다고 하여 지난 겨울에 그집에다 맡기고 지금은 큰조카의 손자와 둘이 살고 계신다. 공주에 살고 있는 남동생도 살기가 어려워 가끔 전화연락만 하는 정도이며 여동생들과는 전혀 연락이 되지 않는 상태이다. 위안소에의 강제연행과 전쟁을 겪으며 할머니네 가족은 풍비박산, 가족 해체를 당한 것이나 마찬가지였다.

가끔씩 온몸이 쑤시고 아프긴 하지만 이제 정신이 온전히 돌아온 할머니께 '본존님'은 마음의 안정을 주는 큰 의지처가 돼 있다. 할머니의 방에는 불상은 없지만 일련종의 제단이 모셔져 있는데 아침저녁으로 정성을 다해 제를 올린다고 하셨다.

할머니는 작년 봄에 대구여성회의 주선으로 건강검진을 받은 결과 초기 자궁암이 발견돼 대구 곽병원의 도움으로 자궁절제 수술을 받았으며 현재는 건강하시다.

■ 정리자 이정선은
1955년 부산에서 태어났다. 서울대학교 사범대학 불어교육과를 졸업하고 부산과 서울에서 6년간 불어교사로 일했다. 1989년에 입회한 여성운동단체인 대구여성회에서 일본군 위안부 문제를 만나면서 대구지역의 정신대 할머니들을 지원하는 활동을 해왔다. 여성학 강의를 들으면서 대구에 계신 할머니들의 증언을 듣고 정리해 두었던 것이 계기가 되어 1996년부터 한국정신대연구소의 증언 채록 작업에 참여하게 됐다. 계명대학교 여성학대학원에서 「일본군 위안부 문제의 해결운동에 관한 연구」로 석사학위를 받았다. 현재 '정신대 할머니와 함께하는 대구시민모임'에서도 활동하고 있다.

남한테 신세지고는 못 살아요

조순덕
1921년 함경남도 함흥에서 태어났다.
중국 동북부지역, 소련 접경지역으로 끌려갔다 왔으며,
1999년 5월에 사망했다.

언니 집으로 가는 기차가 중국땅으로

난 청량리병원에 갔기 때문에 영 기억을 못 해요. 내가 말하는 것 반수 이상이 거짓말이야. 뭘 들으려고 해. 서른아홉인가, 마흔 살 (1959, 60년경) 정도 돼서 청량리 정신병원에서 7, 8개월 정도 있었어요.[1] 청량리병원에 나와서 배추를 앞에 두고 다듬을 줄도 모르고 목욕할 줄도 몰라 주위에서 도와주었어요. 아주 어린애 같아서 하나하나 다시 배웠어요. 그렇게 했는데 과거지사를 어떻게 알겠어요. 게다가 거기 일을. 거기 갔다 왔다는 것은 알지요. 하지만 어떻게 했는지는…….

병원에서 나와서도 나한테 제일 고맙게 한 사람과 제일 나쁘게 한 사람은 처음부터 알더라고요. 누가 그러는데 혼자 중얼거리더래요. '알겠어, 그 나쁜놈이야' 그리고 '신세를 졌는데 인사도 못하고' 그러더래요. 나와서 아주 다른 사람이 되더래요. 그러고 나서 차츰 생각이 되살아나더라고요. 난 웃음을 잊어버린 사람이에요. 깔깔 그렇게 하는 것은 잊어버린 지 50년도 넘는 사람이에요. 웃음을 찾으면 건강하고 좋다는데.

고향은 함경남도 함흥 본정통 2번지예요. 십삼도 중 화류계로 딸 안 내보내는 함경도 출신이에요. 난 어머니와 계부 밑에서 컸어요. 친아버지가 돌아가셔서 엄마가 친정으로 갔대요. 우리 엄마가 딸 하나 두고 재가할 때 나를 배었는 줄도 몰랐더래요. 유복자로 세상에 나왔지요. 재가는 엄마 시가에서 권했다고 해요. 원래 친부 쪽으로는 큰 부자였대요. 언니는 나보다 네 살 더 먹었는데 친가에서도 크

---

1) 동생들에게 정신병원에 들어가게 된 이유에 대해 묻고 싶었으나 할머니나 동생 두 쪽 다 관계가 불편하고 할머니 스스로가 동생과 면담하는 것을 원하지 않았다.

고 외가에서도 컸는데 외가로 보낼 때 또 딸이 났다니까 공부도 시키고 딸 치우라고 재산을 꽤 건네주었다고 해요. 그런데 엄마의 친정 오빠가 광산 하다 다 써버렸어요. 그래도 언니는 고등학교 나왔어요. 간호원 노릇도 했잖아요.

계부는 자개장 같은 것 나전칠기를 했어요. 아래 일하는 사람도 열 명 정도 두었지. 아버지는 고향이 서울이라서 오르락내리락 하면서 살았어요. 아버지는 부모가 일찍 돌아가시고 아버지 누나가 상궁이어서 어릴 때 궁에서 컸다고 했지요. 예전에는 상이나 옷 같은 궁의 물건이 집에도 있었어요. 나중에 일본사람이 다 빼앗아갔지만. 엄마는 재가해서도 잘살았어요. 괜찮게 살아서 자식을 잘 키웠어요. 돌아가신 아버지가 저를 무척 생각했어요. 그건 내가 잘 알아요. 아버지는 어려서 내가 잘살 거라고 그러고 맏이라고 나만 밥상에 앉히고 그랬는데.

나도 함흥 영생학교를 3년 다녔어요. 돈도 많아야 하고 식구가 많아서 다 나오지는 못했어요. 그후론 계부와 어머니 밑에 동생이 다섯이나 됐으니 내가 키웠지요. 저는 남자가 싫었어요. 곁에 오는 것도 싫어요. 어려서도 수녀가 되려고 그랬어요. 결혼 안 하고 수녀 된다고 맨날 예배당에 가고. 그런데 수녀가 못 됐어요. 열 살, 열두 살 때 영생학교 다니면서 그 생각했어요. 영생학교가 수녀가 되는 학교였잖아요. 학교 그만두고 나서도 일본말 좀더 배웠어요. '성을 갈아라' 그런 호구조사가 나올 때예요. 그때 딸이 있으면 야학에 보내라. 그래서 야학에서 일본말 배웠지요. 일본말만 잘하면 아주 대우해줬어요.[2]

---

2) 창씨개명을 강요하던 시기에 한편으로는 학교 다니지 않는 사람들까지 일본말을 배우도록 강요하였다. 이를 위해 조선어를 가르치는 야학은 탄압하면서 일본어를 가르치는 야학이나 강습소와 같은 비공식 교육기관을 많이 만들게

한 번씩 함흥에서 서울로 친언니 집에 혼자 갔어요 언니는 세 살 위였어요. 어머니가 언니한테 편지를 부쳐서 서울역에 가면 언니가 마중나와 있었지요. 언니 집에서는 애들 봐주고 그랬는데 서울에서는 바깥에 못 나가게 했어요

19살 가을이에요.[3] 서울에 사는 친언니 집에서 함흥으로 가는 길이었어요. 당시 검은 치마에 자주 저고리를 입었던 것 같아요. 기차 타고 가다가 순사에게 잡혀 갔어요. 기차를 타고 가다가 원산에서 조사를 당했어요. 당시 아편 조사하느라고 순사들이 많았는데 그러다가 처녀애들을 많이 끌고 가더라고요. 차 속에서 여러 사람을 조사했어요. 모자 안 쓰고 군복을 입었어요. 지금으로 말하면 정보부 계통 사람이지요. 그런 사람 많았어요. 그런 것 한 번만 당한 것은 아니에요. 그 전에 기차 타고 갈 때도 그런 일이 있었어요. 조선사람도 그런 사람이 있더라고. 일본사람만 나쁜놈들이 아니더라구. 기차가 원산에 도착했을 때 일본인 순사가 날 조사하고 에세이다이인가 헤세다이인가 그런데 가면 일하고 돈도 준다고 해요. 나는 집에 가야 한다고 했지만, 자기들이 집에 연락해준다면서 집에 연락도 못하고 끌려갔어요. 돈 준다고 해도 강압적이었어요. 한 사람이 아니에요. 두 사람, 세 사람.

끌려가기 전에도 일본사람이 우리집에 와서 우리 어머니에게 딸

하였다. 이 시기는 학교에서는 조선어 수업도 없애고 조선말도 금하여 우리 민족 전체를 일본의 전쟁을 수행하는 데 충실한 노예로 삼는 것이 정책의 목표였던 때였다.
3) 창씨는 1940년부터 본격적으로 이루어지는데 할머니는 "창씨 후에 갔다" "막내동생(1940년생)이 나고 나서 갔다"고 하면서도 그때 나이는 19세라고 한다. 그리고 그곳에 있었던 시기를 "한 삼 년 있었다"고 한다. 이것은 주관적 시간의 문제거나 자신의 기억에도 문제가 있는 수 있다. 여하튼 이런 점이 정확한 연행시기를 추측하는 데 걸림돌이다. 그러나 객관적인 정황상 1940년 말이나 그 이후였을 것으로 보인다.

이 몇이냐 묻고 그래서 우리 어머니가 좋은 사람이 있으면 시집을 보내야 한다고 말한 적이 있었어요. 그리고 서울 관수동 언니 집에 있을 때도 남자들, 처녀들과 철길공사에서 흙 파는 일한 적 있어요. 에세다이라는 데 끌려갔지요. 돈 많이 준다고 해서 따라갔지요. 서울역 그 근천데 어딘지 모르겠어요. 남자들도 많고 여자들도 많고 애들도 많고. 열 몇 살 먹은 애들이. 그런데 다들 도망가더라고요. 나도 도망쳐 왔잖아요. 그런 것인 줄 알았어요. 그런데 기차를 태워 멀리 중국까지 간 거예요.

다리를 건너니 바로 중국땅이었어요. 느닷없이 중국군 복장을 한 사람이 조사를 했어요. 어디 가느냐고 물어 우리는 모른다고 했지. 데려가는 사람이 대신 말했어요. 그래서 데려다놓은 곳이 하얼빈이었어요. 남자들은 다른 데 보내고 여자들만 창고인가 학교강당인가 그리 안 큰 곳에 데려다놓더라고. 같이 간 사람은 여자 대여섯 사람 됐어요.

거기 가니까 중국옷을 입은 한국사람이 있었어요. 여자들 중에는 다른 데로 가게 된 사람도 있었고 다른 데서 새로 온 여자도 있었어요. 하얼빈에서 여덟 시간인가 얼마 있다가 처음 데리고 간 일본사람하고 하얼빈에서 본 한국사람 그리고 여자들 일고여덟 명이 마차를 타고 열차를 타고 가는데 하얼빈 근방에 큰 강이 있더라고. 그 옆으로 기차를 타고 얼마까지 가다가 내려서 다시 마차를 타고 무인지경 허허벌판을 시간 반 잘 달리더라고요.[4] 여기서 이상한 느낌이 들어 옆에 있던 애와 둘이 붙잡고 눈물 흘렸어요. 그애는 이북 말을 했는데 청진에서 탔다 그러더라고. 이름 같은 것은 생각 안 나.

강이 있고 사람은 없는 허허벌판 시골에 군인만 있었어요. 가서

---

4) 다른 때 증언에선 하얼빈에서 마차 서너 대에 나눠 타고 갔다고 했으나 국경 지방이란 점으로 미루어 본문의 증언이 더 신빙성이 있다.

내려놓는데 보니 일층으로 집을 지어놓았어. 집으로 들어갔는데, 들어가서는 '아 이거 잘못 끌려왔구나' 하는 마음이 들더라구. 이상한 데로 왔구나 하고. 여자들이 대야를 들고 왔다갔다하는 걸 내가 본 거야. 그래서 그렇게 생각한 것 같애. 데려온 온 두 사람은 돌아갔다고 했어. 죽이려는 것 아닌가 하는 생각이 들었어. 도대체 여기가 어디냐고 물었어요. 그러니까 거기 있던 군복 입은 사람이 괜찮다고, 돈 다 준다고 그랬어요.

군인한테 반항할 수도 없어요

그집에 들어서자 나가지 못하게 하여 꼼짝 못 했어. 낮에도 나가질 못했어. 말 안 들으면 큰일나겠다는 생각이 들더라고요. 처음에는 맞고 당하고 맞고 당하고 그랬어요. 총칼 차고 있어 무서워서 군인한테 반항할 수도 없어요. 당하고 나서이지 싶어요. 어떻게 하면 도망가느냐 그렇게만 생각하다가 같이 간 애 중에 청진 애가 같이 도망가자 해서 따라 도망갔어. 무서워서 도망갔어요. 밤에 도망가다가 얼마 못 가 붙잡혔지요. 아무도 없는 것 같더니만 나가니 헌병들이 죽 깔려 있고 부대도 군데군데 있었어. 헌병은 우리를 붙잡아 그 집으로 넘겼어요. 두세 명이 막대기에 고무인지 뭔지를 단 채찍으로 우리 등을 마구 때려요. 처음에는 아프니까 말도 못 하고 맞다가 너무 심해 큰소리를 마구 질렀더니 그만두고 가두었어. 중국에 가기 전에는 노래도 기차게 잘 불렀어요. 그런데 그때 살려달라고 고함치고 나니 하루아침에 음성이 달라져요.

사실 거기는 어디가 어딘가 길을 몰라, 가려고 해도. 나가도 맞지만. 그 일이 있고 나서는 다른 소린 한마디도 못 하고 지내니까 거기서도 부지런하다고 좋아했어요. 난 젊어서도 몸이 마르고 빨랐거든요. 함경도사람은 쌀가마를 이고도 십 리를 간다는 말이 있어요.

그래도 (어느날 어떤 군인이 들어왔을 때) 날 좀 살려주라고 그랬더니 이름이 무엇이냐고 그래요. 그래서 도시코라고 했지요. 그 사람이 하야마(葉山)라는 사람이었어요. 그 사람 성만 기억해. 그것도 문신이 있어 기억해. 내 팔에 문신이 있어. 하야마(葉山)라고. 그 사람은 그때 소조(曹長:상사에 해당)이었어요.5) 그 사람이 무슨 일 있으면 연락하래요. 그 사람이 주인에게 "도시코 상을 절대 손님방에 넣으면 이거 못 해먹는다. 혼자 있게 놔두라고. 내가 다 책임질 테니까. 이 여자 보통여자가 아니야. 아주 착한 여자야" 그러더라고. 그이 덕을 많이 봤어요. 그 사람을 다다케 아가리 소조(鬪け上り曹長)라고 하더라고.

일본 조장, 다다케 아가리 소조라는 사람이 지금 소령처럼 힘이 세. 졸병에서부터 매를 맞으면서 소조가 됐다는 거야. 스스로 된 것하고 일본서 소조로 입대하라고 한 사람과는 비교가 안 되지요. 그 소조는 부대장만큼이나 힘이 센 거야. 그분 신세를 좀 졌지. 내가 그걸 알아야지. 내가 이러한 처지라고 난 모른다고 그러면 되요? 그 사람은 여러 가지를 잘 알고 내 몸뚱아리도 별로 원치 않고 잘해줬어요. 그집에서 데리고 나가기도 하고 팔에다 문신을 새기고 나를 자기가 데려간다고도 그랬어. 그러니 내가 그 사람을 믿었지.

그집은 가건물 같은 것이었어. 입구가 좁고 죠바가 있었지. 그래도 처음 집에 갔을 때 바깥은 늦가을로 춥기도 추웠는데 안은 따뜻하더라구. 방은 작은데 양쪽으로 죽 있고 중간에 복도가 있었어요. 방은 시멘트 해서 벽지를 발랐더라고. 바닥은 다다미나 장판이었고. 대부분 다다미였지만 내 방은 장판이었어. 바닥은 따뜻하지 않았지

---

5) 할머니는 오장과 조장을 헷갈려 하는데 그곳에 있었을 때 진급을 해서 그런 것인지 단순한 혼돈인지 확실하지 않다.

만 난방을 벽으로 해서 방 안은 따뜻해. 그게 훤하다고.[6]

그집엔 주인 남자, 주인 아주머니가 있고 밥하는 아주머니, 군복 입고 죠바 보는 사람이 있었어. 주인은 한국사람이었어. 주인 남자는 아주 일본사람같이 생겼는데 군복 입고 일본말을 아주 잘했어. 처음에는 한국사람인 줄도 몰랐어. 거기 여자들이 주인보고 "저게 아주 악질이야, 저놈을 잘 구슬러야 돼, 안 그러면 돈 한푼도 안 주고 부려먹기만 해" 그러더라고. 주인 그게 사람이요? 한국사람인데 헌병대에 있던 사람이래요. 높은 사람이라던데. 계급장은 없지만 주인은 부대에 들어가요. 거기는 일본 부대하고 같이 하는 거예요. 주인은 당꼬 주봉(단고 바지)에 어떨 적엔 칼을 착 차고 모자를 탁 쓰고 들어온다고. 위협 주는 거지. 일본사람하고 똑같아요. 걸음걸이가 장교하고 똑같아요. 세력이 당당해 졸병들은 그 앞에 꼼짝하지 못하고 장교들은 주인하고 이야기하고 놀더라고요. '헌병아가리'(퇴역 헌병)라고 했어요. 거기 일하는 아주머니는 마흔이 넘은 나이 많은 아주머니였는데 잘 때도 있고 갈 때도 있고 그러더라구. 식사는 세 끼 주었어요. 워낙 난 소식(小食)이라서 괜찮았어요.

거기서 내 이름이 도요다 도시코였어. 성은 가기 전에 도요다라고 바꿨지만 그래도 거의 쓰지 않았어요. 도시코는 주인이 거기서 지어 주었어요. 같이 있던 여자들은 자세히 기억은 하지 못하지만 주인 밑에 한국 여자 한 서른 명 넘게 있었을 거예요.

거기 여자들 오게 된 것은 비등비등해요. 돈 많이 준다고 해서 모르고 온 사람이 많아요. 나이는 우리 나이로 열아홉 살이나 스무 살,

---

6) 1998년 8월에 방문했을 때 혹하나 손오지명을 들어본 적 있느냐고 물었더니 혹하는 들어봤다고 하고 러시아 국경지역인 순우[孫吳]에 남았던 위안소의 사진을 보였더니 "페치카다, 이것이 우리가 있었던 집에도 있었어, 나도 이런 집에 있었다, 보기는 이래도 얼마나 큰데요"라고 했다.

어리면 열일곱 살도 있었어요. 전부 우리나라 여자더라구. 처음에 갈 때는 청진 같은 이북 애들이 많았는데 도착하니 전라도, 경상도 애들이 많더라고. 나이는 나보다 많은 사람도 있었지만. 거기에 있는 여자들 하나꼬, 기꾸꼬, 아끼코, 스미에, 이즈노, 많았어요. 가고 오고 했어. 거기서 집으로 간 사람은 없어요. 다른 데로 옮겨간 사람은 있어도.

부대는 좀 떨어져 있었어요. 군인들이. 그집에서 걸어서 나가면 강이 있는데 건너쪽에 소련군이 왔다갔다하는 것이 망원경으로 보면 다 보인다고 하더라고. 우리는 나가보지 못했어. 혼자 어디 다니게 했나? 그렇게 서로 마주보고 있어도 마지막에 소련군 밀려오기 전에 소련 사람하고 싸운 적은 없었어. 거기 강은 송화강보다 한참 위에 있는 강이야.[7]

사람이 독해지더라고

적응하고 나서는 거기서도 언니 노릇했어요. 난 그런 쿠세(습관)가 있어요. 거기 데려온 여자들은 모르는 게 많더라고요. 위생관념도 없고요. 그러면 주인이 "도요다 상, 저거 모른다, 가르쳐 줘라"고 해요. 그러면 내가 가르쳐줘요. 이건 이렇게 하면 안 된다 하고 방 안에서 그것을 안 끼면 무슨 병이 걸릴지 알아요? 사람 상대할 때 하는 것 있어요. 삿쿠라고 있어요.[8] 그건 내 혼자만이 아는 일이에요. "사용해라, 병 오르려고 그래?" 그랬어요. 그전에도 그후에도 지금도

---

7) 할머니 기억에 혹하라는 지명은 생각난다는 점으로 보아 할머니가 계셨던 곳이 흑룡강 근처로 추정된다.
8) 이 이야기를 할 때는 정리자가 "무엇을요? 그게 뭔데요?" 하고 채근하듯이 물으니 아주 비밀스럽게 이야기했다.

조순덕 177

난 결벽증이 있는 사람이라고 그래요

처음엔 나도 그런 것 도통 몰랐어요. 요사이는 학교에서 성교육도 받고 그러지만 그때는 뭐 알았어요? 아무것도 몰랐는데 그때 거기 가서 알았어요. 거기서 주인이 "군인들이 자자고 그러면 이거 끼워"라고 가르쳐줬어. 알았다고 그랬는데 펴보고 처음엔 무엇인지 몰라서 입으로 불고 다녔어. 그거 부는 게 아니라고 그러더라고. 한 달 가까이 되니까 이력이 나더라고. 그리고 사람이 독해지더라고.

군인들에게는 장교만 나오는 날, 졸병만 나오는 날이 있어요. 사병이 나오는 날은 혹간 자기 애인이 있으면 애인 찾으려는 장교만 나왔어요. 사병들이 나올 때는 하루에 몇 번씩 와 몰려나와요. 그런데가 우리만은 아니어서 토요일과 일요일에는 사람이 많고 평일에는 사람이 대여섯 명 정도였어. 평일에는 다른 이도 애인들이 주로 왔지. 그 여자들 중에서도 좀 똑똑한 여자는 장교만 상대하려고 해요. 그게 편하니까요. 내가 있던 곳에 오는 장교는 소위, 중위, 대위 그런 정도였고 대좌(대령) 그런 사람은 안 오고 그 사람들은 돈 많이 주고 들어와요. 거기 사정도 다 알아요. 나하고 친해진 소위는 얼굴이 곱상하고 점잖고 인정이 많더라고요. 뭐 먹겠냐고 하면서 먹을 것도 주고 용돈도 줘요. 그 소위가 날 꼼짝 못 하게 하더라고. 도시카상 그냥 놔두라고. 거기 사람에게 말해요. 그러면 가만두더라고.

그리고 하야마란 오장 핑계도 댔어. 손님이 있다 해도 "난 싫어" 그러면 거기 사람이 "혼나려고 그래?" 그러면 "고죠상(伍長:하사)이 온단말야." 해요. 그러면 "아 그래?" 그랬어요. 그래도 계속 그럴 수는 있어요? 일요일과 토요일은 안 받으면 안 돼요. 쫓겨나요. 그때는 겁나요. 어디 갈 때도 없고. 그리고 돈도 없고 목욕도 가야지요.

손님 받고 나서 티켓을 받은 게 생각났어요. 전에 가고 나서 가만히 생각하니 생각이 났어요.[9] 군인들이 표를 나한테 주면 사무실에 갖다주었어요. 표를 받는 사람들은 바뀌었는데 이 사람들은 군복 입기도 하고 안 입기도 했어요. 이 사람들도 참 무서워요. 소리를 지르면 우린 꼼짝 못 해요. 이 사람들은 계급이 있는 것 같았어요. 계급장을 붙이지는 않았지만 군복을 입었더라고.

병원에는 일주일에 한 번씩 갔어요, 마차로. 가면 다른 데에서 온 여자들도 있었어요. 전부 한국사람이었어요. 일본 여자들은 없어요. 일본 여자들이 거기에 있겠어요? 나는 더러 빠졌어요. 안 간다고. 병 생기면 언제부터 언제까지 놀아야 한다고 했어요. 병 걸린 사람들 여보내면 그 주인 모가지 달아날 건데? 주사는 606이라는 것 참 잘 들어요. 왜정 때는 살바르산이라고 그랬거든요. 살바르산 참 좋아요. 무엇이 나고 매독에 걸린 사람은 그걸 맞아요. 살바르산은 1호, 2호, 3호가 있는데 상태가 안 좋을 땐 1호나 2호 맞으면 몸이 깨끗해져요. 그걸 잘못 맞으면 죽는대요.

삿쿠는 군인이 가져오는 게 많아요. 거기는 화장실이 참 컸는데 대야는 내 방에다 두었어요. 목욕은 제대로 할 수가 없어서 마차를 타고 목욕탕에 가야 했어요. 그집에는 뒷물하는 데만 있지. 화장실은 크고. 소독약 넣고 뒷물을 했지요. 월경할 때는 쉽게 해줬어요. 월경은 열여덟 살에 해가지고 마흔에 끊겼어요. 다른 사람은 5일, 일주일이라면 난 하루 하면 끝났어요.

주인은 우리를 한 달에 한 번 정도 시내 데리고 나가요. 시내에 나가 먹고 싶다는 음식도 사주고 목욕도 가게 했어요. 아침에 모아놓고 시내 나가겠다고 하면 몇 명이 나가는지 알아가지고 사람 딸려 보냈지. 도망가지 못하게 조를 짜서 보냈어요. 어디든 나가면 그집 사람이 따라나왔어. 시내가 어딘지는 모르겠어. 중국 마을인데 볼

<hr>

9) 처음 방문에서 간단히 질문한 내용 중에 군표 같은 것을 받았는지 물은 것에 대해 대답한 것인데 할머니는 계속 티켓이라고 했다.

게 없어요. 시내 집도 모두 창고 같아. 그래도 들어가면 뜨뜻해. 완전히 군인 지역이어서 모두 대부분 군인을 상대했어. 물건 같은 것은 우리가 못 사고 다 적어요 사다줘요 그게 다 쇼예요 우리가 도망갈까 봐 한 쇼 그때 되면 돈 좀 주고 맛있는 것 사주고

주인이 많은 돈은 안 주었어. 뭐 필요하다면 조금 주고 주인이 빚이 없으면 7:3, 빚이 있으면 6:4라고 했던 것 같은데 나중에는 "10 중에 2만 너희 몫이다. 먹고 입고 목욕도 시켜주니까" 했어요. 그리고도 주인은 우리가 쓴 걸 우리 앞에 다 달았어요 그래도 따지지는 못했어요

내가 얼마 벌었는지 몰라요. '돈이 얼마 정도 되겠다', '언제 좀 달라고 그래야지' 생각만 했어요. 하루 열 명씩 몇십 명씩 난 그렇게 못 해요 거기서 "난 못 해. 난 안 해. 난 혼자 있을 거야. 돈 벌 거야. 아무개 오면 돈 달라고 해." 그러면 표 받는 사람들이 "알았어" 그러더라고요

거기 있다보니 가까이는 아니지만 우리 같은 데가 두서너 개 있다는 것은 알았어. 서로 교류는 없었어요 군인들이 조금 안으로 들어가 큰 부대 본부 옆에는 집도 좋고 사람도 많은 곳이 있다고 했어요 어떤 군인이 나더러 거기 갈 건지 물었어. 하지만 안 갔어. 다른 데로 가겠다 하면 주인이 돈 많이 받고 팔아먹을 것이라는 생각은 했어. 팔리면 집에 못 갈 것이라고 생각은 했어. 기한 같은 것이 있는지는 모르지만 있다가 없어지는 여자가 있더라고. 하야마 그 오장은 "어디 다른 데 가지 마라. 일본 가면 내가 데려갈게, 너희 집에도 내가 데려갈게" 그랬어. 말이 잘 안 통하면 손짓 발짓하면서 이야기해도 잘 대해주었어. 그러니 그 사람을 믿고 살았어. 일본사람 그 사람이 날 이해해주고 있으니까.

그 사람이 "대련에 본부가 있는데 곧 대련에 갈 때 데려가 준다"

고 그랬어요. 하야마 그 사람은 대련에서 아마 죽었을 거야. 그 사람은 (나중에는) "이게 마지막 전쟁인지 모르겠다, 가서 죽을지도 모른다" "한국사람이니 한국에 나가라" "일본이 망하게 될지 모른다"고 말했어.

그 사람이 자기가 안다고 알아서 해준다고 했지만 지금 생각해보면 그 사람도 다 짠 것 아닌가 해. 당시 내가 번 돈이 몇만 원이 됐을 텐데 그 사람이 돈도 받아주지도 않고 그렇게 말만 했으니. 그런 생각이 들어. 하긴 돈을 받아봐야 당시 돈을 갖고 나오지도 못했어.

일 년 반 정도 있다가 집으로 연락했지, 아마. 주인이 집으로 연락해줬어. 어느날 자는 데, 희안하지. 꿈에 우리 아버지가 왔어요. "너 추운 데 뭐하고 있니" 그러시더라구. 눈을 파뜩 뜨니까 없어요. 우리 아버지가 해소병을 앓던 걸 알거든. 그 꿈 꾸고 나서 아침에 밥도 안 먹고 그러니까 주인이 왜 그러냐고 해서 그 이야기를 했더니 주인이 주소를 가르쳐달라고 해서 거기서 어머니한테 돈을 한 번 부쳤어요. 그리고 집에서 아버지가 돌아가셨다고 전보가 왔더라고요. 나중에 나오니까 어머니가 그 돈으로 초상치고 살림에 보탰다고 했어요. 돈을 받고 그때 어머닌 이미 '얘가 잘못됐구나 사람 하나 버렸구나' 생각했다 하더라구요.

거지꼴로 그리운 집으로

많아야 삼 년 있었다는 기억인데,[10] 해방되고 나왔어. 스물세 살 닭띠해에 해방됐는데, 난 몰랐잖아. 주인도 없고. 참 이상하더라고.

---

10) 많은 할머니가 그곳의 생활이 어려워 자신이 있었던 기간을 훨씬 길게 느끼고 있는데 반해 조 할머니는 그 감각이 없다. 이것은 아마도 정신병원에 있었던 경력 때문이 아닐까?

어쩜 일본 군인이 하나도 없어? 우리한테 어떤 한국 남자가 빨리 나오라고 그래요. 몸뚱아리만 나오라고 해서 나갔더니 전쟁이 끝났다, 집으로 가야 한다고 그래요. 광장이라도 가라고. 광장에 가니까, 큰 광장에 한국 여자들이 빽빽한 거야, 위안부가.

그런데 소련군들이 막 들어와요. 소련군들이 우리를 덮치려고 했어. 나한테 묻지도 말어. 난 정말 그건 말하기 싫어. 그래서 내가 기억상실증에 걸린 것일지도 몰라. 일본 군인보다 소련 군인을 더 못봐주겠더라구요. 그렇게 더럽더라고요. 막 쳐내려오는데.

어떻게 나왔는지도 모르겠어요. 하얼빈으로 가서 들어갈 때처럼 하나하나 돌이켜 나왔어요. 하얼빈에서 100명 이상의 일본 군인 시체를 밟고 왔어. 얼굴은 새카맣게 하고 농부들이 입는 옷을 허름하게 입고 나왔어. 그러지 않은 사람은 소련으로 많이 끌려갔을 거예요. 갈 때 중국사람이 밀가루 포대를 메고 일본 군인이 채찍질하더니 올 때 보니 반대가 되어 일본 군인이 밀가루 메고 중국사람이 채찍질하더라구. 세상이 이렇구나 그렇게 느꼈어요.

춘천이었을 거예요. 기차도 타고 차도 타고 걷기도 해서 무조건 가면 되겠다 해서 간 것이 춘천까지 내려왔어요. 산에서도 자고. 그런데 오두막이 하나 있었어요. 할아버지, 할머니가 살았는데 오막살이집에서 찰옥수수를 갈아서 시루떡을 해서 주었어요. 늦은 가을이라서 옥수수 딴 게 있고 안 딴 게 있고 그렇더라고요. 그이들 생각이 이따금씩 나요. 어쩜 그리도 맛있고 어찌 그리도 고마운지. 그때 먹은 떡맛보다 더 맛있는 것 없어요. 그런데 거기서 그 사람들이 같이 살자고 했어요.

그래도 아무리 생각해도 함흥에 가야 하겠더라고요. 꼬라지는 새까맣게 하고 일제 때 짠 거 도리우찌 있어요. 그것 뒤집어 메고 옷도 다 떨어져나갔어요. 이놈한테 잡아댕기고 저놈한테 잡아댕기고. 할머니가 옷도 주었는데 그것도 갈아입고 그럴 수가 없더라고요. 거기도 다 위험하더라고요. 다시 이북으로 갔어요.

집까지 가니 겨울이었어요. 사람이 아니었어요. 어머니가 "아니 이런 사람이 어떻게 들어왔냐?"고 그러더라고요. 거지 중에 상거지였지요. 돌아오니 어머니가 "죽은 줄 알았다"고. 어머니도 비슷하게는 알고 말하지 말라고 하더라구. "그러면 어떠냐, 네가 살아온 것만 해도 어디냐"고.

갔다 오니까 엄마가 삼팔선을 넘어왔다고 면장, 구장 만나보라고 했어요. 그때 보안대[11]인가 보안사가 있어요. 그때 보안사에서 그것 때문에 조사받았잖아요. 당시 북한에는 소련군 보안사가 만들어지고 치안이 엉망이고 못 살 판이었어요. 거긴 밤마다 총질하고 사람이 죽고 난리였어요. 면장이랑 구장이랑 다 와가지고 "서울 간나 왔죠" 하면서 나를 강제로 끌고 가 막 때렸어요. 아버지가 서울에서 와서 우리집을 서울집, 서울집이라고 했거든.

하도 험악해서 거기서 빠져 나와 서울로 오게 됐어요. 그때는 수백 명이 서울 오는 사람이었어요. 그때는 삼팔선이 없었잖아요. 내가 서울로 도망온 때문에 암사동 동생, 나보다 10년이나 어린 동생이 죽도록 맞았대요. 그뒤에 식구 다섯이 안개 낀 날 다 이북에서 나왔어요. 어머니, 남동생 둘, 여동생 둘 그렇게 다섯 명. 그때 내 바로 밑에 여동생은 결혼에서 중국 상해에 있었고. 그렇게 다 오고 나자 삼팔선이 딱 막혔어요. 우리는 사돈에 팔촌까지 다 내려와서 이북에는 식구가 없어요.

해방되고 나서 난 일본 여자를 살려주기도 했어. 맞아 죽을 것 같아 숨겨주었어. 숨겨서 한 이틀을 재워 부산 열차 태워 보냈는데 부

11) 1945년 북한에 소련군에 의해 보안대가 조직되었다.

산으로 가기 전에 아마 죽었을 거야. 그 여자 못 먹어서 팅팅 부었더라고. 개인이야 미운 거 아니잖아요. 일본 정부의 정치가 그렇게 만든 거지. 사람 하나하나는 우리하고 똑같은 인간이잖아요.

청량리병원에 언제 들어갔는지도 몰라요

함흥에서 서울에 와서 한 삼 년 몹시 아파서 다들 죽는다고 했어요. 그러다가 누가 중신을 해서 스물일곱인가 여덟에 잠시 남자하고 한 번 살아봤어요. 그때는 부산에 가서 살았어요. 6·25때쯤이었는데. 그런데 의처증이 있더러구요. 밤낮 대라고 하는데 못 견디겠더라고요. 나중에는 그 사람이 화장품하고 사진을 변소에 갖다버렸어요. 그래서 그냥 나왔죠. 남자하고 나는 안 맞는다는 걸 알았어요. 나는 금단(禁斷)의 여인이라 해도 과언이 아니야. 그리고 서울에서 계속 살았어요.

청량리병원에 언제 들어간지도 몰라요.[12] 겨울에 눈 다 맞고 발벗고 돌아다니니까 우리 동기간들에게 연락이 가서 병원에 집어넣었지요. 병원에 날 치료한 노박사라고 있어요. 그이가 그렇게 칭찬하더라고. 참 아까운 사람이라고. 내가 거기 있는 여자들 다 목욕시켜주었어. 화장실 청소까지. 나 원래 더러운 것 못 보거든. 그래선지 노박사가 내가 병원에 나오고 나서도 꼭 10년 동안 카드를 보내더라구요.

정신이 돌아와서 오십이 돼서 용산 서빙고 미 8군단 안의 장교 숙소에서 일했어요. 언니가 신원보증을 해서 일하게 됐는데 언니는 당시 운크라(UNKRA)에서 세탁소 일을 했고 미군 장교집에서 일했지

---

12) 이후 할머니와 할머니 동생에게 전화 통화로 재차 확인한 것에 의하면 이때가 39~40세쯤이 확실한 것 같다.

요. 난 한 번은 일본 여자를 아내로 둔 미군 장교집에서 일했어요. 애들 세 명을 키워줬어요. 금요일 12시에 나와 일요일 밤에 들어갔는데 일을 잘해주었어요. 한국사람 아홉 명 대었는데 나 같은 사람 없다고 "할머니 당신 어느 나라 사람이냐"고 하길래 "한국사람이요" 했더니 "당신 한국사람 아니야"고 하더라고. 한 오십여닐곱 돼서 나이도 많고 그래서 그 사람들이 하와이로 같이 가자는데 그만두고 나왔어요. 그리고 거기서 나온 이후에는 식모살이하고 삼송리에서 비닐하우스 일하는 것 돕고 살았지요.

내가 큰 수술했어요. 해방되고 몇 년 되니까 궁둥이에 가서 뭐가 생겼어요. 그게 폐에 가서 붙으면 죽는대요. 서울대병원에서 수술해서 고름 같은 걸 짜냈어요. 죽는 줄 알았어요. 지금도 다른 쪽에 뭔가 있어요. 그래도 다른 것인지 아프지 않아요. 다리와 척추가 아파요. 늙어서 그런 건지 그것 때문에 아픈 건지 모르겠고요.

내가 설움이 꽉 찬 사람이야. 그래서 내 손으로 키운 사람은 잘 해주고 싶은 거야. 애를 데려다 키웠는데 다 컸다 하면 연애해서 가출해요. 같이 사는 언니의 아들은 일곱 살부터 키워 지금 서른 살이 넘었어. 해방둥이에 원당에 사는 아들은 나라는 먼 친척으로 원래 일본 여자의 자식인데 친정어머니가 키우다가 내가 키웠어. 상고까지 졸업시켜 주었어. 먼 친척 자식인데. 일산에 사는 딸도 있어요. 친정어머니가 데려온 양딸은 12살 돼서부터 키웠다. 그 딸의 딸을 내가 키워주었어요. 나는 친자식이 아니라도 정이 남다른데, 저네들은 아닌가 봐. 들러보지도 않아. 난 눈물 안 흘려.[13]

내가 결혼식을 안 해본 사람이에요. 내 평생 골병들었는데. 남편도 못 얻어보고 배신감. 내가 한이 얼마나 되겠어요. 지금에는 '죽음

---

13) 그러면서 천장을 보며 눈물을 삼킨다.

이 가까워온 사람이 그런 걸 생각하랴, 난 이 세상 사람과 등지고 사는 사람인데' 그렇게 생각하지만. 전에는 부럽더라고요 '아, 세상에 태어나 결혼식도 못 해보는구나' 하고. 종로구에서 내가 가장 오래된 사람이에요 종로구청이 생기면서 있었으니까. 사람 얼굴 안 보고 다닌 지 50년 됐어요. 부끄러워서.

난 남자라면 질색을 해. 남자 집에 안 들여. 조카가 와도 "야, 남자 냄새난다, 여기 남자 없어" 그러니, 조카가 "이상한 양반이야, 남자라면 질색한다" 해요. 나이든 사람이 술 먹고 그러지만 난 안 그래. 오죽하면 난 세상을 등지고 산다고 그래. 내 목숨 끊을 수는 없으니까 이렇게 살아 있지.

6살 아래인 암사동 여동생이 1993년 TV 보고 신고받는다는 걸 알려주었어요. 동생은 내가 고향으로 돌아와서 어머니에게 이야기한 것을 자는 척하면서 들어 알고 있었어요 여동생이 "아이구, 언니는 테레비 못 봤어? 뉴스 안 봤어?" 하는데 항상 텔레비 보는데 그날은 못 봐서 "아니 못 봤어" 하니까 "언니 그것 나왔더라" 했어요 그게 1993년도야. "언니, 정신대 그거 있잖아. 위안부 그게 나왔어." 걔가 옛날부터 거기 갔다 온 것 알거든요 "엄마, 나 이렇게 억울한 일 당했어" 하고 우리 엄마한테 말했던 것을 동생이 들어서 알고 있다고요. 그때 듣고 발딱 일어나더라구요 "언니 뭐?" 그러더드라구요 그랬으니 알지요. 각각 살아도 어렸을 때 들은 게 있으니까 뉴스를 들으니까 알지요.

난 챙피스러 신고도 안 하려고 했는데, 동생이 "왜 안 해? 언니는 피해자야, 왜 입을 다물고 있어?" 그러더라고. "언니 종로구청에 호적 있지. 거기 가봐서 물어봐." 거기 가 종로구 박현숙 씨에게 죽 이야기했어요. 주소가 의정부라 그리로 돌려준다고 해서 여기서 등록하게 됐지. 한 달쯤 되니까 통지서 나와서 560만 원 받았어요 앞으로 여유가 되면 봉사할 생각이에요. 이 세상에 태어나 한 것이 없어. 집에 200만 원 들어간 돈 받아 나눔의 집이나 양로원에 갈 생각이에요.

일산 딸 영구임대 아파트에 있는데 다리, 손 다 다쳤어요. 수술해야 하는데 시간을 끌어 막 삐져나왔어요. 그것 수술시켜주고 손녀 올바른 사람 만나는 것 보고 죽었으면 좋겠어요. 같이 있는 조카가 집 사는 데 도움도 주고.[14]

지금 같으면 내가 결혼하고 싶어요. 내가 나이 한 육십 좀 못 됐으면. 꼭 남편을 얻자는 것이 아니라 좋은 벗을 얻고 싶은 거야. 각자 살아도. 멋쟁이 친구를 만났으면 하는 거야. (정리: 강정숙)

---

14) 정부 지원금을 받은 후 할머니는 한 2천만 원을 조카한테 빌려주어 작년 10월 말 분가시켰다고 한다. "줘도 그만인데 주위에서 다들 도움을 원하니 마음이 쪼여 힘들다"고 하고 조카를 내놓고 이제 혼자 지내기 힘들어 봄에는 나눔의 집에 가겠다 한다.

정리자의 뒷이야기

1996년 봄 정대협 복지위원장인 김신실 선생과 같이 처음 방문했다. 빵과 과일을 들고 할머니댁에 초인종을 누르자 반가이 맞이해주셨다. 집안은 아주 깔끔히 정돈돼 있었고 어항이 있고 베란다에는 화초도 키우고 있었다. 이야기해가는 동안에 할머니는 창가에 쪼그리고 붙어 앉아 우리가 오히려 편히 앉으시라고 말하는데도 별로 자세를 바꾸지 않았다. 이야기하면서 연신 오렌지 주스를 드신다.

그 당시 할머니는 돈 문제로 답답해했다. 25만 원을 정부로부터 지원받고 있을 때인데 12평 아파트에 임대료와 가스사용료 등 관리비가 10만 원이라 생활비가 많이 나간다고 한다. 그리고 죽으면 아파트 보증금 못 돌려받는다고 걱정이다. 할머니는 다른 분들과 다르게 자신이 돈을 내어 임대 아파트에 들어왔기 때문에 이 문제에 관심이 많다. 아파트는 삼송리에서 신청하여 손녀를 동거인으로 하여 최근까지 살고 있었고, 현재 생활보호대상자, 군위안부에 관한 법령에 의해 보조를 받고 있다. 1993년 9월 군위안부 지원 대상자로 결정됐다. 할머니는 놀러 한번 제대로 가지 못해봐서 이제 놀러가 보는 게 원이라고 한다. 처음 방문할 때까지 정대협이나 나눔의 집 등에 대해 거의 모르는 상태였다. 두번째 방문을 했을 때는 혼자 갔는데 집에 들어서니 할머니는 TV 축구경기를 보고 있었다. 축구를 좋아하신단다.

이야기를 시작하자마자 할머니는 "난 청량리병원에 6개월이나 있었고 해서 기억력이 없다"며 말문을 열었다. 이것은 이후 증언 채록에도 실제의 어려움으로 됐다. 큰 줄기에서는 크게 혼동되지 않았지만 세부적인 데로 가면 서로 상충되는 부분이 있어 그것을 조정하고 정리하는 것이 어려웠다. 정 안 되는 것은 주 처리를 하였다. 할머니는 소련군에 대해 아주 엄하게 표현하여서 소련군이나 사회주의자들에게 피해를 입은 경험이 있었던 것이 아닌가 생각됐다. 그러나 할머니는 중국에서 소련군이 저지른 비행에 대해 객관적인 분노만 말하고 자신이 직접 겪은 것은 아니라고 주장했다. 그리고 중국으로 끌려가기 전 국내 사회주의자들에 대해서 가까이 알고 있었다고 말했다. 아래 이야기로 봐서 특별히 그들에게 악감정을 가지고 있었던 것은 아니고 사실 그대로를 묘사한 것으로 보인다.

할머니 증언을 보완할 생각으로 여러 번에 걸쳐 더 방문을 했고 그 외에도 입원시에 병원 방문, 전화통화, 제주도 여행 등 계속적으로 서로 연락하고 있다. 1998년 9월에 할머니는 드디어 벼르고 벼르던 나눔의 집 방문도 했다. 1996년인가에 의정부병원에 할머니가 입원했을 때 앞으로는 나눔의 집으로 들어가는 것이 좋겠다고 생각하여 나눔의 집 혜진 스님에게 병문안을 같이 하자고 하여 병실을 찾은 적이 있다. 제주도 여행에서 나눔의 집 할머니와도 같이 만나고 해선지 건강 때문에 언제나 소심했던 할머니가 드디어 방문한 것이다. 나도 알지 못하는 친아들인지 양아들인지 천도제를 위해서 말이다. 어려움이 있으면 김신실 선생과 필자를 전화로 찾았는데 이제 나눔의 집도 가까이 느끼게 된 것 같다.

몸은 쇠약하여 가녀린 몸을 유지하기 위해 중앙병원, 의정부병원을 번갈아가며 입원·통원치료하고 있다. 해소와 관절로 치료받고는 있지만 여전히 고통스럽다.

할머니는 남 신세지는 것을 병적이다 싶게 싫어한다. 언젠가 서울 중앙병원에 입원하고 있을 때 이야기할 것이 있으니 꼭 와달라고 전화하셨다. 하던 일 접어두고 급하게 뛰어갔더니 지난번에 의정부병원에서 너무 고맙게 하여 고마움을 표시하고 싶은데 돈을 빌려주기로 한 이가 오지 않는다고 발을 동동 구른다. 할머니는 남에게 신세지는 것을 아주 싫어한다. 신세를 지면 꼭 갚아야 한다고 생각한다. 증언을 보충하기 위해 1997년 1월에 방문하겠다고 했더니 정부 지원금이 아직 안 나와 돈이 하나도 없어 지금은 오지 말라고 한다. 우리가 대접받을 사람도 아니니 걱정 말라고 해도 마음이 그렇지 않다고 한다.

할머니 스스로 "성격이 못돼서 남한테 지고 못 살았어요, 나한테는 막대하지 못했어요, 지금도 나한테는 말 막 못 해요, 노인네들과도 잘 못 어울려요"라고 한다. 자존심이 세기에 자신이 처한 상황에 대해 더 고통스러웠는지 모르겠다.

이제는 한해 한해 넘기는 것이 힘들게 느껴지는지 올해를 넘길 수 있을까 걱정하고 있다. 그래도 얼굴은 점차 밝아지고 증언할 때도 좀더 자신의 감정을 담아 이야기하신다.

(조순덕 할머니는 1999년 5월 15일 복막염 수술 직후 깨어나지 못하고 돌아가셨다. 지병으로 천식을 앓고 있었기 때문에 이렇게 복막염으로 갑자기 돌아가시게 될 줄은 주위에서 아무도 몰랐다. 삼가 조의를 표한다.)

맞은 생각을 하면 진절머리가 나

최화선(가명)
1927년 일본 도쿄에서 태어났다. 소련과 만주 사이의 섬에
끌려갔고, 지금은 충청남도 서산에 살고 있다.

나는 토끼띠로 1927년에 일본 도쿄에서 태어났어. 여섯 살에 한국
으로 나왔을 때 작은할아버지가 호적 신고를 잘못해서 30년생으로
됐어. 그때 남동생이랑 함께 하느라고 그리 됐지. 위로 오빠가 한 명
있었어. 오빠는 나보다 네 살 더 먹었어. 아버지는 전기회사에 다니
고 있었는데 아침에 전깃줄을 메고 나가는 것을 본 것이 기억나. 막
일 하러 댕기는 거야. 아버지가 글씨 같은 것은 잘 쓰셔. 여러 가구
가 늘어선 사택에서 살았어. 아버지는 한국에 나와서 결혼해놓고 혼
자 일본으로 들어가 있다가 어머니를 모시고 갔지. 아버지가 살림
나면서 할아버지한테서 논 세 마지기하고 밭 너 마지기를 받았대.
어머니가 일본에 간 것은 나 낳기 7년 전으로 아마 1920년에 들어가
셨는가 봐.

그런데 내가 여섯 살 때 동생을 낳아놓고 백일도 안 돼서 어머니가 돌아가셨어. 외가가 히로시마에 있어서 외할머니가 집으로 와서 산 구완을 해주고 그랬나 봐. 아버지가 스물여섯에 혼자 되셨거든. 어머니가 네 살 더 잡쉈어. 옛날에는 다 그랬던가 봐. 나는 어려서 집에만 있어서 일본어는 전혀 못 했어.

나는 출생신고가 정확치 않아서 생일을 정확하게 몰라. 아버지께 며칠날 나를 낳았느냐고 물어도 잘 모르겠다고 그러시는 거야. 남자들은 헛거여.

어머니가 돌아가시고 어린애와 우리 모두 히로시마에 사는 외가로 갔어. 아버지는 계속 됴쿄에서 혼자서 전기회사에 다녔어. 애들을 기를 수가 없으니까 외갓집으로 보낸 것 같아. 외가는 큰외삼촌의 아들이 고령에서 살고, 다른 친척들은 다 히로시마로 와서 농사짓고 살았던가 봐. 우리는 외숙모네에서 외사촌이랑 같이 컸지. 내 동생은 외숙모가 키우다가 아버지하고 상의해서 누구 줬다고 그러더라구. 큰외삼촌의 아들들이 탄광에서 일을 하기도 했대.

아이들 여럿을 어떻게 다 맡기겠어. 외갓집에서 조금 있다가 내가 여섯 살 때 오빠와 같이 한국으로 나왔지. 작은할아버지가 일본으로 와서 우리를 데리고 나왔지. 그때 엄마를 화장한 재를 가지고 나왔지. 아버지의 고향인 합천으로 왔어. 엄마 유골은 아버지가 살림나면서 받은 산에 묻었어. 오빠는 일본에서 국민학교 1학년인가 다니다가 왔을 거야. 그후 오빠와 나는 다 이리저리 굴러다니면서 컸어. 말도 못 하게 고생했어. 외가인 고령에서 2년 있다가 합천 큰집에서도 있다가 고모네 가서 살다가 외갓집에도 가 살다가 이모네도 가 살다가 그렇게 지냈어. 돌아와서 오빠는 학교도 못 다니고 이모네 집에서 일하고 살았겠지. 우리 아버지의 땅하고 산하고 논밭하고 있는 것은 작은할아버지네가 부쳤어.

한글을 읽는 건 읽어. 학교 좀 댕겼었거든. 고령에 있는 우리 외갓집에서 외할머니가 내가 아홉 살에 학교를 넣었어. 학교 이름이 고령국민학교야. 엄마도 없고 그래서 불쌍히 여겨서러 국민학교라도 보내주겠다고, 그리고 외갓집이 좀 넉넉해요 그래서 보낸다고 그랬는데 외삼촌이 막 야단을 해서러 한 학기도 못 가고 그만뒀어. 외사촌하고 같이 걸어서 다니다가 말았지. 그때 조금 배운 거 그걸루 그냥 조금씩 읽지. 통 야학 같은 것은 모르고 컸어. 빨래하고 걸레질 같은 집안일하고 있었지. 일본식으로 성을 간 것 같지는 않은데, 놋그릇 공출은 해갔어.

내가 작은할아버지 집에 있다가 붙들려갔지. 부모 없이 굴러댕기다가 보니까 없어져도 없어졌는가 보다 그런 거 같아. 찾지도 않고 찾아야 어디 가서 찾겠어. 열세 살 때까지 작은할아버지의 처갓집, 말하자면 남의 집에 가 있었어.

열다섯 살이 되던 해 설날에 내가 합천에 있는 우리 작은할아버지네로 갔어. 작은할머니가 사랑에 어떤 남자를 데리고 오더니 인사하라고 해서 인사드렸지. 그 남자가 마흔 살이 넘은 그 동네 이장이었어. 인사하고 몇 달 후에 그 남자가 나를 찾아왔어. 복숭아나무에 꽃이 핀 3월이나 4월쯤 봄이야. 만으로 열네 살이었어(1942년). 전쟁시대라고 그래. 동네 사람들이 기차 같은 거가 가는데, 폭격당하기가 쉽다고 그랬어. 내가 냇가에서 빨래하는데 찾아왔더라구. 빨래할 때 물이 차가웠어. 그 이장의 성은 하가인데 이름은 몰라, 얼굴만 알지. 안 가려고 했는데 이장이 잠깐이면 된다고 나를 잡아끌고 올라갔지. 갔더니 야트막한 산 위에 행길이 있는데 거기 짐차가 와 있더라구. 타라고 해서 탔지. 이장은 위에 우와기(웃옷) 입고 시골사람처럼 옷을 입었어. 이장이 "너 공장에 가면 이제 참 좋다. 이집 저집 댕기면서 사는 것보다 공장에 가서 기술도 배우고 좋은 데로 보낸다"고 했어. "이제 고생 다 면했다"고 그 얘기만 했어.

짐차에 다른 여자들 네 사람이 있었어. 누가 데리고 왔는지 몰라. 짐차 운전은, 계급장은 못 봤는데, 군복 같은 옷을 입은 남자 두 명이 했어. 머리에 모자를 쓰고 있었어. 모자에 빨간 별만 달린 걸 본 거 같애. 짐차의 뒤에는 포장을 쳤는데 포장 안에 우리가 들어가 있었지. 포장 안에 나까지 다섯 명. 그 중에 나와 십촌이 넘는 못난이가 있었어. 여자들은 합천 여자도 있고 고령 여자도 있고. 서로 무슨 얘기를 했는지 기억을 못 해.

당시 나는 그냥 치마와 저고리를 입었고 머리는 땋았지. 군복 입은 남자들이 하는 말은 못 알아들었어. 내리라고 하면 내렸지. 나와 같이 간 못난이도 어머니가 없고 아버지만 있었거든. 못난이가 얼굴이 예뻐서 할아버지가 이름을 그렇게 지었다고 그래. 걔는 시방도 돌아오지 않았어.

아침나절에 그랬어. 그 차를 타고 대구까지 왔어. 대구에서 나는 그 이장과 어떤 집으로 갔고 다른 여자들은 그 차를 타고 그냥 갔어. 그집 대문이 크고 집이 높게 있어. 사랑채도 있고 안채도 있는 부잣집이여. 번화하게 사는 집이여. 이장이 그집하고 잘 알더라구. 그집 엄마가 나보고 "오늘부터 너는 최화선으로 있어야 한다. 그 딸 대신 보낸다"고 그래. 그집 넷째딸이 최화선이래. 그 딸이 내 또래였어. 최화선이라는 여자와 그 언니는 아침에 도시락 싸가지고 나가더라구. 무슨 직장에 다니는지는 모르지. 그집에 같이 살지 않았지만 직장 다니는 딸, 시집간 딸이 또 있어서 딸이 모두 여섯 명인데 같이 사는 딸은 네 명인 거야. 끝으로 아들이 하나 있었어.

나에게 뉴똥(명주실로 짠 옷감)치마 같은 새옷을 좀 줬어. 뉴똥은 비단이야. 비싸지. 그거 하나 해입을라면 1원 몇십 전 줘야 했어. 아마 그집이 돈 있고 완력이 있는 집이니께 날 물색해서 훔쳐가지고 간 거지. 내가 엄마가 없다보니까 그렇게 물색하는 사람이 나를 찍어났던가 봐.

부잣집 딸 대신 부산 방직공장으로

하룻저녁인가 자고서 그 이장이 나를 부산의 방직회사까지 데리고 갔어. 기차에서 내려서 전차 타구 내려서 한참 걸어갔어. 부산진에 있던 방직회사였는데 이름을 모르겠어. 공장 안으로 마당까지 기차가 들어왔어. 공장은 크지, 부산에서는 그거 하나니께.[1] 공장에 들어가서 가운을 받았어. 곤색이었고 국방색 모자도 썼어. 가운에 이름이 최화선이라고 돼 있었어. 가서 보니 먼저 간 애들이 거기에 다 있더라구. 자기들끼리 약속이 돼 있던 모양이더라구.

여러 층 되는 기숙사에 여자들은 말도 못 하게 많아. 나는 1층에 있었는데 우리 자는 방에 열 명도 더 잔 거 같아. 합천에서 같이 간 여자는 한 방에 있지 않더라구. 방이 커서 누가 누군지 몰라. 합천 여자들과는 밥 먹을 때 만나고 어쩌다가 만나고 그랬지.

기숙사 반장은 나이가 마흔이 된 일본인 여자였어. 아침에 반장이 돌아다니면서 일어나라고 하면 일어나서 이름을 부르고 체조해요. 마당에서 체조를 할 때 음악이 나왔어. 체조는 일하는 것에 따라 아침, 낮, 저녁으로 하기도 했어. 일본 여자 반장이 매일 훈련을 가르치고 그랬어. '세넨당'(청년단)[2]이라고 그래. 이찌(일), 니(이) 부르고

---

1) 이 공장은 조선방직으로 추측된다. 1917년 창립된 조선방직은 부산 범일동에 본사를 둔 일본 회사였다. 부산 공장은 대지 6만 평에 건물이 2만 880평으로 거대한 규모였다(朝鮮織物協會, 『昭和十八年版 朝鮮纖維要覽』). 이미 1935년 생산고가 1천만 원에 달했고 공장종업원은 남자가 471명, 여자 3천여 명이었다. 또한 전차노선을 봐도 1933년 부산진 입구에서 범일동에 이르는 전차선 연장이 이루어졌다고 한다(박원표, 『부산의 고금』, 현대출판사, 1965).

몇 달 그렇게 가르치더니 그런 데 보내려고 그랬나 봐. 일본 국가(國歌)를 부르기도 했는데 지금은 잊어버렸어.

일은 하루에 3번 교대를 했어. 아침일은 아침 8시에 일어나서 하고 낮일은 해 떨어지면 끝나는 거 같아. 밤일은 밤을 꼬박 새워서 하지. 나는 공장의 2층에서 실꾸리 삶는 일을 했어. 실을 기계에 넣으면 저절로 감아져서 스톱이 돼요. 그 실꾸리를 가져다가 큰 통에 넣어 삶는데 어디선가 뜨거운 물이 들어오더라구. 10분 정도 삶고 쇠고리로 실꾸리를 꺼내서 걸어놓아. 그러면 짜는 데서 가지고 갔어. 김이 서려 손끝 살이 허물허물해지고 그랬어. 어느 방에서 무슨 일을 하는지 몰라. 각자 일이 있었어. 못난이도 딴 데 가서 일을 했지, 잠은 나하고 같이 자도. 일은 나이가 한 스무 살쯤 된 한국 여자가 가르쳐줬어. 일하는 여자들이 전부 한국 여자들이야. 전부 경상도 여자들이지. 공장에서 경상도말 했지. 공장에서 친한 여자는 없어도 한 방에서 자는 사람들은 친했지.

그 공장은 실을 뽑아서 천을 짜는 공장이었는데, 짜는 건 기계가 짜고 광목을 짜서 염색해서 군복을 만드는 거야. 베를 짜는 데도 있었어. 공장에 목욕하는 데가 있어. 식당 바로 옆에 목욕실이 있는데 더운물이 나왔어. 주로 물건 가지러 올 때만 군복 비슷한 옷을 입은 남자들을 많이 봤어. 계급장은 없는 것 같아.

월급을 1원짜리 몇 개 탔거든. 일요일날이면 쉬어서 시장에 가요 재자(시장)에 가라고 그러면 양말도 사고 옷감도 끊고 그랬어요. 일요일이면 엄청 많은 사람들이 쏟아져나온다고. 식사는 종치면 식당에 가서 먹고. 밥하고 반찬은 주로 고등어 많이 먹었어. 나물 같은

2) 일제는 1941년 3월 14세 이상 30세까지의 남자와 14세 이상 25세까지의 미혼 여자로서 학교에 재학하지 않는 청소년까지 대상으로 청년대를 조직하여 전시훈련을 시킬 것을 결정했다.

거. 따박따박 세 끼는 줬어. 공장 지하에 식당이 있어. 식당이 커요.

명절 때 고향에 안 보내줘. 양력설에는 며칠 논 거 같아. 그외에는 잘 모르겠어. 가운에 이름이 있었는데, 처음에는 최화선이라고 하다가 일본 여자 반장이 도미짱이라고 이름을 지어줘서 그걸 쓴 거 같애. 성도 뭐라고 갈았는데 기억을 못 하겠어. 집에다 편지는 다 못해요. 한국 여성들은 편지를 쓸 줄 아는 사람이 없어요.

그러던 어느날 아침 반장인 일본인 여자가 이름이 적힌 쪽지를 가지고 와서 내 이름을 부르잖아. 이름을 불러서 나갔더니 이제 기술을 어느 정도 익혔으니까 일본 방직공장으로 간다고 했어. 그래서 좋다고 그랬지. 누가 뽑았는지도 모르겠고. 나랑 한 방을 쓰던 여자들 중에서 몇 명 가고 딴 방에서도 골라서 가고. 나이가 보통 우리네 나이 또래야. 열여섯 살, 열일곱 살.

옷은 처음에 가져간 한복을 가지고 갔지. 그때가 공장에 간 다음 해 가을이었어. 만 열다섯 살 때였어(1943년). 추웠어, 김장할 때야. 부산에서는 12월에 김장하니까 12월달 같아. 못난이까지 모두 15명이 갔어. 인솔은 일본인 남자 두 명이 했는데 군복을 입고 그냥 모자를 쓰고 있었어. 모자에 별 달린 것은 못 봤어. 하나, 둘 사람수를 따지고 그러데. 무조건 차에다 싣고 간 거야.

부산에서 저녁 때 연락선을 탔어. 배의 제일 밑구녕에 탔어. 이때도 하나, 둘 인원점검을 했어. 아침에 해가 밝아가지고 일본에 도착했어. 그때 일본 남자가 인솔한 거 같아. 군인인지 아닌지 잘 모르겠어. 연락선은 컸고 안에 다다미 방에 앉게 해주더니, 참참이(가끔) 이름 불러. 어째 그러는지 모르지. 밥은 주먹밥을 줘서 먹었어. 연락선 안에는 군인이 있더라구. 군인들은 별 달린 모자 쓰고 인원은 많지 뭐. 민간인도 있는 거 같아.

일본에 내려서 군복 입은 남자들 여러 명이 우리를 끌고 조금 걸어가서 어느 식당에 가서 밥 먹고 조금 더 걸어서 어떤 건물로 갔어. 그 안에 사무실 같은 데로 들어가니까 책상이 있고 군인들만 있어. 앞에 군인 보초가 서 있고 서류를 가지고 한 장 넘기고 또 부르고 그래. 그리고 옆방에 가서 병이 있나 진찰을 했어. 가운을 입은 의사가 있어서 웃통을 벗고 진찰받았어. 거기서 나와 조금 떨어진 데서 큰 다다미 방에서 잤어. 밥은 조그만 오봉(쟁반)에다 한 사람씩 먹게 주더라고.

아침에 기차를 탈 때 못난이가 없는 거예요 밤에는 못난이하고 같이 잤는데. 어디 갔느냐고 물으니까 모른다는 거예요 뭐라고 욕질만 하고 저희도 모른다고 그래. 군복 입는 남자들이 인솔했어. 그래서 그냥 끌려간 거예요 걔네들은 딴 데로 간 거지. 그래서 못난이하고는 일본에서 헤어졌어. 15명 중 8명은 못난이와 같이 다른 데로 간 거 같아. 나와 같이 간 여자는 7명 정도 같아.

다음날 아침 기차에서 내리니 항구였어. 또 배를 타고 며칠을 갔어. 배를 탄 곳이 어딘지 모르겠어. 두번째 탄 배는 조금 작았지. 그 배 제일 밑에 기관실 옆에 탔어. 다른 민간인은 없고 기관실 옆에 물건 잔뜩 싣고 있었고 군인들이 많구. 식사는 주먹밥 주고 도시락도 줘서 먹고 하루 밤 이틀 낮을 간 것 같아. 아침을 먹고 탔는데 그 이튿날 저녁에 내렸어.

수시로 군복 입은 사람들이 와서 이름 부르고 그러더라구. 거기 가는 동안 서너 번은 이름 불러. 같이 배를 타고 온 여자들이 우리 공장에 가는 게 아니고 부대 있는 데로 가는가 보다고 울고 그랬어요 군인들만 있고 하니 뻐드렁하잖어(심상치가 않잖어). 눈치를 챘지. 그 소리 듣고 기가 맥혔고 일이 잘못된 거라는 거 알았지. 군복 입은 남자들이 우리가 지껄이지도 못하게 했어. 떠들면 뭐라고 그러더라구.

배에서 내리니 사방이 바다인 섬이었어. 섬에 산만 있고 바로 부대가 있었어. 도착하니까 겨울이었지. 추웠지. 섬이 큰지 안 큰지도 모르겠고 민간인은 없고 누런 군복을 입은 군인들만 있어. 섬이 길쭉해. 같은 배를 타고 온 군인들이 내렸는지도 모르겠고. 우리 일곱 여자들이 배에서 내리니 군인들이 앞에 죽 서 있었어. 군인들이 우리를 끌고 가데. 그때 조선에서 징용 온 남자들을 봤어. 그 남자들이 배에서 물건을 내리더라구. 우리가 배에서 나오다 보니까 물건을 부대 안으로 가지고 들어가면서 우리에게 어디서 오느냐구 얘기를 하더라구. 그래서 아무데서 온다고 그렇게 말만 하고 헤어졌지.

거기가 무슨 섬이라고 그랬는데 잊어버려서 몰라. 일본 큰 공장에 간다고 그렇게 싣고 가고는 딴 데로 끌고 간 거지. 배에서 내려서 부대가 가깝고 집은 조금 돌아서 가야지. 집은 동굴 옆에 그냥 이다[板]로 지은 일층집이에요. 하꼬방(상자곽만한 작은 방) 집으로 문턱에 뭐가(간판 같은 것) 붙어 있는데 뭐가 붙었는지(무엇이라 씌어 있는지) 모르지. 집이 일자 집이에요. 나중에 들으니 그집을 보고 이안죠(위안소)라나 그랬어. 군인들만 보초 서 있고. 보초는 저쪽에 하나 이쪽에 하나. 보초 서는 사람은 완장하고 섰어. 헌병은 없는 거 같아. 바다 쪽으로는 막대기로 지은, 위에 천장이 있는 등대가 있어서 군인들 두세 명이 서 있었어.

그집 우리보다 앞에 먼저 와 있던 여자들이 있었어. 먼저 온 여자들에게 여기가 어디냐고 그러니까 저기는 소련땅이고 이쪽으로는 북만주라고 그 얘기만 들었지. 그 언니들이 어떻게 돼서 왔느냐고 그런 거 묻고 우리는 그놈들한테 속아서 왔다고 얘기하고 그랬지. 정확히는 몰라도 내려서 그런 데라는 걸 안 거야. 우리는 여기서 빼도박도 못 하고 어디로 갈래야 갈 데가 있나? 갈 데도 없어.

먼저 와 있던 여자들까지 다 해서 열다섯 명이 됐으니께는. 같이 간 여자 일곱 명 중 이름은 모르겠고 다 경상도 여자들이야. 거기 갈 적에는 이름도 다 알았는데 시방은 몰라. 거기에 나이 스무 살 넘은 사람이 많아요. 스물다섯 살 된 사람도 있고 스물세 살 된 사람도 있고. 스무 살 안 된 사람이 공장에서러 같이 간 우리 일곱 명이야. 그 중에서 내가 제일 나이가 어렸다구. 우리는 큰 언니들은 어려워서 말도 잘 못 시키지. 큰 언니들은 어른 노릇을 해요.

방이 15개 있었지. 내가 이쪽에서 13번째, 반장 노릇하던 언니는 두번째 방. 방에 사진 같은 것도 없고 이름도 없고 13번이라고 번호만 붙여져 있지. 방이라구 우습지도 않지 뭐, 하꼬방으로 쭉 지어서 가운데 칸 하나만 막은걸. 방은 조그맣지. 마룻바닥이고 쇠로 된 난로는 다 놔줘. 조개탄 때는 거였는데 조개탄은 군인들이 갖다줘. 난로는 한 쪽으로 있고 크기는 지금 사는 임대 아파트 방을 가른 것만 (약 1평)할 거야. 딱 사람 하나 드러누울 만큼. 방에 문이 하나 있어서 들어온 문으로 도로 나가고. 그 섬에 위안소는 거기밖에 없어. 방에 담요 하나 깔고 하나 덮고, 담요도 더 갖다주데. 담요는 3개인가 덮고 자.

도착한 첫날부터 별만 둘 달린 나이 많은 장교가 들어왔어. 싫다고 하는 것을 강제로 했어. 처음 한 달까지는 그 장교만 받았어. 그 장교가 망토를 입고 있었어. 너무너무 서럽고 그래서러 거기서 매일 울었어. 그 장교가 사탕도 주고 담배도 주고 달래줬어. 춥다고 담요도 갖다주고. 한 달 정도 뻐끔뻐끔 담배를 피우다 보니 그래도 인이 배기더라고. 다음에 또 다른 장교가 들어오고. 서너 달은 늘 밤에 장교들이 왔어. 장교들은 자고 아침에 일찍 가지. 그러고 나서 낮에 병사들이 오기 시작했어. (한숨을 쉬며) 그 얘기를 어떻게 다 해.

군인 이름이나 계급은 모르지. 금빛 나는 거 네 개 단 놈도 있고 세 개 단 놈도 있고 도망을 갈 데가 있나요, 갈 데도 없고. 저녁에는 여자들이 전부 방에 있고 못 나와요. 군인들이 바깥에 전부 '나래비'(줄)를 서 있는데. 군인들은 어쩌다가 낮에도 오는 사람도 있고 저녁 때 오지. 부대에서 군인들이 걸어서 오는데 한참 와요. 버스로 반 정거장쯤 되요. 군인들은 칼도 차고 총도 차고 들어오지.

바닷물도 가생이(가장자리)는 얼 정도니 춥지. 겨울에는 추워서 나가지도 못하고. 처음 가서 얼마 안 있다가 한 달쯤 됐나 봄이 됐어. 한겨울에도 햇빛이 줄창 날 때는 한 달이면 열흘밖에 없을 거야. 흐린 날이 많고 눈오는 날이 많고. 여름 한낮에는 더웠지만 꽈히 더운 줄도 몰라.

더 이상 못 하겠다고 반항하다가

낮에는 병사를 받고 밤에는 장교를 받던 때야. 여름이었나 봐. 입으로 말을 할 수가 없어. 그 고초당했던 거. 내 매맞을 적에 그 당했던 얘기, 할 수가 없어. 밤에 어쩌다가 장교가 왔어. 콧수염을 기른 장교였어. 그 어린것들을 막 몇 놈들이 해코지를 하니께 배겨날 수가 있어야지. 내가 너무나 아프고 힘이 드니까 못 한다고 그러니께로 입에 다 대고 하려고 그러는 거야. 그걸 입에다 갖다 넣었는데, 내가 깨물었어. 이빨자죽이 났갔지. 그러니께로 못 한다고 반항하니께 그렇게 된 거여. 그러자 장교가 그 즉시 그냥 나를 뺨을 몇 대 때리더니 보초를 불러가지고는 지키고 서서 때리라는 거야. 밤이었지만 비행기 때문에 불을 못 켜거든. 보초가 나를 그냥 끌고 나가서러 몽둥이로 마구 그냥 아무데나 패댔으니, 내가 몇 대 맞고 뻗으니께 까무라친 나를 창고에 갖다넣은 거야. 창고는 부대 옆에 곡식 같은 거 쌓아놓는 광인데 한 쪽에 칸막이를 쳐서 검진을 받는 곳이야.

나중에 정신을 차려보니 낮이었는데 내가 울면서 소리를 지르니까 군인들이 왔어. 그러고 나서 보니 오른팔이 이렇게 부었더라구. (오른팔 뒤꿈치에서 어깨 사이의) 뼈가 가죽을 뚫지는 않았지만 튀어나오고 딴 데도 멍투성이였지. 얼마나 울었는지……. 부어가지고 있으니께로 군인이 가서 뭐라고 그랬는지 몇 놈들이 나와 보더니만 잡아당겨서 맞추고 막대기를 대고 감아서 해주고서러. 저희들이 그렇게 해놓고 의사를 부르지도 않았어. 거기 있는 언니들이 얘기하는 게 이틀 만에 내가 살아났더래.

팔을 다쳤을 때 한 달을 조금 넘겨 군인을 받지를 않았으니께. 서너 달 후 막대기를 떼고도 아파서. 아이구 얼마나 아팠는지. 뼈가 다 으스러진 걸 그대로 갖다붙여서 시방 다 나았는데도 이렇게 됐지.[3]. 오른쪽 팔이 지금도 얼마나 아픈지……. 나이가 드니까 아파요 팔이 끝까지 다 안 올라가. 근데 나이 칠십이 넘으니께 점점 더 해. 아이구. 험한 꼴 본 거 말도 못 하지 뭐. 그 수모 당해서러 그때 생각을 하면 기가 막혀. 온 전신이 성한 데가 없는 거야. 그거는 진절머리가 나서러 생각도 안 하니께. 두 번 다시 기억도 안 해. 어쩔 때는 혼자 가만히 생각을 하면 서러워서 눈물이 날 때 있어. 그때 그렇게 당한 생각을 하면 기가 막혀. 너무 억울해서. 세상에 내 몸뚱이에 피멍이 말도 못 하고. 시방도 막 그렇게 쑤시고 아프면, 뭐 이상하게 쑤셔요 그럴 쩍에 그 생각을 하면 기가 막혀요 너무 내가 매를 맞아서 그런가 보다 하지.

나를 때린 그 장교는 거기 오래 있었어. 계급이 높은 놈이었어. 콧수염을 길렀는데 키는 조그맣고 나이가 마흔 살이나 근 오십이나 됐어. 다른 군인을 못 받게 하고 한 열흘은 그놈이 혼자서 그랬어. 일본놈들 나쁜놈들 많아.

---

3) 정리자가 만져보니, 팔이 지금도 뼈가 으스러진 상태로 약간 울퉁불퉁하고 단단했다. 그리고 지금도 팔을 머리 위로 들어올리지 못했다.

매를 된통 맞은 다음에는 무서우니께 반항 안 하지. 거기서는 죽어도 상관없으니께. 그 사람들은 그저 자기가 죽이고 싶으면 끌어내다 죽이는 거야. 그러니께 딴 언니들도 다 우리들도 그렇게 당했다고, 참아야 한다고, 살아서러 가려면 참아야 한다고 하니께 무조건 참는 거지. 처음에 가가지고 무서운 줄도 모르고 그런 데인 줄 모르고 반항하다가 그렇게 된 거지. 나 있던 때 나말고 반항한 사람이 있었는지 모르겠어. 딴 사람들은 나 그렇게 당하는 거 보고 겁이 나서 벌벌 기었지 뭐. 그래도 나 팔 부러졌을 때 끌어내다 죽이지 않은 게 다행이에요. 거기 있는 언니들이 "야 너 그때 팔 부러졌을 때 끌어내다 죽이는 줄 알았는데 죽이지 않은 게 다행이다"고 그랬어.

계급이 금딱지 하나인 사람도 오고 둘인 사람도 오고. 하루에 열 명도 넘지요 뭐, 매일. 힘들지. 다른 여자들도 다 그래. 군인은 보통 하루에 열 명도 더 받지. 열댓 명씩 한 스무 명씩 낮에도 받고, 오후에 병사들이 많이 오지. 신발도 안 벗고 덤비는 거야. 신발도 옷도 벗을 필요도 없고 잠자리[4]하고 가고 그랬어. 아휴 그 일은 잊어버려야지. 장교들은 밤새도록 자고 가. 밤에는 전등을 켜긴 했는데 누르면 펴지는 까만 종이를 전등에 씌워서 늘어뜨렸어. 전기도 밤에 잠깐 주고 안 주는 거 같아. 졸병들만 낮에 잠깐잠깐 왔다 가고 저녁에 왔다 가고 그러지. 군인 중에는 조그만 병에 술을 넣어 주머니에 담아가지고 와서 먹기도 했어. 장교 중에 위문품 갖다주는 사람도 있어서 과자, 얼음사탕, 통조림도 가지고 오고 그래요. 조선인 군인은 못 봤어.

군인들이 각자가 다 전표를 들고 와요. 군인에게 전표를 받으면 그걸 나무상자에 넣고. 전표는 졸병이나 장교나 똑같지. 색깔이 하

---

4) 할머니는 군인의 상대가 되어야 하는 것을 잠자리로 표현했다.

얀 종이도 있고 파르스름한 종이도 있고 그렇데. 그게 돈이라는 거야. 전철표보다 조금 더 넓고 짧은 크기로 가운데 빨간색인지 푸르스름한 도장이 찍힌 거야. 근데 얼마인지도 모르고 계산은 한 번도 안 해봤지. 물건을 사러갈 데도 없고, 누가 전표를 얼마나 모았는지 조사하지도 않았어. 거기는 너무너무 엄해가지고 여럿이 앉아 쑥군거리지도 못하게 해요 언니들이 이 전표는 다 나중에 돈 찾을 수 있는 거니까 보관 잘 하라고 조그만 나무상자를 줬어. 그 상자에 넘칠 정도는 아니어도 많이 모였지.

뭐 하는 부대인지도 모르고, 부대가 와도 오래 있지를 않고 며칠 있다가 다른 부대가 오구. 장교들은 늘상 있구. 군인이 몇백 명 된 거 같애. 며칠에 한 번씩 배가 왔어. 조그만 보트배는 항상 있었어. 어떤 때는 배가 여러 척씩 들어오고 군인들이 꽉 차기도 했어. 해군은 못 봤어. 국방색 군복 입은 군인들만 왔어.

그집에는 여자들만 있고 관리하는 사람이나 군인이 살지는 않아. 여자 중에 나이가 많은 사람이 반장 노릇만 했지. 거기서 나를 일본말로 부르긴 했는데, 도미짱이었는지 기미코(君子)였는지 기억이 안 나. 군인들은 일본말을 하지. 난 일본말을 잘 못 알아들어서 거기 있는 여자들하고만 지껄이고……. 멀리 나가지도 못해, 보초가 있어서. 도망가라고 내놔도 갈 데가 없어, 전부 섬이고.

밥은 부대에서 해서 한 군인이 날라요 나무 밥통에 밥을 하나 갖다놓으면 나이가 많은 반장 언니가 종을 쳐. 거기서 반장이 책임자였어. 그러면 항고에 타가지고 방에서 먹지. 밥은 쌀밥인데 괜찮아요 그러나 배가 부르게는 안 지냈어. 반찬은 주로 된장국에다가 간스메(통조림) 뭐 그런 거 우메보시(매실절임). 설거지는 각자가 했지.

각자 방에 나무통이 있어. 군인이 산골짝에서 물을 길어다가 통에다 부어놓아. 그 통의 물을 따라서 쓰고 그랬어. 세면실은 없고 주전자에 물만 갖다놓고. 뒷물도 방 안에서 세숫대야에 물을 떠다가 했어. 소독약 같은 건 없었어. 방 안에 하수도같이 물이 내려가도록 돼 있어. 여름에는 가끔 밤에 개천에 나가서 산에서 내려오는 물로 목욕을 했지. 대개는 방안에서 서로 등목이나 해주고 그랬지. 겨울에는 못 하지. 그 안에서 조금 호작호작하면서 목욕할까? 방 안에는 난로 피워서 항상 더운 물이 있으니까. 우리에게 밥을 갖다 날라다 주고 물도 길러주고 석탄도 날라다주는 사람은 항상 그 군인이야. 그런데 그 군인은 그집에 잠자리하려는 안 들어왔어.

화장실은 밖에 보초들 사이에 있었어. 그래서 화장실도 가려면 보초 뒤로 해서 가야 했어. 보초들은 겨울이면 오바를 입고 털모자 쓰고 그래.

옷은 군복도 입고 아무거나 되는 대로 입고 사는 거지. 입을 게 없다고 그러면 군복데기 같은 거 주고 그랬어. 계급장은 없는 것이고. 거기 도착한 이듬해에 솜을 좀 넣고 누빈 군복을 받았어. 근데 추위도 누빈 군복은 입지 않았어. 자고 간 군인들이 뭐라고 가서 얘기하면 옷을 타는 거 같애. 속옷도 어떻게 입었는지 모르겠어. 머리는 가서 단발로 잘랐어. 언니들 중 한 사람이 물도 없고 어려우니께라며 잘랐지. 그래도 머리에 이가 있어서 약도 뿌리고 그랬어.

한 달에 두 번 검진이 있었는데 군의관이 와서 검진했어. 배를 타고 군의관이 간호원을 데리고 와. 간호원은 스무 살 조금 넘어 보이고 의사는 30, 40대인 거 같아. 의사가 왔다고 반장 언니가 알려주면 같이 검사하러 가는 거야. 검사는 부대 옆에 사무실 삼아 쓰는 창고가 있어. 막대기로 짠 거 있지. 거기 올라가서 검진받고. 의사와 간호원은 한국말을 못 해요. 검진을 다하고 나면 병 걸린 사람 나오라고 해서 같이 병원에 가지.

첫번째 병에 걸린 때가 여름이야. 팔 다치고 나서 얼마 안 있다가 이상해요. 검진에 떨어졌어. 검진에 떨어져도 처음에는 안 데리고 갔어요. 주사 맞고 알약 줘서 먹고 그랬어. 그 다음에 와가지고는 데리고 갔어. 내가 걸린 병은 매독이라지. 일본말로 '바이도쿠', 나쁜 말은 기억해요. 거기서도 606호 많이 맞고 한국에 나와서도 꽤 많이 맞았어요. 병 없는 여자가 별로 없어. 삿쿠 끼는 군인은 끼지만은 안 끼는 군인이 더 많아. 삿쿠를 끼어야 하는데 그 사람들이 안 끼어. 삿쿠는 군인들이 다 준비를 해가지고 와. 삿쿠 내주는 군인들이 전표도 주면서 삿쿠를 끼라고 얘기하는가 봐. 다 병들었지 뭐, 남자들도 다른 여자들도 다 606호 맞고 심하다고 나만 병원에 간 거 같애.

거기서 배를 타고 북만주 병원으로 그 의사가 데리고 갔어요 치료해야겠다고. 내가 입원한 병원은 북만주에 있어. 섬에서 작은 통통배 타고 한나절은 가요. 내려서 민물나오는 강으로 나오지. 흙탕물인 강으로 와서 닿으면 내려서 병원 있는 데까지 걸어서 가요. 저녁에 병원에 도착하는 거야. 병원 근처에 중국인들이 사는 집들이 있었어. 북만주 병원은 여기 보건소만해. 2층이구.

나는 아래층에, 2층에는 군인들만 입원하고. 거기에 병 걸린 다른 여자들 몇 명 있었어. 다 한국 여자였어요. 나는 어디 있다, 나는 어디 있다 얘기했는데 다 잊어버렸지 뭐. 어떤 여자는 무슨 창고 같은 데 있었대요, 칸도 없는 데서. 근데 그 여자들은 나이가 많더라구, 거의 스무 살이 넘었어. 경상도 여자도 있었어. 병원에는 군인들도 있고 군인 아닌 사람들, 징용간 사람들도 있어. 병원에 가서 606호 며칠에 한 번씩 맞고 매일 치료하고. 한 20일 있다가 괜찮아져서 다시 왔거든.

내가 병원에서 돌아오고 나서 가을쯤 됐는데, 반장하던 그 언니가 무단히 없어졌어. 그 언니가 임신을 했거든. 어디 딴 데로 갔는지, 간다 온다 말도 없이 없어졌어. 왜 없어졌는지 물어볼 수도 없는 거구. 언니들하고 쑤군거리고 얘기는 하지. 그때 그 언니가 임신해서 러 한 6개월 됐다고 그러더라구. 그러는데 그 언니도 거기 와서 얼마 안 돼서 애기를 가졌던가 봐. 우리 가니께 한 5, 6개월 전에 왔다구 그래. 반장하던 언니 대신 그 밑의 언니가 큰언니 노릇했어요.

나하고 가까운 군인은 없어. 맨처음에 왔던 장교가 나한테 좀 잘해줬어. 울고 그러면 좀 이렇게 불쌍하다고 등어리도 두드려주고 춥다고 담요도 갖다주고 먹을 것도 갖다주고 담배 피라고 담배도 갖다주고 그랬어.

한 달에 한 번인가 노는 날이 있어. 그러면 여자들끼리 산으로 올라가서 울면불면(울고불고) 놀다가 내려오는 거구. 아리랑 같은 노래 부르고. 어디 뭐 물건 살 데도 없고. 산에 올라가서 보면 냇가가 있는데 물이 뺄갰어. 산이 아주 높지는 않고 우리가 기어올라 댕길 수는 있어. 산이 순 자갈모래산이라. 나무가 골짜기에는 많아도 꼭대기에는 별로 없고. 나무도 소나무는 별로 없고 비비꼬이는 나무가 많아. 사시사철 나무가 푸르렀어. 산에 올라가 그냥 바람쐬고 노는 거지. 겨울에는 바람이 너무 불어서 올라갈 수가 없었어.

그곳에 징용온 한국인 남자들이 있었는데, 개천에서 빨래할 때 몰래 이야기를 하곤 했어. 그 중에 한 남자와 친하게 됐어. 징용온 사람들은 부대 뒤 산에서 살아요. 텐트 치고 살지. 징용온 사람들이 많아요 옷은 국방색이나 퍼런 옷을 입고 있어. 주로 뭘 하냐면 배에서 물건이 오면 와서 다 이러저러 부대에 갖다놓고, 또 산을 이리저리 파더라고. 그 사람들 다 만나서 얘기를 안 해봐서 모르는데, 경상도 말하는 남자도 있었고, 이북남자도 있구 그러드라고.

나중에 귀국을 같이 하게 된 남자와는 거기 있을 적에 같이 얘기도 하고 그랬지. 부대 바로 옆쪽으로 개울이 있어서 물이 좀 내려오거든. 거기 빨래하러 가면 산에서 보고는 내려와서 얘기하는 거야.

그러다 보초가 막 뭐라고 하면 올라가구. 그렇게 해서 몇 번 만났어. 노는 날도 거기 찾아가서. 그 사람 이름은 안 잊어버려. 정만수, 사리원 사람.

처음에는 이름 얘기 안 하고 어디서 왔느냐고, 혀를 끌끌 차면서 어떡하면 좋으냐고, 어떡하다 이렇게 왔느냐구 그러구. 징용 온 남자들은 위안소에 못 오죠. 그와 가깝게 앉아 얘기해본 적이 없어. 멀리서 서로 얘기하고 멀리서 고향도 물어보고 그런 거지. 팔이 부러졌을 때도 그 사람도 알지. 팔이 부러져가지고 매고 다니고 빨래도 개천에 가서 왼손으로 하고 그랬거든. 다 그렇게 인연이 될라니께 그렇게 됐갔지.

월경하는 여자들은 많지. 월경 안 한다고 나보고 병신이라고 했어. 해방되던 해에 그해 섣달에 했어. 열여덟 살에. 한 달에 한 번씩 피가 나온다고 얘기해. 가져간 옷으로 만든 기저귀를 차고 있었지. 다른 언니들이 월경 때 어떻게 했는지 모르겠어. 월경하던 때도 뒷물을 하고 군인들 받아. 그런 거 가리지 않으니께.

우리 있던 데는 폭격하지 않았어. 저쪽 너머 어디 멀리 떨어진 섬에 비행장이 있어서 거기에 폭격을 했다구 그러드라구. 한 번은 군인들이 와서 죽 나오라고 해서 사진을 찍은 적은 있어.

근데 (병원에 입원했다가) 위안소로 돌아와서 1년쯤 있으니까 또 그래. 또 그래서러 병원에 갔지. 그때가 여름이야. 해방되던 해 8월쯤인 거야. 매독으로 병원에 들어가서 일주일쯤 넘었는데 해방이 된 거지.

거기 있던 동안 병 올라서(옮아서) 병원에도 있었기 때문에 한 1년 5, 6개월 당한 거지. 그 사람들에게 당할 적에 제일 힘들었죠. 섬에서 훈련 가르치고 그러는 것은 일절 없었지.

고향으로 나온 얘기 말로 다 못 해

만 열일곱 살에 병원에 있을 때 해방이 됐어. 사람들이 해방됐다 구 와글와글 하니께 알았지. 일본놈들은 목을 빼고(풀이 죽은 모양) 형편없지. 자살한 사람은 없고 그냥 나갔어. 해방이 돼서 어떻게 하 면 좋으냐고 어떻게 우리집을 가야 하느냐고 병원에서 며칠을 잤어 요. 정만수라는 사람이 왔데. 고향으로 가자고. 나를 보려고 그집으 로 갔는데 내가 없으니께로 거기에 있던 언니들께 물었던가 봐. 그 래 거기로 찾아온 거야.

그가 먼저 귀국한 사람들이 탄 배가 침몰했다고 알려줬어. 나하고 같이 있던 여자들은 그 자리에서 하나도 안 살아나왔지. 배 타고 나 오다가 배가 파산돼서 죽은 거지. 일본사람들이 흔적을 없애려고 일 부러 그렇게 한 거지. 그 배에는 징용간 사람들, 위안소에 있던 여자 들, 모두 고향으로 간다고 나오다가 폭발했다고 그래. 그 남자는 날 데리러 오느라고 그 배에 안 탔지. 내가 그 사람이 아니면 여기 오지 도 못 했서러.

중국에서 고향으로 나온 얘기를 할라면 말도 못 해요. 너무 고생 스러워서. 돈이 있나 뭐가 있나. 길을 알아 어디를 갈 수가 있나. 그 사람이 나를 데리고 나왔지. 같이 가자고 우리집 가서 같이 살자고, 결혼해서 살자고 데리고 간 거지. 병원에 있던 이북여자도 같이 나 왔지. 병원에서 기차 타는 데까지 한참 떨어져 있어. 돈이 없으니까 그냥 기차를 탔어. 기차 짐 싣는 칸 복판에 타고 오다가, 내려서 걷 고. 중국사람 집에 가서 일도 거들어주고 그랬어. 한국으로 오면서 고생한 생각을 하면 기가 막혀. 같이 나온 여자는 이북에 들어서자 마자 떨어지고 우리는 내려왔지. 두어 달은 걸어온 건가 봐. 가을까 지 온 거 같애. 밭에 옥수수를 다 따고 수수를 잘라다 걸어놨어. 선

들선들 추웠어. 옷은 집에서 입던 걸 강에서 빨아서 말려서 입고 그랬지. 그 사람 고향인 사리원까지 왔지.

그 사람 집이 잘사는지 못사는지, 어려서 알겠어요? 콩밭에 수수 같은 거 고개가 숙여 있고 그렇더라고. 가을걷이를 얼추 다 하고 콩은 밭에 있고 그랬어. 수수를 꺾어다가 털어서 맷돌에다 갈아서 쪄 먹고 그랬어. 그집에 남자가 많아. 그 남자는 막내였어. 나이가 나보다 한 살 더 먹었어. 그 사람은 나이가 어려서 징용도 안 갈 텐데 형 대신 왔다고 그러드라고. 형은 시골서 농사짓고.

그런데 그집에서 날 보고는 결혼 못 시키겠다는 거지. 어디서 살던 사람인지 부모형제도 모르는 뿌리가 없는 사람하고는 결혼을 못 시키겠다는 거지. 나도 고향에야 집안이 넓지. 우리 부모만 안 계시다뿐이지. 그런데도 그 사람들은 그걸 인정을 안 해줘요. 집안에서 자꾸 뭐라고 그러니께로 우리 신랑이 하는 소리가 "꾹 참고 있어라, 우리 둘이 살 수 있지 않느냐, 고생하면 살 수 있다, 겨울 나고 (집을) 나가자" 그러드라구. 그저 꾹 참고 살았지 뭐.

그 이듬해 못자리 해가지고 모도 심고 그럴 때 넘어왔어. 음력으로 5월쯤 됐어. 어느날 저녁에 가자고 그래. 안내자를 구해서 밤에 넘어왔지. 어디까지 와가지고 김포 쪽으로 배 타고 강을 건너서 밤새껏 걸어서러 어디만큼 왔는지 날이 훤하게 새더라고. 서울에는 한 아홉 시나 돼서 도착했을 거야.

넘어와서 여름에는 남대문시장께 아무 좌판에서나 자고 그랬어. 시댁과는 연락이 없었지요. 그집 식구들 모르게 우리 둘만 넘어왔으니까. 알게 넘어올 수 있나. 넘어와서 고생도 무척 많이 했네. 그냥 남대문시장에서 사과궤짝 하나 놓고 밥해서러 밥장사도 하고 국수 사다 삶아서 국수도 팔고. 정만수는 지게 구해서 서울역 앞에서 지게꾼 노릇하고 이렇게. 아휴, 고생한 생각을 하면 말도 못 해. 밥장사 하느라구 내 발이 다 짓물러서 걸을 수가 없었어. 그때도 약을 많이 썼어요. 아무 병원에 가도 606호 주사 놔달라고 하면 놔주고 검진해주고. 약값이 과히 비싸지 않았던 거 같애.

거의 치료가 된 다음에 아이가 하나 생겨서 딸을 낳았어. 내가 스물두 살 때였어. 6·25사변 날 때 남편과 같이 있었어. 이북에서 의용군[5] 보낸다고 붙들어가서 아직까지 소식이 없어. 서울 용산 한강로2가에서 살았어. 며칠 사이로 데리고 간 거야. 끌려간 사람은 끌려가고 미리 숨은 사람들은 숨고 우리는 미처 숨지도 못했어. 어떻게 된 건지 그것도 잘 기억이 안 나, 너무 황당해서. 저녁에 방에 불을 켜놓고 문에다 뭘 잔뜩 쳐놨지. 바깥에 불 안 비치게. 그런데 그 사람들이 와서 그냥 문 열고 쑥 들어오데. 남편보고 나가자고 끌고 나가가지고. 밤에 나갔으니 어떻게 찾지도 못하고. 그날은 그냥 자고는 아침에 끌려간 데 가서 물어보니께 시청에 갔다구 그래. 아침에 시청으로 걸어갔지. 거기 가서 만났는데 돌아올 테니까 걱정하지 말고 있으라고 그러더라구. 그런데 그게 끝이지 뭐.

피난을 그해 여름에는 가지 못하고 겨울에 갔어. 대전까지 가서 시장에서 장사하다가 2년 있다가 올라왔지. 그 사람 나 때문에 죽은 거야. 고향에 있었으면 안 죽었을 텐데. 그때가 그 남자가 스물네 살이라. 죽었으니까 안 오지 살았으면 안 올 리가 없어요 제 집으로, 고향으로 가지는 않았을 거예요 내가 그 자리에서 얼마나 오래 기다렸다구. 언제는 꿈에 이렇게 보이는데 옷을 훤출하게 입었더라구. 자전거를 타고 왔다가는 자전거를 타고 또 어딜 가더라구. 그리고 다신 꿈이 안 꾸어져.

그때까지 고향에 가지 않다가 스물다섯 살 되던 해 겨울에 딸과

---

5) 1950년 7월 6일 김일성 정권은 남한 점령지역에서 의용군 모집을 결정했다.

같이 합천에 찾아갔더니 큰어머니가 계셨어. 작은할머니는 돌아가시고. 사촌동생을 보내서 부산에 계신 아버지를 올라오시라고 했는데 아버지가 못 오신다고 해서 못 만났지. 해방되기 2년 전에 아버지가 오빠와 나를 다시 불렀다고 해. 나는 없어졌으니까 오빠만 다시 일본으로 들어간 거야. 해방 후 귀국한 오빠가 사변 나던 해에 나가서 안 들어온대. 그래서 내가 오빠를 찾았지. 육군본부에 가서 떠들어보니까 기록이 다 있어. 그래서 오빠를 만났지. 오빠가 하는 말이 길에서 붙잡혀가지고 군인을 갔대나 봐. 오빠가 일본에 있었을 때 히로시마에 폭탄이 떨어지고 난 이틀 후 (히로시마를) 방문을 했는데 비참해서 못 보겠다고 했어. 남동생은 해방되고 일본에서 외사촌과 같이 공장에 다니고 있었던가 봐. 둘이 이북으로 가자고 해서 넘어갔다나 봐. 이북으로 수천 명이 넘어갔다 그래(재일동포들의 북송을 의미함). 거기 가서 시방도 소식 없지 뭐.

　스물여섯 살 봄에 오빠와 같이 가서 친정아버지를 만났어. 열 살 먹은 배다른 여동생이 하나 있었어. 아버지는 일본에서 합천 여자하고 재혼해서 여관을 했다고 그래. 8·15 해방되고 한국으로 나왔지. 새로 얻은 마나님하고 부모에게 받은 땅을 팔아서 마산 가서 여인숙을 하고 살았대. 그러다 새어머니의 큰아들이 장가가면서 어머니를 모시겠다고 했대. 새어머니가 자기 딸을 데리고 아들네로 갔대요 6·25 나고 아버지가 찾아가서 딸은 찾아가지고 부산으로 왔다는 거야. 부산에서 딸하고 둘이 살아온 거야. 그때 아버지는 염색공장을 다니시더라구. 내가 아버지에게 그 자식은 자식으로 인정하고 그렇게 귀하게 여기면서 우리들은 건사를 안 하고 이리저리 다니게 하고 굴러다니며 크게 했느냐고 따졌어. 그랬더니 너희들 땅이 있고 그 땅을 작은아버지가 부치니까 건사할 줄 알았지, 몰랐다 그거야. 아버지도 무심한 사람이지 그걸 왜 알아보지 않았느냐 그 말이야. 아버지는 마흔아홉 살에 중풍이 들어서 쉰두 살에 돌아가셨어. 중풍 들면서 통 말을 못 했지.

내가 오빠보고 그랬어. 내가 이만저만해서 그렇게 해서 갔었는데 이장이라고 하는 사람을 좀 찾아다오, 그랬더니 찾으니께 없어요 만주로 갔대. 나뿐 아니고 그 동네 처녀들을 다 그놈이 다 그렇게 한 거야. 다 돈 받고 했대요, 그냥 한 게 아니라. 그러니께 고향을 뜬 거 야. 처갓집까지 싹 없어졌어. 제가 다 해서 먹고는 착 떠난 거야. 오빠가 사촌오라버니하고 둘이서 찾으려고 애를 썼지. 너무나 어려서 러 허망하게 당해서러…… . 만약 만났으면 따지는 게 아니라 쥐뜯는 거지 뭐. 깨물어먹어도 시원치가 않아, 내 당한 생각을 하면. 그런 데로 가게 해놨으니…….

이장이 제일 밉지요 우리 또 작은할머니, 증조할머니는 내가 그 렇게 혼자 이리저리 댕기니께 클 만큼 커서 한 열너덧댓 살 먹었응 께 공장에 보낸다고, 그라니께로 좋은 일하는 심대고(셈치고) 그리 부탁을 했갔지. 그랬는데 이놈은 그기 아니고 처녀들 속여서 팔아먹 은 거지. 그렇게 된 건가 봐.

아들 딸린 남자와 결혼해서

누가 중매해서 대전에 있을 적에 남자를 하나 만났어. 그 사람은 아들이 하나 딸렸고 아들은 여덟 살이었어. 남자 집에서 반대하지 를 않았어. 내 딸이 자기 딸이라고 속였지. 자기 아버지 한 분이 계 셨는데 속이고 결혼한 거지. 시댁은 황해도 곡산에서 피난 나왔대. 내가 혼자 사는 게 막막하니까는 남편 얻었지. 내가 애 못 낳는다는 거 알고 결혼했어. 내가 이렇게 됐다는 얘기를 하지 않고 내가 스물 다섯 살 적에 배가 아파서 수술했지. 맹장인 줄 알고 배를 갈랐는데 맹장이 아닌 다른 병이라고 그래. 무슨 병인지 기억을 못 하겠어. 그때 애기 못 낳게 했거든. 애기 여럿 낳으면 뭐 하겠어. 내 몸에 병이 있고. 병을 고쳐도 완전히 고쳐지지를 않아요.

남편은 일본 법정대학 다니다가 3학년 때 군인 갔다고 그러드라구. 그때 일본인 여자와 사귀었는데 애기를 가졌다는 걸 알고 군인 갔는가 보더라구. 해방되고 나와 여자에게 한국에 가자고 그러니까 안 간다구 그래서 애기만 데리고 나왔대. 공무원을 했는데 부인이 없으니까 마음이 산란해서 돌아댕기다가 나를 만난 거야. 토목과여서 출장이 많았던 거지. 남편도 군인 나가서 어디 섬에 있었다구 그래. 내가 낯이 간지러워서 자세하게 물어볼 수가 없었어.

혼인신고도 안 하고 (정만수를) 오래 기다리고 있었지. 살아 있으면 찾겠지 하고. 남편이 혼인신고를 한다고 하면 좀 있다가 하자고 뭐 급하냐고 천천히 하자고 몇 년을 미뤘지. 58년에 서울에서 살림 차리고 같이 살기 시작했는데 62년도에 혼인신고를 했지. 남편과 같이 살 때 아들, 딸 다 같이 사랑하고 지냈어. 아들은 알겠지만 우리 딸은 어리니까 남편을 아버지로 알고 티없이 자랐어. 남편하고 사이는 괜찮았어. 친정아버지가 돌아가시고 배다른 여동생이 나한테로 와서 같이 살다가 시집보냈지.

남편은 장남에다 외아들로 5대 독자였어. 한번은 내가 한복을 입으면서 브로치를 끼면서 손을 이렇게 (다쳤던 오른쪽 팔로 부자연스럽게 브로치 끼우는 모양으로) 하고 끼니까, 왜 그러냐고 묻더라구. "나 팔 병신된 거 몰라요?" 그랬더니 남편이 "처음부터 팔이 저렇게 병신인 줄 알았으면 안 살았다. 이제 살았으니 어떡해, 정 있어서 데리고 산다"고 그러더라구.

하나 있던 아들이 군에 갔다 와서 한강에서 수영하다가 물에 빠져 죽었어. 그래서 손이 끊어졌지. 남편은 그후 상심해서 직장도 그만

두고 술만 먹고 사는 거야. 시아버지는 74년도에 돌아가신 거 같애. 아흔 살까지 살다가 돌아가셨지. 시아버지가 침도 놓고 한의원을 했으니까 먹고 지낼 만했어. 그렁저렁 지냈지. 남편이 딸 시집 보내고 그 이듬해 간경화로 죽었어. 딸은 스물네 살에 결혼했는데 스물다섯 살에 아버지가 돌아간 거지. 집안이 망하려니까 금방이더라구.

시집갔던 딸은 아기가 자궁 바깥에 임신이 돼가지고 수술을 하는데, 검진하니 병이 나온다는 거야. 매독이. 사돈 쪽에서 이혼하자고 해서 했지. 의사가 하는 소리가 부모한테 물려받을 수도 있고 윗대 조상들한테서 물려받을 수가 있는 거니께. 이 병이 옮지를 않는대요, 물려받은 병은. 사위를 검사하니까 아무 이상이 없는 거야. 딸한테 병이 있어도 나는 모른다고 그랬어. 딸한테 미안해서 말도 못 하는 거야. 딸은 집에 와 있다가 누가 중매를 해서 시방 사위를 만났지. 사위도 결혼을 두 번이나 했던 사람이야. 딸에게도 딸 하나만 낳고 그만 낳으라고 그랬어.

영감 죽고 나서 장사했지 뭐. 여관도 하고 장사도 하고 식당에 가서 일도 하고. 마흔여덟 살 때 식당에서 일하다가 픽 쓰러져서 병원에 가니까 자궁암이라고 했어. 하혈을 오래 했어. 일 년 정도 치료했어. 그때 방사선을 너무 많이 받아서 병이 나도 약이 잘 안 받아. 몇 년 전까지도 식당에서 일했어요. 서산에 와서 산 것은 85년부터인데 딸이 여기로 시집와서 따라온 거야. 사위하고 있으니까 놀고 있을 수가 없어서 여기서도 92년도인가 91년도까지 식당에서 일했어요. 지금 아파트에 들어오기 전에 딸네가 장사하는 곳과 살림집이 따로 있어서 그 살림집에서 얹혀 살면서 식당에 가서 일하고 그랬지.

89년에 40년을 넘게 피우던 담배를 끊었지. 한 1년간은 담배생각이 나서 고생했어.

그러다가 이 문제 터지고 나서 처음에는 신고를 안 하려고 그랬어요. 내가 병이 이렇게 있으니께네로 의료원에 댕겼는데, 의료원의 의사가 병이 어찌해서 이런 병이 생겼는가 그거야. 그대로 그냥 지내고 병원에 댕겼지. 낭중에 어느날은 그래 아주머니 병이 어떻게 해서 생겼는지 얘기를 좀 해보라구, 좋은 기회가 있으니께 그래. 이러구저러구 그런데 신청을 하라고 남들은 다 신청을 했다구 그래. 근데 안 하려고 1년을 버텼어. 버티다가 생각을 하다보니까 안 되겠더라구. 그래서 93년 7월에 내가 신청을 하겠다고 그러니 의사가 적어주데. 그래서 용산에 찾아갔지, 유족회에. 그후 일본에 증언하러 다녀오기도 했어. 처음에 신고할 때 딸에게 알리지 않고 했어.

북만주 병원에 같이 있던 여자를 서울에 와서 만난 적이 있어. 우리끼리만 알고 있자고 하고 가깝게 지냈어. 한사철이라고 평택 여자인데, 내가 서른 살에 만났나? 그 여자는 집이 너무 어렵게 살아서 돈에 팔려갔대. 조선인 부부가 여자들을 사서 만주에 가서 장사하는 집이었대. 그 여자는 남의 첩노릇을 하고 있더라구. 아들 형제, 딸 형제를 낳아서 길렀는데 술, 담배를 다 했지. 그 여자는 십 년 전에 술을 너무 많이 먹어서 간경화로 죽었어.

중앙병원에서 종합검진을 받았는데 아직 매독균이 남아 있다고 해. 하지만 의사가 생명에 지장을 주는 것은 아니고 주사를 두 번 맞으면 된다고 했어. 그 주사가 얼마나 독한지 그걸 맞았더니 열이 나고 정신이 없었어. 주위에서 무슨 병이 났느냐고 걱정이었지. 병기운이 잠자고 있대요 말썽 일으키거나 그렇지 않을 테니까 걱정할 거 없다고 그래.

한국정부에 바라는 것도 없어요 나 혼자 몸뚱인데 뭘 바래요 그냥 이렇게 살다 몸이나 건강하게 있다가 죽으면 되는데. 소원도 아무것도 없어. 다시 태어나면 여자로 태어나서 좋은 집안에 가서러 배울 만큼 배우고 그렇게 컸으면. 결혼도 한번 잘 해보고 그래 봤으면 소원은 그런 거고. 그런 거는 꿈에나 생각할까 생각할 수 없어. 시방이야 이런 말을 해도 옛날에야 이런 말을 어디 누구한테 가서 해요?

자꾸 병이 나. 몸이 붓고 전신이 아프고 그래. 병원에서는 화병이라지 뭐, 화병. 정신과 가래요. 정신과는 가지도 않고 딴 병원에만 댕기고. 이 병 고치면 저 병 나고 그러는 거야. 지금은 당뇨가 좀 있는데 고칠 수는 없고 죽을 때까지 약 먹으라는 거지. 그래서러 지난 가을에 서울서 옛날 고려병원이 강북 삼성 무슨 병원으로 됐더라구. 거기 가서 한 보름 동안 입원했어. 그때 보호자가 있어야 되겠다고 해서 딸보고 올라오라고 했지. 그때 심미자 할머니가 얘기해서 딸이 알게 됐어. 딸은 내가 돈을 펑펑 쓰는데다가 일본에서 온 엽서를 보고 눈치로 짐작하고 있었다고 그러드라구. 딸이 내 일을 알고 막 울고 그랬지. 그래도 자세한 걸 묻지도 않고 딸이 물어도 내가 얘기할 수가 없지.

노인정에 나가 화투도 치고 하지만 저녁 때면 들어와. 바로 두 집 건너에 피해자 할머니가 살고 있지만, 문을 닫고 방 안에 들어앉아 있으면 그만으로 서로 자주 마실을 다니지 않아. 정대협에서 하는 수요시위는 서울 가는데 차비도 많이 들고 몸도 힘들어서 자주는 못 나가지만 한 달에 한 번은 나가려고 해. 요새는 몸이 너무 힘들어서 못 나가고 있어.

1996년 가을에 일본사람들이 와서 고향에 가서 취재를 했어요. 내가 붙들려간 거기 가서 사진도 찍고. 고향에 가니 산은 다 그대로 있지. 일본사람들이 다섯인가 여섯인지 왔어. 그 사람들보고 팔 좀 고쳐달라고 했어. 저리고 그렇게 아파. 바늘로 콱콱콱 쑤셔(대는 것 같아). 고칠 수 있으면 고치래. 그래 정형외과에 가서 알아보니 고생된다고 하지 말래. 인제 얼마나 더 살겠다고 고치느냐, 고쳐봤자 누가 특별하게 잘 저거 할 수도 없다 이거야. 뼈가 모두 전부 깨져가지고 엉겨붙은 거라 그걸 전부 다 떼서 하려면 고통이 얼마나 심하냐구 그냥 지내라는 거야. 그 대신 일본사람보고 돈이나 좀 대달라고 하라고 약값으로. 손 그냥 쓰는 거만 해도 다행이지. 요새는 그 팔을 들 수도 없고 더 아파. 물리치료를 받아도 소용이 없어. 마찬가지로 아파. 파스를 붙여도 아프고. 지금도 장이 나빠서 먹는 약에, 당뇨가 생겨서 약도 먹고. 죽기나 바래야지. 아픈 것도 지겹고 괴로워. 얼른 죽었으면 좋갔어.

통일이 되면 사리원에 찾아가 볼 거야. 정만수가 죽었는지 살았는지 알아봐야지. (정리: 여순주)

정리자의 뒷이야기

최 할머니는 옷도 단정하게 입고 반듯하게 앉아서 정리자를 맞이했다. 만나러 갈 때 점심 때쯤 도착한다고 미리 연락을 드렸는데도 길이 어긋나면 어떻게 하느냐면서 병원에도 가지 않고 정리자를 기다리고 계셨다. 그리고 긴 면담과정에서도 자세를 거의 흐트리지 않고 계셨다. 이런 모습을 보면서 정리자는 얌전하고 예의바른 조선시대 양반가의 부인을 연상했다.

할머니에게서 제일 끌어내기가 힘들었던 부분이 군인에게서 크게 맞은 이유였는데, 아마 할머니께서 보기에 나이도 어리고 잘 알지도 못하는 정리자에게 그 사연을 말하는 것이 쉽지 않았을 것이다. 또 그런 경험을 한 당신을 어떻게 볼까 하는 우려도 있었을 것이다. 정리자는 얌전해 보이는 할머니가 왜 그렇게 많이 맞았는지 알고 싶었다. 또 할머니가 일본에서 강연할 때 털어놓은 이야기라고 하시기에 그렇다면 저에게도 말씀해달라고 떼를 쓰다시피 하여 그 사연을 들을 수 있었다. 그 끔찍하고 참담한 사연을 듣는 나는 무슨 말을 어떻게 하여 위로해드리면 좋을까 난감했다. 그 이야기를 한 다음부터 이야기는 술술 잘 풀려 나왔다.

할머니가 간직한 얘기 중에서 같이 귀국한 남자와의 결혼, 인민군에게 끌려간 남편에 대한 한없는 기다림의 사연은 가슴을 찡하게 했다. 당신 때문에 그분이 죽었다는 자책감. 그분을 많이 사랑하셨나 보구나 싶었다. 새로 만난 남편과의 혼인신고를 미루고 기다릴 만큼, 살아 있으면 돌아왔을 것이라고 생각되는 때까지 끝까지 기다렸던 할머니의 마음이 어떠했을까?

할머니는 고향이 경상도이고 현재는 충청도에 살고 계시지만 어투에는 이북사투리(~했서러), 전라남도 사투리(~께) 등으로 다양하게 나타나고 있다.

할머니는 유일한 혈육인 딸을 곱게 키우려는 마음에서 당신 자신의 사연을 비밀에 붙이고 한평생을 꿋꿋이 살아오셨다. 그러다가 딸에게 폐를 끼치지 않으려고 부끄러움을 무릅쓰고 신고한 할머니. 지금도 검사를 하면 나오는 매독균과 나이가 들어서 더 쑤시는 오른팔은 할머니에게 당시의 피해가 여전히 지속되고 있음을 확인시키고 있다.

1997년 처음 만남이 시작됐을 때는 그래도 꼿꼿해 보였는데 최근 들어 할머니 얼굴에 핏기가 더 없어지고 삶의 의욕이 없어지는 것이 느껴져서 참 안타깝다.

■ 정리자 여순주는

성차별과 여성의 역사에 관심을 가지고 있다가 이 문제와 만나서 증언집 작업에 처음부터 참여했다. 이화여대 대학원 여성학과에서 근로정신대로 석사논문을 썼다. 근로정신대 할머니들이 일본 법정에 소송을 제기해서 싸우는 모습을 보면서 좀더 도움이 되지 못해서 미안한 마음이 늘 있지만, 우선은 위안부 할머니들을 만나는 일을 마무리하려고 노력하고 있다.

열세 살 어린 나이로

황순이

1922년 경상남도 하동에서 태어났다.
몽고, 홍콩, 싱가포르로 끌려갔다 왔으며,
지금은 경기도 고양시에서 살고 있다.

하얀 쌀밥에 고기반찬 준다고 해서

경남 하동군 화개가 내 고향이야. 산 밑에 살았어. 산에서 나무도 하고 나물도 캐고. 집 저쪽으로는 전라도 구례 가는 길 초(초입)라, 경상도하고 전라도가 가깝지.

아버지는 내가 열두 살 때 돌아가셨어요. 땅도 없으니까 농사도 못 지었지. 아주 고생 많이 했어요. 어머니는 언니를 데리고 아버지랑 재혼한 거예요. 그러니까 나는 아버지와 어머니 사이에서 태어난 큰딸이에요. 어머니는 남의 집에서 일하다가 밥을 얻어와 우리에게 멕였지. 여동생 하나와 남동생이 둘이 있었어. 학교는 못 댕겼지. 그때는 살기가 곤란해갖고, 내가 참 이런 것(글을 쓰기)만 할 것 같으면 내 속에 있는 말 내가 다 적지. 못 배운 게 한이 되지.

산으로 봄에, 봄에 인자, 친구 둘하고 셋이서 나물 캐러 갔는데, 일본 남자 하나 하고 한국 남자 하나가 쪼끄만 도라쿠(트럭) 차에서 내려 곁으로 오더라고. 그 사람들이 과자를 주면서, "따라가면 밥도 하얀 쌀밥에다 고기반찬에다 해주고, 뭐 과자도 주고 옷도 좋은 옷을 입혀준다" 그러더라고. 내 나이, 열세 살[1]이었어요. 치마 저고리 입고 머리는 땋았지. 멍충이 같이 순하고 어리석고, 뭘 알아야지.

그때 세상만 해도 전부가 흉년이 들어서 밥을 굶고 쑥뿌리를 캐다가 먹고 이런 세상이라. 그러니까 그런 꼬임에 내가 넘어간 거 아니유. 우리집에 가지도 않고, 나물바구니도 내버리고 그냥 바로 가버린 기라. 왜 그랬는지 모르지만 두 애들은 안 데리고 가더라고. 내가 키가 작으니까 그 사람들이 운전사 있는 앞쪽으로 잡아 올려주데. 운전은 한국사람이 했어. 둘 다 젊어, 스물대여섯 살 먹었을까?

---

1) 할머니는 1922년 개띠생이다. 할머니는 한국 나이로 말을 했다. 따라서 끌려간 연도를 따져보면 1934년이 된다.

짐차 태워갖고 갔는데, 나는 어디로 갔는지 그건 몰라. 어디로 따라가 갖고는, 어느 집으로 들어갔어요. 오, 삼천포,[2] 삼천포라고 저 그가 그라데, 나는 모르는데. 거기 들어갔더니 지지배(계집애)들이 꽉 찼더만, 한 대여섯은 되나 어쩌나. 가정집인데, 아마 여자 소개하고 돈 받고 하는 그런 곳인가 봐, 인자 가만히 생각하면. 집주인 남자는 키가 크고 뚱뚱하고, 영감이야. 마누라도 있고 자식도 있고 남자들은 거기서 없어져버렸어, 어디로 갔는지. 두 밤인가 세 밤인가 자고.

또 남자가 한 사람 왔는 기라, 한국사람인데, 한 오십이나 될까. 양복 입었더구만, 머리는 짧고. 그래가지고 우리를 데리고 가는 기라. 트럭으로 한참 가서 기차 탔어. 그때 처음으로 기차를 봤지. 시커먼 크다만 기차를 타고 몇날 며칠을 가, 몽고[3]로 갔지. 몽고 사람들은 여자도 남자도 머리를 길게 땋아갖고 댕겨. 그래서 여기는 몽고다고 알았지. 거기 있던 여자들이랑 다 같이 갔어.

갈 때 고기는 고사하고 밥도 안 줘. 배가 고파 죽겠는 기라. 막 데리구 갈 적에는 고기 반찬에다가 밥도 주고, 하얀 쌀밥이니 과자 준다고 했는데…… 아침이 되도 밥 줄 생각도 안 하고, 낮에 밥을 주는데 이건 쌀밥이 아니고 옥수수하고 막 섞였데. 또 낮에는 빵 찐 거 한 개씩 주더라구. 그리구 물을 끓여갖구 왔데. 오차(차)를 끓여갖고 한잔 얻어먹고 그랬는데. 순전히 밥도 굶겨서 델꼬 가는데 말할 기

---

2) 할머니는 삼천포를 몇 차례 만나서야 기억해냈다. 그래서인지 활기찬 목소리로 "오, 삼천포"라고 크게 외쳤다.

3) 일본 군부는 1932년 3월 1일 만주국 성립을 선언했다. 이때 내몽고 동부도 그 영역에 들어갔다. 1937년 3월 1일에 시작한 중일전쟁 중 나머지 내몽고 지역도 일본군 지배하에 들어갔다. 따라서 할머니가 간 지역은 도시 이름은 확인되지 못했지만 내몽고 안에 있다고 추측된다. 참고로 교통면에서는 경포철도(北京-包頭)가 이미 1922년에 개통되어 있었다.

운도 없었어. 배가 고파갖고.

만주까지는 기차로 가고 거기서 내려 군인 차를 타고 갔어. 캄캄한 밤에. 세상에 밤에 데리고 가니까 어디가 어딘 줄 모르지. 어느 집으로 데리고 가. 꼭 거지집 같애. 지담(기다란)해갖고, 나무로 흙으로 그렇게 만들었어.

거기에 또 여자, 남자가 있더라고. 이 사람들이 주인이야. 남자가 김가라는 것만 기억나. 그집에 데려다놓고, 남자는 없어져버리고. 거기에서 군인을 받았어.

맨 처음에 몽고로 가서는 거기 가서 한 1년 반인가 2년인가 살았을 거이요.[4]

몽고로 간 그해, 어깨에다 빤짝빤짝하는 것이 두 개가 있는 일본 군인이 내 머리를 총대로 때리더라니께. 내가 말 안 듣는다고. 아이구 어떻게 무섭운지. 날 잡아 눕힐려고 하는 걸 내가 뿌리치고 그랬거든. 얼마나 떨었는지 몰라. 아이구 말할 것도 없어. 처음에는 나도 일본말 할 줄도 모르고, 그 사람도 한국말 할 줄도 모르니까 두 벙어리라. 그러는디도 자꾸자꾸 드러누우라 그러는 기라. 그래 난 안 한다고 막 뿌리치고 차고 나갈라고 하면 끌어 잡아당기고 또 나갈라 하면 끌어 잡아당기고. 이런께는 나중에는 그냥 안 되겠더구만. 그 사람이 술 먹고 있었어. 그래갖고 총대로 막 사정없이 쥐 내 머리를 박아뿌린 기라. 나는 팩 쓰러져버렸지요 뭐 그 조그만 애가 뭐 힘 있을 거이요 나는 이게(머리) 다 떨어져나간 줄 알았어.[5] 주인이 중

---

4) 할머니는 이렇게 주장하는데 대동아전쟁 등 역사적 사실과 대조하면 몽고에서는 7년 동안 있었을 것이다. 너무 어렸을 때 갔기 때문에 시간에 관한 기억이 확실하지 않을 것이다.

5) 정리자가 만져보자 할머니의 머리 정수리는 정상인과는 달리 손바닥만큼 내려앉아 있었고, 그 내려앉은 정수리를 떠받치듯 빙둘러 머리뼈가 툭 불거져 나와 있었다.

국 약국에 나를 데리고 갔는데 그냥 내버려뒀어. 거기는 병원이 없었어요.

나는 말주변이 없어갖고 뭐라고 말할 수도 없고, 나는 똑 되는 대로만 말하는 사람이니께. 일본사람한테 내가 압박은 많이 받았지. 압박은 많이 받았지마는, 내 운명인디. 내가 세상을 잘못 만나고 내 운명이고, 나를 그렇게 한 일본사람을 나쁘다는 소리는 안 해. 그리고 같은 한국사람이지마는 한국사람이 주인이 돼갖구는 얼마나 나를 뚜들겨 패는지 몰라. 손님을 안 받을라 한다구. 살이 아파싸서 죽겠는디. 막 눈물이 절로 나오는 기라. 밥도 못 먹지. 밤이며는 군인들이 안 오니까 내 세상이다 싶으구 괜찮은디, 이리 날만 샛다 하면 군인들이 올 생각에 그만 똑 지옥에 들어가는 거 같애. 지옥에 사는 거 같애. 이 세상에 군인들이 무서워서. 얼굴 좀 못생긴 여자들은 사람이 좀 적어. 나에게 그냥 막 나라비로 해(줄을 서)갖고 있어요. 아유 끔찍해. 말만 해도 끔찍하고. 지금 생각하면 어찌 그런 짓거리를 당했는가 싶어. 나는 개나 마찬가지지.

여자들이 많았죠. 한 이십 명 됐나? 내가 들어가 있을 적에만 해도 나이가 많은 여자들이 꽉 찼어요. 결혼한 부인들은 남자를 안 무서워해. 내가 제일 어렸어. 내가 제일로 어리고 그래갖고 모두 나를 쳐다보고는 막 혀를 차고 불쌍하다고 그랬지. 월경을 열일곱 살에 몽고에서 봤어. 나는 그게 병인 줄 알았어. 아이구 무서워. 그런 남자한테서 당한 걸 생각하면 겁나. 지금도 가만히 생각하면 겁나. 그때 그만 그 일본 군인 하나가 그냥 칼을 빼가지고 내 목을 칠라고 하는 기라. 차라리 그때 죽어버렸으면 되는 긴데 그랬어.

그때만 해도 내가 어리고 예뻤던가 봐. 촌에서 큰 애기고, 쑥맥이고 그러니깐 일본인들도 그냥 순전히 나한테만 올라하네. 나는 도저히 해볼 재간이 없었어. 맨날 군인들한테 두들겨 맞아. 말 안 듣는다고. 그러니까 맨날 눈물 흘리고 댕기지.

하루에 열댓 명이서 그렇게 겪는가 봐. 아유, 그런 어리니 무리니 (무리하게) 당했으니까 피가 그냥 이렇게 막 흘러갖고 며칠 아파갖고 오줌도 못 눴어. 막 그냥 울고, 밥도 못 먹었고, 얼마나 참말로 죽겠던고. 그때 일을 생각하면 진짜로 먹고 죽는 약이나 있으면 사다 먹었으면 싶은데, 중국 약국에는 우리 한국처럼 탕약이야, 불에다 다려 먹는 거.

거기는 병원이 있다 해야 군인 병원이지 뭐. 의사는 일본 군인이고. 군인 병원에서 나와가지고 뵈주는 거지. 혼자 다 하는 거야. 누구 도와주는 사람 없이. 정기검사를 1주일에 한 번 받았어. 의사가 집으로 왔어. 방 하나를 정해서 검사를 하는 거야. 아래를 보고 소독해주고, 주사 같은 것 안 맞고, 약을 주데. 의사가 한 여자를 검사하고 있으면, 딴 여자들은 기다리는 거야, 한마디로 개판이지. 아래를 씻는 물약과 알약, 그 약을 물에다 녹여서 씻어. 목욕탕은 없고 물을 받아 씻었어.

주인이 여자를 병원으로 안 데려다 줬지. 아파 죽겠다고 해도 의사를 부르지 않아. 아파서 죽은 여자들도 많았어. 그래도 그냥 내버려둬. 뭐 보통이라, 죽는 거이. 월경이 나올라면 나는 배가 아프지. 근데 나쁜 균이 들어온 적은 없고 어떤 사람들은 병이 올라갖고는 그냥 막 썩어 들어가고, 아이 겁나. 여자들도 이 병이 들어놓으면 코가 다 무너지고 그러거든. 그래서 여자들도 병원에 가서 전부 검사 다 하잖아. 근데 오리주둥이 같이 생긴 기계로 여자들 샅을 이래갖고 보며는 병이 있는 건지 없는 건지 다 알고 했거든.

근데 나는 그런 거는 안 해봤어. 나에게 병은 없었어. 이거 한 번 걸렸다 하면 큰일이여. 군인들은 고무(콘돔)를 쓰지. 그래야, 병이 안 들지. 이 여자 저 여자 막 땡기는 사람들인디 무슨 병이 걸리는지 알게 뭐여. 나는 그걸 생각하니까 더 겁이 나서 죽겠는디. 거기서 어릴 적에는 몰랐는디 나이가 들어갈수록 더 겁나드라구. 어이구 그거 세상 할 짓 아니여.

거기 몽고는 시골이구 촌이구 아주 형편없어. 몽고 집들은 길고 흙으로 만들어. 한칸 한칸에 사람이 살아. 한줄 한줄 있고. 거긴 벌판이야, 벌판. 산이 없어. 일본 부대가 막, 중간중간에 사방에 들어가 있지 뭐. 그런데 군인들은 가는 데마다 집을 지어. 딴 데 이동하면 또 뜯어갖고 딴 데 가서 또 짓고, 한 군데에 가만히 오래 안 있거든. 우리 여자들이 있는 집은 그냥 위안소라고 불렀던 것 같아.

일본말을 안 하고 한국말을 쓰면 벌금이야. 위안소로 온 남자들은 다 군인이었어. 나에게는 주로 높은 사람이 오데. 내가 나이가 어려서 그랬는지, 졸병은 안 오고. 돈은 만주 돈, 지금의 만 원짜리같이 생겼어. 군인이 오면 그 돈을 한 장이나 두 장을 줘요. 그것을 다 주인에게 갖다준다니까. 난 한 번도 얼마 받았다고 안 적었어. 나중에는 내가 손님을 받으면 돈을 제일 많이 주인에게 갖다주지. 그래서 주인은 나를 제일 좋아하데. 돈을 잘 번다고. 옷을 잘 해줘. 그때는 나는 주인한테 안 맞았어. 그런데 놀러 못 가봤어.

남자를 아버지라 하고 (여자를) 엄마라고 불렀어. 남자가 한 오십, 여자가 사십 됐나? 둘 다 한국사람이야. 말을 안 들으면 그렇게 뚜드려 패데. 주인이 일본 기모노나 신발을 사갖고 입혀주데. 오비(허리띠)도 매보고 했어. 원피스도 입었지. 나는 어려서 그랬는가 주인은 나에게 돈 안 줍디. 다른 여자들을 보며 화장품도 사서 바르고 그러는디, 주인이 나에게 화장을 하라 소리도 하지 않아서 나는 화장품도 안 발라봤어. 여자 방은 따로따로 있었지. 방은 작지. 한 두 평? 아무것도 없지. 얄궂은 담요 같은 거 두 개 주데.

내 머리를 주인 여자가 잘랐어. 가슴이 좀 찡하고 안됐지, 섬뜩하고. 이 머리라는 거는 부모한테 다 얻은 거시긴디 싶으고. 어머니는 동백꽃 같은 사람이었어. 난 어머니를 닮았어요. 주인집에서 밥 한 공기씩 하루에 세 차례 줬어. 주로 밀가루를 많이 먹지. 빵 같은 것. 여자가 밥해줬거든. 여자가 얼마나 악착같은지 밥 안 줄 때도 있어. 그때는 배 고픈 줄도 모르고 지냈지.

맨날 겁이 나서 뭐 밤이 되면 살겠는데, 밤에는 아무도 없거든, 날만 새면 걱정이 무너져. 어쩔거나 싶고. 어디로 도망 갈 수가 있어야지. 도망치다 죽을라고? 군인들이 우리 있는 데는 안 지키지만 그래도 사방에 거리거리 군인들이야 다 있지요 도망 못 가. 어디로 도망갈 것이라? 대번에 팡 쏴버려.

이케다(池田)라고 하는 좀 늙고 계급이 높은 사람이 오면 바깥에서 "이케다 상!"이라고 부르는데, 이케다는 나를 불쌍케 여겨주고 참 귀여워해줬어. 몸두 마음대로 안 거스그하고 그냥 옆에서 가만 누워 있다 가고. 좋은 사람도 있어. 없지 않아. 그런 사람들은 오면 반가워 나한테 나쁜 짓을 안 하니께. 시간 되면 가버리고. 그때 내 이름이 아사코거든. 그때 일본말 잘했지. 인사말도 하고. 오하요 고자이마스(잘 주무셨어요?). 지금은 혀가 안 돌아가서 못 하겠어. 아리가토 고자이마스(감사합니다). 이랏샤이마세(어서 오세요). 그 당시 상대방이 말하는 거는 다 알아들었는데.

어느날 (군인들이) 막 한꺼번에 들어와 가지고는 그냥 나한테 난리굿을 치고, 막 덮치려고 하데. 그런 걸 내가 막 뿌리쳤어. 쫓아나가 보니까는 처음에는 막 오라고 자꾸 오라고 꼬시는 기라. 오라고 오라고. 나는 겁이 나갖고 꼭 말 안 들었어. 근데 일본 군인은 이렇게 긴 칼을 차고 댕기드만. 긴 칼을 둘 다 차고 댕기는데 어떻게 겁이 나든지. 내가 그만 쫓아나가 뿌렀어. 쫓아나가 버리니까 나를 이리 달랜다. 그런데 그건 잘 안 되니까, 칼을 쑥 빼더니만, 내 모가지처뿔라는 기라. 죽이버린다고. 칼로 막 모가지를 쳐서 죽인다고. 막 군인 하나가 되게 세게 나를 거스그하는 기라. 그리고 곁에 군인이 이렇게 말립니다. 그러면 안 된다고, 나이가 어리고 아무 철이 없는데 무리니(무리하게) 하니까 그리 겁이 나서 그런다고 하면서. 그리 살살 꼬시는 기라. 말 안 들으면 죽이버린다고 한께 어쩔꺼라. 나는 안 죽을라고 따라 들어와 버렸지. 들어와 가지구는 세상에 그런께 나는, 요런 소리 하면 욕을 하지마는, 아유, 이 왜놈들이라 하는 거는 사람이 인정도 사정도 없는 거구나 싶으고잉. 짐승이나 마찬가지다 했다니까.

서로 옷 벗으래. 어째 사람을 곁에다 놔 두고 나를 갖다가 그런 나쁜 짓을 하면서 하나가 그러구 나면 또 하나가 또 앵겨든다 말이야. 남자 세 명이 그래. 어떻게 내가 견뎌날 거라 글쎄. 그래갖구 난께 뭐 피가 나오고, 병원에 갔어. 거기서 약을 주데. 바르는 약과 먹는 약을 주면서 치료해주더라구. 이렇게 앞에는 사람 안 보게 싹 커튼으로 가려놓고. 요렇게 벌려놓고 삳을 전부 치료 다 해주고 한 일주일 댕겼어. 일본 의사가 주인보고 손님 못 받게 하라구, 그렇게 당부를 해서 주인 방에 가갖고 드러누워 있었지.

겨울에 너무 추워. 반짝반짝하게 생긴, 응 석탄, 그걸 때면 조금 괜찮아. 방 안에 아궁이가 있어. 여름에는 거기는 말도 못 해. 얼마나 바람이 센지. 벌판이 돼 논께. 나무도 없고, 물이 없고. 물이 귀해. 거기는 논농사가 없어. 전부 밭이고, 옥수수니 저런 밀 같은 거. 쌀 같은 거 없어.

빵은 채소 같은 것도 넣고 팥도 삶아서 넣고, 여러 가지로 그래 해주데. 근데 그러니까 나는 지금도 저런 밀가루 음식을 좋아해. 반찬은 별로 없지. 말로는 김치라고 담은 것인데 음식은 허옇데.

홍콩을 거쳐 싱가포르로

몽고에서 살다가 막 일본군인들과 차를 타고 배를 타고 **홍콩으로** 모두 간 거라.[6] 군인들이 인제 전쟁을 치르러 부대에서 전부 다 남자들과 접대하는 여자들 데리고 가서 이용할라고. 여러 천 명 되지. 사방팔방에서 다 오는 거지. 중국뿐 아니라 이북서도 오고, 이남서도 오고 전라도서도 오고 뭐 안 오는 데가 없어. 여자들은 다 한국사람이드라구.

트럭에서 모여갖고 나는 몽고에서는 차를 타고 와갖고 큰 배 탔지요. 배가 얼마나 큰지 몰라. 아휴, 그런 배는 시방 없어. 그 싱가포르를 갈 적에만 해도 배가 잘 못 갔어. 물 밑에서 올라오니 잠수함이 떠받아뿌리면 그만 다 뒤비지잖아요. 잠수함이 물 속에 있어도 꼬쟁키 같은 거 빠꼬롬 삐뚜름히 올라온 것을 보면 그만 배가 못 가. 배를 대놓고 산으로 올라가는 거야. 늘 걸으다가 가다가 또 가다가 그 잠수함이 있으면 또 산으로 올라가다가 했지. 군인들은 어디로 가겠다 그런 소리를 한 번도 안 해. 순전히 비밀히 댕기는데 뭐. 그러니까 우리는 뭐 죽으면 죽고 살면 살고 따라 댕기는 거지. 그 잠수함 때문에 바로 싱가포르로 못 가갖고 홍콩으로 들어간 거지.

그날 저녁에서야 대동아전쟁이 터져뿌렸어.[7] 홍콩에서 한 이삼일 있었을 거이요.[8] 그러고 나서 싱가포르로 갔잖아요. 몽고에서 싱가포르까지 들어가는 데 1년 걸렸을 거요. 배 고파서 죽은 사람도 많았어. 그리고 모기에 막 물려갖고는 말라리아에 걸려 죽은 사람도 많았어. 나는 일본 군인한테 모기가 안 오도록 하는 바르는 약을 얻

---

6) 1941년 초라고 추측된다.
7) 대동아전쟁은 1941년 12월 8일에 발발했다.
8) 일본군은 홍콩을 1941년 12월 25일에 점령했다.

었어. 한데서 자니까 말라리아에 걸려. 나도 그때 아파가지고 꼭 죽을 꺼인디, 참 천덕꾸러기가 돼는게는(되어놓으니까) 안 죽고 이리 살아 있어요. 설사병, 그걸 얻어가지면 일본사람들이 밥도 안 줘.

그때 우리 한국사람들이 많이 죽었어요. 밥을 굶어갖고도 많이 죽고 말라리아에 걸려갖고 많이 죽고. 죽은 사람을 배에 싣고 가다가 물에다 던져버리고……. 연락이 잘 안 되며는 군인이고 뭐 전부 민간인들이고 밥을 많이 굶잖아요. 그러며는 막 산에 가서 풀 같은 것도 뜯어다가 항아리에다가 소금 넣고 삶어서 먹고 그랬어.

몽고에서는 그렇게 위험한 걸 못 거스그 했는디, 그때는 사는 것도 사는 거이 아니고. 잡쉬요, 좀(할머니는 이야기 도중, 과일들을 깎아 내밀었다). 그러니까 나는 그때 생각해서 누구든지 오면 뭣이든지 막 주고 싶어. 내가 젊어서 고생을 많이 했기 때문에.

홍콩에서도 사람들이 많이 탔어요. 전투 끝나고 나서 인자 또 간 거야. 거그서 그렇게 여자들이 많이 탔어. 한국 남자들도 많이 타고. 나는 대동아전쟁이 뭔지도 모르는디, 한국 남자들이 "대동아전쟁 큰일났다, 우리는 인제 다 죽었다"고 이야기했지요.

싱가포르로 가서는 또 전투가 나서[9] 그냥 사람들도 많이 죽었어. 나는 거기서 한 2년인가 살았어요.[10] 싱가포르에서도 주인은 안 바꾸고 계속 같은 한국인 주인이었지요. 남자는 키도 크고 여자는 보통이고. 집은 야시(야자)나무로 짓데. 방은 몽고 방보다 좀 넓고 살림도 좀 있었어. 화장실도 괜찮았어. 외출은 금지였지만 창문에서 바나나, 야시, 파인애플, 원숭이, 뱀, 큰 거북들이 보였어요.

남쪽에서는 1년에 두 번 농사를 치는데 쌀은 맛이 없어. 야시도

---

9) 1942년 2월 15일 일본군이 싱가포르를 점령했다.
10) 할머니가 전쟁 발발을 겪었고, 또 귀국한 과정을 계산하면 적어도 4년 동안 산 것으로 추정된다.

그 기름이 우리 피에 안 맞어. 싱가포르 위안소에서 한국사람들도 올 수 있었지만 한국사람들은 우리가 불쌍하다고 오지 않았어.

월급은 거기의 그때 돈으로 5천 원이나 주인한테서 받았어. 돈은 연하게 시퍼러. 기모노 같은 것을 사주면 월급에서 떼버린다고 몽고에서는 너무 어린 아이기 때문에 밥만 줬지. 싱가포르로 와갖고 나이도 그래서 월급을 줬어. 친구들이야 많았지마는 이름이 생각이 안 나. 같은 고향은 없고 그때만 해도 이북 여자들이 참 많았어. 아유 이북 사람들 겁나. 쌈을 하면 막 칼을 가지고 앵겨들고 그래, 죽기루 싸워. 그래도 생활은 싱가포르보다 몽고 생활이 나았지 싶어.

싱가포르에서 전투가 막 터져 우리는 일본 부대로 들어가 버렸지요. 나에게 자주 온 높은 군인들이 오라고 그래서. 군인 병원으로 가갖고 막 간호부같이 했지. 훈련 같은 거 못 받았어. 신분증 같은 것도 없어. 군인들이 총 맞아갖고 들어오고 막 죽었어. 이런 사람들의 피 닦아주고 다 치료약 갖고 댕겼어. 여러 날 전투를 쳤어. 나중엔 무슨 폭탄이라드나 사람 하나에서, 폭탄 하나, 배에다가 막 들고 그랬거든.[11] 물 속에서 댕기는 배에 갔다가 뛰어들고 막 이래갖고는.

그런데 일본이 딱 져버렸잖아요. 일본사람들 할복해갖고 많이 죽었다닝께. 높은 사람들만 끌어다가 화장실에서 씻기고 높은 일본사람들 냄새나닝께. 목욕탕에서 빨래 같은 거 다 시켰어요. 나는 미군은 보지도 않고 껌둥이들, 인도네시아인들만 봤어. 어쨌건 배도 많이도 곯고(먹지 못하고), 산에 댕기면서 나팔꽃 잎파리 뜯어다가 항아리에다 소금 넣고 삶아갖고 먹고 그랬어요. 고생 말할 것도 없어.

해방되고 나서 식당을 열었어. 일본사람들이 모여 있는 곳에서. 일본사람들이 나가서 인도네시아 식당에 가서 뭘 먹어, 안 먹지. 다

---

11) 당시 일본군에서 있었던 인간어뢰(人間魚雷)를 말하는 듯하다.

나카라고 하는 일본인 장교 하나와 다른 일본인 군인이 돈을 대주면서 "여기는 식당이 없으니까 한번 식당을 해봐라"고 그랬어요. 한두서너 달 했나. 장사 잘됐지. 부대에서 우동이나 멸치를 갖다주데. 그것 가지고 내가 스스로 만들었어. 소주도 있었고. 일요일에 사람들이 많이 왔어.

김제기라고 하는 이북사람이 운전사였는데 그이도 돈을 대줬어. 부부처럼 같이 살지 않았는데 일본이 이기면 같이 이북으로 가자고 그랬거든. 전투에 나가 일주일 만에 죽었어. 이렇게 장사한 여자는 나밖에 없었어. 다른 여자들 중에서 인도네시아 남편을 얻어갖고 같이 산 여자들도 있었어. 그런 여자들은 한국에 안 나가서 거기에 남아 있겠지. 나는 죽어도 한국에서 죽어야지 그랬어.

인도네시아 사람들에게 식당 보이러를 팔아달라고 그랬는데 팔아주지도 않고 결국 돈을 못 받았어. 맨날 팔고 돈을 준다고 그랬는데, 배가 일본으로 나올 전날에 그 보이러 값을 가지러 갔는데 쇠사슬을 휘두르면서 나를 협박하는 거야. 인도네시아 사람들은 해방이 되고 나서 일본사람을 보면 무섭게 하는 것이요. 그 동안 압박을 받았으니까. 일본 군인들이 나를 보고 "네짱 기치가이(아가씨 미쳤어?) 총 갖고 다니는 우리들도 그 사람들한테 못 가는데 돈이 뭐요?"라고 그랬어. 아이고 지난 일이 엊그제 같애.

영감이 호적 회복시켜줬어요

주인 부부와는 해방 때 싱가포르에서 헤어져버렸지. 우리 여자가 한국에 나올 적에는 쉽게 나왔어. 부대에서 간호원처럼 있다 나온 께로. 딴 사람들은 여러 달 걸렸지만. 일본 군인들은 배를 타고 일본으로 간 거요. 나도 그 배를 탔어. 아무것도 갖고 나오지도 못하고.

돈은 안 줬어. 밥만 이제 먹여주고 중간에 내려 한국 배로 갈아타고 부산 하도바(부두) 딱 닿았어.

부산에 오니까 담당자들이 우리 여자가 하나 들어갈 만한 얄구진 방, 지금 공중전화 박스만할라나, 거기에 사람 한 명씩 들여놓고 몸 검사하드만, 여자가 했어. 뭐 갖고 나온는 가, 뭐 패물 같은 것을 갖고 나왔을까 봐. 무슨 기계가 있드만, 거기 올라서면 빼따구까장(뼈까지) 다 보이드만. 경상도 어디 어디로 간다고 하면 그 차비를 줬어. 새로 나온 시퍼런 돈을 줬어.

그러고 나서 우리 고향 화개로 갔지. 우리 엄마가 얼마나 붙잡고 울었는지……. 꼭 죽은 줄 알았대요. 여기서 갈 적에는 모르고 갔으니까. 그래갖고는 다 놀래요. 그때가 가을도 아니고. 보리가 노랑노랑하더라고요, 누룽누룽해. 큰 동생이 어머니를 모시고 살고 있었어. 나는 그 동생 집에 들어가고 집안일을 했지. 동생은 농사를 치고. 아무래도 불편했지. 남도 부끄러워. 시집도 안 가니까. 어머니가 돌아가셨을 때 난 쉰아홉 살이었어요. 여자 친구를 따라 서울으로 왔지. 파출부 일도 하고 고생 많이 했지. 삼계탕 가게 장사도 했거든. 처음은 장사가 잘 됐어. 도둑이 들어와서 안 됐지. 나는 암산 잘해. 어렸을 때부터 영리하다는 소리를 들었어요

나는 우리 어머니 모르게 그 사람들한테 붙들려서 가고 난 뒤로는 몇 년이 소식이 없었으니 다 죽은 걸로 생각해서 나 민적까지 없애버렸어. 누가 서둘러주는 사람도 없고 그런 호적도 만들려면 얼른 빨리 되지도 않고, 차일피일 끌다가 서울까지 왔어. 83년도에 여기 경기도 고양에 왔어요.

그후에 혼자 사는 영감을 하나 만나갖고 살았어. 나는 이 영감한테 참 잘해줬어요. 영감이 술을 잘 마셔도 수발을 잘해줬어. 내가 얼마를 살다가 (몽고 등) 갔다온 이야기를 했지요. 왜 이제 하냐고 영

감이 그래요. 그리고 호적도 민적도 아무것도 없는 줄 알고 "내가 죽어도 당신 하나 살게 해놓고 죽어야지" 그럽디다. 이 영감이 세무서도 댕기고 그랬대요. 참 글이 좋아요. 한문이고 뭐 다 좋아. 그래 갖고는 1992년 대통령 선거 때 청와대에다가 하소연을 해가지고 편지를 써 주었어. 중풍이 들어갖고 있으면서 면사무소에 가서 몇 번을 그렇게 날 살려달라고 그랬어.

동사무소, 면직원이 화개면까지 갔다 와서 확인을 했는 기라. 화개 면직원이 나를 알더래요. 위안부로 간 할머니라고. 그 할머니가 참 불쌍한 사람이니까 어쨌든지 도와달라고 그러더래요. 그래서 싹 서류를 다 맨든 거야. 전부 주민등록증이니 노인의료보험이니 싹 다 맹글고 얼마 안 있다가[12] 영감이 세상 버려뿌렸어. 교통사고 당했어요(한숨). "나는 죽어도 당신은 살아 있는 동안 남한테 돈 같은 것 안 받고 살아"고 그럽디다. 그게 마지막이야. 영감과 한 살 차이야. 나하고 12년 살았어. 호적이 없으면 내가 죽어도 문제라 말다. 아무데나 갖다가 파묻도 못 해. 태우도 못 하지. 인제 오늘 저녁에 죽어도 걱정은 없어.

요즘 자꾸 관절이 아파쌌고,[13] 약국에 가서 약을 4일분 사와 먹어. 자주 안 먹어. 하루 먹고 그만하고 계속 먹으면 중독이 되지. 머리 편두통 약도 계속 먹고.

나는 꽃을 좋아해. 꽃 사다는 거 안 봤지요? 양쪽 다 내꺼야.[14] 테

---

12) 1993년 3월에 등록했다.
13) 1998년 5월에는 허리가 아파서 한 달 가까이 집 근처 병원에 입원했다. 할머니는 집에서 너무 멀다는 이유로 위안부 피해자들을 평생 무료진료해주겠다는 병원에 가지 않는다.
14) 할머니는 고양시에서 농사짓는 곳에 살고 계시다. 그곳에는 특용작물이나 과수용 비닐하우스가 있는 밭과 논농사도 하는 시골이다. 할머니는 비닐하우스 바로 옆에 지은 슬레이트 지붕의 허름한 집에 전세 8백만 원에 세들어 있다. 그 집은 일자로 되어 방이 네 개 있는데, 할머니가 방을 두 개 쓰고 있다.

레비는 드라마도 좋고 옛날 노래도 나오면 좋고. 노래는 남 지지 않게 불러봤지. 그런데 인제 노래고 지랄이고 나이가 먹어놨으니. 아이구 갈 때는 인자 한 군데뿐이 없는데, 뭐.

지금 나라에서 전부 다 멕여 살리는데 이후에 더 어떻게 바랄 거이요 뭘 더 바래. 지금 생활비는 정부에서 주는 거로 생활하고 있어요. 일본에서 우리를 보고 장사하러 나온 여자들이라고 말하는 걸 뉴스에서 봤어. 물론 돈 벌라고 나간 사람도 있었지. 나이가 많아서 애까지 있는 여자들도 나갔다구. 근데 거의 대부분은 그렇지 않았어.

나는 국가의 벌거지(벌레)야. 국가에 도움도 못 주고 폐만 되니 이제 죽어야 해. 나는 다른 것보다도 지금 우리 정부에서 우리 같은 사람들을 이렇게 돌봐주는 거 제일로 미안스러바서, 그것뿐이지 뭐.

아이구, 일본 군인들을 생각하면 진짜 괘씸해요. 괘씸키는 괘씸치만 그런 사람들도 다 죽었을 거이요. 캄보디아에 있는 그 홍 할머니[15]는 자기 자식이 있으니까 얼마나 좋아. 얼마 전쯤엔 우리집에 조카가 있었는데 인제 전화도 없어. 남의 자식은 다 소용없어. 언니와 여동생도 있는데 고향에도 안 가고 싶어. 나와 같은 할머니들도 만나고 싶지 않아.

여기서 살다 죽고 싶어. 겨울에는 방도 따시(따뜻해). 이집 주인 아저씨는 나 아프면 차로 병원까지 실어다주고 참 친절해요. 고양시 청분들도 자주 찾아오고 그런대로 살 만해요. (정리: 오쿠야마 요코)

안 방으로 들어가는 마루 쪽으로 꽃을 심어놓은 화분이 죽 있고, 겨울에는 그 화분을 방 안에다가 들여놓고 사신다. 방 안에는 상당히 많은 짐이 있고, 벽에는 1993년에 돌아가신 할아버지의 초상화가 걸려 있었다.
15) 일명 '훈 할머니'로 알려진 이남이 할머니를 일컫는다.

정리자의 뒷이야기

할머니는 내가 세번째 방문했을 때에야 녹음을 허락해주셨다. 그때 나는 내가 한국말이 서툰 일본인이어서 녹음을 허락해주지 않는 걸로 여기고 정리를 그만두려고 생각을 하던 참이었다. 할머니는 막상 녹음을 허락하고 나서부터는 친절하게 대해주셨다.

계속 만나 서로 대화해가면서 작은 체구의 할머니가 마음씨 고운 전형적인 한국 여인의 모습으로 생각이 들었다. 또한 어린 나이에 이런 역경을 겪어냈다고 생각할 수 없을 정도로 천진한 모습과 지적인 품성을 지닌 것을 느낄 수 있었다.

할머니는 꽃을 좋아했다. 방 안에는 여러 가지 크고 작은 화분들을 많이 있었다. 젊어서 고생을 많이 하셔서 누구든 할머니를 찾아오면 거저 주고 싶다고 한다. 할머니는 이야기 도중에도 끊임없이 먹을 것을 챙겨주고, 밭에서 손수 가꾼 파, 호박 등을 싸주면서 가져가기를 권하곤 했다.

할머니는 자신의 어머니를 동백꽃 같은 여인이었다고 회상한다. 나는 할머니에게서도 겨울철 따뜻한 양지에서 피어 있는 하얀 동백꽃과 같은 부드러운 모습을 연상했다. 그러면서도 2년여 간의 만남을 통해서 나는 할머니가 강한 면이 있음을 느낄 수 있었다. 할머니는 총대로 머리를 맞은 이후 오랜 세월 동안 편두통을 앓아오셨다. 그래서인지 할머니는 기억력이 좋지 못하시다면서 말씀 도중에 약을 들고는 하셨다.

■ 정리자 오쿠야마 요코는

일본 시즈오카 현 출신으로 오사카 외국어대학을 졸업했다. 1984년부터 서울에서 거주하고 있다. 연세대학교 국제학대학원에서 동아시아학을 전공했고, 1991년부터 동덕여자대학교 외국어학부에서 학생들을 가르치고 있다. 식민지시대의 한일간 역사는 아직 밝혀지지 못한 점이 많다. 할머니들의 증언을 통해 양국의 젊은 사람들, 특히 일본의 젊은 세대에게 역사적 사실을 알리고 싶다.

가만 뒀으마 수녀가 됐을 낀데

김끝순(가명)

1941년 대구 남산동에서 태어났다.
인도네시아 자바 섬의 수라바야로 끌려갔다 왔으며,
지금은 대구에서 살고 있다.

내가 1914년생이거든. 그러니까 팔십너이, 만 팔십서이지. 십이월 달에 낳이니까. 학교 들어가니 두 살이 없습디더. 음력 12월 14일이 생일이니까 양력으로는 그 다음해지러. 그러니까 (2년 늦게) 내 동상 하고 같이 학교 들어갔지, 그 당시 효성국민학교에. 소화 6년(1931년)에 졸업했는데, 소화 5년 때 우리 아버지, 어무이가 각중에(갑자기) 돌아가싰는데, 일 년 만에 둘이. 우리 어무이는 무슨 병으로 돌아가시고, 우리 아버지는 각중에 더부를 묵어가(더위를 먹어서) 돌아가싰어예. 집구석이 각중에 그렇게 되데.

우리 엄마, 아부지가 신자인 따문에 나는 카톨릭 교회에서 세운 그 학교에 다녔어예. 불란서 신부가 그 학교 교장이라예.[1] 우리 할아버지가 옛날 안동서 여기 와가 카톨릭교 서병조[2]라 카는 그 집안의 논을 부쳤어예. 성당에만 댕기면 논 서 마지기씩 주고 그 사람이 그래 전교를 했어예. 그래서 그 집안의 논을 부친 사람들 중에서 수녀나 신부가 많이 나오고 그랬습니더. 그 사람이 그만치 봉사정신으로 했어예. 그때 그 자손들은 안 망합니더.

그 당시에 우리는 일본사람 밑에 공립국민학교 들어가면 우리 성당을 못 댕길 만치 엄했어예. 불란서의 외방전교(外邦傳敎) 신부들이 우리나라에 와서 많이 목숨도 바치고 죽고 했습니더.[3] 우리 아버지, 울 엄마도 억시기 열심인 경우라요. 우리 아버지는 세례명이 도마고 우리 엄마는 황바올라고, 옛날에는 그렇습니더. 백 년이 안 넘심니꺼. 그래 교회를 받고 우리가 참 정신대 카는 이런 거는 이해도 안 하고 생각도 안 했는데, 우짜다가 참 우리집이 안 될라 카니까 그래 흘러 내려갔는 모양이라.

형제는 우리 형님(언니)이 하나 있고 남동생이 서이고 이랬어예. 효성학교 6학년 돼가지고 각중에 아버지 어무이가 돌아가시가 내가 효성학교를 못 갔지. 그래 어디로 삼촌집이라고 가가(가서) 경산국민학교에서 몇 달 후에 졸업을 했습니더. 그래도 여기 효성학교에 내가 동창생이 돼가 있지예. 다 알거든예. 아무집 딸이라 카마 다 아이

---

1) 대구 대교구의 제2대 문제만 주교는 본명이 제르멩 무세(Germain Mousset)로 프랑스 사람이었다. 1911년 대구에 부임하여 2대 감목(監牧)을 거쳐 1939년 주교로 임명되었다. 당시 효성국민학교는 카톨릭계에서 세운 학교로 문신부가 교장을 맡았다(『대구 본당 100년사(1886-1986)』, 천주교 대구 대교구 편찬위원회, 대건출판사).

2) 서병조는 1907년 국채보상운동을 주창한 서상돈(1849~1913)의 아들로, 대구 계산동 본당(지금의 계산성당)의 제1대 평의회 의장(1934. 11~1940. 9)을 지냈다.

3) 파리외방전교회(Société des Missions Etrangères de Paris)는 1658년 창설되었다. 1831년 브뤼기에르 주교를 조선 감목으로 임명하고 1836년 모방 신부를 조선에 파견하는 등 카톨릭 전교를 위해 힘썼다. 1886년 조선이 프랑스와 조약을 체결하면서 프랑스 선교자들에 대한 활동의 자유가 인정되어 사실상 카톨릭 신자들도 신앙의 자유를 얻게 되었다.

꺼네(아니까).

그때 우리 형님은 일본에 시집을 가 있었는데, 어무이, 아부지 돌아가싰다 카니까 우리 형님이 나왔데. 나와가 우리 형님이 우리를 키웠지. 집에도 안 가고. 그거는 참 우리 형님이 말도 못 하구로 고맙지예. 내가 어릴 때 쬐맨헐 때 국민학교 댕기메, 나는 참 말도 못 하고 순명 잘 하고 착하고 그랬습니더. 학교 댕기도, 집에서 효성학교 한참 갑니더. 쫓아가도 한 삼십분 걸립니더. 도시락도 안 싸가고 낮에 와가지고 울 아부지 논에 밥 갖다주고 이렇게 했어예. 지금은 참 내가 그런 자식이 있으마 업어주겠어예. 그만치 참 순명을 했습니더.

그래 인자 내가 늦게 들어갔지, 또 형편이 그래가 중학교는 몬 갔지예. 중학은 못 가도 내가 중학교 졸업 맡은 거보다 공부는 더 많이 했심더. 내가 참 공부 잘했심더. 우옌지(어쩐지) 집에서는 참 바보 겉은 기 학교 가서는 그렇게 공부를 잘하더라고. 하도 바보 겉애노니 옛날에 일 원 주마 사는 사탕 이만한 거 이래 물고 있으마 아아들이 (주먹으로 뺨을 치는 시늉을 하며) 탁 때리마 퉁 너어쪄도(떨어져도) 그거를 감(고함)을 지르고 빼앗지를 못하고, 바보겉이 그래서 학교를 늦게 여었는데(넣었는데), 학교 드가가는(들어가서는) 공부를 그래 잘하더란다. 요새맨그로(처럼) 아이들 공부하는 책상이 집에 어딨습니꺼. 학교에서 오마 아 업고 이랬지. 이랬는데도 학교서 공부시간에 선생 말 잘 들으마 그때 귀밑에 다 들어가지, 와서 복습할 거 없습디더. 공부시간에 선생 갈치는 거 안 들으마 그거는 공부 못합니더. 그래가 만날 일등하고 이랬어예. 나하고 동창생이 하나 안 있습니꺼, 김점순이라고, 그아 일등 안 하마 내가 일등하고 이랬심더.

이랬는데, 중학교 졸업 맡은 이상 사람이 보는데 어데 시험치만 나는 탁 걸리예, 어데든지. 그때 신명중학, 경북중학 안 있습니꺼, 가

들(그애들)하고 같이 갈 수 있다카이. 국민학교에서 공부를 잘하니꺼네. 내 그런데 시험쳐가 몇 군데 걸린 데 있어예. 그런데 내가 못 했지. 할 수가 없으이꺼네. 이래가지고 이럭저럭 한 이십 세 넘어서까지 어데 댕기미(다니면서), 옛날에 일정시대에, 요새 겉으면 뭐라카꼬 동아백화점 겉은 데 이런 데 댕기미 아아들 키우고 이랬어예. 미나카이 백화점에 한 2년 근무하고 전매청에 담배 포장하는 기술자로도 댕깄어예. 그라고 버스 차장도 한 일 년쯤 했는데 세라복 입고 모자 쓰고 근무하는 버스 차장은 일본말도 잘해야 합니다. 그 당시에 일본사람 17명에 한국사람 열 명쯤 있었어예. 시집갈 생각도 안 하고 주장(주로) 경제적으로 그랬지.

진짜 가만 놔뒀으마(뒀으면) 수녀원에 갈 그긴데. 부모 없으마 그거도 못 합니다. 뒤에서 누가 해조야지예, 수녀원에 그냥 몬 갑니더. 그래 나는 못 갔지.

그 당시에 우리 이웃에 일본사람 내우(내외)가 하나 날보고 자꾸 가자 안 카나, 저게 돈 벌로 가는데. 그때 대동아전쟁 딱 나고 나는 만주도 안 가보고 일본도 안 가봤어예. 그때만 해도 뭣도 모르고 우리 큰동상은 저 만주 갔고, 작은동상도 만주 갔고, 쬐맨한 막내이동상 그거 놔두고 내가 갔어예. 생각하마 참 그거 불쌍한 거 말도 못하지. 막내이동상은 내가 남양으로 갔다 소리 듣고 작은누부(누이) 따라간다 카고, 일본말로 시강헤 카는 거 있습니다. 시강헤(지원병)라 카는 거는 내가 자원해 군에 가는 거, 일정시대에 그거 가가 고마 죽었답니다. 내가 해방하고 나오이 대만에서 잠수함 사고로 죽었다 캅디더.

나는 참 간 지가 오래 됐어예. 그 연조(年條)를 말할 거 겉으면, 내가 그때 스물세 살[4]인가 모르겠다. 내가 요새는 뚱뚱하지만 그때는 쬐맨했어예. 한 스무 살도 옳기 안 보였어예. 쬐맨했다카이. 요새는

굵어져가 이래 크지마는, 어렸다카이. 억시 어리고 순진해서 아무것
도 몰랐다카이. 이래 놓으니까는 그 사람들이 날로 꼬아가(나를 꼬
여서) 델꼬 갔지. 가기 전에 돈 받아서 옷 한 벌 해입고 갔던 거는
기억이 나예. 내가 그때까지 직장생활을 오래 했지예. 어떤 시험치
마(쳐서) 걸리면 그게 가서 있고 이래저래 한 사오 년 지냈어예. 전
매청에도 있었고. 지금 대학병원5) 그게(거기에) 간호원 시험치니까
되데. 그게도 중학교 이상 되는데 내가 걸렸어예. 국민학생 둘백이
(밖에) 안 걸립디다. 일본사람은 한 열다섯 명 뽑으만 한국사람은 둘
서이밖에 안 뽑았어예. 근데 거 걸렸다카이. 그런데 내가 사정을 잘
모리고 어리석어가지고 그게서 하라카는 대로 했으마 희한할 낀데,
2년 해야 졸업 맡거든요. 거는 뭐 의과대학 맨그로(처럼) 공부를 하
데. 사비, 관비가 있습디다. 내 그거는 안 잊아뿟다. 관비는 4년이고,
2년은 공부하고 2년은 복무를 해 조야 됩디다. 관비로 하라카는 거
를 4년이라꼬 2년짜리 사비로 했다카이. 사비로 해놓으니까네 내가
돈을 대야 안 됩니꺼. 동생도 있고, 그래 빚을 지고 안 이랍니꺼, 집
에서 묵고 살기도 곤란한데. 거 2년 했으마, 집에서 날 밥만 믹이주
고 할 사람 있어서 졸업을 맡았시마, 내가 일류 간호원이 됐을 낀데.
일본 여자들은 그거 졸업 맡으마 적십자 간호장교로 군에 안 갑니
꺼. 아아들은 뭐 많이는 없어도예, 못 하겠십디다. 동생들 크니까 지
줌(제각기) 갈 때 가고, 하나 데리고 살아도 못 하겠데예. 그래서 안
치아뿠습니꺼. 동생 둘은 저 만주로 뭐신 공장으로 징용 가고 했지

---

4) 태평양전쟁(1941년 12월 발발)이 나고 얼마 안 돼 갔다는 기억은 분명하나
   당시의 나이에 대한 기억은 확실하지 않다. 할머니의 증언을 종합해 보면 스
   물세 살이 아니라 스물일곱이나 여덟 때인 것으로 추정된다.
5) 지금의 경북대학교 병원으로 당시의 명칭은 경북도립 대구병원이었다. 1920
   년 '산파 및 간호원 양성소'가 발족되어 해방 전까지 졸업 회수 25회, 졸업생
   수 137명을 배출하였다고 한다.

만도 하나 데리고 사는데도 못 하겠십디더. 동생들은 다 죽었지예. 그때 징용 가서 죽고 일본군에서 죽고 다 안 죽었습니꺼. 동생 서이 다 죽었어예. 다 죽고 인제 내 하나 남았다 카이꺼네. 언니도 그때 일본서 나와서 계속 한국에 있다가 죽었어예.

여기 참 지옥인갑다

그러니 간호장교 시험친 그거 따문에 내가 거기 갔다카이. 돈이 없어 그거를 때려치우고 나서 내가 아는 사람이 돈벌게 해준다고 가자 카니까 내가 돈이나 좀 그거 할까 싶어서, 얼매나 좋은고 싶어서 내가 속아 넘어갔지. 날로(나에게) 돈 버는데 좋은 데 있다카미 데리고 갔던 그 일본인 부부 이름이 통 기억이 안 나예. 자기 본마누라는 한국에다 두고 첩하고 다른 일본 여자 둘하고 내꺼정 데리고 갔지.

처음에는 부산에 가가 한 일주일 있데. 그때부터 모아온 여자들 아랫도리 병검사를 합디더. 나는 마 내딴에는 아 역시 호화롭고 좋은 배 타고 이런 긴 줄 알았더마는 무슨 화물선 겉은데 떡 드갑디더(들어갑디다). 딱 배 타고 내가, 아 내가 속았다 싶은 생각이 들어예. 그래도 간호원양성꺼정 댕기고 했는데 눈까리는 안 높습니꺼, 그지예(웃음). 그런데 딱 드가이꺼네(들어가니까) 여자들이 영 나쁘게 돌아댕기고 하던 그런 여자들이 많습디더. 열에 여덟은 그래 빕디더(보입디다). 그래 내가 보니까 굉장히 더럽다 싶어예, 내 생각에. 구찌베니(입술연지)도 이래 바르고 눈썹도 이래 진하구로(진하게) 기리고(그리고) 담배도 막 피우고 그래예. 요새는 화장 그래 안 하지만도 그때는 그래 합디더예. 그래서 내가 거서 생각을 했어요 아이고 주인 아주무이하고 주인 아저씨[6]한테 내가 속았구나. 저런 여자들 델꼬 가서 부리먹는 그기구나. 그 당시 나는 처녀는 아이지(아니지), 내가 그리 양심을 속이가 되나. 시집은 안 가도 내가 그런, 어떤 남자한테 속은 일이 있었어예. 결혼하고 이런 건 못 해도, 연애하고 그거는 있었어예. 내가 처녀로 그래 갔다카마 하나님이 날 안 나무랩니꺼? 처녀는 아이지예.

우리가 보이 그런 분위기는 기경도(구경도) 한 번 안 했고, 나는 배도 생전 첨 탔고 배가 연락선 뭐 어짜고 이런 건 줄 알았디만도, 여겉으면 화물선이라요 배 안에 군인도 있고, 저 군수물자가 있고, 배 우에 갑판 있고 배 아래쪽으로 2층, 3층, 젱(제일) 밑에꺼정 한 4층까지 있는데, 우리가 한 3층 정도 가니까 거기에 인제 제우 사람이 앉아가예. 군수물자 싣는 데에 인제 사람을 싣고 가는 기라. 싱가포르 함락(1942년 2월 15일) 딱 하고, 그러이꺼네 천구백사십몇년도고

일본사람은 동양에서 연합군한테는 상대가 하내이라예(하나에요). 일본이 침략을 했으이꺼네. 하와이 그 저쭉 침략하고 안 했습니꺼, 밤에 각중에. 선전포고도 안 하고 안 했습니꺼. 그런 거 모리는 놈들이 그런 소리를 하지. 이래 했는 전쟁이라서 저쪽에서 일본 군함이나 일본 화물선이라카마 센스이칸(잠스함) 카는 거에서 어뢰(魚雷), 배를 물밑에서 치는 거, 그거를 안 쏩니꺼. 거 맞아 죽는다고 나중에는 배가 몬 갑디다. 배가 가다 한 척 안 가고 저 떨어져 한 척 가고, 또 저 떨어져 한 척 가고, 한 몇 척씩 이래 철렁철렁 가는데, 그때 막 당장에 내가 아 죽었다 싶습디더. 지옥 가는 거 겉애. 밤중에 철렁철렁 뱃전에 물소리가 나는 기, 이기 참 지옥인갑다 싶어예. 내가 잠깐 잘못 생각해가, 누가 그 뭐 끄시꼬(끌고) 가는 것도 아이고, 일곱 살만 묵어도 죄지은 거는 자기 쵠데. 우리 천주교신자는 그렇심더. 일

---

6) 이웃집에 살면서 할머니를 데려갔던 일본인 부부가 인도네시아에 도착해서는 위안소의 주인노릇을 했기 때문에, 옛날일을 회상하는 과정에서 이런 표현을 쓰게 되었다.

곱 살만 묵어도 자기 죄를 짓는 기라예. 그래 내가 뭐 스무 살이 넘어 갔는데 뭐 누구한테 원망을 하겠어예, 내 잘못이지. 내 죄지.

그래 부산을 떠나가 한 달 만에 도착했어예. 일본사람들이 나중에되니까 갑판 우에서, 학도병 아이들 학교 댕기는 거 딜고 가서는, 훈련을 시키데예. 미처 일본서 할 겨를이 없어가, 만주도 다 직이고 저 월남 저리 다 직이고, 인자 싱가포르 함락해놓으니까, 미처 훈련도 못 시킨 거를 막 딜고(데리고) 가는 기라. 그래 보마 어린 아아들이지. 한 스무 살 이하 아아들 딜고 이래 갑디다. 일본사람이 참 그거를 생각하마 하늘의 천벌을 받아야 됩니더. 일본 사램이 개인적으로는 좋은 사램이 있는데, 국가적으로는 말도 못 하기로 빨갱이 유도 아입니데이(비교도 안 됩니다). 나중에 우리도 이래 훈련을 시킵디데이. 배 탁 받히면 물에 뛰어내리라카는 거. 우끼부꾸로(부대浮袋)라카는 거 하나 주데. 조끼 이래 하는 거, 그거 훈련받았어예. 그거 받으미 보마, 잘못해가 거서 학도병 이런 아아들, 대포를 탁 쏘마, 탁 쏘는 그 압력으로 (탄피가) 튀어나오거든요. 거 맞아 죽는 것도 보고. 내가 그거를 직접 봤어예. 이루 말할 수 없는 그기지예.

이래가지고 어디 대는가 하면 사이공 카는 데 댑디다. 사이공에 니라주데(내려주데). 우리도 완전한 군인이지. 군인 행세하지 우야노, 거 탔인께. 거게는 역시 덥데예. 사이공 부두에 니린끼네 일본 병정들이 총 이래 세아놓고 있는데, 우리도 거서 하릿밤(하룻밤) 잤어예. 거는 따신 나라니까 가마이(가마니)만 깔마, 자리만 깔마 자거든예. 자고 배를 타고 또 가는데, 싱가포르 가까이 가이꺼네 마 중국사람들이, 이 세상 사는 기 순전하이 이기 다 지옥이라, 중국사람들이 군함이 이리 높은데 작대기 같은 데 바나나 같은 거를 달아가지고 사라꼬, 돈만 떤지(던져)주마 올리주고 합디다. 거를 내가 기리라(그리라) 캐도 기리겠다. 지도도 내가 참 잘 기렸어예. 그래가지고 마담,

마스타 카고 이래 우리 돈 거 꼽아주먼 땡기가지고 이래합디더.

그때 싱가포르 함락하고 금방이라 놓이 마찌(마을)가 말이야, 마찌가 조용하고 아주 무섭은 분위기가 도데예(돌데요). 거서 인자 내리가지고, 그때 한 삼십 명, 한 사오십 명 됐나. 그때 싱가포르는 보니까 호텔, 아파트 카는 기 있데예, 지금 말하자면 아파트라. 그러이꺼네 우리보다 얼매나 많이 발달했지예. 아파트는 사람 사는데 일층, 이층 있고. 처음에는 군에서 주는 무슨 창고 같은 거기서 잤어예. 하룻밤인가 이틀 잤는데 그때 밤새 이나비까리(번개)가 치던 게 기억이 나예. 거서 배치돼가지고 우리는 자와(자바의 일본식 발음)라 카는데 자바, 인도네시아 자바로 가라 카데예. 딴 사람들은 어데로 가고 우리는 자바로 갔는데, 자바섬의 수도가 자카르타라예. 거서 다시 기차를 타고 밤새도록 갔는데예, 수라바야라 카는 데가 있어예. 여 같으마 부산에서 신의주 비슷하이 먼 모양이라에. 기차도 여 맨그로(여기처럼) 이래 안 크고, 천상(마치) 이런 접시기 위에 사람맨캉(처럼) 달랑달랑 캐가 차 안에 몬 앉았겠데예, 급행이라 카는 기. 인자는 뭐 내 목숨이 아이지. 내가 맽긴 목숨이지. 저거야 직이든지(죽이든지) 살리든지. 그때 한 열댓이 니맀는강(내렸는지) 잘 모르겠어예. 한 조(組)가 있거든예, 열댓꺼정 안 됐지 싶다.

밥은 주지, 군에서 주는 거라. 군인들 주는 맨그로(것처럼) 준다카이. 일본사람이 굶어직이고 이거는 없어예. 묵으만 저그 묵는 거나 같이 조예. 뭐시라도. 인자 몇 년을 따라댕기미 보니까 묵는 거는 같이 준다카이. 그래 거 가 살았어예. 내가 수라바야라 카는 데 가 살았어예. 나는 더버서 뎅구네쓰(모기에 의해 전염하는 바이러스형 열대 전염병. 댕기열)라 카는 거 있어예. 여 홍역 비슷한 거. 그거를 내가 두 분(두 번)이나 했어예. 와 두 분이나 했는고 하면 첫째 사램이 더버 몬 살겠십디다. 밤낮 물에 들앉아 있어야 되고 나는 첨 가가지고 모기한테 물리가지고 이 다리에, 열이 마 열 홍진 하는 거 매트로(처럼) 많이 나마 여 손가락 삐꺼지(뼈까지) 다 아퍼예. 일주일로 앓는데 밥도 못 묵고, 그 땜에 죽는 사람도 있겠지예. 탁 물리마 마 공기는데(곯는데) 암만 약을 발라도 안 되고, 마 일라서도(일어서지도) 못하겠데. 오른쪽 뒤꿈치 위에 여도 모기한테 물리가 고생 많이 했심더. 미제 약 바르고 우째우째 제우 나았어예. 그런 죽을 병을 당했다카이, 군인 거하는 거는 또 차후 문제고 그만침 거 정착해가 살 때까지 목숨을, 나는 그때 갈 때 차라리 죽었시마 천당엘 갔지. 내가 많이도, 아이구 하나님 잘못했심다 카매 내(늘) 통회를 많이 했는 따문에 인자 살아남아가 죄를 많이 지었지만. 참말로 정착할 때까지가 그 고통이 말도 못 해요 거서 많이 죽지예. 포로생활할 때 죽고, 많이 죽었지예. 오래 살았어예. 나는 생명이 진(긴) 택이라.

그래 수라바야 거서 살았어예, 우리가. 그래가 한 이 년 있었는갑다. 일 년도 여거는 여름, 겨울이 없는 따문에 언제가 여름인고 언제가 봄인고 그것도 모르겠데예. 마 일 년이마 이래 지나갔는갑다 이 깄지(여겼지). 그래 살기는 살아도 내 목숨은 하마 던져놓고 사는 기라예. 인자 생각하마 약 묵고 우짜든지 살아야지 이런 마음이 있지만, 그때는 언제 죽어도 좋다 카는 마음으로, 그만침 내 몸이 아이지예. 그래 살았다 카이꺼네.

군인들이 표 같은 거는 안 조도 뭐 내 일신 하로하로 살고 내 가용(家用)하고 내 옷 사 입고 이런 거는 돈을 주데. 나는 거서 월급 비슷하이 이래 쬐매 줍디더. 그때는 저축 안 했지. 그거는 내가 받아가 일용에 쓰고 내가 약 사 묵고 또 옷도 사 입어야 되고, 그러이 필요 안 합니꺼. 내가 있던 데에 중국 여자는 없고 일본 여자는 둘 있데. 한국 여자는 거 가서 경상도 여자를 한둘 만났는데, 나중에 보이 그것도 죽고 없는 모양이라. 없데. 다 죽고, 삼분지 이는 죽었습니더.

아파가 병원에 가면 치료는 해주고 하지예. 저거도 인간인데, 거꺼정 딜고 갔는데 귀중한 거 아입니꺼. 하나 딜고 갈라카마 일이 안 많십니꺼. 하나 딜고 거꺼정 가는 일이 많은 따문에 거꺼정 딜고 가마, 마 일본말로 다이지니(大事に. 소중히) 해야 되거덩. 다이지니 해야 저거가 써먹지예. 그런 따문에 묵는 것도 주고, 병나마 약주고 주사 맞히주고 다 했지에. 거 귀중한 물건이꺼네, 진짜 군인보다 더 귀중 안 합니꺼. 없이먼 안 되이꺼네.

수라바야에 도착해가 처음에는 '미나미쇼코쿠라브'(南將校クラブ)라는 데 있었어예. 최고 사령관 같은 높은 사람들만 오는 장교 클럽이지예. 날로(나에게) 델고 갔던 그 일본사람이 자기 첩하고 다른 일본 여자 둘 하고 나하고 넷이를 거다 배치한 기라. 그 일본인 부부가 따로 델고 간 조선 여자들 위안부가 7~10명쯤 있었는데, 그 위안소에는 사병들만 왔지예. 그 사람이 위안소 두 군데를 다 경영을 했어예. 우리는 미나미쇼코쿠라브에 소속돼가 장교만 상대하고 사병들 가는 위안소는 별도로 있었지예. 장교들만 오는 집을 일본식으로 지어가 간판이 미나미쇼코쿠라브라고 붙어 있었어예. 그래 장교들 연회가 있다카만 기모노를 입고 우리 서너 명이 같이 가고 그랬어예. 거게 한 2년쯤 있었는갑다. 그때는 양옥집을 한 칸씩 조서 우리가 살림을 살았어예. 장교들만 상대하고. 당시에 관리하던 군인들이 끊어주는 외출증이 없으면 밖에도 못 나가고 그랬지. 여럿이 같이 외출증을 끊어가 장보러 나가고 그랬는데, 그 당시 거게는 상점들이 잘 돼 있었어예. 나는 그때 은으로 만든 묵주를 샀던 기억도 나예. 성병 검사도 일주일에 한 번 요일을 정해가 몇십 명씩 모여서 받고 그랬지예. 그 사람들이 위생검사는 얼매나 철저히 한다꼬. 삿쿠(콘돔)는 군인들이 갖고 와서 자기가 썼어예. 거게 있을 때 나는 임신한 적은 없고 생리 때는 군인을 안 받았지. 생리대로는 천쪼가리를 썼

어예. 내가 6학년 학교 댕길 때, 16살 때 생리를 시작했구마.

위안부로 있을 때 그때 생각나는 사람으로는 규슈(九州) 사람인데 미쓰오카라고 있었어예. 전차 부대에 있다 캤는데 소위였던가 중위였던가 모르겠다, 내가 그 사람을 위해서 수를 놓아가 이름을 써서 센닌바리(千人針. 출정병사의 무운을 비는 부적 같은 것)를 해준 적도 있어예. 또 한 사람은 후쿠오카(福岡)의 사쿠라지마 출신이라 했는데 나보다 두어 살 더 먹었지. 자기 동생이 벙어리라 캤던 게 기억나.

내가 천주교 신자가 아니마 몇 번 죽었을 깁니다. 몇 번 죽을라고 생각도 하고 너무 거해서(끔찍해서), 아이구 이 얘기도 다 모(못) 합니더. 아침에 자고 일라마 도마뱀 카는 기 있어예, 거는 뜨신 나라고 장그루(정글)라서 장화 겉은 거 모르고 신다가 그 안에 도마뱀 들어앉아가 있고, 아휴 그렇습니더. 수라바야라 카는 데는 옛날에 오란다 영톤갑데. 오란다가 네더란듭니꺼. 우리는 일본말로 배와가 오란다라 칸다. 그때 마찌, 좋은 마찌는 일본사람이 점령해가지고 고원(高原) 비슷한 데 집 하나썩 지어가 살았어예. 이층, 삼층 없고, 거는 뭐 높은 집은 많이 없어예. 그런 데에 인자 좋은 마찌에 있는 택이지, 지금 겉으만 저 변두리도 아이고. 오란다징(네덜란드 사람)이 다 가뿌고 없으이꺼네.

인도네시아 여자들은 또 정조관념 이런 기 심하데. 옷도 착 이래가(이렇게 해서) 몸에 딱 붙게 입고, 벌러러 이래 안 입고. 동양에서 레지(lady) 국가 비슷한 그런 기 있어예. 그런데 맨발로 댕깁디더. 신을 안 신어예. 그 나라는 신을 신으마 안 되는 그기 종교는 아이고, 신체 건강상으로 더우이꺼네 발을 땅에 디디고 살으라는 그거이 있는 갑십디더. 그라고 숟가락가 안 묵고 손가(손으로) 밥묵고 이랍디더. 맨발로 댕기마 우리도 서언하데(시원한데) 우얍니꺼, 기후상으로.

싱가포르 수용소에서 우리 영감 만났지

미나미쇼코쿠라브에 한 2년 있다가 싱가포르로 나왔어예. 그 동안 내가 **빠져나오니라꼬** 만날 울고불고 해싸이꺼네, 주인이 나가라고 그래가 싱가포르꺼정 왔는 기라예. 다른 사람 겉으마 안 보내주지만도 자기가 날 속이가 데리고 온 따문에 항상 책임은 있지예. 그래가 야마도(大和) 호텔의 수부(카운터)에서 사무일을 한 일 년 넘게 봤어예. 날로 데리고 갔던 일본사람이 신경을 좀 써조가(써주어서) 사무일을 보게 했던 거 같아예. 일본말로 전화받을 수 있고 일본글도 아니까, 어짜든동 써먹을라고 했던 것 같애. 거기서는 열쇠 같은 거 보관도 하고 서류 관리도 했지예. 야마도 호텔에서 근무할 때 같이 있었던 일본 여자가 나카시마 상이라고 있었어예.

싱가포르에는 고국에 가는 사람 모이는 수용소가 있데. 그 수용소에서 우리 영감을 만났지. 그 사람도 한국 나온다꼬 거기 수용소에 있습디다. 한 이십 명 있었는가 모르겠다, 수용소에. 그런데 일본사람이 거꺼정 딜고 왔는 걸 고국에 잘 안 보냅디다. 와 안 보내는고 하면, 오다가 다 죽고 딜고 오는 것도 어렵고 이러이꺼네, 될 수 있으만 자기 써묵을 만한 사람은 붙잡습디다, 몬 가구로(못 가게). 특별한 경우에는 가라꼬 그걸 내주고. 그 안에서 우리 영감이 군속으로 기술이 좋았어예. 그러이까 저거꺼정 의논을 했겠지. 전화 하나만 하면 다 안 통합니꺼. 우리 영감도 인자 기술이 참 좋아예. 비행기도 운전할 수 있고 군함도 운전할 수 있고. 그래 뽑히갔거던 그때. 그러니까 나하고 우리 영감하고 딱 붙잡아가지고 군수공장을 하라카데. 거서 영감이 나하고 동거생활을 했다카이. 전시인 따문에 결혼은 못해예. 나는 죽어도 한국 나온다꼬 왔는데, 거서 그래가 오카(岡) 부대 소속의 군수공장을 했다카이 우리가. 영남철공소라고, 수류탄도 만들고 무기 만들고 수리도 하는 군지정 철공소를 경영했지예. 그 오카 부대의 책임자가 아리마(有馬) 쇼사(少佐, 소령)였어요. 우리 영 감이 나도(나이도) 내보다 한두 살 적십니더. 거서 군수공장에 나가 가(나가서) 매일 일보고, 우리 영감이 사장하고 나는 사무보고 그랬 지예. 그때는 안직 청년이지, 사십 전이꺼네 안 젊십니꺼, 서른다섯 전이다 참. 명의로는 부부가 안돼 있고 군속으로 돼가 있지예. 거게 서 우리가 월급을 받았어예.

거서는 우리가 옳은 월급을 받았지. 거서 월급 주는 거를 십원도 안 쓰고 내가 싱가포르의 요코하마쇼킹깅코(横浜正金銀行)라 카는 데다 저금을 했습니더. 한국에 나가마 너거 이거 갖고 살 수 있다 카 매 그래 꼬웁디더. 그때 영감하고 나하고 군에서 집도 하나 줍디더. 그때는 비행장 옆에서 살았어예. 고서 묵고 살고, 배급도 주데예. 월 급은 십 원도 안 쓰고 다 저금했지예. 우리는 정말이지 저거 하라카 는 거 다 하고 나오다 그랬은끼네, 그 저금했는 거 진짜 찾아야 되 예. 요코하마쇼킹깅코 지점에 남바(번호)꺼정 날짜꺼정 다 써가 있어 예. 그 서류를 한 번 비디리야(보여드려야) 되겠다. 그 돈을 내가 찾 을라꼬, 그래도 내가 가字 뒷자리라도 아니게 가만 있을 수 있나, 그 래 요코하마에다 편지를 썼지. 그거를 찾을라카이 일이 많고, 우리 영감도 저래 갈렸고, 우리 영감이 내 이름으로 하라카데, 한국에 나 가마 니하고 내하고 둘이 살아야 되이. 그래 전부 내 이름으로 했지 예. 그때 내 이름이 뭐라카만 본관이 안동이라고 안도 지에꼬(安東 千惠子)라고 했어예. 그 돈이 굉장히 많십니더. 그런데 원(原) 그거 는(통장은) 내가 나와가 요코하마쇼킹깅코에다가 보냈는데, 원 그거 는 안 오고 답장만 왔는 기라예.[7] 답장이 뭐라카노 하만, 다이헨 고

---

7) 전쟁 당시에 '요코하마쇼킹깅코'는 현재 도쿄은행 요코하마 지점이 되어 있
는데 1973년 할머니가 요코하마 시장으로부터 받은 답장에 의하면, 당시 할머

쿠로우사레타데스네 센고(たいへんご苦勞されたですね, 戰後. 대단
히 고생이 많으셨지요, 전후에) 그래 이래가지고 고생했으니께 당신
이 일본 국내에 살았다만 우리가 지불할 그기 있지만, 일본 국내 아
인(아니기) 따문에 우리가 지불할 수 없다. 가리니(가령) 지불한다 캐
도 햐쿠로쿠쥬난 엔(ひゃくろくじゅうなんえん: 백육십 몇엔)백이 안
된다 그캅디더. 그 돈 찾으마 뭐합니꺼, 그래서 내가 안 찾았어예.
그런데 본 서류를 부쳤다 캤는데 안 왔어예. 안 왔더라카이. 내가 그
서류 다 가이고(가지고) 있습니다.

그란데 그거를 내가 할라카이, 내가 여자 몸으로 혼자 아아들하고
이 고상시럽게 사는 세상에 그거 할라카이 힘들었지예. 내가 그때
오사카에 한 및 달 있다 왔심더.8) 그때 도쿄 본점에도 찾아갔는데
박정희한테 다 줬다카미 한국에 가서 말하라 카데예. 그래 돈도 안
되고 이래서 마 그거 치아뿌고, 이긴따나(이것이나마) 우선 해가 좀
얻어묵으마 싶어서 이걸 신고했다 카이. 데이신따이(정신대) 카는 거
는 신고 안 할라 카다가 참 단돈 십 원이라도 답답으이 이거를 했는
데, 나는 진짜 찾을라 카마 그 돈을 찾아야 되예. 그건 내가 참 죽기

니가 저금했던 71,000전시달러는 현재 164엔(당시의 한국돈으로 244원)밖에 되
지 않으며 할머니가 일본에 거주하지 않기 때문에 지불할 수 없다고 하였다.
8) 한국전쟁 때 피난을 가면서도 그때의 저금통장을 챙겨서 가지고 갔던 할머
니는 막내딸을 재일교포에게 시집보낸 뒤 1986년 딸네집에 머물면서 그 돈을
찾으려고 또다시 시도를 했다. 그때 도쿄 은행 오사카 지점으로부터 받은 회
신의 내용은, 예금자가 일본에 주소를 가지고 있지 않으며 한일 양국의 협정
에 의해 예금의 청구가 불가하므로, 역시 지불할 수가 없다는 것이었다. 그 회
신에는 당시 도쿄은행이 조사를 의뢰했던 일본중앙지소(地所)주식회사(旧横浜
正金銀行 昭南支店의 예금을 취급하는 회사)의 답신이 첨부되어 있는데, 한국
국적의 채권자의 채권은 1965년에 체결된 한일평화조약에 기초한 양국 간의
협정에 의해 1965년 6월 22일부터 청구권이 소멸되었다고 하였다. 그리고 일
본에 주소를 둔 채권자의 경우 해협달러의 환산율은 폐쇄기관령 제13조의 3
에 의거, 내지불예금(內地拂預金)은 송금으로 취급하여 11분의 1, 정기예금은
432분의 1이라고 하였다.

전에 찾아야 되예.

한 달에 한 번씩 남바꺼정 돈꺼정 내 이름꺼정 고 지점장 도장 찍은꺼정 다 있는기 그기 열 장이라예. 열 장인데 고거를 복사를 해 놨다카이. 꼬구랑 글씨 잘 알아묵지를 몬하는 그거는 다른 사람이 보마 알지. 그거를 내가 복사를 해논 기 있다카이.9) 저거가 원판 없다고 원 저금을 안 줄라 카마 말이 됩니꺼. 어느눔 찾아묵은 놈이 없는데. 말도 안 되는 소리지예. 그건 안 줄라꼬 핑계를 대는 기지. 무신 핑계를 대도 나는 당장 일본사람이 있으마 카겠어예. 고렇키 기묘하기 참, 이거는 천벌을 받는 기라 나쁜놈들. 이 사람들은예 알면도(알면서도), 요기 나쁘다 카는 거 알면도, 저거 국민을 살리기 위해서 눈 감고 합니더, 하는 인종들이라예. 그러이꺼네 사람은 몰라도 하늘은 아는 따문에 천벌을 받는 기라 천벌을.

그래가지고 일 년인강 일 년 반인강 모르겠다 하다가, 일본이 우스우스(어렴풋이) 이래 패전카는 그런 공기가 도는 모양이라. 우리는 몰랐는데, 그래 우리는 전부 공장에 군인들이 왔다갔다 안 합니꺼. 민간인은 우리밲이 없지예. 종업원은 주로 군속으로 온 군인들하고 현지의 중국사람 두어 사람해서 한 스무 명 됐어예.

전쟁 끝나고 포로생활할 직에도, 아이구 그 쫓기간 거 생각하만, 아 내가 참 쪼매 유식하마 영화를 하나 맨들었으만! 하루아침에 자고 일난께, 제우(겨우) 인자 큰 막사에다 사람들이 있는데, 각중에 오

---

9) 할머니가 가지고 있는 예금증서의 복사본은 모두 다섯 장인데 1944년 10월(4천 달러)과 1945년 3월(1만 달러)의 것은 정기예금증서(기한 1년)로 되어 있고, 1945년 8월 21일(7천 달러)과 8월 27일(5만 달러)의 것은 내지불예금청취증(內地拂預金請取證)으로 되어 있다. 이것은 모두 당시 요코하마쇼킹깅코 쇼난(싱가포르) 지점의 지배인 대리가 손으로 쓴 것으로 정식 직인이 찍힌 것은 하나도 없다. 그리고 내지불예금청취증의 경우 재내지정수취인(在內指定受取人)은 朝鮮大邱府明治町二丁目一六九에 주소를 둔 安東千惠子로 되어 있다.

디만도 껌딩이(흑인)들이 총끝에다 칼로 꼽아가지고 당장 나가라 카는 기라. 당장 나가라 캐예. 내 그거가 눈에 환합니다. 빈 집에 모도(모두) 인제 한국사람들이 모이가 있는데, 새복에(새벽에) 각중에 껌딩이들이 총끝에다 칼로 꼽아가 당장 나가라 카는 기라. 한 시간인가 삼십 분 내로, 이눔 자석들 밥 묵을 여개(여가)도 없고, 변소 갈 여개도 없고, 마 입은 채로 보따리 있는 거 조오(주어) 싸가지고 각중에 가라카이꺼네, 그륵(그릇)을 쌌는지 뭐를 쌌는지 그것도 모르겠십디더. 정신이 하나도 없지, 각중에 가라카이꺼네. 그때 껌딩이 있습디더. 미군이지, 거 연합군에서 보냈는 모양이라.

그래 나가라 캐가, 밥 묵다가 숟가락도 걸어놓고 나오고 쫓기나오는데, 십리꺼정 보따리 하나씩 주욱 길가에 다 내삐리는 기라, 걸어 가이꺼네. 나는 보따리 요만한 거 하나뺵이 안 가져갔어예. 그 사람들은 여자를 대우해준다 카더마는, 이눔우 여자고 뭐시고 전부 다 걸어가 보내는 기라, 몇십 리를예. 그러이까 이고 오다가 짊어지고 오다가 들고 오다가는 쪼매 한 오리 가다가는 내삐리고, 그래가 질가에 쭈욱 널린 기 그 사람들이 내삐린 보따리라예. 백 리라 카더라 거 갔는 데가. 한 이십 린가 걸어가다가 저거꺼정(자기들끼리) 연락을 했는갑데, 여자들은 추럭에 태아주라카는 그거를. 남자들은 다 걸어갔고, 아픈 사람 얼마는 태아줬는갑십디더. 그래가지고 인자 차를 탔는데 차를 타이까네 보따리 생각이 나는 기라(웃음).[10]

그래 가이꺼네, 하늘도 안 비는(보이는) 장그루(정글), 나무가 우거져 있는 그 밑을 들어가 가지고, 산비탈이 이래 있는데, 거다 니룹디더(내려줍디다). 거다 사람들을 풀어놓으니 각중에 불이 있나 묵을

---

10) 영남철공소를 하면서 번 돈으로 할머니가 보석을 좀 샀는데 어느날 할아버지가 그걸 군표 한 룩색과 바꿔가지고 왔다 한다. 포로수용소로 쫓겨갈 때 그걸 챙겨 갔는데 도중에 힘들어서 결국 버렸다고 한다.

끼 있나, 비는 오지, 난리 아입니꺼. 이 사람들도 연락이 퍼뜩퍼뜩(빨리빨리) 안 되는 모양이라. 그때는 일본이 패전국이라, 우리도 일본 사람 따라갔는 따문에 직이도(죽여도) 어데 말 못하고, 이러이 무슨 씨레기 짐덩거리 취급을 하는 기라. 귀찮은 물건들이라 우리가.

일본사람들 어째 됐는고 하니까, 함매(벌써) 일본이 진다카는 거 알고 굴안에다가 식량을 얼매나 갖다놓고예, 언제까지도 전장한다 그거라예. 일본 본토에서 졌지, 거서는 손 안 들었습니다. 일본 본토에서 소화 천황(히로히토 천황)이 무조건 항복했지, 거서는 손 안 들었다 카이꺼네. 거는 앞으로 몇십 년 한다고 그만치 준비를 해놨는 기라. 일본사람들이 거 식량을 그만치 많이 갖다놓고 저거는 몇 년 놔도도 괘안을(괜찮을) 만치 살기(살도록) 해 놨는 기라.

한 백 명 가까이 넘지, 처음에 갔는기. 많어예. 거 있으이꺼네 뭐 일본 군함에 소지(청소)하러 왔는 한국 남자들, 뭐 그런 사람들이 하룻밤 자고 나니 한 비까리(무더기) 오고, 하룻밤 자고 나니 또 오고 이랍디더. 사람 많이 오는데 뭐 묵을 거 있습니꺼. 풀도 뜯어묵고 별 거를 다 했지예. 물이 없어가 남자들은 샘을 파고 이랬어예. 근처에 중국사람이 있는데, 중국사람 밭에 가서 훔치 묵다가 중국사람한테 혼난 것도 있고. 묵어야 되지 우얍니꺼.

이런데 좀 고생을 하이꺼네 미군 연합군에서 레숑(레이션) 커는 걸 줍디더. 그거를 주는데 그 안에 빵도 들고 담배도 쪼매끔 들고 깐즈메(통조림)도 들고 그거가 인제 연명을 했는 기라예. 우리 영감이 기술이 좋으니께 좀 있다가 인제 한 몇 달 있다가 운반도 좀 해주고 하이꺼네 쬐매끔 얻어옵디더. 나는 뭐 영 못 먹지는 안 했지, 딴 사람보다는 언어 묵었지예. 우리 영감이 똑 미국 사람같이 생기고 참 잘났심더. 학교 공부는 국민학교밲이 안 해도 기술로 뽑히 댕깄는갑데. 그래 기술자로 갔지. 그래가 냉중에는 인자 시근이 터져가지고

(판단력이 생겨서), 일본사람들 무진장 재놓은 거 좀 얻어오자 캐가지고 좀 얻어왔는갑습니더. 처음에는 병들어 죽고 굶어죽은 사램 더러 있었지만은 냉중에는 그래가 살았어예. 여러 수백 명을 모다놓고, 첫째 묵어야 안 삽니꺼.

그래가지고 아이구 우리는 한국에 언제 가노, 언제 가노 이카미, 인제 한 일 년 가까이 포로생활을 했을 끼다. 그래 한국에 간다 카미 그래 배 타고 나왔어예. 거서 배 타러 추럭(트럭)을 타고 나오는데 뭐 잘못 먹어가 배 안에 벌거지가 생깄는가, 거 물로 묵으이(물을 먹으니) 그렇는가 마, 추럭 타고 나오는데 똥물꺼정 다 올라오고. 위 안에 무슨 이상한 회충 겉은 벌거지(벌레)가 생긴 겉어예. 그래 한국 나와가도 그거 따문에 고생 많이 했심더. 약을 묵고 해가 제우(겨우) 나았지.

남편한테 버림받고

인자 배를 타고 부산까지 왔는데 또 호열자 바람에(때문에) 니라주도(내려주지도) 안 하데. 그래 콜레라. 부산 부두를 조 놔두고 한 이쯤에 배를 놔둡디더. 안 니라주는 기라. 그러다 니리이꺼네 디디 티라 카미 밀가루 같은 거를 막 덮어씌우데. 부산에서도예, 무어가 조매큼 나와도 중간에 언 놈이 해묵은 놈이 있으이 그렇지. 지금 정치하는 거 보마 마카 해묵는 기 첫째지, 그 근성은 못 버리예. 그때 연도는 잘 몰라도 내가 서른둘인강 됐지 싶으다. 포로생활 하니라 한 일 년 있다 왔지.

그래가 부산에 부두 거기서, 그때도 안 춥었는갑더라, 하룻밤 자고, 우리 영감이 서울이 고향인데 대구에 내렸지. 대구에 니리가(내려서) 우리 생각에는 인자 저금해놓은 거 부친 것도 있고 안 살겠나 싶었지예. 아이구 아무것도 마, 뭐 요만침 해가지고 오다가 다 내삐리고 몸만 왔지예. 몸만 와도 우리 영감이 기술이 좋아가지고 뭐든지 해가 묵고 살 수는 있었지예. 그라고 우리 언니가 있었지. 언니, 아까 내가 말 안 합디꺼. 우리 아아들 공부시킬 때 쪼매끔 보태줬다고. 우리 언니가 돌아가신 지가 한 육칠 년 됩니더. 우리 언니가 방하나 주데. 거기 있었다카이.

그런 데 갔다온 사람들은 아아(아이) 못 놓는데 나는 놓데. 큰아들을 48년도에 낳았어예. 나는 자식이 2남 2녀, 너이라도(넷이라도) 저거한테 폐 끼치기 싫고, 작은아들도 저거꺼정 아들 둘 놓고 살고, 딸도 저거꺼정 삽니더. 내가 성질이, 자식한테라도 '그 뭐 도(좀 줘)' 이카는 성질이 아니라예. 내가 묵고 살 수 있으마 살아야지. 다른 사람들은 아들한테 얼매도(얼마 줘라) 캐 싸. 나는 너그 사는데 보태주지도 못하는데, 공부도 많이 안 시켰는데, 놔도라 이캅니더. 둘은 저게 멀리 있고 하나는 대구 있고.11) 딸이 알까 싶어서 제일 걱정이라. 다른 사람은 다 알아도……. 저거는 그대로 묵고산다 카는데 사우(사위)가 이해심이 없어서, 이해심이 있어도 이거를 알며는, 너거 엄마가 그렇다카는 거, 나는 제일 걱정이 그기라예. 이리 신문에 내도 괘않고, 뭐 그 까짓 거 내 혼자 같으마 괘않은데, 딸만 모리마 돼예.

우리 영감하고는 그래 참 자슥 놓고 살았는데, 항상 자기는 내 곁은 여자를 델꼬 살라카이 안 좋았던 모양이라. 그렇키, 나쁜 사람이지, 내캉 같이 고생해놓고. 그래가 공장을 하고 그대로 자슥들 데리고 재미나게 사는데, 어떤 여자를 사무원으로 하나 들랐지(들였지). 신명여고 졸업 맡았다 카더만. 그기 우리 영감을 꼬아가지고 딜고

11) 작은딸은 일본으로 시집을 갔으며 작은아들은 서울에 살고 있다. 큰딸이 시집가서 대구에서 살았는데 최근 서울로 이사를 갔다. 할머니는 큰며느리가 같이 살다 집을 나간 지 오래되어 손녀 둘을 키우면서 큰아들과 함께 살고 있다.

갔다 카이꺼네. 젊지, 우리 영감보다 이십 살 적지예. 김천 여잔데, 이기 보통이 아이라. 지가 내 집에서 나보고 사모님이라 카고 살았는데, 한 집에서 그래 남자를 꼬아가 가더라카이꺼네. 더러버서 놔뒀어예. 내가 막내딸 놓기(낳기) 두 달 전에 그래가 영감이 딴살림을 났다카이. 그런데 내가 전과가 있는 따문에 그거를 할 수가 있습니꺼? 내가 우리 영감하고 갈린 지가 한 사십 년 넘습니다.

그렇지만 내가 민적은 안 파좄어예. 호적은 안 파좄다카이. 호적을 와 안 파좄는가 하면, 가만 생각해보이 자슥들이 그래도 아들이 둘 아입니꺼. 냉중에 뭐라카꼬 싶어서. 저거는 함마(벌써) 거기서 한 사십 년 되이꺼네, 저거도 아들 자슥 4남매 놓고 잘산답니더. 그 자식들은 내 앞에 얹히 있지. 내 민적등본 띠마 우우(여럿) 있심더. 많이 있어예. 서울에 있다 캅디더. 만낼 필요도 없고 찾아가도 안 합니더. 그런데 재작년(96년) 5월에 우리 영감은 죽었어예. 죽고 한 달이나 지나가 연락이 왔데. 지금 경기도 양수리 공원묘지에 있는데, 내가 가보이 그 여자가 자기 자식들 이름만 사우(사위)까지 써서 비석을 세워놨더라카이. 내가 이거를 이장을 해놓고 내가 죽으마 같이 묻히야 될 낀데. 그렇지만 그거를 할라카이 일이 많고 돈도 많이 안 듭니꺼.

내가 놓은 자식 넷은 내가 키웠지예. 나는 그래도 장사도 안 해보고, 일수쟁이도 안 해보고……. 그때 집이 한 칸 있었어예, 우리 영감하고 살 때. 그거를 언캉(워낙) 내가 절약을 한 따문에, 그래가지고 그래도 고등학교꺼정 공부는 다 시켰심더. 그래 참 일본서 왔다카는 우리 언니가 돌아가신 지가 한 칠 년 되는데, 그 언니가 날 불쌍타꼬 쪼끔씩 도와줬어예. 아아들 학교 들어갈 때 생활비도 좀 주고, 안 그라마 내가 근거 없이 삽니꺼?

우리 언니는 결혼생활 안 했지예, 혼자 사셨어예. 딸 하나 있는 거 그거하고 살았는데, 그 딸도 죽고 그 손녀가 하나 있어예. 그기 인자 서울에 있는데 (목소리를 낮추며) 그아한테는 내가 이 얘기를 합니더, 조카딸 손녀한테는. 날 보고 이모할머니라 카지예. 그아한테는 내가 이런 이 얘기를 하거든예. 결혼해가지고 그대로 삽니더. 그래 내가 대강 이런 거 초를 띠마(운을 떼면) '할매, 그런 거 이야기하지 마라' 이카더라. 그러마 내가 우예 사노? 인자 이래 나이 많고, 저거 살기 바쁘고 나는 뭐 우야라 카노, 내가 그카지예.

나는 참말로 사실 위안부 이거 안 도와주마 살 수 없거든요. 그거를 믿고 살어예(정부에서 다달이 나오는 보조금을 뜻하는 듯). 조카 손녀딸네 거도(거기도) 가서 집이나 봐주고 이카마 내가 살 수 있는데예, 이것들 손녀들 따문에 내가 꼼짝을 못 하지예. 내가 그 서류 비(보여)주께. 이거 다 했습니꺼. 나는 앉았다 일날라마(일어나려고 하면) 이래 다리가 아퍼서……. (정리: 이정선)

정리자의 뒷이야기

김끝순 할머니는 높은 연세에도 불구하고 지금도 정신이 아주 맑고 사리판단이 아주 분명하시다. 1995년 6월 할머니를 댁으로 처음 찾아뵙게 됐을 때 집이 너무 좁고 누추하여 걱정이라고 하시면서도 기꺼이 응해주셨던 점 그리고 차를 가지고 올 것이면 주차를 어떻게 할 것인지(할머니의 댁은 좁은 골목 안에 있다), 할머니댁 근처의 병원 후문 앞에서 만나기로 했는데 서로의 인상착의를 어떻게 확인할 것인지 등을 먼저 걱정하셔서 그 세심한 배려에 놀랐던 기억이 난다.

할머니는 당시로선 흔치 않게 소학교를 졸업하신 만큼 많이 배운 데 대한 자부심이 강하고 지금도 일본어를 곧잘 하신다. 옛날이야기를 하는 도중에 '자꾸 일본말 나올라칸다' 하시어, 일본말도 알아들으니까 걱정하시지 말고 편하게 말씀하시라고 안심시켜드리자 일본말을 이따금 섞어가면서 증언을 하시기도 했다. 20세기의 거의 대부분을 직접 살고 계신 할머니의 인생이야기를 듣다 보면, 우리나라 근대 백 년의 역사가 그대로 할머니의 삶 속에 녹아들어 있음을 느낄 수 있다.

할머니의 할아버지가 조선 후기 때부터 카톨릭 전교에 힘썼던 서상돈 집안의 소작인으로 들어가면서 할머니도 카톨릭 학교에 다니게 됐고, 갑작스런 부모의 죽음으로 학업을 중단한 채 백화점 점원, 전매청 직원, 버스 차장 등을 하며 생계를 책임져야 했다. 이웃에 살던 일본인의 권유로 남양에 가게 된 것도 돈을 많이 벌 수 있을 것이라는 기대가 컸기 때문으로 보이는데, 이미 세상물정을 많이 알아버린 상태여서 하나 남은 막내동생을 떼놓으면서까지 돈벌러 가기로 마음을 먹었던 게 아닐까 싶다.

할머니는 인도네시아에 도착하여 위안소의 주인이 된 그 일본인의 배려로 장교만 상대하는 위안소에서 비교적 편안한 생활을 했던 것으로 보이며, 2년쯤 뒤에는 그 생활에서 벗어나 호텔에서 사무원으로 일을 하기도 했다. 할머니는 다른 여자들보다 능력이 있어 사무원으로 일할 수 있었던 점은 자랑스럽게 여기면서도 장교용 클럽에 소속돼 지냈던 위안부 생활에 대해서는, 장교만 상대했다는 사실이 부담이 되는지 자세하게 증언하기를 주저하는 모습을 보이기도 했다.

또한 싱가포르에서 만난 조선인 군속과 함께 군 지정 철공소를 경영했다는 사실도 털어놓았는데, 사실 이 부분에 대해 할머니는 상당히 신경이 쓰이는 것 같았다. 수류탄 같은 무기를 제조도 하고 수리도 하는 군수공장을 하면서 군속으로 월급을 받았다는 사실이 자칫 일본군의 전쟁을 도운 이적행위로 비칠 수도 있었기 때문이다. 실제로 할머니가 1993년 보건사회부에 신고를 했을 때의 서류에는 이 부분이 빠져 있음을 확인했다.

할머니는 그때 싱가포르에서 저금했던 돈을 찾으려고 귀국 후에 애를 많이 쓰셨음을 알 수 있는데, 할머니가 기대했던 대로 그 돈을 찾을 수가 있었다면 자식들의 장래를 생각하여 어쩌면 위안부 신고는 하지 않았을지도 모른다.

할머니는 대구에 살고 계신 위안부 신고자 중 유일하게 자녀를 낳은 분이다. 포로수용소 생활을 거쳐 천신만고 끝에 해방 다음해에 고향에 돌아온 뒤 정식으로 결혼생활을 할 수 있었지만, 할머니의 삶은 순탄하지가 못했다. 인도네시아에서 동고동락했던 남편이 자신의 '과거'를 트집잡아 스무 살 연하의 여자와 딴살림을 나버렸기 때문이다. 그것이 넷째인 막내딸을 임신하고 있었을 때의 일인데, 벌써 사십 년이 넘었다고 했다. 할머니의 고생은 그때부터 지금까지 또다시 이어지고 있는 셈이다.

하지만 할머니는 자기를 버린 할아버지를 나쁘다고 하면서도 그 원망의 화살은 젊은 여자에게 주로 돌리고 있었다. 큰며느리가 집을 나가버린 뒤 마음을 잡지 못하고 방황하며 일자리가 불안정한 큰아들과의 불화, 이제 고1, 중1이 된 두 손녀를 지금까지 키워야 했던 자신의 처지를 그러나 할머니는 신앙의 힘으로 꿋꿋하게 잘 견뎌오신 것처럼 보였다.

할머니의 기억력과 건강은 지금도 3년 전과 비슷한 상태로, 다리가 좀 불편하긴 하지만 건강하신 편이다. 요즘은 근처의 성당에 열심히 다니시는 한편 노인정에 나가 점심도 해결하며 친구들과 주로 소일하신다고 한다.

인생 참 이상해

조남례

1921년 충청남도 조치원 근처에서 태어났다.
싱가포르와 인도네시아 수라바야로 끌려갔다 왔으며,
지금은 경기도 평택에서 살고 있다.

아버지 손에 이끌려 만주로 팔려나가

내가 태어난 곳은 잘 알 수 없지만 충남 조치원에서 10리 되는 곳으로, 그때 아버지는 톱을 만들어 팔기도 하며, 조치원으로 성환으로 여기저기 떠돌이 생활을 했다. 오죽하면 맏딸인 내 이름을 팔도라고 지어 불렀을까. 성환에서 조금 더 들어간 곳에서 살 때도 우리집은 논밭 한 뙈기 없이 가난했다. 어릴 때 부모님은 농사지을 땅이 없으니까 계속 이곳 저곳으로 다니며 장사나 막품을 팔기도 하고, 도살장 일을 거들기도 하며 어렵게 살았다. 아버지는 백정과 같이 소 잡는 데서 심부름해주고 술을 얻어마시면 그뿐이었다. 성환에 있을 때 엄마는 여관에서 밥을 해댔고, 나는 열 살 됐을 때부턴가 그집 아기들을 봐주며 겨우 얻어먹고 지낸 적도 있었다.

아버지는 날마다 술에 파묻혀 지내는 것이 예사였고 그 바람에 나도 팔아먹었다. 엄마는 11남매나 두었다고 하는데 지금 생각나는 형제는 남자 둘, 여자 둘뿐이다. 우리 형제 중 아무도 학교에 다닌 사람은 없었다. 우리는 그렇게 찢어지게 가난했고 부모님은 자식들을 학교 보낼 생각도 안 했다. 내가 어렸을 때 둘째아들이었던 동생이 차에 깔리는 끔찍한 사고로 죽었다. 내가 없는 동안 아버지가 여동생을 나처럼 또 팔아먹으려고 해 그 여동생이 방죽에 빠져 죽었다고 한다.

맏딸인 내가 남춘이고, 남자 형제 남태, 남준이 밑으로 여동생들이 있었던 것이 생각나는데, 그 다음은 내가 떠난 후 동생들을 더 낳았다고 하나 나는 모른다. 형제들 모두 소식이 끊긴 채 죽었는지 살았는지도 모르고, 지금 살아 있는 형제는 막내 여동생 한 명뿐이다. 그 동생 때문에 나도 평택에 정착하게 됐고 제부가 도와줘서 신고할 수 있었다.

내가 열다섯 살이 됐을 때 부모님은 "애 봐주기만 하면 어쩌냐,

시집가야 한다"고 했다. 처음 사주 들어온 것을 시집가기 싫다고 안 갔는데, 두번째 다시 혼인 이야기가 나왔고 더 이상 버틸 수가 없었다. 특히 아버지의 성화에 가기 싫은 시집을 갔는데 그집도 역시 어려웠다. 금광을 캔다는 남편은 나와 다섯 살 넘게 차이가 났고, 시부모에 동생도 있었다. 그보다도 남편이 때려 도저히 살 수가 없었다. 내가 이웃에 가서 바느질이라도 하고 오면 어디 갔다 왔느냐고 지랄을 했다. 되게 맞고 나면 시어머니가 진흙을 발라 맞은 곳의 부기를 가라앉혀 준 적이 한두 번이 아니었다. 그래서 1년도 못 살고 친정으로 돌아왔다. 아버지가 창피하다고 나를 몹시 못마땅해했다. 엄마도 왜 왔느냐고 하셨지만 되돌아가라고 하지는 않았다.

그리고 얼마 안 돼 아버지는 이웃에 살던 한국인 남자에게 돈을 받고 나를 팔아넘겼다. 아버지는 돈밖에 몰랐다. 그래도 아버지는 내게 가면서 쓰라고 돈을 주셨다. 집에서 나갈 때 나는 "시집도 못 가고 있으면 뭐하냐" 하며 그냥 별 생각 없이 따라 나섰다.

나는 그 남자에게 끌려 성환에서 영등포로 갔다. 그곳에서 여자들이 모일 때까지 한참 있었다. 여자들과 함께 나를 만주로 데려갔다. 만주에서 생각나는 소개쟁이 중에 조서방이라고 있었다. 조서방이 나를 끌어다 일본놈들에게 넘긴 셈이다. 나는 팔려 어딘가로 간다는 것만 알고, 영등포에서 만주로 치마 저고리 입은 채 그냥 끌려 갔다. 그때 같이 간 여자들은 전라도 여자들이 많았다. 충청도는 나 한 명뿐으로 영등포 소개쟁이 집에 여자들이 엄청 많이 모여 같이 갔다.

나는 아버지가 준 돈을 영등포에서 먹고 자면서 달라는 대로 다 주고 썼다. 또 만주 가는 동안에도 차비나 밥값으로 썼다. 이틀간 꼬박 기차를 타고 만주에 도착한 때는 가을 무렵이었던 것 같다. 날씨가 추웠다는 것말고는 어디가 어딘지 생각이 안 난다.

만주에서 나는 나이가 모자라(16세) 허가가 나올 때까지 술집에서 기다렸다. 술집에서는 여자들이 장구도 치고 춤도 추고 했는데, 나는 꽹과리만 두들겼다. 그것은 술집에서 손님들을 부르기 위한 것이었다. 술 심부름을 하며 거기서 몇 달인가, 일 년 못 되게 지냈던 것같다. 거기에서는 돈은 한푼 받지 않고 먹고 자고만 했다. 이것 저것 쓰고 나니 수중에 돈은 한푼도 남지 않았다. 그러다 다른 주인이 와 술집 주인에게 돈을 주고 여자들을 사갔다. 술집에서 몸파는 곳으로 팔려가게 됐다. 그때서야 내가 몸파는 곳으로 팔려간다는 걸 알았지만 어쩔 수도 없었다.

그때부터 여기저기 팔려다니며 몇 년인지 있었다. 만주에서 사오년 있었던 것 같다. 주인들은 주로 한국인 내외였으나 어떤 집은 마흔살 된 한국인 여자 혼자인 데도 있었다. 그들은 계속 나를 넘겨쳐 주인이 여러 번 바뀌었다. 소개쟁이는 여자를 두셋씩 데리고 가 주인과 사고팔았고 여자들은 그저 그들이 시키는 대로 할 수밖에 없었다. 술집에서 팔려나가면서부터 빚이 쌓이기 시작해 나는 그뒤 빚더미에 올라앉았다.

만주(또는 중국)의 집들은 그저 방이 열 개도 넘었고 이삼 층은 됐던 것밖에 다른 것은 도무지 모르겠다. 그런 집들이 많이 있었는데 이렇게 여기, 여기 양쪽으로 마주 보며 쭉 늘어서 있었다. 큰 도시였던 것 같다. 그것밖에 나는 어디가 어딘지 모른다. 거기서 나는 '하토'(비둘기)로 불렸다. 그 이름은 주인과 일본 군인들이 나를 부르는 이름이었다. 상대는 주로 일본 군인이었다. 한국인, 일본인 군속도 더러 있었다.

술집은 따로 있었고 우리가 있는 곳에서 술은 안 팔았다. 일본말을 썼고 노래와 춤도 하지 않았다. 거기가 어디더라, 생각이 안 난다. 일본놈 군인 졸병이 많이 왔다. 군부대와 가까워 군인들은 걸어서 왔다. 나가 보면 군인이 보였다. 차(무슨 차인지 모름)로 몇 번 옮겨

가도 모두 비슷했다. 군부대로 들어가 하루 있다 돌아오기도 했는데, 그런 일이 자주 있지는 않았다.

1주일에 한 번 또는 2주에 한 번 병원에 가 검진을 받았다. 나는 크게 아픈 적은 없었다. 임신하거나 병든 여자들을 본 적은 있다. 일본놈들이 병 생길까 봐 열심히 우리를 검사했다. 나는 아프지 않아 병원에 갈 필요가 없었는데도 꼬박꼬박 다녀야 하는 것이 정말 싫기만 했다. 진찰, 치료는 모두 무료였다. 옮기는 곳마다 병원 검사도 거의 똑같았다.

여자들은 홀에서 이랏샤이마세(어서 오세요) 하며 군인을 맞이하곤 하나씩 뽑혀 방으로 올라갔다. 나는 하루에 서너 명 넘게 받았으나 예쁜 여자는 하루에 열 명도 넘게 받았다. 정해진 시간을 조금이라도 넘기면 다음 군인이 문 밖의 초인종을 눌러 나오게 했다. 소리가 삐익 하고 울렸다. 방이라곤 1인용 온돌방에, 솜이불과 요는 청소할 때 아니면 갤 필요도 없었다. 방 안에 있는 것이라고는 반달이 하나에 간단후쿠(원피스) 등 옷 몇 가지였다. 구멍탄을 땠는데 화기에 질식해 죽을 뻔한 적도 있었다.

20명쯤의 여자가 한 집에 있었는데, 전라도 여자들이 많았다. 거기서 친한 여자는 없었다. 만주에서는 나이 어린 일본 여자도 두 명인가 같이 있은 적이 있다. 만주에서 같이 있었던, 나보다 나이가 적은 나미코라는 여자를 우연히 수원에선가 만난 적이 있다. 나는 분명 알겠는데, 본인은 나를 절대 모르겠다고 잡아뗐다.

일본 군인들은 칼을 가지고 있었다. 가끔 행패를 부리는 군인도 있었으나, 여자들이 한꺼번에 신발짝을 들고 대들기도 해 그들도 함부로는 못 했다. 군인들이 술 먹고 못된 짓을 하면 주인에게 얘기해 헌병에게 고발할 수 있었다. 군인들이 단골로 다닐 때는 누가 누군지 알았기 때문이다.

일본 군인 중에는 차고 다니던 칼로 여자를 찌른 놈도 있었는데, 그러면 여자들이 가만 안 뒀다. 어떤 술 처먹은 군인이 여자들에게 떠밀려 유리창 문을 부수고 나가떨어지는 바람에 어딘가 힘줄이 끊어진 적도 있었다. 나도 같이 덤비다 군인이 냅다 나를 밀쳐 넘어뜨리는 바람에 화덕 연통에 팔을 데기도 했다. 병원에서 치료를 받았다. 그렇게 악질 군인도 얼마나 많았는지. 일본놈들은 악착 같았다. 여자들은 혼자서는 꼼짝도 못 하지만 여럿이 그럴 때는 나도 같이 했다. 몇 번 그런 일이 있었다.

군인에게서 받은 돈을 주인에게 갖다주면, 나중에 계산해 빚을 까나간다고 했지만 처음 생긴 빚은 계속 늘어갔다. 옷 사 입고 화장품도 사니 빚은 줄기는커녕 늘어났다. 적잖은 돈이라도 옷 몇 가지 사 입으면 없었다. 당시 '큰애 배꼽보다 더 큰 빚'이라는 말이 있었는데, 갚으려면 힘들다는, 또는 그만큼 갚기 어려운 엄청 큰빚을 가리키는 말이었다. 어쩌다 화장품을 사거나 구경갈 때 주인에게 돈을 달라고 해 다니면 그것이 모두 빚이 됐다. 나는 그저 빚이 많다는 것뿐, 얼마인지도 몰랐다. 빚은 주인을 옮겨도 그대로 떠안고 가는데, 나는 만주에서만 네 번 정도 옮겼다. 마지막으로 수라바야의 일본놈 주인에게 넘겨졌을 때까지 빚이 남아 있었다.

일본 군인들이 매일은 안 왔다. 보통 노는 날이나 꽁일날 왔다. 군인 중에는 한국인도 있었다. 군속은 군인 안 올 때 오는데, 거기서 군인을 상대로 일하는 사람들이었다. 돈은 자고 가는 긴밤 얼마, 시간당 얼마였는데, 20원, 30원이었던가, 잘 모른다. 표는 없었고 돈으로 다 받아 빚 갚기에 바빴다. 그래도 술과 담배를 조금씩 사 마시고 피우기도 했다.

빚을 거의 다 갚고 이제 겨우 돈을 좀 모을 수 있겠다 싶을 때 그만두게 됐다. 해방이 되어 스물여섯 살에 돌아왔다.

소개쟁이들이 여자들을 계속 팔아넘기는데, 처음 만주의 주인 조서방이 여자 스무나믄 명을 사서 여기저기 넘겼다. 마누라는 현지에서 장사하고, 남편은 돌아다니며 여자를 사고팔아댔다. 조서방이 만주에서 오면 성환의 소개쟁이가 여자 여럿을 소개해주는 것이었다. 내가 스물두 살 때쯤, 상해와 싱가포르에서도 잠시 있다가 인도네시아 수라바야까지 갔다.

싱가포르에서는 침대를 사용했다. 청소는 직접 했고 정해놓고 쉬는 날은 없었다. 식사는 주인이 세 끼 다 해줬다. 그곳에서 같이 있던 여자 중에는 단골 군인 사내와 좋아하다 물에 빠져 죽은 여자도 있었다. 다리 아래로 여자 시체를 봤다. 왜 죽었는지 잘은 모르나 아마도 자기 신세를 생각해 죽었을 것이다. 주인이 군인들에게 이야기해 배로 시체를 건져다 화장까지 해줬다. 화장터까지 여러 여자들이 가보기도 했다.

수라바야 갈 때는 배를 한 달쯤 탔던 것 같다. 그전의 주인 겸 소개쟁이가 싱가포르에서 수라바야의 일본놈 주인에게 나를 팔아넘긴 것이다. 일본놈 주인은 환갑도 지난 노인으로 가족은 오사카에 있어 혼자였다. 수라바야에서도 여자들은 한 달에 한 번쯤 산이나 시내 구경을 했다.

또 그곳에 있을 때 군속인 박씨가 단골로 다녔는데, 그는 일본 군함을 타던 전남 광주사람으로 나를 좋아했다. 보름에 한 번씩 배가 들어오면 찾아왔다. 박씨가 탄 배가 부숴지고 물에 빠져 난리치는 꿈을 꾼 다음날, 그가 정말 죽다 살아났다며 돌아왔다. 박씨는 자신이 오면 다른 사람을 못 받게 했다. 나를 좋아한 또 다른 일본인 군속도 있었는데, 그도 내가 다른 사람을 받으면 자신의 돈을 박박 찢으며 지랄을 하고, 일본에 같이 가자고도 했다. 그러나 내가 거길 왜 가나, 그에게는 처자식이 다 있는데. 해방 후 그 일본인은 일본으로 갔다. 두 사람을 한 일 년간 같이 알고 지낸 꼴이었다.

주인이 우리에게 콘돔과 휴지를 주었다. 군인들은 그 콘돔을 사용했는데 한 번 쓰면 그냥 버렸다. 군인을 받은 후 욕실에 가 꼬박꼬박 뒷물을 했다. 소독약을 쓰고 월경 때는 군인을 안 받았다. 내가 처음 끌려갔을 때 이미 나는 월경이 있은 후였다. 다른 여자들은 임질 같은 병으로 수술도 받았고, 아주 어린 여자가 사타구니를 째는 끔찍한 일도 봤다. 나는 다행히 심한 병에 걸린 적은 없었다.

싱가포르나 수라바야에서 어떤 때는 고기, 어떤 때는 짠지를 먹었는데 주인에게서 돈을 좀 얻어 사다 먹기도 했다. 고추장에 생선회를 먹은 적도 있다. 싱가포르 고추는 어찌나 매웠는지 지독했다. 낮에 자고 밤에 일했다. 집에서도 목욕을 했지만 목욕탕에도 갔다. 화장품이나 옷도 직접 사서 썼다. 전차를 타고 외출은 했어도 도망은 어디서도 생각도 못했다. 어쩌다 도망친다 해도 반드시 잡혀와 죽을 만큼 맞는걸.

수라바야에 있을 때 전쟁이 일어나 방공호 생활도 했다. 밤에는 총소리가 많이 났다. 전쟁이 끝날 때 인도네시아 사람들이 총을 쏘고 하더니, 온통 만세를 부르고 난리였다. 일본놈 주인은 제일 먼저 도망갔다. 그리고 나는 부모를 원망하여 집에 송금한 적은 없다. 수라바야에서 빚을 다 갚고 조금 모아 저축도 했다. 그러나 은행 같은 데 가본 적은 없다. 일본놈 주인이 도망가며 내게 고향 가서 찾으라고 종이쪽(16절지) 두 장에 그 돈을 써서 중국인 죠바에게 맡겨주었다. 돌아올 때 같이 온 박씨가 그것을 갖고 왔으나 돈이 어디 있어, 어떻게 됐는지도 나는 모른다. 알았다 해도 휴지쪽이 됐다(통장도 아닌 종이쪽에 돈을 써줬다는 것이 도저히 이해가 가지 않으나 할머니는 그렇게밖에 말씀하지 않으셨다).

귀국 후 계속되는 박복한 생활

일본군이 미군에 항복한 후에 나왔다. 나올 때 가지고 있던 옷과 그곳에서 찍었던 사진도 모두 미군이 못 갖고 가게 해 다 태워버리고 왔다. 싱가포르 수용소에서 한 1년 있을 때의 일이었다. 한국인 남녀 민간인이 수백 명은 있었다. 그곳서는 한국말을 썼고, 밥이나 죽을 한 끼 정도 먹었다. 미군이 어디 어디로 가라고 보내주면 그곳에서 나왔다. 여자 대여섯 명이 미군부대에 가서 빨래를 해주고 빵을 하루 두 번씩 얻어먹기도 했다. 일본 군함을 타고 돌아올 때 배 안에서는 팥죽 같은 죽을 한두 끼 겨우 얻어먹었다. 중국으로 들어갈 때는 한 달이 걸렸으나 싱가포르에서 대만을 거쳐 부산행 배를 타고 나올 때는 보름 정도 걸린 것 같다. 1946년 가을엔가 부산에 도착했다.

군속이었던 박씨와 함께 귀국하여 그의 형과 모친이 있는 박씨 고향에 가서 얼마 있었다. 그집도 너무나 가난하여, 집도 절도 없이 시모와 한 방을 쓸 지경이었다. 게다가 박씨가 또 패고 지랄을 해, 내 고향 성환 배개미로 돌아왔다. 돌아온 후 나는 조치원으로, 여주, 이천으로 왔다갔다했으나 가족을 만나지 못했다. 박씨가 찾아와 몇 번이나 같이 돌아가자는 것을 뿌리쳤다. 나는 도저히 그렇게 맞고는 살 수 없었고 그런 식으로 살기는 싫었다.

그러다 고향집에서 같은 고향 사람 김씨 모자를 만나, 그가 함께 살던 먼저 여자를 떼내고 같이 살았다. 시누이가 넷에 시동생도 셋이나 됐다. 맏이인 남편은 돼지 장사를 했다. 술만 마시는 시모와 살기가 어려워 배개미로 둘이 도망치듯 나왔다. 고향에서 국밥 장사하는 수양어머니를 도와 같이 일했다. 그때 수원서 우리 엄마가 소식을 듣고 나를 찾아왔다. 딸을 찾으러 왔다는 엄마 말을 듣고도 나는 엄마라고 생각지도 않았다. 엄마가 나를 한참 동안 멍하니 쳐다보더니 "네가 남춘이냐" 하셨다. 나는 눈물도 나지 않고 덤덤했다. 아버지는 그 전에 고기 먹고 체해서 부어 죽었다고 했다. 뒤늦게 엄마에게서 그 이야기를 들은 나는 아버지가 잘 죽었다고 했다.

얼마 후 수양엄마도 죽어서 그곳 생활도 오래 못 갔다. 그때 난리(한국전쟁)가 나고 남편도 나가더니 안 돌아왔다. 한 1년쯤 같이 살았을까. 시동생이 나더러 엄마나 찾아가는 게 좋겠다고 했다. 그들은 모두 내가 팔려다니다 온 것을 알았다. 남편도 그래서 나간 후 나를 찾지 않았는지도 모른다. 그들 모자와 대전 채 못 간 곳으로 피란을 갔다. 남편이 민적에 나를 올려놓았던 것이 난리통에 없어졌다. 남편은 여주, 이천으로 이리저리 밥을 얻어먹으며 정말 거지처럼 돌아다녔다고 한다.

나도 무지무지하게 고생했다. 전쟁 때 동리에서는 나더러 **빨갱이**라고까지 했다. 오랫동안 고향을 떠나 떠돌이생활을 했기 때문이 아니겠는가. 내가 "일제 때 팔려갔다 왔는데 무슨 **빨갱이냐**"고 말하곤 간신히 살아남았다. 나는 그후 수원에서 엄마와 여동생과 함께 잠시 살았다. 난리통에 바로 밑에 남동생 남태는 행방불명이 됐다. 고향에서는 "제집 자식 다 팔아먹었다"고 하니 엄마도 떠난 것이다. 엄마가 딸을 또 팔려는 아버지를 피해 강원도로 도망가서 살았다고도 했다.

엄마가 내게 자식도 못 낳으니 이천 마장의 김씨네로 가 살라고 해, 다시 김서방네로 시집을 갔다. 남편 김씨는 나이 많은 영감으로 나와 나이 차이가 열다섯 살도 더 났던 것 같다. 내가 그집 큰아들보다 한 살 더 많았으니! 김서방네 자식들은 다 컸는데, 아들, 딸 둘씩 있었다. 둘째아들이 보국대로 나가 죽어 연금을 타먹고 있었다. 큰딸은 내가 결혼하기 전에 출가했고, 스물두 살의 작은딸만 내가 들어가 스물다섯 됐을 때 시집을 보냈다.

내가 서른둘에 딸을 뱄을 때 큰아들이 일본서 돌아왔다. 그 맏아들이 나를 서모로 취급도 안 하고 술 퍼마시고 행패를 부려 부자간에 싸움이 자주 일어났다. 막내딸인 여동생이 오빠를 나무라며 아버지가 늦게 결혼해 그래도 잘사는데 오빠는 왜 그러느냐고 나를 두둔했다. 그러나 아들은 도저히 참을 수 없을 만큼 내게 막 했다. 아들은 제 처인 전라도 며느리와도 밤낮 싸웠다. 원래 첫째며느리가 집을 나간 후 새 며느리가 들어왔는데 나와 동갑이었다. 그때 며느리는 과부로 딸 넷을 데리고 자식이 셋인 남자(아들)에게 시집을 온 것이다. 그러자니 연금 등 돈 때문에 남편 김씨와 아들, 나와 며느리 넷이 밤낮으로 싸웠다. 나도 농사지으며 고생고생했다.

그때 나는 이집에 민적을 올릴 수 없었다. 먼저 남자 김씨를 찾을 수도 없었고 민적을 찾을 수는 더더욱 없었다. 내 민적을 내 마음대로 못 하다니! 그것이 너무나 억울하고 원통했다. 결국 남편 생전에 민적에 올리지 못했는데 아들이 언제 어떻게 나를 올렸는지 전혀 모른다(당시 생활이, 특히 가족관계가 힘겹고 어려웠던 것이 민적을 바로 올리지 못했던 때문이라고 할머니는 생각하고 계신 것 같았다. 할머니는 이 부분에 대해 정말 억울해 하셨다). 원래 나는 조남춘이었는데, 호적을 다시 만들며 조남례가 됐다.

나는 농사도 짓고 살기 위해 가진 고생을 다 했지만, 엄마로 인정하지 않는 아들의 행패를 더 이상 참을 수 없어 민적 떼오겠다고 하곤 집을 나왔다. 그때 딸 낳은 것 데리고, 다시 엄마 있는 곳으로 와 모녀 3대가 살았다. 가끔 영감이 늦게 본 딸이 보고 싶어 운다는 이야기를 들었다. 딸애 서너 살 때 그집에 다시 들어가 살았다. 남편은 환갑 지나고 중풍으로 죽었다.

친정 엄마가 한탄강 근처에서 살다 천식 기침으로 땡땡 부어서 죽었다. 죽기 얼마 전에 교통사고로 죽은 동생(남준)의 원혼이 씌워 엄마는 무당이 됐다고 한다. 내가 죽은 엄마를 매장하고 혼령을 모셔가게 해달라고 기원했다. 그때 엄마가 송아지를 사서 키운 것을 팔아 썼다. 엄마와 살다 엄마 죽고, 영감에게 다시 붙잡혀가 살다 영감도 죽었다. 전쟁 때 집 나간 남동생 하나는 끝내 모른다.

그렇게 나를 못살게 굴던 큰아들도 위암으로 죽었다. 지금 그 며느리가 손자 손녀 둘씩 데리고 이천서 농사를 짓고 산다. 내가 큰손자에게 따로 나가 살겠다고 했더니, 자신이 욕먹는다고 그냥 살자고 했다. 그래도 나와 산 지 오래 됐다. 그 손자가 지금도 왔다갔다하며 쌀, 찹쌀 등 농사지은 것을 가져오기도 하고 가끔 전화도 한다. 내 딸은 늦게 결혼해 인천서 조그만 슈퍼를 경영하고 있다. 바빠 자주 오지는 못한다.

나는 늙어 배급이라도 타먹겠다고 생각했다. 힘든 취로사업도 했으나 이제는 정부에서 나오는 돈으로 사는 걱정은 없다. 다세대주택 반지하 20평 되는 집으로 2천만 원 전세에 이사했다. 먼저 살던 집이 너무나 헐어 쥐가 들락거리고 지붕도 새 그냥 비워둔 채 이사왔다. 이 동리에서만 이사를 네 번인가 했다. 지금은 소화가 잘 안 되고 배가 아파 병원에 두 번이나 입원했고 계속 약을 먹는다. 이제 빨리 가야 할 길로 가야 할 텐데……. (정리: 신영숙)

정리자의 뒷이야기

위에서 할머니 이야기를 자신의 구술사 형식으로 엮어봤다. 다시 정리하기는 했으나 할머니 자신이 말씀하신 순서와 뉘앙스를 살려 그대로 전달하려고 노력했다.

할머니는 닭띠로 21년생이다. 16세인 1937년경에 팔려가 1946년(25세) 귀국하기까지 만주(중국)에서 4~5년, 싱가포르와 인도네시아의 수라바야 등지에서 4년 정도 있었던 것 같다. 할머니는 당시 멀고 먼 타국으로 나간 때 외에는 고향인 충남 성환을 중심으로 여주, 이천, 평택 등지를 맴돌며 지금까지 살아오셨다.

400만 원 전세 단칸방을 거처 지금은 반지하 너른 집에서 일생 중 가장 편안하고도 행복한 시기를 보내는 게 아닌가 싶다. 한 동네에 혼자 사는 89세의 실향 할머니를 돕기도 하고 혼자 사는 노인들을 벗삼아 외롭고 쓸쓸하지만 잘 지내신다. 선인장 등 화초가 집 안에 가득하고, 카나리아, 문조 등 새가 노래하는가 하면, 애완용 개도 할머니를 지키는 듯 크게 짖었다. 뿐만 아니라 큰 통에는 거북까지 한 식구처럼 살고 있다.

할머니 연세는 주민등록상으로는 일흔일곱 살이나 일흔아홉 살 닭띠가 맞다. 처음 뵐 때는 일흔도 안 돼 보일 정도로 정정하시더니, 1년 지나 최근에 뵈니 많이 마르고 위장병으로 고통스러워하셨다.

할머니는 자신의 정확한 나이도, 시간과 장소 등 구체적인 사실에 대해 잘 기억을 못 하신다. 특히 싱가포르와 수라바야가 헷갈려 그곳이 그곳이라는 식으로 뒤섞여 있다. 수라바야에서 싱가포르 수용소로 어떻게 나오셨는지가 분명치 않다. 아마도 지난 일에 대해 크게 대수롭지 않게 여겨 기억할 일이 못 된다고 생각하시거나, 아니면 일부러라도 잊고 싶은 기억들이었기 때문일지도 모른다. 그래도 당시 사건, 정황 등은 비교적 소상히 기억하고 계셨고 계속되는 질문에 때로 언짢은 기색을 보이면서도 숨김없이 이야기를 잘 해주셨다. 그것이 정리자로서는 안타까우면서도 감사했다.

노인회관 노인 친구들이나 동네에서 자신에 대해 아는 사람은 다 알고 있다며 할머니는 별로 개의치도 않으셨다. 원래 사람 사는 게 다 그런 것 아니냐, 일일이 그 힘든 걸 말로 다하면 뭣하겠느냐고 하신다. 그저 "인생은 참으로 이상해"라는 한 말씀뿐이었다. 말 그대로 물 흐르는 대로 바람 부는 대로 체념하고 순응하는 삶에 너무나 익숙해지신 것일까? 특별한 한이나 원망도, 어떤 바람은 더더욱 없다는 할머니를 대하며 정리자도 할머니가 그저 건강하시기나 했으면 좋겠다고 생각했다.

그러면서도 정리자는 할머니는 물론 할머니의 어머니(먼저 고자에게 시집갔다 다시 할머니의 아버지를 만나 살았다 함)나 큰며느리, 심지어 조카딸까지 어쩌면 하나같이 별거와 이혼, 사별과 재혼 등 기구하고도 험난한 삶을 그렇게 살았는지, 과연 그것이 비극적 한국사 속의 가난하고 무지한 여성의 보편적 삶의 모습일까 하는 생각을 떨쳐버리기 어려웠다. 할머니에게라기보다 정리자의 가슴속에 일종의 울분과 한이 맺히는 느낌이랄까.

또한 끌려간 후 집 생각도 크게 않으셨다는 할머니, "그렇게 맞고 왜 살아" 하는 할머니의 말씀이 지금도 맞고 사는 여성들의 문제를 생각케 했다. 앨범의 사진을 보여주다, 마침 김영감 사진을 보곤 "개하고 살았네" 하는 할머니의 말씀이 처음에는 너무나 우습기도 했으나, 돌이켜 보면 정말 남자들의 속박에서 시원스레 벗어난 할머니의 모습을 보는 것 같아 그나마 위로도 됐다.

할머니는 기력이 달려 배급이라도 탈 생각으로 제부와 상의했고, 제부가 신고한 후 1993년 10월 16일에 확인 결정을 통보받았다고 한다.

■ 정리자 신영숙은
대학원에서 한국근대여성사를 전공했다. 이화여대, 서울여대와 한양대 대학원 등에서 한국근현대사, 여성해방운동사, 여성학 등을 강의하며 이 문제에 관해서 열심히 공부하는 중이다.

10년 위안부 생활에 빼앗긴 일생

하영이(가명)

1922년 경상남도 하동에서 태어났다.
팽호도, 해남도, 수마트라 메단으로 끌려갔다 왔으며,
지금은 서울에서 살고 있다.

　나는 1922년에 경남 하동에서 태어났다. 어려서 횡천면 학리(보통 말티라고 부른다)로 이사해서 살았다. 우리 땅은 없고 남의 땅을 빌려서 농사를 지으면서 살았으니 살림은 곤란한 편이었다. 나는 학교 문턱에도 못 가봤다. 야학에는 조금 다녀 한글은 깨우쳤으나, 그것도 얼마 못 다니고 그만둘 수밖에 없었다. 같이 사는 식구는 어머니, 아버지, 오빠와 나, 여동생이었으나 위로 시집간 언니가 두 명 더 있었다.

　그 중 큰언니가 일본 오사카에 살고 있었는데 형부와 언니는 모두 공장에 다녔다. 공장에 다니려니 아이를 봐줄 사람이 필요했다. 그래서 열다섯 살 되는 해 봄에 나는 일본 가는 일행 편에 묻어 오사카의 언니네 집으로 갔다. 여비는 물론 언니가 보내주었다. 4, 5개월 정도 언니 집에서 아이를 보고 지냈는데, 엄마가 보고 싶어서 미칠 것 같았다. 아이를 업고 집 앞에 나가서도 울고 있으니, 이웃의 한국인 아줌마가 왜 우느냐고 했다. 엄마가 보고 싶어서 그런다고 하니까 "그럼 내가 한국에 데려다 줄게. 나도 한국에 나간다"고 하면서 2, 3일 후 몇 시에 어디로 나오라고 했다. 그래서 나는 업고 다니던 조카아이를 집에다 내버려둔 채 언니 몰래 집을 나와 약속된 곳으로 나가 그 아줌마를 따라갔다.

배 타는 곳으로 나를 데려온 아줌마는 그곳에서 나를 다른 사람에게 인계했다. 인계받은 아줌마가 "내가 한국에 데려다줄 테니까 울지 말아라" 하며 친절히 대해줬다. 그런데 그 아줌마는 일본인이었다. 말이 잘 안 통하여 손짓발짓으로 의사소통을 했지만 친절하게 대해주었다. 그때가 1936년 칠팔월쯤이었던 것 같다.

그곳에서 큰 연락선을 탔는데 배 안에는 나만한 여자애들이 십여 명 더 있었다. 나는 옷도 입은 채로 갔는데, 배 안에서 블라우스와 치마를 주고 긴 머리도 짧게 잘라주었다. 그후 안 일이지만 그 여인이 대만까지 날 데려가 그곳에다 나를 팔아먹은 것이다. 나는 나중에야 어린 조카애를 버려두고 언니 몰래 나와 벌을 받게 된 것이라는 생각이 들었다.

중간에 대만의 다카오(高雄)라는 곳에 내려 하룻밤을 자고, 다시 한국인 남자의 인솔하에 펭호도(澎湖島)로 갔다. 나는 조선관(朝鮮館)이라는 간판이 붙어 있는 이층 벽돌집으로 인도됐다. 그곳 주인은 한국 여자였는데 우리를 데리고 간 사람과는 서로 잘 아는 사이 같았다. 아침식사때 보니 그곳에는 많은 여자들이 있었는데, 특히 화장한 언니들 일고여덟 명이 눈에 띄었다. 그때 내 나이가 열다섯 살, 일본에 가서 얼마 안 있다가 그리로 간 것이다. 그집으로 함께 간 여자들은 나를 합해서 모두 세 명이었다. 그들의 이름은 후미코와 기미코였다.

우리는 일단 지정된 병원에서 모두 진찰을 받았는데 나중에 안 사실이지만 그것은 바로 성병 검사였다. 그 중 후미코는 나이가 열일고여덟 살로 서울의 술집에서 일하다가 왔다는데, 검사 결과 병이 있어 우선 병을 고친 후 일을 하게 했다. 거기서 처음에는 맛있는 것도 먹을 수 있었고, 언니들이 잘해주기도 했다. 나는 청소나 하고 놀았다. 그때까지도 앞으로 무슨 일을 해야 하는지는 전혀 몰랐다.

한 달쯤 있으니까 이제 군인을 받으라고 했다. 그때 얼마나 놀라고 울었는지 모른다. 그러나 감히 반항할 생각은 못했다. 나는 그 때 열다섯 살이었는데 그곳 규칙에 따라 나이를 열입곱 살로 올려 속이고 그 일을 시켰다. 허가를 얻을 수 있는 나이가 열입곱 살이었던 것 같다.

그러나 실제 나는 애나 마찬가지라 일이 제대로 될 리가 없었다. 당시 다른 집에서는 나보다 더 어린 것을 데려다 양초를 따뜻이 데워, 그곳을 쑤시고 키워서 그 짓을 시켰다는 소문도 들렸다. 주인이 때리고 패는데는 반항도 못 했다. 나는 월경도 없을 때였지만 화장을 곱게 해 군인을 받게 했다. 나는 집 밖에도 못 나갔고 나가 봐야 독 안에 든 쥐였다. 더구나 주인과 언니들이 항상 감시했다.

그후 열여덟 살 때야 초경을 시작했다. 월경을 할 때도 씻어가면서 남자를 받아야 했다. 월경을 할 때는 휴지 같은 것을 주었다. 보통 때는 군인을 받을 때 부드러운 게 좋다고 그 곳에 바를 연고 같은 약을 주었다.

군인에게 잘못하면 호되게 맞았지만 나는 그다지 맞아본 적은 없다. 다만 밑이 찢어져 입원치료를 받아야 했고, 그 때문에 고생을 많이 했다. 거기서 3년 이상 그 짓을 했다. 몇 년을 해도 먹고 입고 그것뿐이었다. 주인이 받은 돈의 1할을 주는데 그걸로 옷 사 입고 화장품을 사면 다였다.

한국 여자들이 있는 집은 거기서는 조선관 한 곳뿐이었다. 다른 곳은 전부 일본 여자들이 있었다. 여자들의 방은 각각 따로 있었다. 내 방은 이층에 있었는데 다다미가 깔려 있었다. 다다미 넉 장 정도의 크기였다. 술은 팔지 않았다. 여자들이 아래층 현관 홀에서 대기하고 있으면 군인이 와서 맘에 드는 여자를 뽑아가지고 이층으로 올라갔다.

군인들은 그곳에 주둔하는 육군과 배를 타고 들어오는 해군들이었다. 육군 부대는 꽤 먼 곳에 있었던 것 같고 해군들은 배에서 내리면 쉽게 이용할 수 있는 그런 곳이었다. 해군들은 몇 달에 한 번씩 오기는 하지만 그 동안 번 돈을 털어주었으므로 봉인 셈이었다. 거기에 비해 육군들은 거의 매주 오니까 돈이 별로 없었다. 장교들은 가족과 함께 와 있어서 이용이 적은 편이었다.

어쨌든 군인들이 우리에게 군표로 1원 50전을 주면 우리는 주인에게 바로바로 가져다주고는 그 중 1할을 한 달에 한 번씩 계산해 받았다. 상사와 하사, 지방사람(그곳 대만인)이라고 불리는 일반 민간인 손님에게는 2, 3원씩 돈을 더 받기도 했다. 그곳에는 요리집, 유곽도 많이 있었는데 우리는 일본인 요리점에 불려나가 손님 접대를 할 때도 가끔 있었다. 특히 일본인 요리점에 불려나간다는 것은 돈보다 일종의 명예로 생각했다. 뽑혔다는 것 때문이었다. 보통 술 시중을 들다가 막판에는 손님을 달고 나오는 식이었다. 이때 손님은 주로 일본군 장교들이었다.

또한 팽호도에서의 생활은 평일, 일요일 구분 없이 매일 같았고, 한 달에 한 번 쉬었다. 쉬는 날은 동료들과 함께 시내에 나가 옷이나 소지품 등 물건을 사고 영화도 보곤 했다. 일본 영화, 외국 영화였다. 그곳에서의 생활은 비교적 자유스러웠지만 그렇다고 어디라고 도망을 가겠는가. 화장품은 다 일제를 썼다. 당시 레또 크림이 유명했다. 어디에서나 식사는 두 끼였다. 조반은 아침에 일찍 먹고, 저녁식사는 마감시간 후 장교 받는 늦은 밤시간 전, 그 사이에 했다. 목욕은 매일 했으며 시간이 나면 빨래와 방청소를 했다.

옷을 입고 벗을 새도 없이

팽호도에서 일본인이 경영하는 유곽에 있던 한국 여자 두 명이 우리집으로 왔다. 그들은 일본사람들과는 음식 등 여러 가지가 맞지 않아 불편하다고 우리집으로 온 것이다. 몇 달간 있다가 다 같이 해남도(海南島)로 갔다. 열아홉 살 때(1940년) 주인이 여자들을 모두 데리고 해남도로 이사를 가게 된 것이다.

해남도의 위안소는 명월관(明月館)이라 했다. 그곳은 중국식 집으로 조선관보다 더 컸다. 그 동네는 원래 중국인들이 살던 동네로 대부분이 중국사람들이었다. 부대는 근처에 있었다. 해남도의 위안소는 군대가 위에서 일정한 지시를 했다. 해남도에서도 처음 상당 기간 1할씩 받았다. 그러나 군대의 책임자가 바뀌면서 주인에게 수입의 6할을 여자들에게 주고 4할을 주인이 갖도록 정해주었다. 그후부터 우리는 수입의 6할을 받아 수입은 상당했으나, 바로 빚을 청산하지는 못했다.

처음 팽호도 조선관에 나를 넘긴 사람이 주인으로부터 받아간 돈이 내게 빚으로 남아 있었던 것 같다. 나를 꾀여가 팔아먹은 것이다. 그 사람이 얼마나 받았는지는 모른다. 주인은 많다고만 했다. 그때는 어려서 그런 걸 알아볼 생각도 못했다. 그래도 나는 해남도에서 10원인가 20원인가를 집에다 부친 일이 있다. 나중에 광동을 거쳐 인도네시아의 수마트라로 갈 때도 돈이 어느 정도 있었다.

해남도에서는 표 파는 사람이 따로 있었다. 군인이 들어올 때 표 한 장을 1원 50전에 사서 우리에게 주면 우리는 그 표를 모았다가 주인에게 가져갔다. 매상고는 매일매일 계산됐다. 졸병은 1원 50전, 하사관은 2원, 장교는 저녁으로 주로 '긴밤'인데, 긴밤은 10원이었다. 초저녁에는 군인이 긴밤을 요구해도 주인이 안 받아주었다. 군인을 더 많이 받고 난 후에 긴밤 장교를 마지막에 받으라고 했다. 특히 예쁘고 잘하는 애들은 초저녁에 긴밤을 못 받게 했다. 늦게까지 있어도 긴밤을 받을 수 있었으니까. 나도 그 중의 하나였다.

거기는 주둔지로 전부 군인, 그것도 육군이었다. 어찌나 바글바글한지 한 사람이 하루에 몇십 명씩을 상대해야 했다. 하루에 받은 군인의 수는 이곳 해남도에서 가장 많았다. 보통 하루 사오십 명씩이나 됐다. 옷을 입고 벗고 할 사이도 없었다. 문 밖에서 줄을 섰다가 한 사람이 나가면 다른 사람이 계속해서 또 들어오곤 했다. 한 사람에 5분, 10분도 채 안 걸렸다. 어떤 사람들은 각반을 풀지도 않고 바지만 내린 채 기다리고 있었다. 나는 젊어서 그랬는지 그런 생활에서도 견디어냈다. 처음에 팽호도에서는 정말 힘들었지만. 그래도 군인을 낮에 줄지어 받고 저녁에는 긴밤을 받고 하니까 정신이 없었다. 저녁엔 주로 장교들이 왔다. 영업시간 같은 것은 따로 없었고, 군인이 오면 아무때고 일어나 받아야 했다.

군인들은 삿쿠를 끼기도 하고 끼지 않기도 했다. 그래서 임신을 하는 여자도 있었다. 수마트라에서 임신한 여자를 하나 봤으나 나는 다행히 임신한 적은 없었다. 일주일에 한 번씩 병원에 가서 자궁 검사를 받았다. 검사에서 떨어지면 병원에 입원했다. 병원은 일본사람이 얻어놓은 민간인 집에서 육군 군의가 검진을 하고 치료, 간호 등은 일본인 간호원들이 맡아 했다. 그곳에는 우리 같은 한국인, 일본인 여자들뿐 아니라 일본인 산모도 입원해 있었다. 이처럼 팽호도에서는 지정된 일반 병원에서 검사를 했지만 해남도나 그후 수마트라에 가서는 군인 병원에서 했다. 물론 검사비 같은 것은 없었고 우리는 그냥 검사와 치료를 받기만 하면 됐다.

해남도에서 나는 병에 걸려 이삼 주 입원을 했다. 매독에 걸리면 606호를 맞는다는 이야기를 들었고 동료 중에 그 주사를 맞는 사람도 봤다. 나는 그 병에 걸린 적은 없고 주로 밑이 심하게 붓고 가려운 병으로 무척 고생했다. 그 병은 계속 재발했고 게다가 나중에는 치질까지 겹쳤다. 지금까지도 치질은 나를 괴롭힌다.

내가 해남도에 있을 때 일본으로 강제 연행된 오빠가 춥다고 입을 옷을 좀 부쳐달라는 편지가 왔다. 당시 오빠는 나보다 여섯 살 많은 스물여섯 살로 이미 결혼도 했다. 나는 팽호도에 도착했을 때 고향 집에 편지를 하여 집안 소식을 알 수 있었다. 오빠가 내 주소를 가지고 가 내게 연락을 해온 것이었다. 그때는 대동아전쟁 중이라서 무명은 드물고 대부분 인조견이었으며 그것마저 공급이 부족했다. 그러나 나는 내의, 양복기지와 광목 등을 사서 귀국하는 해군 편에 일본에 있는 오빠에게 부치기도 했다. 얼마 후 오빠에게서 잘 받았다는 편지가 왔다.

내 손님 중에 '고큐부캉'(高級武官)인 육군 장교가 있었다. 그 사람은 팽호도에서 해남도에 왔을 때 처음 배에 올라와 여자들에게 위안소 배치를 해준 군의 책임자였던 것 같다. 내가 있던 위안소는 법으로 정한 것은 아니지만 육군 전용으로 해군이 못 오게 돼 있는 곳이며, 혹시 해군이 출입하게 되면 서로간에 싸움이 일어나기도 했다. 해남도 위안소는 육군 전용, 해군 전용, 장교 전용으로 구분이 돼 있었지만 때로는 서로 뒤섞이기도 했다. 한 해군 병사가 몰래 뒷봉창에다 신호를 보내면 나가서 만날 만큼 몇 달간 사귄 적도 있었다.

또한 그곳 해남도에서는 물길어다 주는 중국인이 있었고 식사 준비는 주인이 했다. 간식은 자신이 해결할 수 있었지만 주인이 못 사먹게 했고, 더구나 기름기나 고춧가루 같은 것은 먹어서는 안 되는 음식으로 금했다. 당시 같이 있던 여자들 중 기억나는 이름들로는 우메코, 기요코, 하나코, 후미코, 지어코 등이다. 그집의 여자들은 모두 십여 명이었다. 기모노는 정복으로 저녁에 가끔 입었고, 낮에는 군인을 받기에 손쉬운 보통 원피스 종류를 입었다.

해남도에서 이삼 년을 지냈다. 그리고 해남도에서 광동으로 가기 전에 주인이 한 번 바뀌었다. 해남도에서 2년쯤 있었을 때 한국인 부부였던 주인은 돈을 벌어서 나가고, 그때 합천사람으로 나보다 예닐곱 살 정도 더 먹었던 한국인 죠바 이종운이 우리를 인수했다. 자세히는 모르지만 그도 나처럼 일본을 거쳐 이곳에 와 죠바 노릇을 하고 있었던 것이다. 새로운 주인인 이종운이 수마트라까지 우리를 데리고 갔다.

해남도에서도 이삼 년 있다가 대동아전쟁이 일어난 후 가게 된 곳이 인도네시아의 수마트라였다. 수마트라에 가기 전에 우리는 홍콩을 거쳐 당시 일본 점령지인 광동에서 한두 달 이상 머물렀다. 그곳에서도 이 생활은 계속됐다. 그곳 요리점에 여자가 두세 명밖에 없었고 집이 거의 비어 있다시피 하여 거기서 몇 달간 지내다 수마트라로 간 것이다. 나는 광동에서 다른 곳으로 옮겨볼 생각을 했으나 주인이 허락하지 않았다. 제대한 어떤 일본인이 내 빚을 다 갚아 주고 함께 살자고 한 일도 있었으나 그렇게는 못 했다. 그 일본인은 장교 출신으로 나이가 좀 많은 사업가였다. 사촌과 혼인한 상태였으나 그 부인은 일본에 있었다. 주인이 적극 말리기도 했지만 나도 선뜻 내키지 않았던 것이다. 나중에서야 참으로 어리석었다는 생각이 들기도 했다.

광동은 임시 수용소와도 같은 곳으로 여러 곳에서 업주와 여자들이 모여들었다. 거기서 군에 신청한 후 기다리면 장교가 나와 일정한 검사를 한 후 여자들을 뽑아서 다시 일정 지역으로 배치를 하는 것이었다. 광동에서 우리가 탄 배는 군함이었는데 아래쪽 짐칸에 실려서 긴 항해를 했다. 중국에서 함께 있었던 여자들 한두 명을 제외한 십여 명이 다 함께 갔다. 떨어져나간 여자들은 한국으로 돌아갔거나 일인을 따라 일본으로 갔다. 주인은 못생기거나 마음에 안 드는 여자가 나가는 것은 말리지 않았다. 우리는 가는 도중에 싱가포르에 들러서 한 일주일쯤 바람을 쐬고는 배를 갈아탔다. 싱가포르까지는 광동에 모여 있던 여러 위안소 여자들이 다 같이 갔으나 싱가포르를 떠나서는 필리핀, 자바, 수마트라 등에 각각 흩어져 내렸다.

내가 수마트라에서 다시 검사를 받고 처음에 배치돼 있던 곳은 메단이라는 곳이었다. 수마트라에서는 가장 큰 도시가 메단이었고 우리가 있던 곳은 시내 한복판이었다. 수마트라에서도 군표를 받았다. 일본돈에 도장이 찍혀 있는 그런 것이었다. 군인이 군표를 가져오면 주인이 사무실에서 표를 내주고 그 표를 여자들이 받았다. 딱지 같은 표는 반명함만한 크기에 글씨가 적혀 있었으며 1원짜리, 1원 50전짜리 등으로 구분됐다. 저녁이나 다음날 아침에 그 표를 세어가지고 돈 계산을 했다. 딱지 수대로 장부에 기록한 후 한 달에 한 번씩 계산을 해서 수입의 6할을 받았다. 그리고 은행 같은 곳에 가서 저금을 했다.

은행은 그곳에서 얼마 안 떨어진 곳에 있었는데 큰 건물 안이었다. 위안소에서 마차를 타고 가면 10분 정도 걸리는 거리였다. 군인들이 임시 운영한 야전우체국 정도로 생각된다. 메단에는 은행이 여기 한 곳뿐이었던 것 같다. 통장은 해방 후 쓸데없다고 생각해서 그냥 버렸으나, **河井綾子**라는 이름으로 당시 잔고가 삼사만 원은 됐던 것 같다.

메단에서도 여자들이 열 명 정도 있었다. 위안소 이름은 진토구락부, 난신구락부 등이었는데 우리가 있던 곳은 난신이었던 것 같다. 우리는 드문드문 지어놓은 양옥집을 여러 채 이용했는데, 모두 잔디가 깔린 넓은 집이었다. 한 집에 두서너 사람씩 있었다. 오란다(네덜란드) 사람들이 옷이고 장롱이고 침대고 살림을 그대로 두고 피란을 간 바람에 그 상태 그대로 그곳에서 지내니 그때까지의 생활 중 가장 편리하고 통제도 줄어 자유스러운 편이었다. 집집이 목욕탕, 화장실은 물론 피아노가 다 있었고 냉장고, 식기류도 그냥 있었다. 한마디로 호텔방 같았다. 게다가 입을 수 있는 옷가지도 넉넉할 정도였지만 옷은 크기가 맞지 않았다. 그래도 수마트라에서는 기모노를 입지 않고 주로 양장을 했다.

거기서는 가고 싶은 데도 마음대로 다닐 수 있었다. 군인도 마음이 내킬 때 받고 싶은 만큼 받고 때로는 거부할 수도 있었다. 왜냐하면 빚도 없고 주인이 일일이 감독, 통제를 다 할 수도 없었기 때문이다. 멀고 먼 이국에서 어차피 도망 같은 건 엄두도 못 낼 일이었으니까.

밥은 주로 쌀밥을 먹었는데 대동아전쟁 이후로는 쌀이 귀해서 강냉이를 섞어서 줬다. 전쟁 전에는 잘해주는 집도 있고 못 해주는 집도 있었는데, 대체로 먹는 것 때문에 고생하지는 않았다. 돈을 그렇게 벌어줬는데 잘 안해 줄 수가 없고 잘 안 먹여서도 안 됐던 것이다. 수마트라에서는 김치도 담가 먹을 수 있었고 중국인 요리사를 두고 잘 해먹었다. 거기서는 여자들이 개별적으로 빨래해 주는 여자, 청소해주는 남자를 각각 10원씩 주고 고용할 만큼 생활에 여유가 생겼고, 더욱이 인도네시아 사람들은 싼 임금에 쉽게 구할 수 있었다. 인도네시아인들은 일본사람이 오라고 하면 감히 응하지 않을 수가 없었던 것이다. 당시 우리 국적은 일본인이었고 일본군의 적극적인 관리 통제하에 우리가 있었기 때문이다.

메단에 있을 때 '고쿠부 싱예야스'라는 육군 군의관 장교가 나를 참 좋아했다. 나이는 스물대여섯 살쯤이었는데 집은 도쿄였고 그 아버지도 의사라고 했다. 그 사람과 자주 만나 외출도 하고 1년 이상 잘 지냈다. 그가 메단에서 전출된 후 연락이 끊어지기 전 그는 나와 결혼해 살자고 매달리기도 했다. 일본에 먼저 가 있으면 자기가 뒤따라 오겠다고까지 하는 걸 내가 뿌리쳤다. 그 사람이 내게 일본 글을 많이 가르쳐줬다. 당시 내 나이가 스물두셋. 나도 그 사람을 좋아했지만 일본에 가서 그와 함께 산다는 일은 내게는 상상도 못할 일 같았다. 지금도 그 사람의 얼굴이 생생히 기억난다.

수마트라에서도 중국과 마찬가지로 군인들은 주로 육군들만 상대했다. 여기에서도 위안부 생활을 한 3년은 했다. 그리고 이곳에서 나는 담배를 피우기 시작했다.

주인과 살림을 차리다

광동에서부터 수마트라에 같이 온 주인 남자는 해남도의 명월관에서부터 같은 집에 있던 사람, 바로 이종운이었다. 그 사람이 나를 점찍었던가 보다. 메단에서 2, 3년 있었을 때, 어느날 저녁 그가 내 방으로 쳐들어왔다. 그후부터 우리는 몰래 함께 지내려고 하니까 도저히 안 됐다. 그래서 하루는 여자들을 모아놓고 우리가 살림을 시작하겠다는 발표를 했다. 그런데 여자들은 그 남자가 독신이라서 모두가 노리고 있었던가 봤다. 내가 그 사람과 함께 살게 되자 시기를 하고 싸움이 일어났다. 여자들은 악이 나서 군인들을 잘 안 받았다. 그리고 인도네시아 클럽이라는 다른 곳이 잘 됐다. 몇 달 힘들게 견디다 또 다른 한국인 죠바에게 그곳을 넘기고 우리 두 사람은 인도네시아 여자들 십여 명이 있는 다른 곳으로 옮겨갔다.

그곳은 큰 유전지로, 위안소는 유전 바로 옆에 있었다. 정말 말하기 부끄럽고 창피한 이야기지만 그곳에서는 돈을 많이 벌었다. 인도네시아 여자들이 군인들을 잘 받았기 때문이다. 그곳에서는 일본인의 권리가 너무나 당당해서 인도네시아 사람들은 오라고 하면 오고 가라고 하면 가고 그랬던 때였다. 그리고 일본군의 적극적인 협조로 아무런 어려움이 없었다. 일본군이 나와서 집안 소독도 해주었다.

  그때는 인도네시아 말을 조금 배워서 더듬거리며 의사소통은 할 수 있었고 그들도 일본말을 조금 했다. 나도 일본말을 조금 할 줄 알아서 어쨌거나 말이 통했다. 죠바로 중국사람을 두었다. 이 사람은 인도네시아 말이 통했다. 이때도 주인이 4할, 위안부가 6할을 먹었다. 인도네시아 여자들도 마찬가지로 일주일에 한 번씩 병원에 가서 진단을 받았다.

  어느날 이곳 유전에 미군이 폭격을 했다. 우리 이층집도 폭격을 당하고 말았다. 비행기가 날아온다고 사이렌이 불고 난리가 났다. 우리집 뒤에 강도 아니고 냇물도 아닌 그런 물이 있었다. 그 근처 방공호로 급히 내려가 간신히 피신은 했지만 집이 폭격을 당했다. 그때 우리집 사람이 둘이나 죽었다. 인도네시아 여자와 부엌에서 밥하던 인도네시아 할머니였다.

  군인들이 나와서 금방 다시 임시로 집을 지어주었다. 널빤지로 얼기설기 지었는데 방을 열 개 넘게 만들어주었다. 그집으로 옮겨가서 1년 남짓 더 있다 해방이 됐다. 그때 내 나이가 스물네 살이었다. 그 남자를 만나서 살림을 한 지는 1년 반 정도 됐을 때였다. 살림을 하면서부터는 나는 군인을 받지 않았다. 수마트라엔 모두 4년 넘게 있었나 보다.

  패전 소식이 들렸을 때, 가지고 있던 패물을 목욕탕에 숨기려 했으나 인도네시아 사람들이 들이닥쳐 몽땅 빼앗겼다. 그곳에선 보석이 싸서, 다이아몬드 목걸이, 팔찌 등을 중국인 죠바에게 부탁하여 쉽게 사모을 수 있었던 것이다.

해방의 기쁨도 모른 채

해방이 되자 위안부 여자들을 다 모아서 근처 수용소로 가 있었다. 그곳에는 작은 배를 타고 갔는데, 인도네시아의 다른 섬인 것 같았다. 수용소 건물은 컸다. 처음에는 일본 군속이었던 서울 남자와 평양 여자 부부 집에서 숙식을 했는데, 서너 집의 내외들이 모여 있었다. 혼자인 남자들 대부분은 위안소의 주인들이었는데 배를 탈 때는 각기 헤어졌다. 나는 물론 합천사람 이종운과 계속 함께 있었다. 거기에서는 우리가 밥을 해먹었고, 아침에 일어나면 조회 겸 체조도 했다. 일본말을 하지 말고 조선말을 하라고 해도 자꾸 일본말이 튀어나왔다. 조선말 쓰라고 호되게 야단을 맞기도 했다. 조사 같은 것을 받은 기억은 없다.

언젠가 귀국할 때를 대비하여 옷과 이불 같은 것을 많이 마련해 두었으나 하나도 가져올 수 없었다. 당시에는 일본이 진 것이 기쁘기는커녕 아득하고 아찔할 뿐이었다. 내 청춘을 바쳐 그렇게 번 돈을 몽땅 쓰레기처럼 버리고 돌아와야 했던 것이다. 설령 거기서 가져올 수 있었다고 하더라도, 어차피 부산에서 하선하기 전에 조사를 철저하게 하여 아무것도 못 들여오게 했다. 지금도 왜 그래야 했는지 나는 알 수가 없다. 그후 생활고를 생각하면 더욱 억울하지만 그래도 그저 목숨이라도 살아 돌아온 것을 감사해야 했다.

아마 1946년 4, 5월에 부산에 도착했던 것 같다. 실로 만 10년 만의 귀국이었다. 대구를 거쳐 남자의 고향인 합천으로 같이 갔더니 시어머니, 시누, 남동생네가 있었다. 그곳서 몇 개월간 살 때 호열자

(콜레라)가 온 마을을 휩쓸고 갔다. 나는 그때 마침 친정 하동에 다녀오는 바람에 난을 면했고, 다른 가족들도 다행히 무사했다. 대구서 직장 다니던 시동생을 의지하여 대구로 나와서 장사를 했는데, 과일도매상도 할 만큼 돈도 벌었다. 그러나 그 사람은 장남인데다 애를 무척 좋아했으므로, 아이를 못 가지는 나는 그대로 계속 살 수가 없었다. 귀국 후 아마도 일 년쯤 함께 살다가 그집을 나왔다.

내 나이가 서른 가까이 되어 다시 귀향하여 부모님과 조카들을 돌보며 살았다. 고향에서 농사도 짓고 나무도 하며 올케가 버리고 나간 조카애들을 돌보고 혼인까지 시키느라 심신이 고달팠다. 오빠가 보국대에서 돌아왔을 때 올케는 집을 나갔고 그후 오빠가 다시 부인을 얻어 딸, 아들을 하나씩 더 얻었던 것이다. 아주 빈털터리가 돼 돌아온 내게 식구들은 아무 말은 안 했지만 시선이 고울 리 없었다. 나는 완전히 낯을 들 수 없게 됐고, 뼈가 빠지게 일할 수밖에 없었다. 일본서 내가 봐주던 큰 조카딸이 귀국하여 하동의 외가에서 살다가 결혼해 부산으로 나가 살게 됐다. 그애가 여관을 하기 위해 건물을 샀는데 장사가 잘 됐다. 그때 내가 그곳을 왔다갔다하며 도와주다 우연히 한씨를 만나게 됐다. 나는 마흔네 살에 그와 혼인하여 서울로 왔다. 와서 보니 지금의 아들이 있었고, 후취로 온 것임을 뒤늦게 알았다. 큰아들과 딸 둘은 이미 결혼한 뒤였다.

1967년 3월 혼인신고가 됐고, 그후 서울시청에서 말단 공직생활을 하던 남편은 정년퇴직을 했다. 당시에도 생활은 무척이나 곤란하여 나는 가방 만드는 공장에도 다니고 막일도 하여 살림에 보태었다. 그리고는 시골의 내 몫으로 돼 있던 서 마지기 땅을 팔고, 억척으로 일해 모은 돈으로 방화동에 땅을 사서 손수 작은 집을 지었다. 지금은 그집을 팔고 새로 아파트를 분양받아 작은아들이 살고 있지만, 집 때문에 큰아들은 나를 외면하고 산다.

영감은 8년 전에 별세했다. 그후에는 부산서 여관을 하는 조카딸 집에도 좀 가 있다가, 오빠네 집에 좀 가 있기도 했다. 둘째아들네와 살다가 최근 아파트 가정부로 1년 넘게 나와 살기도 했다. 그러나 이제는 남의 집살이도 더 이상 하기 힘들어 94년 3월말 현재 다시 아파트로 이사한 아들네로 돌아갔다. 그래도 나는 남편 옆에 묻힐 곳이 마련돼 있어 다행이다.

이제 더 할 말이 있다면 돈 한푼도 못 챙겨 나온 것이 너무나 억울하다. 나의 짓밟힌 청춘을 어디서 보상받겠는가. 또 함께 배 타고 귀국한 여자들을 나는 한 번도 만난 적이 없는데, 특히 나보다 두세 살 위였던, 여수에서 온 우메코를 가장 만나 보고 싶다. 그러나 그녀에 대해서도 자세히는 모른다. 우리는 서로의 출신, 과거를 잘 모르고 서로 묻지도 않았다. 그리고 내가 젊어 일본에 갈 수 있다면 싱예야스를 한 번 만나보고 싶다. 아마 그 사람도 아야코, 나를 기억할 것이다. (정리: 신영숙)

정리자의 뒷이야기

할머니는 열다섯 살이라는 어린 나이에 일본에서 대만으로, 그리고 인도네시아 수마트라에 이르기까지 10여 년 간의 오랜 위안부 생활로 청춘을 다 보냈다. 지금도 심장이 나빠 계속 약을 드시고 요통과 치질 등 질환에 시달려 힘들어 보인다. 그러나 연세에 비해 몸도 마음도 깔끔해서 그 오랜 세파에도 별로 흐트러짐이 없이 무척이나 단아한 모습을 지니고 있다. 기억력도 비교적 좋아서 솔직하고도 담담하게 정말 숨기고 싶은 고통스러운 지난 이야기들을 자세히 잘 말씀해주셨다. 특히 당시의 지긋지긋했던 생활이나 귀국 후 심신이 고달프기만 했던 기억들을 회상할 때는 눈물을 금치 못하기도 하여 당시의 고통이 얼마나 심했던가를 짐작케 했다.

할머니에게서 특히 주목된 것은 죠바에서 관리자가 된 남편과 함께 자신과 같은 위안소 여자들을 관리했다는 점이다. 할머니가 뭔가 위축돼 있었고 기를 못 폈던 것이 그것 때문이었음을 안 것은 정말 한참 후의 일이었다. 그러나 위안소 관리체제가 일본군 통제하에 이뤄진 것이었고 더구나 할머니의 경우 전적으로 주인 남자에 의해 만들어진 어쩔 수 없는 상황이었다. 애초에 일본이 침략전쟁을 일으키며 전쟁 수행기구의 하나로 위안소 - 위안부제도가 성립됐던 것이 아닌가. 때문에 할머니를 결코 비난할 수 없고 비난해서도 안 된다.

몇 년이 지난 후 이 일로 할머니를 다시 찾아뵀더니, 떳떳하지 못했던 과거를 이제야 극복하신 듯 수요시위에도 나오고 다른 할머니들과도 사귀고 계셨다. 군위안부로서의 생활이나 그들을 데리고 있었던 삶이 때로는 억울하고 때로는 부끄러웠겠지만 이젠 홀홀 털어버려야 하지 않겠느냐고 다짐하는 듯했다. 할머니를 면담하면서, 이같은 아픈 상처가 현재에나 앞으로의 인류사회에서 다시는 절대 되풀이되지 않아야 한다는 생각이 더욱 절실해졌다. 수 년에 걸친 어려운 조사에 응해주신 것을 진심으로 깊이 감사드린다.

그 기억을 지우기 위해 밤마다 염주를 돌렸지

신현순

1924년 서울에서 태어났다.
뉴기니, 미얀마로 끌려갔다 왔으며,
지금은 경기도 광주군 퇴촌 나눔의 집에 살고 있다.

간호원으로 데려간다고 거짓말한 거지

내가 갑자생, 쥐띠야. 1924년 11월생이지. 서울 안국동에서 태어났어. 우리집에는 재산이 좀 있었어. 열 살 터울의 큰오빠와 네 살 터울의 작은오빠가 있고. 우리 오빠들은 둘 다 고보 나왔어. 우리집이 교육은 잘 시키는 집이야.

나는 어려서 아버지한테 천자문을 배웠어. 그러다가 여덟 살인가 아홉 살에 교동국민학교에 들어갔어. 할머니가 그랬어. "머리 길게 땋고 어딜 가느냐." "다 큰 기집애를 어디 학교를 보내느냐." 그래도 우리 엄마가 아침 일찍 밥해서 나 먼저 먹여서, 책보를 대문 밖에 내놓고 빨리 가라구 그랬어. 딸도 가르쳐야 한다고. 우리 엄마가 유식해. 제사 지낼 때 제문도 쓰고 그랬어.

교동국민학교 졸업하고는 동덕여중에 1년 반쯤 다니다가 그만뒀어. 공부하기 싫어서 그만뒀지. 지금 생각하면 그때 학교 그만둔 게 후회가 돼. 그리고는 시험을 봐서 안국동 우체국에 합격했어. 옛날엔 취직하는 데도 일본사람, 조선사람 가려가지고 했어. 우체국에서 처음엔 책상 닦고 청소하는 일부터 시작했지. 몇 개월 하고 나니까 우표 팔라고 그래. 그거 익숙해지니까 편지 부치는 거 시켜. 편지 가는 곳을 지역별로 분류하는 일이었지.

내가 열일곱 살 때쯤 우리 할머니가 걱정을 하며 말했어. "일본놈이 보국대 데려간다고 그러는데, 저거 어떻게 하면 좋으냐……." 그 당시엔 그런 말이 많이 떠돌았지. 그래서 할머니는 나를 숨겨야 한다고 그랬어.

그러다가 내가 열여덟 살(1941년) 때였어. 그때 마침 일본사람이 한국사람 간호원 데려간다고 그래. 몇 달 있다가 우체국으로 조선사람과 함께 일본사람이 찾아왔어. 그네들은 양복을 입고 있었어. 나이가 마흔은 넘어 보였는데, 둘이 서로 일본말로 의논하고 그랬어. 그 사람들이 나보고 간호원 시험 보라고 그래. 나는 보국대로 끌려가는 것보다 간호원이 되는 것이 낫겠다고 생각했어.

일본사람이 서류를 다 해가져와 가지고 주소 쓰고 이름 쓰고, 외국에 가도 좋으냐고 물어보고 쓰고, 또 내가 우리집에서 딸 하나라는 거 쓰고 또 전쟁 중이니까 간호원 하러 간다는 거 다 쓰고. 우체국 사무실에 와서 시험 본 거야.

사실 그네들 속은 딴판이었거든. 일본놈들 저희가 나를 데려갈래니까 거기 와설랑 거짓말로 다 써서 도장 찍어간 거야. 사실은 위안부로 끌어가는 건데, 겉으로는 간호원으로 데려간다고 그렇게 거짓말한 거지.

그때는 위안부 소리가 안 나왔지. 일본에 간호원으로 간다고 그랬지. 일본 가서 병원에서 훈련받고 교습받고 간호원 노릇한다 그래서 좋다고 갔지. 아버지가 여자도 배울 건 배워야 하니까, 간호원이라도 나쁜 게 아니니까, 네가 가고 싶으면 가라고 그랬어. 우리 엄만 안 된다고 난리를 쳤는데…….

그때가 가을이었어. 갈 때 스커트와 블라우스를 입고 갔어. 서울역 시계탑 앞에 모였어. 깃대에다 적십자 깃발 들고 있는데, 사람들이 많이 모였드라구. 여자들만 다 몇십 명. 간호원 옷을 입거나 띠를 두르지도 않았지. 우체국에 왔던 일본사람이 여자들을 인솔했어. 그래 모여 타고 갔는데…….

서울역에서는 기차 타고 부산으로 갔어. 부산에 가니까 또 다른 지방에서 온 여자들이 있었어. 모두 합해서 여자들이 80명은 될 거야. 부산서 관부연락선(일제시기 부산과 시모노세키를 오가던 배)을 탔어. 시모노세키에 내려서는 여자들의 가슴에다 이름표를 핀으로 꽂아주데. 이름표는 헝겊에 이름을 쓴 거야. 내려서 어디에 묵지 않고 곧바로 줄 세워가지고 다른 배를 타러 갔어.

그래 배 타러 가면서도 나는 간호원으로 가는 줄 알았지. 적십자기가 달려 있는 '헤이요마루'라는 병원선이야. 인솔하는 일본사람한테 왜 이 배를 타냐니까, 싸우는 데 가면 다친 사람들이 있는데 이 배는 적십자를 그려놨기 때문에 어느 나라든지 폭격을 안 한대. 그러니까 안전하려면 이걸 타야 한대.

그때는 아무 생각 없이 그런가 부다 하고 타고 갔지. 그 배를 탈 때까지만 해도 '아, 여기서 이제 일본놈들 심부름하나 보다' 했는데 그게 아니더라구.

병원선 탈 적에는 갑판으로 타서 충충대로 올라갔다 내려가서 갑판 위에 있었는데, 밤중에 집합해서 줄을 세워가지구 지하실로 데려가데. 내려가다 보니까 배 밑창이야. 여자들을 거기다 갖다가 집어 넣었다구. 방이 커요. 이 방(5~6평)의 대여섯 갑절 되더라구. 마루로 된 거야. 밑창에 방이 여럿 있었어. 여자들이 스무 명 정도씩 한 방에 들어갔어. 군인들은 우리보다 위층에 있구. 배가 몇 충이데.

시모노세키에서 밤중에 떠났어. 밤에 자다 보니까 배가 흔들리더라구. 이상해서 올라와 보니까 배가 가더라구. 병원선은 시모노세키로 타고 간 배보다 커요. 목욕탕 따로 있구. 밥 주는 데 있구.

주먹밥을 주욱 만들어서 쟁반에다 놓고, 그 가운데는 매실 절임을 넣고 하나씩 줬어. 배 (위)에서는 불을 못 때거든. 불을 때면 비행기 오니까. 그래, 배 밑에 불 때는 데가 있어. 배가 불 때가지고 가는 밴가 봐, 아마. 불 위에는 큰 가마가 걸려 있는데, 그 속에다가 쌀을 넣고 밥을 쪄 주먹밥을 만들어 주더라고.

건빵하고 된장국하고 줄 때도 있고 건빵 한 봉지를 된장국에다 넣어서 불려서 먹었어. 군인들도 그렇게 먹고 밥은 앉았으면 다 갖다 줘요, 군속들이. 그 배에 해군도 있고, 육군도 있고 군인들이 많이 탔어.

난 멀미를 안 해. 다른 여자들은 멀미 때문에 고생했어. 드러누워 뒹굴고 그러지. 같이 간 여자들 중에 아는 사람은 없었어. 배 타고 가면서 구명도구를 줬어. 만약에 파선하면 배 타고 뛰어내리는 거 연습했어. 아침에는 갑판에 나와서 조회해. 기미가요(일본국가) 부르고, 체조하고. 군인들도 다 함께 하고, 여자들도 하고.

배가 적도를 넘을 때 날씨가 그렇게 뜨거워. 어느날 밤에 나는 잠을 자다 하도 더워서 갑판 위로 올라왔어. 군인한테 물어보니까 여기가 적도래. 거길 지나가더라구. 여긴 밤낮 이렇게 덥다 그래. 바닷물이 파랗다 못 해 잉크빛깔 같애. 아침에도 나와보면 바닷물이 시퍼래.

"이 배는 어디까지 갑니까?" 하고 일본 해군 병장한테 물어보니까 모른다 그래. 그래 내가 자꾸 이런 거 저런 거 물어보고 그러니까 나보고 일본놈들이 몸뚱이보다 입이 먼저 생겼다고 그랬어. 그때까지도 간호부로 가는 줄 알았어.

내가 왜 솔로몬(제도)을 기억하냐 하면 가다 들렀나 봐. 공습이 왔어. 적도에서 조금 가니까 펑펑펑 공습이 오고 그래. 배 속으로 들어가라 하고 야단이 났어. 그러니까 거기서 솔로몬으로 피했어. 우리는 배에서 안 내리고 배만 섰어. 내가 또 물어보니까 입 닥치고 있으라 그래갖고 닥치고 있었지. 배에 불을 캄캄하게 다 끄더라구. 공습이 심해서 거기서 묵었어. 한 이틀 있었나 봐.

배가 낮엔 안 가구 밤에만 가데. 낮엔 어디든지 가서 섬만 있으면 구석에 들어가 숨었다가 밤중에 가고 공습 없을 때면 가구 그랬다구. 그래서 솔로몬에서 한 사나흘 갔나 봐(한숨). 배를 더 타고 가니까 뉴기니라는 데가 있더라구.

뉴기니 도착했을 때 그 설움은 말도 못 해

뉴기니에서 내릴 때 큰 배에서 사다리로 내려서 쪼만한 배를 타고 건너와서 내렸거든. 밤이었어. 군인 트럭에다 태워가지구 가데. 뒤에다가 여자들을 가득 차도록 태워가지구, 산으로 산으로 해서 한참 갔어. 거의 한 시간. 위안소에서 바다는 안 보여요. 뒤는 산이 있구, 열대 나무들 있구. 도착할 때 그 설움은……. 무섭기도 하구.

새카만 원주민들이 왔다갔다하구. 그 사람들은 빨개벗구 앞치마 하나만 둘렀어. 일본놈들이 원주민들 많이 부려먹었어. 잘못하면 막 때리고.

우리 먹을 밥을 큰 통에다가 해놨드라구. 밥은 붙들려온 원주민들이 마당에다 솥을 걸고 했어. 쌀밥에 된장국 해주고, 카레라이스 같은 거 해서 비벼먹게 해주고 가끔 가다 부대에서 생선이나 고기 가져오면 해주구.

처음엔 일본인 관리인을 '오지상'이라고 불렀어. 얼마 지나 자기 방 앞에 '이도'라는 문패를 걸어놔 이도상이라고 부르기 시작했지. 거기 가서 이도상은 처음 봤어. 우체국에 왔던 남자 둘이 거기까지 함께 타고 갔어. 그 사람들이 이도상한테 우리를 넘겼나 봐. 둘 다 뉴기니까지 와서 이틀 있다 없어졌어.

가보니까 다 해놨더라구. 철조망을 쳐놓은 안에 새로 위안소 건물도 지어놓고, 집이 세 채 있구. 이도상이 집 짓고 식당 만들고 그렇게 전부 준비한 거야. 집 짓는 거는 헤이따이상들이 짓구. 일본놈들 중에 집 짓는 사람 많아. 널빤지로 판자집을 이레 지어놓구, 천장은 야자수 나무 이파리로 기워서 덮었다고. 드러누워서 천장을 쳐다보면 도마뱀이 막 돌아댕긴다구. 비는 안 새. 거기는 비가 좍좍 왔다가 딱 그치고, 하루 몇 번씩 그래. 스콜이라고 그래.

나눔의 집 역사관 구경해보니까 위안소 방 만들어놓은 거, 그거 똑같애. 그래서 그걸 쳐다보고 그랬어. "참, 서글프다, 이걸 보니까. 우리 과거 당했던 그 방하고 똑같애. 서글프지 참 그……."(한숨)

건물 입구에는 문이 없어. 가운데에 길다랗게 복도가 있고, 안쪽에 주욱 방이 있어. 밖에 군인들이 주욱 줄을 섰구. 그방 하나씩을 여자들에게 주는 거야. 내가 그때는 나이는 어려도 얼굴이 이쁘다고 그랬다구. 왜정 때는 성을 갈았어. 우리가 평산 신가거든. 그래서 성을 히라야마(平山)로 바꿨더랬어. 이도상이 내 이름을 세츠코(節子)라고 지었어. 그래서 방문 앞에다 한자로 '히라야마 세츠코'라고 써서 붙여놨어. 문패만한 막대기에다 써가지고 아가씨들 이름을 방문마다 쭈욱 붙여놨어.

방이라는 게 요만해가지고, 글쎄 세 평이나 될까……. 방 안엔 창문이 하나 있고, 야자수 이파리로 들창을 만들어서 들어올렸다 내렸다 해. 방에 들어가면 반은 베니어판 같은 걸로 딱 덮어놓구, 짚을 넣은 요 위에다 담요를 그냥 덮어버렸어. 군인 담요 하나, 베개 하나 놓고. 바닥은 나무때기로 되어 있어. 군인들은 들어와서 신발을 벗어. 세면대야가 두 개야. 하나는 세수하는 물, 하나는 뒷물하는 물. 물 많이 담은 양동이가 있고 과망간산이라고 소독약 있어. 병에다 타놨다가 한 방울씩 떨어뜨려서 씻어. 옷은 한 쪽에다 벗어서 그냥 던져놓구. 다른 세간은 없어. 난 생전 화장 안 했으니까, 화장품은 없어. 옆방이랑 벽은 나무로 되어 있고, 그러니 옆방에서 말하는 소리 다 들려요. 이런 소리 저런 소리 다.

뉴기니에 도착해서 군인들 받기 전에 군의가 와서 먼저 전부 병이 있나 없나 검사하구. 여자들 하나하나 사진 찍어서 서류를 다 만들더라구. 그 서류를 부대장한테 갖다준대.

토요일, 일요일엔 군인들이 많이 나오고, 안 나오는 날은 전쟁하

러 가느라고 안 나오고. 전쟁 안 가는 날 오고 이러는데, 어휴······
어디다 하소연 하겠노. 울기도 많이 울고, 도망도 많이 댕기고·······.

울기도 많이 울고 그러다가 어떻게 당했다구. 끌려들어가서 당했
다구. 내가 자꾸 숨어댕기다가 너무너무 기가 맥히고 한심해서 밤낮
울고 그랬는데, (울음) 수풀 속으로 도망가면 못된놈들이 찾아온다
고. 쫓아와서 끌고 방으로 들어가고 이러는데·······.

거짓말도 많이 해야 해. 그 사람들한테 내가 아프다고 그러구. 너
희들 상대하고 난 뒤에 배가 자꾸 아프다고 거짓말하고·······. 하루
상대하는 게 열 명도 넘어. 그 고통당하는 거는 말도 못 하지 뭐.

위안소 근처에 저만큼 보일 정도로 군부대가 있어. 새파랗게 텐트
쳐놓고 밑에는 나무때기로 죽 깔아놓고, 군인들은 그렇게 막사에서
자. 밤이라도 어디로 이동한다 하면 텐트를 탁탁 접어서 싣고 가. 비
행기에다 다 싣고 가. 그 자리에 집이 없던 것처럼 만들어놓고 가.
그런 다음에 다른 부대가 또 오고 그래.

군인들도 자꾸 바뀌어. 일본에서 금방 오는 거 있고, 전쟁하다 오
는 거 있구, 또 어느 섬에 있다 오는 거 있고, 별거 다 있어. 그런데
일본서 금방 오는 것들은 위안소 와도 착해. 금방 하고 그러는데, 저
섬에 가서 오래 있다 온 것들은 여자들 막 붙들고 안 놓으려고 그래.
오래도록 막 괴롭혀. 그 동네에 오래 있던 것들은 좀 착하구.

욕심 많은 남자도 있고 욕심 없는 남자도 있고 별거 다 있지. 행
패부리고 그러진 않아도 여자 상대를 오래 하려고 기쓰는 그런 군인
들이 많아. 때리는 건 없어. 술 먹으면 저거 못하게 해.

도꼬다이(특공대) 군인들이 많이 왔다구. 비행기를 타고 가면 가는
가솔린만 가져가고 오는 휘발유는 안 줘. 거기 가서 배든지 뭐든지
처박아 죽으라구. 그때는 그렇게 심했다구. 그런 군인들 오면 우리
더러 잘해주라고 그런다구. 광고도 붙이구. 그 군인들이 몇 시까지

가야 하는데 시간이 모자라면 위안소에 와 있던 다른 군인들 나오라 그래. 지금 아무개 몇 부대가 가니까 그 군인들 먼저 놀려보내야 한다고 그랬다구.

어떤 녀석들은 장난감도 가지고 와서 이거 내가 가지고 놀던 거니까 너 가지라구 선물이라고 주구 가. "왜 그런가?" 하면 "나 인제 가면 못 오니까" 그래. 별거 아닌데도 하다 못 해 세수수건 같은 거에 이름 써가지구 주는 것두 있구. 인형도 주구 가구. 제것 모아놨던 거 다 주구 가. 나는 그런 거 싫다구 그러면 아니라구 내가 쓰던 거라구 하면서 주구 가. 생각하면 그 군인들도 참 안됐지.

나라 없는 거같이 서러운 게 없어

아침 9시부터 저녁 다섯 시까지, 그 이후엔 사병들 안 받아요 군인들이 이도상한테 군표를 사병은 3원, 장교는 7원을 내지. 장교는 저녁에 와. 저녁에는 아무래도 시간이 낮보다 길어지지. 군인들이 머무는 시간은 10분쯤. 한 번 놀면 그냥 가. 장교들은 자기도 하도 쉬었다가 가기도 하고.

뉴기니에 있을 때 군인들이 많이 나오기도 하고 적게 나오기도 하구 그래서 물어보면 트럭섬에서 전쟁했다고 그래. 폭격했다구. 트럭섬에선 전쟁을 많이 해서 일본놈들 몇백 명씩 죽구 그랬다구.

위안소에는 다 한국 여자들이었어. 여자들은 80명쯤 됐어. 함께 간 여자들 외에 나중에 더 오진 않았지. 위안소 철조망 밖에는 중국 여자들도 있고, 할머니도 있고, 젊은 여자도 있고, 남자들은 어디 붙들려가서 없고. 그 여자들이 위안소 여자들한테 바나나, 파파야, 망고 같은 과일을 가져와서 팔고, 빨래도 아주 깨끗이 해서 다려서 갖다주고 돈 받고.

위안소로 일본 남자들 군속들이 다달이 몇 명이 와. 어디서 오는지 몰라도 이도상을 거들어주고 그러다 가고. 이도상도 군속이야. 누런 군속 옷 따로 입었어.

위안소 들어오는 입구에 수위실 비슷하게 방이 있어. 이 속에 이도상이 있어. 바닥은 마룻바닥인데 그 위에다 일본서 다다미 갖다가 몇 장 깔고 거기서 자고. 작게 창이 나 있어. 표 파는데, 이도상 방 앞에 '일본 군인 위안소'라고 써 있었어. 군인들이 군표를 가져 와서 이도상한테 표를 사. 입장권 같은 거. 그때는 빨간 돈 군표였어. 목욕탕에서 돈 받듯이 그렇게 받아. 징그러. 생각만 해도…….

군인들은 그 표를 가지고 다니면서 보다가 방으로 들어와. 그래도 군인들도 저 맨날 가던데 가지 아무한테나 안 가. 밥 먹고 저녁에는 그날 표를 전부 모아 이도상한테 갖다주면 장부에다 누구는 몇월 몇 일 몇 사람 하고 적어. 그리고 한 달에 한 번씩 그믐날이면 계산하거든. 나는 자꾸 잊어버릴라고, 생각도 안 해. 그럼 잊어버려야지. 이게 뭐 좋은 일이라고……. 가만히 생각하면 나라 없어서 우리가 그렇게 붙들려가고 저거 했지. 그래, 나라 없는 거같이 서러운 게 없어.

거기는 말라리아 모기가 많아. 그래서 말라리아 약을 배급해주는데, 많이 주면 그걸 먹고 죽을까 봐 닷새에 한 번 딱 두 개씩 줘. 미리 예방하는 거야. 그래도 그걸 모았다가 먹고 죽은 여자도 있었어. 여자가 죽으면 화장을 해. 부대 앞에 화장하는 데가 있었어요 죽은 군인도 그곳에서 화장해. 우리는 화장하는 거 못 보게 하더라구.

일주일인가 닷새에 한 번씩 군의가 검사하러 와. 아래에 병이 있나 없나. 군의가 검사하러 올 때 여자 간호원이 따라와. 그 간호원은 나이 많이 먹은 일본 여자야. 검사하는 방이 따로 있어. 나무대가 있어. 그위에 올라가 드러누웠으면 군의가 검사해. 물 끓여가지구 소독해서. 병이 있는 여자는 군인 상대 못 하게 해. 병 옮으면 안 되거든.

그러니까 삿쿠를 꼭 사용하라고 그래. 남자한테 씌우도록 강요해. 안 씌우면 안 한다 그러구. 삿쿠는 이도상한테 미리 배급을 받아. 상자에 가득 들은 걸 배급을 줘. 다 쓰고 나면 또 타러 가. 삿쿠는 군인들한테 우리가 줘. 군인이 들어와 옷 벗고 나면 그것 먼저 주지.

여자들 사이에 반장이나 그런 거는 없었어. 방에 번호는 없고, 방문에 여자 이름만 주욱 적혀 있었어. 앞에는 이름 쓰고 뒤에는 빨간 글로 '뵤오키데 야스미'(병으로 휴식)한다고 써 있구. 아프면 '뵤오키'라고 뒤집어놓구. 나는 병 걸려 본 적은 없어. 병에 걸리면 병원에 가서 약 타다 먹고. 근처에 커다란 군인 병원이 있어요.

어디 규정이 써 있지 않아도, 군인들이 상대하고 나면 저도 내가 병 있나 뭐 있나 무서워해. 그래서 세수대야가 두 개 있어. 방 안에 양동이에다 물을 하나 가득 퍼다놓으면 여기는 과망간산 있으면, 얼른 여기다 씻고 또 헹구고 그래. 아주 철저해. 소독은 저희도 해. 여자도 하고 나면 당연히 물에다 씻어야지. 여자 씻는 대야가 거기 따로 있어.

밥은 시간 꼭꼭 맞춰서 해줘요. 점심시간은 12시부터 1시까지인데, 점심시간에는 군인들 안 받구. 밥 먹을 시간이 되면 두부장수 모냥 댕그렁댕그렁 종을 쳐. 그러면 식당으로 가. 거기가 커요. 천장은 야자수 이파리로 엮은 것이고, 벽이 없이 지붕만 있어. 솥을 걸고 밥을 해. 나무때기로 상 만들고 긴 걸상 만들고 거기 가서 밥 먹어. 저 먹을 만큼 밥과 국을 덜고, 단무지면 단무지 한 가지 그렇게 가져와서 먹어.

점심 먹을 때 여자들이 얘기하고 장난하고 그러지. 여자들이 싸우진 않아. 서로 의지하고 밥 먹구. 여자들이 각처서 왔어. 부산서도 오고 대구서도 오고. 여자들끼리는 우리말 해.

빨래를 하면 위안소를 에워싼 철조망에다 갖다 죄 널어. 빨래는 위안소를 끼고 흐르는 개울에서 해. 산에서 내려오는 물이야. 돈을 애끼는 사람은 저희가 빨아서 널구. 철조망 옆에 중국사람들이 살아. 다 붙들려 가구 여자들만 살아. 그 사람들이 "네상(언니), 네상, 센따꾸(세탁) 센따꾸" 그래. 빨래거리 저희 달라구. 나는 다 줘서 빨아 입었어. 왜 그런고 하니 내가 이 고생하구 사는데 언제 어쩔지 아느냐고. 낼 죽을지 모레 죽을지 모르는데…….

군인들이 방에 들어오면 나는 주사도 맞았느냐고 물어보고, 병도 없느냐고 물어보고, 자꾸 그러거든. 삿쿠 써도 겁이 나서. 성병 검사해서 병에 걸린 사람에게는 606호 주사를 놔줘. 군인들도 성병에 걸리면 그 주사를 맞아. 외출도 금지시키고 군인들을 외출 내보내는 건 위안부 여자들한테나 내보내지. 다른 데는 갈 데가 없거든, 거긴. 그러니까 병 나면 부대에서 안 내보내. 군인들도 병이 있는지 아주 철저히 검사해요 병 걸리면 전쟁 못 하잖아요 군인들도 병원에 가서 검사하지. 위안부 검사하고 소독하는 군의가 병사들 검사도 하거든. 병 걸린 군인들은 매일 가서 주사 맞지. 남자도 검사해야지 안 하면 여자들도 다 버리고 저희도 다 버리고 그러지. 그건 철저하다구.

이도상이 심하게 하거나 때리진 않았어. 병 걸리지 않게 주의하란 소린 잘 해. 삿쿠 안 쓸까 봐 그 소리 많이 해. 왜 그렇게 잔소리하느냐 하면 병 걸리면 너희도 손해구 우리도 손해니까 조심하라구 그래.

여자들이 목욕하는 데가 따로 있었어. 밥 먹는 데 옆에 갑바(천막천)를 갖다가 사방을 다 둘러쳐. 천장도 씌우고 그 안에서 물을 끼얹고 씻어. 그뒤에 개울이 있는데, 땅을 파서 그 물이 들어왔다가 돌아서 나가게 되어 있어. 파이프도 만들어서 샤워할 수 있도록 만들었어. 땅을 파서 호스를 댓 개 박아놓구 거기다 샤워기를 다 꼈어. 거기서는 따로 정한 휴일이 없었어. 아프면 쉬지.

다른 여자들은 간타후쿠 입고 그러는데, 위에서부터 아래까지 쭉

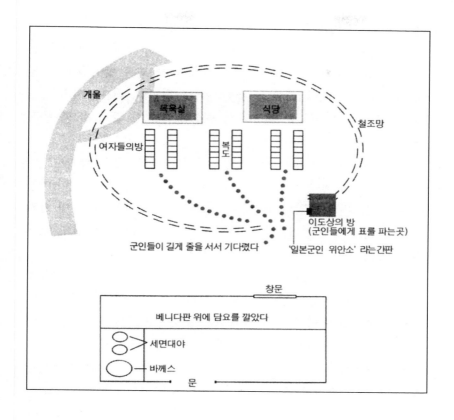

개울

목욕실

식당

철조망

여자들의방

복도

이도상의 방
(군인들에게 표를 파는곳)

군인들이 길게 줄을 서서 기다렸다

'일본군인 위안소' 라는간판

창문

베니다판 위에 담요를 깔았다

세면대야

바께스

문

욱 단추가 달린 원피스 말야. 나는 중국옷을 잘 입었어. 차이나 칼라
에 옆에 길게 단추 달리고 옆이 터지고 한 거. 세탁을 해오면 옷이
섞여서 이게 내 것이니 저게 내 것이니 하며 싸우거든. 애들하고 싸
우기 싫어서 내가 꼭 중국옷만 입고 있었어. 앞에 가면 중국사람들
이 만들어줘. 아주 이쁘게 만들어줘. 중국 옷을 하얗게 해서 새카만
걸루 선 둘러서 입었거든. 편리한 게 뭔고 하니, 옷을 다 벗어야 하
잖아. 그런데 중국옷은 하나만 제치면 편하거든, 저거 하는데. 그래
서 단추만 빼고 제쳐놓으면 마찬가지거든. 다 안 벗고. 그래서 그것

만 입고 또 얼른 단추 끼고 기모노는 안 입었어.

나는 빚이 없지. 빚 있는 여자들 있어. 가만히 보니까 한 달에 한 번씩 돈 주는데 제하고 주고 그러드라고. 나는 꾀를 많이 부려서 상대하는 게 얼마 안 되니까 조금씩밖에 못 받았어. 이도상더러 저금 해달라고 그러면 저금을 해준다고. 나중에 장교랑 같이 갈 때 통장을 줘서 가지고 갔드랬어.

그 장교가 제 월급 타면 날 얼마씩 주거든. 내가 옷도 사 입고, 나머지는 그 통장에다 넣구 그랬는데, 밤에 폭격이 심해서 버마(미얀마)로 도망오다가 통장도 못 가져왔어. 옷도 입은 옷만 두어 벌 가져왔어. 뉴기니 유빙교꾸(우체국)에다 했는데, 액수는 얼마 정도 됐는지 생각 안 나.

뉴기니에서는 공습이 낮엔 안 와. 밤에 오면 불들 다 꺼. 산 밑을 깊게 팠어. 비행기가 오면 방공호 들어가라고 그래서 자다가도 뛰어나와서 방공호 들어가고 그랬어. 군인도 그렇고 우리도 그렇고. 비행기 소리가 없어져야 나오고. 어휴…….

미군 비행기가 폭격을 하는데, 맥주병 같은 게 비행기에서 뚝뚝뚝뚝 떨어져. 그게 막 펑하고 터져. 미군 비행기에서 똥싸는 것처럼 그렇게 쏟아놓고 가면 금방 터지는 것도 있고, 한참 있다 터지는 것도 있고. 비행기가 오기 전에 공습 사이렌이 불어요. 그리고 간 다음에 해제 사이렌 불구. 그리고도 군인들이 소리 안 날 때까지 못 나오게 해. 밤에 불 안 켜. 촛불을 조그맣게 켜도 창에 검정 광목 헝겊을 내리고, 바깥에 불 키면 큰일나. 등잔 그런 거는 없어.

뉴기니 위안소에서는 장교가 데려갈 때까지 한 일 년 있었어.

그 장교 이름은 오무라 단샤쿠야. 장교인데 아주 높은 사람이에요. 하루는 그 사람이 외출 나왔다가 졸병들 있는데 구경하러 왔어. 거기는 육군, 해군 다 받았어요.

그래, 베니어판 한 장만한 간판에 여자들 사진이 쭉 있거든. 복도 중간에 걸어놨어. 이름도 써 있고 그래 와서 내 사진을 봤어. 보고 우리방 문 앞에 와서 두들겼어. 그때 나는 군인 안 받고 드러누워 있었어. 내가 내다보니까 군인 장교야. 들어가도 좋으냐고 그래. 그러라고 그러니까 들어와서 이런 거 저런 거 묻고 얘기하고 갔다구. 상대 안 하고 그냥 말만 하고 놀다가 갔어. 나흘 후에 또 온다고 그래.

다시 와서는 표를 사가지고 와서 놀고 한참 얘기했어. 여기서 고생하지 말고 자기 따라가자고 그러드라구.

일본 여자가 지은 요릿집이 있더라고 산속에다가 요릿집을 잘 지어놓고 있더라구. 요릿집에는 다 일본 여자들이었어요 일본사람 장교만 상대하는 데라고. 밤이면 나쁜 짓 시키고, 저녁에는 요리 팔고 그러는 덴데, 날 거기다 데려다준다고, 여기는 많이 상대하니까 거기 가면 자기만 상대하면 된다고 가자. 그래 솔직하고 좋잖아. 지 하나만 그래 그런다고 하니까.

그러더니 그 사람이 이도상한테 가서 물었어. 저 세츠코상 자기가 데려가면 어떠냐고. 장교가 그러니까 안 된다고 못 그러거든. 그러라고 그러니까 요릿집에 가가지고 한국 여자 내 친구를 데려올 테니까 데리고 있고 다른 사람 저거 안하고 제게만 상대하게 해달라고. 그 대신 여기 와서 있는 대신에 심부름을 하게 하라고.

하루는 오더니 도라쿠(트럭)에다 날 태워. 짐 쪼매 있는 거 가지구 갔다구. 방 하나를 잘 꾸며서 주더라구. 저녁 때면 저희들 술 먹구 놀고 그래. 그집에 일본 게이사(기생)들이 대여섯 명 있었어. 노래하고 춤추고 사미생(일본의 현악기, 정확히는 샤미센) 켜는 여자들.

그 장교 참 고마워. 아프다 그러면 안 건드리고, 약 지어 갖다주고 먹을 것도 자기 배급 탄 거 한 궤짝씩 갖다 줘. 거기 양갱, 빨랫비누, 세숫비누, 세수 수건, 설탕이 들었어. 배 아픈 데 먹는 거 갖다

주고 가고. 일본에다 좋은 거 부쳐오라 그랬다구. 네마끼(잠옷)도 부쳐온 거 주고 나이가 그때 마흔쯤 됐을 거야. 계급이 대위였어.

지 월급 타면 용돈 하라고 갖다주고 그랬어. 제 아들 사진 오면 예쁘다고 보라고 하고. 일본서 마누라가 부쳐줘. 부인한테 솔직히 여기서 심심해서 친구를 사귀었다고 그러니까, 고맙다고 친구한테 선물하라고 부쳐줬대. 그러면 고거 뜯지도 않고 보내줘.

날마다는 안 와도 일주일에 한두 번씩 그렇게 왔어. 안 오는 날은 거기 심부름해야지. 공짜로 밥을 먹을 수 없잖아. 술 심부름도 하고, 요리 같은 거 가지고 가고. 다 먹고 가면 설거지해서 다 치워주고. 다른 군인들이 술 마시고 연회할 때는 안 들어갔지. 그 사람이 부탁했으니까. 다른 사람 상대하지 말라고. 내 방문 잠그고, 들창 열어놓고 있지.

어떤 때는 저녁에 내 방으로 가보면 그 사람이 와 있어. 거기 있다가 그 사람이 다른 데로 갔어. 가면서 날 저 밑에 위안소에 내려보내지 말고 여기다 두라고 부탁을 하고 갔어. 갈 적엔 참 서운했어. 그 장교랑은 1년 넘게 지냈지.

랑군의 해군 위안소로 끌려갔어

그 요릿집 주인 여자가 아래 위안소 일본놈하고 한 패였나 봐. 그 일본 여자가 여자들을 다 모았어. 요릿집 있는 여자랑 그 밑에 위안소 한국 여자들을 많이 모았어. 나는 저희집에 있었으니까는 데리고 갔지. 배 타고 버마 랑군으로 끌고 갔어.

랑군 위안소는 시내 한복판에 있었어. 랑군 사람들이 지어놓은 별장 같은 양옥집이야. 집이 커요 2층으로 된 게 아래 복도에도 방이 여나믄 개 되고 2층에도 여나믄 개 되고, 또 아래층 곳간 있는데 그

쪽에도 몇 개 되고. 그런 집이 두 채야. 거기에는 '해군 위안소'라는
간판을 붙였어.

여자들한테 다 방 하나씩을 줬어. 방도 뉴기니와는 달랐어. 벽도
하얀 양회로 바른 거야. 문도 여닫이문이고, 침대도 들여놓고 방에
화장실이 딸려 있진 않아. 이런 책상 같은 거 하나 놓고, 그 위에다
꽃병도 놓고, 또 화장품 같은 것도 거기다 놓고, 천장에는 선풍기가
달렸어. 랑군도 계속 더웠어. 양옥집 안에 목욕실이 있었어요. 거기
다 큰 가마솥을 걸고 물이 가득 있으면 거기서 퍼서 하고, 또 들어갈
사람은 들어갔다 나오구. 가마솥 속에 구멍 뚫은 나무를 올려놔서
데진 않게. 일본식 목욕탕이야.

여기서도 입장표도 팔고. 거기는 장교, 졸병 그렇게 구분해가지구
표 팔아. 군인들이 표 사가지고 들어와서 상대하고 여자들에게 표
주고 가요. 저녁 때 표를 모아 갖다주면 몇 사람이라는 것도 적구.

거기선 일본 여자들이 관리했어. 밥도 해주고, 반찬도 만들어주고.
그리고 한 달에 두 번씩 쉬어. 노는 날이면 먹을 걸 잘 해서 줘. 군인
들 상대하는 여자는 주로 조선 여자구, 일본 여자도 몇 있어. 대만
여자도 예닐곱 명 있구. 그 여자들도 일본말 잘해. 그 위안소에도 여
자가 80명 정도 됐어.

랑군에선 검사하는 날, 군인 병원에 가서 해. 그냥 군인 병원이지,
간판은 없어. 적십자기 그런 거 없고, 병원이 조그만 양옥집이야. 의
자 서너 개와 걸상이 있고, 그위에 드러누우면 앞이 안 보이게 책상
에 커튼을 치고. 의사 책상 있고.

랑군에는 위안소가 시내에도 있구, 촌에도 있구, 산속에도 있고,
여러 군데 있었어. 의사가 하나니까 각처에 있는 여자들이 그날 다
모인다구. 그럼 서로 넌 어디서 왔냐, 그래가지고 알게 되지. 그때도
검사를 일주일에 한 번씩 하는 거야. 일요일날 다음날, 월요일이면

다 가서 검사해요. 그렇게 여자들이 모이면 그 수가 상당해. 몇백 명 그렇게 되요. 그럼 검사 받으러 줄을 쭉 서. 시간은 몇 시간 안 걸려. 금방금방 해. 병이 있으면 '병'이라고 도장 딱 찍어주구.

난 뉴기니에서보다 버마에 더 오래 있었어. 내가 또 밤낮 아프다고 그러지. 배 아프고 허리 아프다고. 그렇게 꾀를 많이 부리고. 그 대신 내가 깔끔하게 하고 있으니깐. 애들도 그래. 저거 꾀돌이라고. 버마에선 특별히 친했던가 하는 사람은 없어요.

그믐날 계산해서 여자들에게 군표를 줘. 그러면 요릿집 주인 아주머니가 장보러 나갈 때 가져가서 저금하고 통장을 주지. 버마에서 올 적에는 꽤 많았더랬어. 거기서는 내가 일단 이렇게 왔으니까 돈을 벌어야 한다고 내가…….

졸병 상대하는 거 하고 장교 상대하는 거 하고 돈이 다르거든. 장교가 돈이 많아. 그래 군인들이 줄을 주욱 서 있으면, 이렇게 보고 있다가 배 아프다고 도망갔다가 장교들 차례가 되면 내가 와서 거기 있어. 내가 눈짓하면 장교가 들어와. 그러니까 밉상을 많이 당하지. 군인들끼리도 저건 나올 적마다 아프다 그러고 졸병은 상대도 안 하고 장교만 상대한다고 그래. 장교들도 내가 졸병들하고 안 하는지 알고 깨끗이 하고 와. 졸병들, 더럽고 냄새나고. 땀내나고 구둣발 냄새……. 그런데 장교들은 외출한다고 깨끗하게 하고 와.

육군은 더럽지. 해군만큼 깨끗하지 않아. 해군이 옷 입고 오는 것도 깨끗하게 하고. 오는 것도 깨끗하고 돈도 깨끗이 쓰고. 해군하고 육군은 옷으로 구분하지. 육군은 국방색 옷이구, 해군은 하얀 옷. 모자도 세일러 모자 쓰고 장교는 에리 달린 모자 쓰고 그러구 나와. 장교 나오는 날 따로 있고, 졸병 나오는 날 따로 있구 그래. 그럼 어떤 때 졸병 나오는 날 같으면 내가 어디루 숨어버려.

버마는 나무두 많구, 거기 여자들하고 얘기도 하고. 버마 여자들도 일본말 잘해요. 옷도 빨아주구. 빨아서 풀 멕여서 싹 다려주구. 거기도 공습하면 방공호로 들어가. 길에 가든 사람 오는 사람 다 거기로 들어가. 어느날 갑자기 폭격하며 이러니까 밤에 피난을 간 거야.

밤에 거기서 폭격이 너무너무 심해가지고 사람들이 다 뿔뿔이 흩어졌어. 난리가 났어. 그래서 태국으로 도망을 온 거야. 밤중에 이리 도망가고 저리 도망가고 하니까 일본 여자들은 어디로 갔는지 모르지. 다른 위안부 여자들도 어떻게 됐는지 모르고. 밤에 길을 모르니까는 사람들 따라서 도망왔어. 낮이면 폭격 심해서 못 가고, 밤이면 걷거든. 그날 밤에 도망가는데 일본 군속들이 가길래 무서우니까 우리 좀 데려다달라고 그랬어. 그러니까 저희 따라오래. 그래 같이 태국까지 왔잖아. 나를 포함해서 버마에 있던 위안부 여자 세 명이.

육로로 걸어서 엿샌가 걸렸어. 도중에 송장이 말도 못 하지! 물가에 송장이 물에 빠진 하얀 돼지같이 퉁퉁 불어 있어. 목이 말라도 물 먹을 게 없어. 물을 떠가지구 백반을 휘휘 휘두르면, 조금 있으면 가라앉거든. 그러면 그 물 먹구. 어쩌다 물 펄펄 끓여서 일본 된장 가루 타서 건빵 거기다 넣어 퉁퉁 불으면 그걸 먹구. 그렇게 고생하구 태국까지 왔다구(울먹거린다). 몇날을 굶었는지 몰라(울음).

걸어올 제 생각하면 기가 맥혀. 걸어서 걸어서 오다가 태국까지 왔어. 거기서 군인차가 피난 나오는 군인들을 주워 담아. 그래서 그 군인차 만나서 타고 오니까 어디다 갖다가 내려놔주데. 일본 천황이 손들었다는 것은 태국으로 피난해 와가지고 알게 됐어.

태국에서 일본 나오기 전까지는 방콕의 마켓강에서 살았어요. 물 위에 집이 있어요. 나무때기루다 집을 짓구 담벼락은 야자수 나무를 엮어서 만들고, 방은 파파야 나무로 벽을 막고. 우리 여자 셋은 한국 남자들 징병 나간 사람 세 명하고 같은 집에 살았어. 남자는 이 쪽 방, 여자는 저 쪽 방에서 살았어. 밤에 보면 뱀도 막 댕기구 그래. 거기서 한 사오 개월 살았어.

그 안에서 자구, 돌멩이를 이렇게 놓고 그위에다 양재기 같은 걸 하나 걸고, 그리고 쌀 씻어놓구 그러구 밥을 해먹어. 야자수 껍데기 같은 것 때가지구 밥 해먹구 그래. 쌀은 일본 군인이 갖다주고 남자는 가서 반찬거리 실어오면 여자들이 여기서 밥해. 만들어서 같이 먹고 그랬어. 생선도 펄떡펄떡 뛰는 거 갖다주면 그 밑에 물에, 오줌도 누고 그런 물에 씻어서 먹으라고 갖다주고. 참 못 먹어. 내 손으로 해먹으니까 자꾸 씻을라 그러구 닦을라구 그러지. 씻으면 더 더러우니까 껍데기를 두껍게 벗겨버리구 그랬어. 물도 그 밑에 물에 백반 흔들어서 가라앉혀서 먹구. 그 옆에다가 나무때기 두 개 놓고 거기서 똥 누고 오줌 누고.

무슨 일 있으면 남자가 본부에 가 얘기하고, 부식 가지러 다니는 남자가 아픈 사람 있으면 가서 약 타오고, 그러니까 본부가 하나 있어. 본부에 일본 군인하고 미군하고 같이 있지. 물품은 미군이 주고 심부름은 일본사람이 하고 그 중간에서 한국사람이 저거하고.

그때 이름, 나이, 고향, 이런 거 조사받았어. 일본사람이 주로 일본어로 물어보지. 여자들의 인적 사항이 적혀 있는 서류철이 있었어. 사진 하나 하고 그거 다 쓰고, 또 한 장 제치면 다른 여자, 또 다른 여자……. 그건 뉴기니에서 처음에 여자들 사진 하나씩 다 찍어서 이도상이 만든 거지. 한 여자마다 이름, 주소 등을 적은 서류를 만들었어. 위안부 시작할 적에 그걸 몇 조 몇 번 부대장한테 보냈지. 그러니까 그게 군인들한테 남아 있지.

태국에 와서 일본사람이 그걸 가지고 대조를 하더라구. 내가 그날 도장 찍으러 갔기 때문에 직접 봤어. 우리 한국인 군인은 봤지. 그 심부름 했으니까. 한국인 군인이나 군속의 이름은 생각 안 나. 나중에 한국 남자들은 어디로 갔는지 몰라. 한꺼번에 보낸 게 아니라, 한 사람 두 사람 불러서 가면 보내고 그랬거든.

이제 생각하니 태국의 방콕이라고 기억나네. 거기서 몇 개월 있었어. 일본 군인과 군속이 인솔하여 방콕에서 걸어나와서 부둣가에 가 있으니까 일본 가는 배가 왔어. 쪼맨한 배 타고 나와가지구 거기서 또 큰 배에 옮겨 탔어. 일본까지 타고 나온 배 이름은 생각 안 나.

우리를 배에 싣고 요코하마로 왔어. 일본사람이 데리고 왔어. 요코하마 와서도 미군을 봤지. 시코쿠(四國)에 전쟁 범인들만 집어넣는데로 왔어. 한국 여자는 나 하고 셋이 왔어. 그 외엔 전부 일본사람들이야. 거기 오니까 한국 여자들이 붙들려서 많이 와 있데.

내가 중국옷을 잘 입었어. 그래서 일본사람들이 날 대만 여잔 줄 알았나 봐. 그래서 내가 한국사람이라고 몇 번 그랬어. 나중에는 날 가만히 보더니 적어. 그래 서울 집에 기별해가지고 진짜 한국사람이냐고 그래. 그래서 우리집에서 답이 왔어. 수속하느라고 일본서 오륙 개월 있었나 봐. 그래 해가지구 부산에다 갖다 내려주데. 해방된 다음해 초에 왔어. 나 고생 많이 했어.

고향으로 돌아올 때 일본에서 부산까지 타고 온 배가 미군 배야. 배 이름은 몰라. 미군들이 타고 있었어. 미국 배는 그렇게 크지 않고, 이층침대가 있었어. 내가 나올 때 여자들이 한 30명 나왔어. 조사해가지고 서울 하면 서울 30명 나오고, 부산 하면 부산 30명 나오고 그랬어. 난 서울 사람 나올 때 같이 나왔어.

시집은 안 가고 절로 들어 갔어

그 동안 집에는 편지 한 번도 안 했어. 일본에서 한국사람인지 확인하느라고 그래서 한 번 했지. 오니까 우리 아버지가 나보고 (연락도 한 번 안 하고) 어째 그리 독하냐고 그래. 상황이 그러니까 편지 안 했지. 통장에 저금 많이 했는데, 그걸 못 찾았어. 한국에 가져와서 가지고 있었는데, 6·25사변 나고 이거 다 뭐하는 거냐고 내버렸어.

어머니, 아버지는 내가 돌아오고 난 후 돌아가셨어. 내가 스물셋에 나왔는데, 서른다섯 살 때쯤 아버지가 돌아가셨어. 어머니는 그보다 3년 더 사셨어. 아버지는 내가 어디 갔다 왔는지 알았어. 어머니한테는 말 안 했어. 그냥 일본 갔다 온 줄 알아. 그러니 어머니는 계속 시집가라고 그랬어. 옷도 다 해놓고 그랬다구.

오빠가 자꾸 시집가라고 했어. 하지만 내 양심에 거리껴, 시집 안 간다고 했지. 자꾸 시집가라고 하니까 오빠에게 얘기를 했어. 그러니까 아무 말도 안 하고, 너 하고 싶은 거 하라고 하더라구. 내가 비구니 절에 간다고 하니까 승낙하데.

처음에 충청도 계룡산에 있는 비구니 절 봉안사에 있었어. 밥하고 나물한다고 하니까 스님이 날 가만히 보더니 "니 나한테 바느질이나 배우라"고 그래. 처음에 손재봉틀을 하나 사주시면서, 찌꺼기 심부름은 나한테 다 하래. 그래서 밥 얻어먹는 죄로다가 그 일을 다 했어. 법당 치우고 그 심부름하고 스물여섯 살에 들어가서 5년 있었어.

노스님이 나보고 머리 깎고 중되라, 내 상좌되라 해서 거기서 뛰쳐나왔어. 갈 데가 없어서, 불교신문 보니까 사람을 구한다고 그러더라구. 대구 동화사 큰절 노스님이 시봉을 구한다고 그래서 갔어. 그 스님한테 "위안부로 뉴기니 갔다 왔어요" 했어.

지금 큰오빠는 살아 계시지만 작은오빠는 죽었어. 오빠는 죽은 지한 20년 돼. 올케는 살아 있어. 조카들은 다 괜찮거든. 아들 다섯이다 공부를 잘해. 다 대학공부했어. 설이면 우리 고모 한 분인데 그러고 애들이 절을 하러 와. 그런데 아무개 고모가 위안부했다고 그 소리 안 듣게 하려고 절대 그 소리 안 했어. 그게 뭐 좋은 소리라고 조카들 희생시키고……

왜 대구로 본적을 했느냐 하면, 6·25 난리나고 바로 대구로 왔어요 대구로 온 지 오래 됐어요 그래 대구 절에 있으니까 방을 하나 얻어가지고 있었거든. 그래서 1987년에 그리 옮겼지.

우리 집안이 그래도 양반 집안인데, 내가 어디로 시집을 가. 시집 가라고 별짓을 다 해도 내가 안 갔어. 그래 지금 호적에 나 혼자야. 처녀로 돼 있어.

여기 나눔의 집에 오기 전에 천년고찰인 경북 관성사에 있었어. 불교신문을 보니까 나눔의 집에서 무궁화심기 한다는 기사가 나왔더라구. 여기 전화번호가 있어서 전화를 걸었지. 98년 9월 중순에 들어왔어(울음). 일본놈한테 내가 그렇게……. 내가 그 생각하구, 간섭 안 했어. 지금은 이제 늙구, 나이 많이 먹구, 동기간두 없구, 아무데두 의지할 데가 없어. 그러니까 내가 여기 온 건데…….

그냥 여기 나눔의 집에 온다는 생각에 다 놓고 왔어. 무섭구 내가 인젠 아주 어디로 가나 싶은 생각이 들어서 여기 오기 전날 밤에도 잠이 안 오더라구. 그래두 그냥 왔어. 나, 절에 있을 때 아들 삼자고 한 사람이 있어. 그 사람이 불구자야. 내가 먹는 것도 챙겨주고 몇 해를 그랬거든. 얼마 전에 날 찾아와서 헉헉 우는데 가슴이 막히고 어찌 안됐는지……. 여기도 부처님 있어서 여기서 의지하고 산다고 하고 달래서 보냈어.

살도 뼈도 안 섞였는데 나한테 저렇게 잘해주는 사람이 있구나 했어. 그집에 옷 맡겨둔 거 부쳐달라고 편지 보냈어. 내 죽을 때 입을 수의 해놨거든. 내가 죽어도 돈 안 들도록 해놨어. 상자에다 수의도 해놓고, 관 묶는 거, 관 덮는 거. 향, 초도 좋은 거 사서 넣어놓고 돈도 백만 원 넣어서 화장해달라고 유서 써서 넣어놨어. 나 죽으면 걱정할 거 없어. 한 10년 전에 그렇게 해놨어. 그때 윤달 들었을 때 돈 좀 모아놓은 거 있길래 해놨어. 내 손으로 내가 다 만들었어. 전기를 에다가 내가. 처음에 노스님한테 바느질을 배웠기 때문에 어디 가서 괄시 안 받고 살았어. 다 부처님 덕분이야.

올케는 지금 내가 여기 온 거 몰라. 우리 올케가 고마운 게 뭐인고 하니 시누이 하난데 하고 내 생일이면 한 번도 안 빠지고 전날 고기 사가지고 와서 국 끓여먹고 그 이튿날에 가. 참 고마워. 하나밖에 없는 신랑 동생을 어떻게 잊어버리겠냐고 꼭 와서 자구……(울음). 올케가 내가 뉴기니 가서 몸 팔구 그런 건 몰라. 그냥 군인들하고 휩쓸려서 간호원한 줄 알았지, 몰라. 우리 오라버니도 당뇨병에 돌아갔어. 나도 당뇨가 있어서 백내장도 생겼고, 다리도 아파.

일본 정부에게 하고 싶은 말은…… (한동안 생각을 하다가 입을 열었다) 바르게 살아야지. 처음에 우리 위안부 데려갈 때 거짓말을 했거든. 그리구 저희 애들 교과서에 바로 안 썼거든. 자라나는 아이들 위해서 바로 쓰고. 일찌간히 우리한테 미안하다구 항복했으면 안 좋겠어? 뭐니뭐니 해도 우리 한국 여자들 데려다가 이용해서 기분 살려가지구 전쟁에 이기구 지구 그랬는데, 나빠. 뭣두 모르는 우리도 부끄러운 걸 알고 그러는데, 우리나라 사람 데려다 오만 짓 다 시켜놓구 너무했지.

내가 지금 여기 잘 온 건가? 일찌감치 내가 모른 체하고 시집이라도 갔드래면 그래두 아들 딸이라도 하나 낳았으면 엄마란 소리도 듣고 할머니 소리도 듣고 그랬을 텐데 이게 뭐인가 싶고……. 차라리 내가 혼자 안 있었으면……. (정리: 고혜정)

정리자의 뒷이야기

"요즘에도 새로 나오는 할머니가 있습니까?" 때때로 이런 질문을 받곤 한다. 김학순 할머니가 처음으로 공개증언을 한 것은 1992년 8월이었다. 그로부터 6년이 흘렀다. 그 동안 189명의 할머니들이 우리 정부에 신고하여 자신의 군위안부 경험을 이야기했다. 189명이라는 숫자는 20만 명으로 추산되는 피해자들의 숫자에 비하면 빙산의 일각에 지나지 않는다. 아직도 수면 아래에는 숨 죽이며 존재를 감추고 있는 할머니들이 더 많을 것이다. 그리고 오래 망설이다 드디어 용기 있게 세상 밖으로 나오는 할머니도 있다. 그렇다. 요즘도 새로 나오는 할머니가 아주 간간이 있다.

신현순 할머니도 그런 분 중 하나다. 내가 할머니를 알게 된 것은 작년(1998년) 10월이었다. 할머니는 9월 중순에 불교신문에 난 기사를 읽고 나눔의 집에 연락을 하고, 그 길로 나눔의 집에 들어오셨다. 이제는 늙고 병들어 마음까지 약해져, 이곳에 의탁해 살다가 죽어야겠다며 할머니는 내 손을 잡고 울먹이셨다. 스물여섯 살 때부터 절에서 절로 돌며 생활해온 할머니의 인생을 나눔의 집에서 마무리하시겠다는 것이었다. 나눔의 집에서도 하루에 세 번씩 법당에 올라가 예불을 올리는 할머니는 평생 절지기 보살로 살고 있다. 흰 피부에 키가 크고 이목구비가 시원시원하게 생긴 할머니에게서는 여장부의 풍모가 느껴진다. 한때는 큰 절의 살림을 도맡아하고 불사 신축을 도모하기도 했던 예전의 기개가 아직도 남아 있다. 위안부 시절의 기억을 지우기 위해 밤마다 염주를 돌렸다는 할머니는 잊어버리려고 애썼던 옛일을 상기하면서 여러 번 목이 메었다.

하지만 할머니는 다른 분들보다 비교적 상세하게 기억하고 있었다. 일본어에 능숙했기에 지명이나 일의 상황, 경과 등을 분별할 수 있었고, 군인들과도 대화하면서 일의 추이를 알 수 있었기 때문인 것 같다. 할머니는 위안소의 생활이나 대우 등을 과장이나 왜곡 없이 상당히 객관적으로 이야기해주었다. 매를 맞거나 고문을 당하거나 하는 또 다른 잔혹행위가 없었다 하더라도 위안부 생활 그 자체가 말할 수 없는 고통이었다고.

할머니와는 여섯 번을 인터뷰했다. 그리고 나는 석 달 동안 이 증언 원고에 매달렸다. 그런데 할머니의 이야기를 그대로 옮겨 적는 것만으로는 내가 들은 할머니의 경험을 고스란히 전달할 수가 없다. 할머니의 어조와 강약에 따라 달라지는 행간의 의미가 글로는 잘 드러나지 않아 안타깝다.

할머니는 지금 당뇨가 몹시 심하다. 합병증으로 백내장을 앓고 있으며, 그로 인해 오른쪽 눈은 거의 보이지 않는다고 한다. 또한 다리를 심하게 절어서 지팡이를 짚고서야 거동을 하신다. 밤이면 발과 다리에 벌레가 기어가는 것같이 쑤시고 아파 잠을 잘 못 잔다고 한다.

불편한 다리를 이끌고 이층에 있는 법당의 계단을 오르는 할머니 뒤를 따랐다. 향을 피우고 절을 한 뒤 할머니는 다시 해남도에서 죽어간 징용자들을 위해 축원을 드렸다. 문득 할머니는 자신을 위해 어떤 축원을 올리고 있나 궁금해졌다. 하지만 정성스레 축원을 드리는 할머니의 지성에 나는 그만 숙연해지고 말았다. 자신의 처지도 처지지만 낯 모르는 징병 피해자들까지도 잊지 않는 할머니의 뒷모습을 보며 나도 간구하는 마음이 됐다. 부디 할머니의 간구가 이루어지기를.

■정리자 고혜정은
1991년부터 지금까지 정신대연구소 연구원으로 활동하고 있다. 1977년에 센다 가코의 책을 읽은 후부터 일본군 위안부 문제에 비상한 관심을 가져 오다가 한국정신대문제대책협회회 발족을 계기로 그 동안 애착을 가지고 일하던 한국여성민우회 일을 미뤄두고 이 일에 뛰어들었다. 그 사이 수많은 일본군 위안부 피해자 할머니들을 만나면서 이야기를 나누었지만, 새로운 할머니를 만나 이야기를 시작하려면 여전히 가슴이 떨리는 흥분으로 밤잠을 설친다. 이야기를 하면 할수록 그분들의 말 못 할 속내는 다만 행간의 침묵으로만 유추해볼 수 있다는 막막함이 더해간다. 현재는 사실 구명에 초점을 맞춘 증언집이 미처 담아내지 못한 할머니들의 삶과 침묵의 말들을 담아낼 방법이 없을까 고심하고 있다.

근로정신대로 나갔다가 할마헤라 섬에서

김유감(가명)
1930년 경상남도 진주에서 태어났다.
인도네시아의 할마헤라 섬에 끌려갔다 왔으며,
지금은 경상북도 마산에 살고 있다.

1930년 진주시에서 태어났어. 어머니가 후처로 시집왔는데 배다른 오빠가 있었대. 어머니가 시집올 때 이 오빠가 네 살 먹었다고 해. 어머니가 시집와서 언니 두 명을 낳았어. 어머니는 아들을 못 낳아서 셋째딸로 태어난 나를 유감이라고 불렀지. 내 뒤로는 남동생 두 명을 낳았어. 아버지는 처음에 옥봉동에 양철지붕집을 지었어요 방이 두 개에 점방이 좀 넓었지요. 거기서 잡화점도 하고 솥도 놓아두고 했는데. 살살 자꾸 망하는 기라예. 그래서 좀 작은 초가집으로 내려왔지요 아버지는 가게는 없이 이북에서 마른 명태를 말 구루마(수레)에 싣고 와서 창고에 재워놓고 파는 명태 장사도 했어. 우리 외가는 고성에 어장을 가진 부자였다고 해.

내가 열 살 때(1939년 7월) 봉래국민학교에 2학년으로 입학했어.

이 학교는 조선인 학생이 다녔고 일본인 선생님이 한 사람 있었어. 반은 '우메구미'(梅組), '……구미'(組) 등으로 나뉘어 있었어. 학교에서 나는 한자를 잘 써서 일등을 한 적이 있어. 그때 선생님이 '지가 기레데스네'(글씨를 잘 썼네)라고 했던 말이 기억나. 한글은 조금밖에 배우지 못했어. 한글을 못 배우게 하데. 중학교에 들어가고 싶었는데 집 사정은 괜찮았지만 성적이 안 좋아서 못 들어갔어. 내가 그 세일러 옷(당시 중학교 교복)을 입고 싶어서, 글도 배워야 할 끼고 해서 시험쳤더만 떨어져서 실망했다구. 중학교에 가려면 반에서 10등 안에 들어야 했어.

남동생도 국민학교를 다녔어. 오빠도 보통학교 정도는 나왔을 거야. 가운데 언니는 요시노(吉野)국민학교를 나와서 취직을 했는데, 거기서 남자를 만나서 집을 나갔어. 큰언니는 고모네 양녀로 갔어. 오빠는 징용 안 가고 피했어. 창씨를 해서 학교에서 '가네모토게이아이'라고 불렀지.

만 열네 살에(1944년) 학교를 졸업하고 집에서 이것 저것 잔심부름을 하면서 보냈어. 그러던 어느날 정신대 일차 징집이 있다고 소문이 났어.[1] 오빠가 안내해서 경기도 양평에 있는 고모집으로 피신했어. 오빠가 지도도 보고 약도도 보고 잘 찾아가더라구. 그때가 봄인가 가을인가 모르겠어. 거기서 먹은 김치가 맛있드라고. 가을 김치를 독에 담아 땅 밑에 묻어가지고 그 김치를 여름에 내먹으니 그리 맛있드라구.[2]

고모부는 양평 군수였어. 고모부에게 본부인이 있고 자식도 있었는데 고모가 어떻게 고모부와 만났는지 모르는 기라. 고모가 서울에 있을 때 요리점 했다구 그라드라. 그러다가 (노후에) 시골 가서 살다

---

1) 진주에서의 정신대 1차 동원은 『매일신보』에 1944년 6월로 확인되었다.
2) 이 김치 얘기로 보아 양평으로 피신한 것이 봄이 아니면 여름일 것이다.

죽는다고 양평으로 내려갔다고 해. 아버지 누님이라. 고모네 가니까 큰언니가 있었어. 큰언니는 고모집 자식이 없어서 열네 살 먹어 서울로 갔다고 그래. 그래서 큰언니는 나에 대해 아무것도 몰라. 고모 집에 한 보름 있었어. 고모네가 밥이나 안 굶고 살지. 이제 정신대는 안 가겠지 하고 집으로 내려왔는데 2차 뽑는다고 하더라.

내가 끌려갈 때가 겨울이야. 집에 돌아와서 보름[3] 만에 2차 모집[4]으로 시청 사람이 왔어. 시청 사람이 일본사람이야. 내가 국민학교 나와 머리가 조금 좋은 편이라구. 아버지가 시청에 가셔서 싸우고 이랬다구. 우리 딸 안 보낼 끼라고, 가만 안 있겠다구, 말하자면 돈 좀 집어준다 그기다. 시청에서 안 된다 그러더래. 아버지는 너는 어찌해도 가야 할 운명이라고 했어. 그때 일본에 간다고 그랬어. 시청 사람이 일본에 가면 잘해주고 참 좋다고 그러더라. 옷도 내주고, 뭣도 주고 그런다고 꼬여서 간 기라. 일본 도야마 간다고 그랬어. 후지코시라는 말을 들었어. 데이신타이(정신대)로 갔지.

1차로 간 사람은 몇 명이나 갔는지 몰라. 2차로 진주에서 간 사람은 서른 명쯤 됐는데, 그 중 내가 제일 어린 편이야. 다른 여자들은 나보다 한두 살 많은 정도였어.

옷은 집에서 입는 옷을 입었던 기억이 나. 진주에서부터 머리에 일장기가 그려진 하치마키(머리띠) 하고 갔어. 머리띠 가운데 히노마루(일장기)가 그려져 있어. 잘 다녀오라고 식 같은 것을 했는지 기억이 안 나.[5] 시청에서 모였는가 모르겠네. 열다섯 살 때 추석 지내고

---

3) 봄에 1차 동원이 있고 겨울에 2차 동원이 있었던 것으로 추측되므로 보름이라는 것은 기억상 축소된 것이 아닐까 생각한다.

4) 『매일신보』에 확인된 진주에서의 2차 정신대 모집은 1945년 2월이다. 그러나 경남 진주에서 1944년 12월에 동원되었다는 다른 피해자의 증언도 있다 (김복달, 『北日本新聞』, 1991. 12. 30).

5) 당시 신문에 보도된 것에 따르면 여자근로정신대로 동원될 경우 장행회(壯行

갔지. 추울 때 갔다구.

가족은 내가 떠날 때 나오지 않았어. 열차 타고 부산으로 갔어. 시청에서 나온, 데려다주는 사람이 있는 기라, 내 눈에는 안 띄어도. 부산에서 연락선을 탔어. 배는 아주 컸고 군인과 징용 가는 사람 등 많은 사람들이 타고 있었어.

연락선을 타고 하찌지캉(8시간) 걸려 시모노세키(下關)라는 항구에 닿아 육지로 올라가니 바로 기차역이야. 거기서 기차를 타고 오사카에서 내렸어. 다시 노리가에(기차를 갈아타고) 해서 도야마(富山)에 도착했어. 도야마까지 한참 가더라고 가는데 눈이 실컷 내리더라고. 여기가 후지코시(不二越) '도사이'(코사이를 잘못 기억하고 있음. 鋼材)라고 하는데 공장 이름이 아니야.6) 국방색 군복 입은 군속이 마중나왔더라구. 그곳은 조용하고 별로 크지 않았어. 시내 한복판은 아니었던 것 같애. 산중(山中)이야.

료(기숙사)에 들어갔어. 진주에서 간 서른 명이 한 방에 열 명씩 있었어. 가보니 료가 많이 비어 있어. 방바닥은 다다미이고 거울과 병풍이 있더라구. 숙소는 벼룩과 빈대가 있을 정도로 더러웠고 머리에 이가 생기기도 했어. 찬물로 머리를 감으니 이가 안 죽어. 그래서 잠을 못 자겠더라구. 목욕은 못 했고 공동 수도가 있어서 찬물로 세수했어. 다른 애들은 기숙사로 면회하러 오는 사람이 있어요 그 사람이 뭐 먹을 거 가져와 먹고 한꺼번에 다 먹지 못해 남기면 쥐가

會)라는 이름의 환송식이 관청에서 있었다. 그리고 규모도 한 지역만이 아니라 도 단위로 동원된 것으로 되어 있어 할머니는 기억을 못 하지만 머리띠를 하고 있었던 것으로 보아 행사가 있었을 것으로 추측된다.
6) 할머니는 후지코시(不二越)라는 공장 이름을 끝에 시자가 들어가서 그런지, 도시 이름이라고 생각하고 있다. 도야마 현에 있는 후지코시 회사는 1928년 창립되었으며 공구, 특수강을 제조했는데 1944년 군수회사로 지정되었다. 1944년부터 1945년에 걸쳐 조선에서 여자 정신대 1,090명, 남자 보국대 540명이 입사한 것으로 사사(社史)에 기록하고 있다.

끓데요.

어떤 남자가 데리고 가서 공장을 구경시켜주데. 센반(선반) 돌리고 다마(전구) 만드는 거 구경했어. 뭐 하는 거냐고 물어보니까 비행기 부속 만드는 거라고 하데. 기숙사에서 걸어서 공장에 간 거지. 일하는 데 몇 번 가봤어. 처음에는 구경만 하다가 다마(전구)를 큰 거, 중간 거, 작은 거 하카루(분류)하는 걸 거들어줬다구. 공장 안에 일하는 사람이 많더라구.

"바다 넘고 산을 넘어서……" 하는 정신대 노래7)도 부르고. 노래를 듣고 머리가 좋으니까 당장 외워진다구.

거기에는 큰 식당이 있고 주방에서 일하는 일본인 여자 몇 명과 무엇을 하는 사람인지는 모르지만 일본인 남자들도 있었어. 밥은 여자들끼리 나르는 도방(당번)이 있었고 점심은 주먹밥 주고 빵도 주고 그랬어. 아침, 저녁에는 그릇에 밥, 된장국, 다쿠앙(단무지), 무조림 등을 줬어.

진주에서 1차로 간 선배 언니들은 못 봤어. 가서 훈련을 2개월 정도 받았어. 훈련은 30명이 다 같이 체조를 하거나 비행기에서 폭탄이 떨어진다는 공습이 오면 방공호에 들어가서 (실제 동작으로 보여주시며) 눈과 귀를 막고 입을 벌린 채 땅에 엎드리라고 배웠어. 군복 입은 일본인 남자가 훈련시켰어. 군속으로 있는 사람 같더라. 계급장이

---

7) 근로정신대원들이 배워서 부른 노래이다. 할머니는 이 노래를 일본어로 기억하고 있다.
ああ海越えて山越えて遠い千里を挺身の
はぶかにうかぶ半島の母のお顔が目にうかぶ
ああふるさとの夢さめてさらば父母安らかに
かよわき者と誰が言う空に情けのこの祈り
아아 바다 넘고 산 넘어 멀리 천리길을 몸을 바쳐
아득히 떠 있는 반도 어머니의 얼굴이 떠오른다
아아 고향의 꿈에서 깨면 부모가 편안하도록
연약한 사람이든 누구든 하늘에 드리는 자비의 기도

있는지 자세히 못 봤어. 우리를 훈련시켜 가야 원칙이라고 했어.

옷은 거기 가니 군복을 내주더라. 말하자면 종이옷 같이 이상하더라구. 대용품 옷이라 좋은 게 아니야. 훈련받을 때 산중이 돼서 눈이 자주 와. 도야마의 겨울은 눈이 많았어. 여기서 양력설을 쇠었어.

하루마헬라 섬으로

어느날 밤 군속으로 있는 남자 두세 명이 가자고 해서 진주에서 간 30명이 화물차를 타고 한참 가서 마이쓰루(舞鶴. 京都府의 항구)라는 데 도착했어. 거기서 오고가는 배가 많데요. 까만 배를 타고 여러 날을 갔지. 화물선이야. 너른 바다에서 많은 배들이 같이 가는 것을 봤어. 대만에 들러서 이틀인가 쉬었어도 배에서 못 내리게 했어. 배에는 군인과 징용 노동자가 같이 타고 있었어. 무언지는 모르나 화물도 많이 실었어. 나는 배멀미로 토해내고 고통이 심했어.

어느 섬에서 내렸어. 군인들이 하루마헬라 섬[8]이라고 그래. 처음에 그 섬에 내려서 구경시켜주데. 섬에 야자나무가 많았어. 비행장도 있었고 대포, 기관총도 보였어.[9] 징용 온 노동자들이 많이 일하고 있었어. 원주민들은 (피부) 색깔이 좀 까맣고 말랐어.

그러더니 여기는 위안부들 있는 데라구 어느 집으로 데리고 가. 그집까지 걸어갔어. 여자들이 집단으로 밥 먹고 자고 하는 집이 있

---

8) 현재 지명은 할마헤라 섬. 인도네시아 세레베스 섬 동쪽에 있는 몰루카 제도 중 가장 큰 섬. 면적은 18,000㎢, 인구 9만 7천 명. 1683년 네덜란드 영토가 되었다. 1942년 일본군이 점령하여 군사근거지로 사용했다. 산이 많은데다가 몇 개의 활화산이 있고 밀림으로 덮여 있다(河部利夫 編, 『世界地名辭典;東洋編』, 東京堂, 1980).

9) 패전 당시 이 섬에는 제32사단, 보병 제210, 211, 212연대, 야포병(野砲兵)연대, 工兵 제32연대, 선박공병연대, 치중병(輜重兵)연대가 주둔하고 있었다.

고 칸칸이 된 집이 따로 있어. 그집은 야자 잎으로 만든 지붕이 있고 한 칸씩 한 칸씩 돼 있어. 간판은 없었어. 방에 침대가 있었고 담요 세 장을 줘서 두 장 깔고 한 장 덮고. 말이 집이지 집이 아니라. 한 칸에 한 명 들어가구, 한 사람 몸만 누울 정도야. 말하자면 창고 같은 건물 고야(小屋)로 1층 건물이야. 길었지. 전부 몇 채인지는 몰라. 한두 채가 아니지. 군인이 자는 데도 있고 이 위안소가 부대 안에 있었지. 밤에는 야자 잎을 덮고 모기장을 해서 잤어. 모기가 많아서 모기장이 없으면 잠을 못 자. 거기가 습기가 많았어.

며칠 쉬었다가 군인을 받았어. 낮에 두 명이나 세 명한테 당했어. 저녁에는 안 받았고, 자고 가는 군인은 없었어. 나는 나이도 어려서 군인이 들어오면 수그리고 있어. 부끄럼도 많이 탔구. 죽는 거나 마찬가지지. 많이 울었어. 군인들이 번호 따라서 차례차례 와서 방 번호가 찍힌 표를 가지고 방에 들어왔어. 그 표를 모아두었다가 담당자에게 주었어. 군인이 담당자에게 표를 받아 그 번호대로 칸에 들어가는 거야. 담당자는 한 명으로 군인이야. 일본사람인지 한국사람인지는 모르지. 가가리(係)지.

군인들한테 당하고 나면 군인들하고 놀기도 하고 맛있는 것도 얻어먹고 그래. 군인들은 맛있는 거 줬다. 과일이 굉장히 맛있다구. 야자…… 군인 이름이 누군지 몰라, 다 비슷비슷해. 한국 군인도 같이 놀고 그랬지. 방에 들어오기도 했어. 들어온 군인들마다 삿쿠를 해. 그래 안 해서 임신하면 우짤 끼고. 군인들이 난폭하게 굴지는 않았어.

남양 처녀가 15명, 우리가 30명이었어. 한 사람 한 사람에게 번호가 매겨지는데 나는 20번이었어. 군인들이 번호를 보고 오지. 군인들이 나를 가네모토 상이라고 그러데. 나보다 나이가 더 먹은 사람도 있고 내가 어린 편이지. 30명 중에 소학교를 졸업한 사람도 있고 아닌 사람도 있고 의령 여자도 있었어.

그 섬은 열대지방이라 비가 자주 오더라구. 스콜, 소나기가 자주 왔어. 병에 걸린 사람도 있어. 병에 걸리면 벌벌벌벌 떨고 그러데. 심하면 죽는 사람도 있고. 약은 키니네, 거기도 의사가 있거든. 약을 먹고도 심한 사람은 죽고 좀 안 심한(덜한) 사람은 살고 나는 병이 없어. 건강했지. 가까운 데 병원이 있어서 약도 주고 치료도 받고 그래.

일주일에 한 번 성병 검사를 받았어. 천막 쳐놓고 의사가 주사도 놔주고 약도 주고 그러데. 나는 임질이나 매독에 걸린 일은 없어. 거기서 임신한 여자는 없었어. 인도네시아, 필리핀 여자도 왔어. 606주사는 모르겠어. 검사를 받기 전에도 몸이 안 좋으면 병원에 가고 그래. 자주 가도 병원에서는 언제나 받아줘, 무료로.

같이 있던 여자 중에 아오야마라는 사람이 있었어. 그 섬에 필리핀, 인도네시아, 대만 여자도 있더라구. 직접 봤어. 가깝게 있으니까. 이 여자들도 (군인 상대하는 일이) 끝나면 밖으로 나오니까 아는 기라. 일본 여자는 못 봤어. 살살 구경하는 정도로 외출을 할 수 있었어. 멀리는 안 가, 거기가 좁은 데가 돼서.

그런 일만 당하고 밥 먹고 살았지. 식사는 하루에 세 번을 먹었어. 군인들이 해가(해서) 군트럭으로 싣고 오면 식당에서 오늘은 네가 하고 내일은 내가 하고 하는 차례가 있어서 돌아가면서 밥 퍼주고 했어. 쌀은 배 타고 들어오는 데가 있어. 반찬이 좋지 않아. 아침에 된장국, 점심은 주먹밥이고 저녁에도 된장국에 다쿠앙(단무지)을 먹었어.

찬물을 아무거나 절대 못 먹게 한다, 병든다고. 칸칸 되어 있는 집에서 조금 가면 수도가 있어서 우리가 거기 가서 세수도 하고 여자끼리니 목욕도 하고 뒷물도 하고 했어. 빨래는 자기가 하지. 군인들이 검은 치마와 셔츠를 입으라고 내주데. 원피스를 주기도 했어. 군인들이 곱게 하라고 화장품도 줘서 화장도 조금하고 긴 머리에 핀을 꽂았어. 머리는 자유지(머리 모양은 자유롭게 할 수 있다).

나 지금은 늙어서 그렇지 그때는 조금 예뻤다 아이가. 지금은 문둥이처럼……. 그때는 몸도 호리했다구.

군인들은 훈련을 받을 때도 있구, 안 받을 때도 있고. 훈련을 어느 정도 받으면 배가 와서 기다리고 있다가 태우고 가더라구.

그 섬에서 월경이 시작됐는데, 곧 없어지고 해방 후 집에 와서 다시 시작했어. 미나미쥬지세이라고 남쪽 십자성이라는 노래10)가 있거든. 군인이 불렀는데 내가 듣고 외워버렸어.

원주민들은 약간 검고 칼을 차고 다니는데, 맨발에 젖도 내보이고 아래만 가리고 다녀. 우리가 원주민에게 시미즈(속치마)나 수건을 주면 좋다구 '데리마까시'라고 그래. 그게 무슨 뜻이냐고 물으니 고맙다는 거라구 그러지. 원주민 말로 데리마까시는 고맙다는 소리고, '마강수래'는 밥 먹어라, '가루자가루자'는 일해라이고 '라카수마리'는 빨리 오라는 뜻이야.11) 주민들이 하는 얘기를 듣고 아는 거야. 원주민들은 통나무 가운데를 옴팡 파서 만든 배를 타고 먹을 것을 실

---

10) 할머니는 지금도 이 일본어 노래를 잘 기억하여 부르신다.
みやこバタビヤ 運河も暮れて、もゆる夜空の十字星
ああはるか妹よ 便りはかいたよ 風に歡呼の聲がする
ジャワはまなつ 故郷の山に、なでるつばさのなつかしき
ああ遙かいもうとよ 便りはかいたよ 口笛ふけば、町に歡呼の聲がする
ジャワはまなつ 故郷の山に、なでるつばさのなつかしき
ああなんの苦勞とぐちぶえふけば、かぜに歡呼の聲がする
수도 바타비아(자카르타) 운하도 저물어, 밤하늘의 십자성
아아 멀리 여동생이여 편지 썼어요 바람에 환호의 소리가 들린다
자바는 한여름 고향의 산에, 위로하는 비행기의 그리움
아아 멀리 여동생이여 편지 썼어요 휘파람 불면, 마을에 환호 소리 들린다
자바는 한여름 고향의 산에, 위로하는 비행기의 그리움
아아 아무 고생도 아니라고 휘파람 불면 바람에 환호 소리 들린다
11) 이 말을 인도네시아어 사전을 찾아 확인했더니, 고맙다라는 말은 정확히 일치했다. 밥 먹는다 '마칸'이라고 해서 '마강수래'와 유사했으나 나머지는 그 섬 사투리인지 사전에서 확인할 수 없었다.

어 가져오고 그랬어. 주민들이 야자나무에 올라갈 때 발판이 없으니까 발 딛는 데를 칼로 찍어 높은 데로 올라가서 원숭이맨크로(처럼) 과일을 밑으로 떨어뜨린다구. 파파야, 망고, 도리아미12) 같은 과일이야. 도리아미라는 과일이 최고 좋은 것인데, 깎으면 마늘 같은 것이 나와.

그 섬에 있을 때 유엔군의 폭격이 심했어. 비행장에서 가까운 데여서 폭격이 된 거야. 유엔군 비행기가 폭격을 했지. 폭탄이 터져서 한 쪽 귀가 멀었어. 그 귀는 지금도 하나도 안 들려. 다른 여자들도 좀 다쳤지. 폭탄이 떨어지고 얼마 안 있다가 해방이 됐어.

일본이 망한 거를 라디오로 방송했지. 소문도 얼마나 빠르던지, 천황이 손들었다는 방송을 들었지. 백성들이 다 죽으면 전쟁이 무신케이노(무슨 소용이 있는가). 외국은 가네모찌(부자)라 전쟁이 될 수가 있어. 해방이 되어서 먹을 것을 아무것도 안 줬어. 그래서 고구마를 캐서 삶아 먹기도 했어. 고구마 줄기도 먹었는데 맛있었어. 군인들이 뱀을 잡아 스키야키(구이)를 해서 먹는 것도 봤어. 해방 후 군인들은 상대하지 않았어. 미군이 그 섬에 들어오지 않았어.13)

거기서 일 년 넘게 있다가 46년 5월 우리는 일본사람보다 한 달 뒤에 미국 화물선을 타고 나왔어. 한국사람 수백 명이 탔어. 일본사람들이 떠나고 나니 기관총, 대포를 못 보겠더라구. 같이 갔던 30명이 다 왔어. 올 때는 군인, 징용 온 노동자도 있지. 여자는 대만사람이 많이 탔어. 대만에 들렀다가 대만사람을 내려줬어. 그리고 배가 부산에 도착했는데 호열자가 생겨서 몸에 소독만 하고 하룻밤 자고

---

12) 듀리언으로 열대지방의 상록 교목이다. 할머니의 증언대로 동남아시아에서는 과일 중의 왕으로 불리는 귀중한 것이다.

13) 연합군은 1945년 6월 24일 이 섬에 상륙했다. 미국 화물선을 타고 나왔다는 뒤의 증언으로 보아 미군을 보지 못했다는 이 증언은 착각인 것으로 생각된다.

인천에서 내렸어. 몸을 소독하고 하룻밤을 자고 호남선 기차를 타고 집으로 왔지.

해방 이후 돌아왔지만 남자를 잘못 만나

우리집에 다 왔는데 엄마는 맨발로 뛰어나왔어. 해방이 되고도 내가 안 오니까 죽었는 줄 알았다고 엄마가 울고불고 난리굿이 났어. 부모님이 내 머리를 감기고 쇠빗으로 긁어주더라고. 그래서 이가 없어졌지. 그때 계절이 보리 피고 할 때였어. 부모와 주변 사람들이 나를 보고 이상해졌다고 얘기했다고 그래.

내가 진주 집에 돌아와서 부모와 같이 시청에 가서 항의했어. 돌아온 여자들이 단체로 시청에 가서 시청 서기들하고 싸웠다구. 가기 싫은 거 억지로 보내가 우릴 고생시켰나 하고. 근데 시청에서는 일본사람이 한 것이라고 했어. 그러니 싸워본들 뭐 할기고, 할 수 없이 점심식사로 비빔밥을 대접받고 옷가지를 받고 돌아왔어. 그리고 여자들은 헤어졌지.

부모님은 내가 당한 일을 몰랐어. 내 기가 차서, 우리 부모가 기가 맥혀 죽으라고 부모한테 그런 소릴 할 수가 있나. 부모가 시집가라 캐도 귀에 안 들어오고 나이도 어리고 끝의 남동생은 외갓집에 갔다가 설사를 해가지고, 체했는가 어쨌는가 3개월이나 누웠다가 꼬챙이처럼 말라가 죽었어. 아버지는 중풍으로 3년 만에 돌아가시고 엄마는 아버지 돌아가시고 1년도 안 돼 열병에 돌아가시고. 머리가 아프다고 살살 돌아다녔던 남동생은 엄마가 돌아가신 지 한 달도 안 돼 죽어버렸어. 그렇게 1년에 사람 셋이 죽었다구. 그리고 얼마 안 있다가 6·25가 났지. 그때 진주는 폭격으로 불타버렸지.

이렇게 6·25 전에 부모도 돌아가시고 둘째언니는 어디로 가버리고. 부모 돌아가시니까 살 길이 없어서 내가 집을 나갔는 기라. 오빠도 6·25 때 인민군에 끌려가고 올케는 올케대로 떠났어. 그때가 내가 스물한 살 때인가 그렇다. 부산에 간 건 진주에서는 살 길이 없고 돈도 없고 누가 밥 먹여주는 사람 있어? 부산에는 공장도 많고, 진주는 촌이거든. 좁다 아이가 그러니 부산 갔지. 부산에서 식모로 있다가 이발소에 들어갔어. 소질이 있어서 안 배워도 가위로 단발도 자르고 하니까 되더라구. 그 당시에 나를 꼬신 사람이 한두 사람이 아니다.

지금 같이 사는 할아버지는 서른이 못 돼서 부산에서 만났어. 내가 일하던 이발관에 머리를 하러 왔어. 남자가 몸이 달아서 나를 보더니 좋다고 그러데. 할아버지가 마산에 가자고 그러데. 나만 마산으로 왔어. 방 얻어 사는데 남자가 어쩌다 한 번씩 오고 그랬어. 한참 살면서 자식을 낳은 다음에 그 남자에게 부인이 있고 자식이 있다는 것을 알았어. 처음에는 여자 없다고 속여가지고 만났다구. 자식 놔두고 내가 어디로 가겠어? 자식을 떼어놓을 수 없어. 이제는 본처도 안다고 자식 있고 그러니께. 지금은 본여자는 남이고 자식들도 아버이로 안 볼라카는 기라. 이제는 남자가 본가족과 의절하고 여기와서 사는 기라.

젊을 때는 좋다고 그랬는데. 지금 생각에는 뭐 할라고 그리 살았나 싶어. 혼자 살았으면 돈도 좀 벌었을 텐데. 후회가 되더라구. 지금은 몸이 안 좋아서 오도가도 못 하고 할 수 없는 거 아닌가. 그 동안 살면서 온갖 일도 다 있고 그대로 살았지 뭐. 그래도 살아야지 우찌할 끼고, 자식 땜에. 할아버지는 휘발유 장사도 하고 그랬다고 남 밥 먹으면 나는 죽 먹었다구. 그러니까 내가 자꾸 나가서 무엇을 하게 되는 기라. 통조림 공장에도 댕겨보고, 식모살이도 해보고, 식당일도 하고……. 지금은 나이 많아서 아무것도 못 해. 고등제비[14] 남자 만나 고생 많이 했다구.

할아버지는 인정머리도 없어. 전화도 없고. 내가 외로워서 이웃집으로 돈다. 동회에서 나한테 전화하면 맨날 없다고 한다. 아파트에 가고 싶은 마음도 있지만, 거기 가면 외로워서 못 간다. 이런 사람 만난 것도 내가 복이 없어서 그래. 내 운명이야. 할아버지가 무식하고 파이다. 남자가 나에게 잘하니까 정이 좀 들어가지고 그래 살다 보니 자식 생기고. 잘못했어. 그땐 때가 늦었다구. 남자는 도둑놈 아니가.

몇 년 전에 내가 아팠을 때 너무 말라서 병원에서 죽겠다고 그랬어. 무당 하는 사람이 나를 보고 굿을 하라고 했는데, 돈이 어딨어. 30만 원이라카데. 하꼬방 집세도 몇 달이나 밀려가지고 동사무소에 가니 집에 가라고 그러드만은. 병들어서 나가서 일도 못 하고 살려 달라고 울고불고 그랬어. 동사무소에서 의사 진단서 떼어오라고 해서 생활보호대상 2종이 나왔거든. 그후 또 진단서를 다시 떼고 그 다음 설 쇠자마자 1종이 나왔어. 보건소에서 약을 받았어. 잘 안 들리는 귀는 수술해야 되는데 나이가 많아서 안 할란다. 내가 성질이 나면(급한 일이 생기면) 부끄러움도 없어.

(위안부로) 이래될 줄 뜻밖에도 생각 못 했어. 동사무소에 이 문제로 가니 또 혜택을 보려고 그러냐구 그러길래 그것과 이것은 다른 거 아니냐구 했지. 오빠는 6·25 때 인민군으로 끌려가 소식이 없었는데 어느날 대통령 명령으로 감옥에서 나왔어. 술병으로 10년 전에 죽었어. 친척간도 없고 형제간도 셋뿐인데 큰언니는 내 일을 모르고 가운데언니는 좀 아는데, 지금 정신이 없어. 이 언니가 강릉에 있다가 중풍에 걸려 다 죽어가고 있다구, 형부는 암으로 죽고.

---

14) 여자 등쳐먹고 사는 남자를 흔히 제비족이라고 한다. 여기에 고등이라는 것은 많이 배웠다는 것을 뜻한다.

그 섬에 있던 진주에서 간 여자들을 이후에 한 명도 못 만났어.

미국에 사는 둘째딸이 한 번 왔다 갔어. 임신으로 입덧이 심해서 우리나라에 왔다가 25일 만에 갔다구. 저희도 못살아서 그러니께 마음이 아파. 거기서는 둘이 안 벌면 여기보다 더 못살아. 아파트 세줘 가며 사는데 살겠어요? 내가 집이라도 있으면 돈이라도 많이 보내줄 텐데. 사위는 미국사람이야. 딸이 외국 안 갈 낀데, 내가 이리 아직 남의 집에 살고 아버지와 마음도 안 맞고 그래서 미국에 간 거라구. 마산에서 고등학교 나오고 서울에서 외국 사람 만나 살다가 이민 갔다구.

큰딸은 13년이 되도록 소식이 없어. 내가 이 자식 땜에 골병이 든다. 딸들은 아버지 밑에 호적이 올려져 있고 나는 혼자 호적이 되어 있어. 큰딸 때문에 내가 병이 났어. 신경 쓰고 속이 아프고 화병이 있어. 병이 난 지 8년이 됐어. 큰딸이 중학교 졸업도 못 받았어. 큰딸이 마산에서 살다가 이민 갔어. 시아버지가 들어오라고 그래서 미국 가면 잘살까 싶어서. 거기 가서도 싸우고 그랬다더라. 큰딸은 로스엔젤레스에 살고 작은딸은 뉴욕에 살고. 큰딸이 흑인들에게 납치돼 갔는가, 집을 나갔는가, 싸우다가 죽었는가. 꿈에도 보인다. 꿈이 이상하더라. 말도 안 하고 들어오는지도 모르게 방에 들어오드라. 내가 "내가 너 때문에 많이 아팠다. 손을 만져보자" 하니 그만 사라져 버렸어. 서분(서운)해서 죽겠드라구. 울었다구. 여러 가지 꿈을 많이 꿨어. 이 딸 때문에 병이 났어.

교회에 나간 지 며칠 안 됐지만 말세라고, 지금 말세에 살고 있어.
(정리: 여순주, 야마시타 영애)

정리자의 뒷이야기

할머니의 경우는 정신대로 동원됐다가 위안부가 된 사례였기 때문에 상당한 관심을 가지고 조사를 해왔다. 1994년 안병직 선생님(서울대 교수), 야마시타 영애 연구원, 강선미 연구원이 조사를 시작했다. 1997년에 야마시타 영애 연구원과 본 정리자(여순주)가 이어서 조사를 계속했다. 1998년에는 강정숙 연구원과 정리자가 다시 내려가서 만나뵈었다.

정리자는 그 동안 여러 할머니들을 만났고 경상도 출신 할머니를 만난 것이 이번이 처음이 아닌데도 이 할머니만큼 서로 이야기를 하는 데 힘들다고 느낀 적이 없었다. 우선 당시 폭격으로 할머니의 한쪽 귀가 완전히 멀어 있는 상태여서 잘 안 들리시는데다가 정리자가 하는 말이 빠르면서 경상도 억양이 아닌 점 등등 어쨌든 할머니는 정리자가 하는 말을 한 번에 알아듣지 못하셨다. 할머니와의 대화를 주로 야마시타 영애 연구원이 진행했고 정리자는 옆에서 의문이 나는 것을 간간이 질문했다.

때문에 이 할머니의 구술 정리는 안병직 선생님과 야마시타 영애 연구원의 선행조사와 할머니께서 쓰신 수기에 많이 의존하여 정리했다. 처음 조사된 것을 다시 들으니 역시 할머니께서는 질문의 뜻을 잘 이해하지 못한 부분이 있었다. 할머니와 정리자의 첫번째 만남에서 지난번에 안 선생님과의 면담으로 조사가 다 끝난 것으로 아는데, 왜 또 조사를 하느냐고 그 의도를 궁금해하셨고 경계심을 가지고 무척 불안한 모습이셨다.

그래서 조사가 아니고 증언집에 할머니 이야기를 싣기 위해서라고 하여 허락을 받았다. 그리고 할머니께 소학교를 졸업하고 정신대로 일본에 갔다가 위안부가 된 사례이기 때문에 특히 더 중요하다고 강조까지 했다. 조사과정에서 안 선생님과의 만남을 다시 말씀하셨고 궁금한 것을 직접 안 선생님께 물어보라고 하기도 하셨다. 처음 만남은 힘들었지만 할머니께서는 외롭다고 하면서 정리자와 가깝게 지내려고 그후 집으로 전화를 직접 걸어오기도 하셨다. 하지만 추후 만남에서도 할머니에게서 더 이상 자세한 내용을 듣는 것은 무리였다. 할머니는 우리와 편하게 말씀을 나누고 싶어하셨고 당신이 하고 싶은 애기를 하셨다. 오히려 할머니는 당신이 기억하는 한 자세히 대답을 했는데도 자꾸 만나러 오는 것을 계속 불안해했고 나중에는 화를 내고 항의전화까지 하셨다. 할머니께서 그만큼 정리자에 대한 기대와 믿음이 있었기에 항의까지 하셨을 것이라고 생각한다.

할머니는 해방 후 가족이 있는 남자를 총각이라고 잘못 알고 만나 본 의 아닌 첩살이를 해오셨다. 그리고 그로 인한 여러 가지 고생들로 과거의 세세한 기억이 남아 있기 힘든 상황이다. 그리고 일제시대의 경험은 1년도 안 되는 짧은 기간이었기 때문에 더 그러할 것이다. 그래도 할머니는 당신이 끌려간 섬의 이름은 정확히 기억했고 당신이 기억하는 한도 내에서는 자세히 말씀하는 편이었다.

그 연세에도 정리자가 아주 깊숙이 들어가는 질문을 할 때면 부끄러운지 허허 웃음을 터뜨리며 고개를 떨구셨다. 그리고 말하기 부끄럽다고 하면서 작은 목소리로 대답해주셨다. 그럴 때 정리자가 오히려 뻔뻔하게도 이런 부분까지 질문을 드리고 있구나 새삼 죄송스러웠다.

마지막 만남에서 현재 같이 사는 할아버지를 만날 수 있었다. 할아버지는 학력도 있었고 언변도 상당하셨다. 할머니는 자식 때문에 남자와 헤어질 수 없었다고 하시지만, 귀국 후 가족들이 거의 다 사망한데다가 위안부 피해로 입은 정신적인 충격으로 당신이 좋다고 접근하는 남자를 거절하기 어려웠겠구나 하고 느낄 수 있었다. 할아버지를 뵙고 나니 할머니가 말씀하신 '고등제비'의 의미가 새롭게 느껴졌고 (할아버지 눈치를 보느라 제대로 말도 못 하시고 맞을까 봐 두려워하시는 모습에서) 할머니가 위안부 피해자이면서 동시에 가정폭력의 희생자라는 생각을 떨칠 수가 없었다.

■ 정리자 야마시타 영애는
이화여대 여성학과 박사과정을 수료하고 1998년 3월부터 미국 워싱턴대학교 School of Social Work 객원연구원으로 있다. 본 연구소와 한국정신대문제대책협의회 활동에 처음부터 활동해왔다.

우리는 왜 증언 채록을 해왔는가

일시　1998년 5월 27일.
참가자　고혜정, 서은경, 신영숙, 여순주, 조최혜란
장소　한국정신대연구소 사무실

조최　저희 연구소에서는 1993년부터 우리나라 일본군 위안부 피해자 할머니들의 증언집을 간행해왔습니다. 오늘은 할머니의 말씀을 지금까지 정리해온 연구원들 가운데 몇 사람이 모였는데요, 할머니들의 이야기를 들으면서 겪거나 느낀 점들, 그리고 이번에 출간하는 증언 3집의 특징 등에 대해 서로 말씀 나눠보기로 하죠.

고　1991년 김학순 할머니가 피해 신고를 한 후 1998년 6월 현재까지 국내에서는 196명의 생존자가 확인됐는데, 그 사이에 많은 분들이 돌아가시고 152명이 살아 계시죠. 우리는 이 할머니들의 증언을 정리해왔고, 또 중국에 그대로 남아 계신 할머니의 증언도 우리가 중국에 직접 가서 듣고 정리하여 책으로 출간하기도 했지요.

여　할머니들의 증언은 일제가 저지른 범죄를 입증할 수 있는, 가장 중요한 증거이지요. 특히 일본 정부가 관련된 자료를 충실하게 공개하지 않고 있고, 정말 중요한 문서는 패전 당시 상당 부분 소실됐을 것이라고 추측되는 현 상황에서 말씀이지요.

고 우리는 지금까지 일본 정부에 대해서 끊임없이 진상 규명을 요구해왔죠. 그러나 일본 당국에 대해서 요청만 할 것이 아니라 우리가 스스로 규명하는 것이 중요해요. 그러기 위해서는 할머니들로부터 생생한 경험을 듣고 그것을 정리하자는 것이지요. 진상이 이랬다 하는 정말 생생한 자료, 그것을 발굴한다는 그런 의미가 있는 것이지요. 모든 범죄에는 피해자의 진술이라는 것이 우선되잖아요. 피해자의 증언이 사실은 범죄 입증에 가장 기본자료가 되는 거죠.

여 그러나 너무 오랜 세월을 묵혀둔 다음에 이제 새삼스레 할머니들에게서 기억을 끄집어낸다는 사실 자체가 굉장히 큰 어려움인 것 같아요. 좋은 기억이면 모르겠는데 그렇지도 않고…….

고 나쁜 기억은 빨리 잊고 싶은 게 자연스러운 사람의 마음인데, 할머니들한테 그런 엄청난 경험은 사실은 가장 잊고 싶고 생각하고 싶지 않은 거겠죠. 더구나 세월이 그렇게 흐른 후에 다시 되살려서 다른 사람에게 이야기한다는 것이 할머니 자신들에겐 굉장한 용기고 또 말하는 그 과정은 스스로에게 가하는 고문이 되기도 하고요. 그런데 그것을 알면서도 할머니의 이야기를 정확하게 알아내려고 할 때의 괴로움, 당사자의 고통을 알면서도 해야 한다는 당위 때문에 기억을 캐는 저희의 괴로움도 사실 컸죠. 그래도 할머니들이 이야기를 다 하고 나서는 어쨌든 그래도 후련하다, 그리고 처음으로 이런 이야기를 남에게 털어놨다고 이야기하시는 분들이 많아요. 이야기하는 어려움을 나름대로 극복하시는 것을 보면, 그래도 증언 채록의 괴로움이 다소 덜해지죠.

신 할머니들이 그렇게 진술을 하실 수 있게 된 배경에는 스스로도 이런 일이 다시는 일어나지 않아야겠다는 생각이 있는 것 같아요. 처음에는 '그런 얘기해서 뭐해' 하며 안 하고 싶다고 하시지요. 그러다가 말씀을 하게 되고 이야기하다 보면 앞으로 다시는 이런 일이 없도록 하자는 것에 초점이 맞춰지고 할머니들 스스로 그 피해는 나로 끝나야지, 앞으로 이런 일이 계속 일어나면 안 된다는 생각을 자연스럽게 하시게 되는 것 같았어요.

고 할머니들이 수없이 증언을 하고, 공개적으로 이야기하고, 수요시위도 나가시고, 국제회의에도 참석하면서 변화되는 모습을 보게 돼요. 자신이 그런 일을 겪었지만 그런데도 자신의 경험을 말하면서 내가 뭔가 일을 할 수 있구나, 구체적으로는 그 문제를 해결하는 운동에 앞장설 수도 있고, 다시는 그런 일이 인류사회에 재발하지 않게 하는 그런 일에 나설 수 있다는 자신감이나 확신을 갖는 분도 생기는 거죠. 할머니들이 자기 치유는 물론이고 힘을 얻어서 전에는 상상하지 못했던 새로운 삶을 살게 됐다는 것이죠.

조최 할머니들이 처음에는 말씀하시기 힘들어하지만 저희와 친숙해지고 나서는 얼굴이 훤해지는 것 같은 느낌도 들었지요? 저는 할머니들의 증언이 여성이 자신의 피해경험을 스스로 진술했다는 점에서 아주 의미가 크다고 보는데요. 그리고 또 할머니의 증언을 정리하는 저희들도 전부 여성들인지라 저는 나이와 시간을 초월한 여성들끼리의 연대를 느껴보곤 했습니다.

위안부란 용어에 대해

조최 저희는 이른바 일제시기 일본군 위안부 피해자들을 그냥 '할머니'라 부르고 있습니다. 할머니라는 말은 이제 이 문제에 관심 있는 외국사람들도 알고 있죠.

고 물론 아시아연대회의나 다른 국제회의를 할 때도 피해자를 '할머니'라고 지칭하고 있지요. 일본사람들도 '하루머니'라고 하는 것을 봤고 피해국 중 하나인 필리핀에서도 할머니라는 필리핀어 '릴라'가 통용되고 있지요. 할머니는 이미 피해당사자들을 지칭하는 공통적인 언어가 돼버렸어요. 그런데 우리나라에서는 나이든 여자는 다 할머니를 뜻하잖아요. 그러니 여기에서 우리는 피해자 할머니라고 부르면 어떨까요.

조최 사실 이분들을 일컫는 용어는 어떤 입장이냐에 따라서 아주 다양했죠. 일제시기에는 심지어 이들을 천황의 하사품이라고 물화시킨 군대용어나 갖가지 비어와 속어 들이 있었는가 하면, 현재 일본에서는 여전히 '종군위안부'로 쓰이고 있지요. 1990년에 들어 이 문제가 처음 사회적으로 부각되기 시작할 때 우리는 정신대라고도 했잖아요.

신 그러나 정신대란 '일본 천황을 위해서 몸을 바쳐 봉사하는 대원'이라는 뜻으로, 여성만이 아닌 남성도 포함되는 개념이었지요?

서 우리 언론에서는 예전에 정신대라고 쓰다가 요즘은 '종군위안부'와 일본군 '위안부'를 함께 쓰고 있어요. 이 때문에 이 문제에 관심을 갖는 분들은 혼란스러워하는 것 같아요. 더 적절한 용어를 정해서 그 의미를 정확히 전달할 필요가 있다고 생각해요.

조최 요즘 들어서는 '일본군 성노예' 또는 일본군에 의해 조직적·체계적으로 당한 '성폭력 피해자'라고도 하지요.

고 우리 연구소에서 간행한 책에서도 그렇고 보통 일본군 위안부라고 써왔잖아요? 우리가 그 사실을 용인할 수는 없지만 마땅한 단어가 없어 지금까지 그렇게 일컬어왔고 사회적으로도 통용돼왔지요. 그러나 사실 더 정확한 표현은 '일본군 성노예'가 맞다고 봐요. 영어로는 국제회의에서 여태까지 컴포트 우먼(comfort women)이라고 쓰다가 요즘 들어서는 섹스 슬레이브(sex slave)라고 쓰고 있지요. 그런데 사실 할머니들을 자주 접하는 제 입장에서는 '성노예'라고 칭하는 것보다는 일본군 위안부라는 것이 훨씬 더 익숙해요.

신 그러면 '성노예'라는 말이 옳은데 그래도 군'위안부'라고 하는 것은 결국 일반 매매춘여성과 구별하기 위한 것이며, 당시 용어 그대로 한다는 뜻에서 따옴표를 붙이는 거죠. (이 책에서는 편집상 따옴표를 생략한다.─편집자 주)

고 그런 것만은 아니에요. 지금 호주에 살고 있는 네덜란드 출신 피해자 얀 할머니는 자신을 위안부라고 지칭하는 것을 거부한다고 국제회의에서 이야기를 했어요. 왜냐하면 영어로 컴포트(comfort)라는 말은 '따뜻한, 부드러운' 이런 것을 의미하는데 자신은 전혀 그런 느낌이 아니었다는 거죠..

조최 얀 할머니가 사는 곳은 영어권이기 때문에 컴포트의 뜻을 정확히 아는데 우리 할머니들은 위안부보다는 성노예에 거부감을 느끼는 분도 계시지요. 이것은 문화적 차이 같은데요. '위안'이라는 말보다는 '노예'라는 단어에 할머니들이 더 정서적으로 거부하고……

신 제 생각은 이래요. 일본군 위안부라는 용어는 결국 당시 일본군 문서자료에 공식적으로 위안소 규정이 나오고 군대 위안소 안에 속해 있던 여성이라는 단순한 의미로 군위안부라는 게 보다 정확한 용어가 아닌가 싶어요.

조최 저는 또 다른 생각인데요. 용어는 그것을 사용하는 주체의 시각이 중요하다고 봅니다. 물론 위안소 규정이나 위안부라는 용어는 당시에 있었던 개념이기는 하지요. 그러나 그 용어는 일제가 일방적으로 사용한 것이며, 피해여성을 철저히 대상화한 것이지요. 그런 의미에서 이제 이 문제를 해결하려는 입장에서는 자연스럽게 성노예라는 개념을 쓸 수 있다고 봅니다.

고 일본군 위안부 운동에 관한 한은 국제적으로 우리나라가 아주 중요한 역할을 하고 있다고 생각해요. 우리가 용어를 어떻게 사용하는가에 따라 국제사회는 그것을 그대로 사용하곤 했지요. 가령 정신대도 그렇지만, 일본군 위안부도 우리나라에서 쓰기 시작한 용어거든요.

여 어쨌든 용어 정리는 정말 필요해요. 과거 신문자료를 보면 미군위안부라는 식의 용어가 나오거든요. 그렇기 때문에 사실 위안부라는 개념 자체도 우리나라 현대사에서 일반적으로 쓰여진 용어 가운데 하나인 셈이죠.

조최 사실 용어 검토만 해도 논문 한 편은 되겠는데요. 어떻게 할까요? 저는 우선 이번 좌담회에서나마 피해당사자들을 어떻게 부르면 좋을까 싶어 말을 꺼낸 것인데……. 피해자보다는 할머니가 더 좋겠지요?

고 저는 피해자 할머니, 이렇게 얘기했으면 좋겠어요.

일동 그렇게 하죠.

왜 이 문제에 관심을 가졌는가

조최 어쨌든 이 문제에 헌신적으로 일해온 분들이 있었기에 생존한 할머니들을 위한 어느 정도의 대책이 마련됐고, 사회적으로도 중요한 의미를 지니게 됐다고 봅니다. 저희 연구소에서는 특히 피해자 할머니들의 증언 정리를 1991년부터 꾸준히 해왔습니다. 1998년, 올해로 7년째 되는데요. 그 일을 해온 저희도 여러 가지 생각으로 복잡할 것 같은데요. 어때요, 여러분 왜 이 문제에 대해 관심을 갖게 됐어요?

신 사회를 보는 혜란씨부터 먼저 말하는 게 좋겠는데요.

조최 저는 1990년 초 한겨레신문에 실린 윤정옥 선생님의 「정신대 발자취를 찾아서」를 읽은 것이 구체적인 계기였어요. 그때 저는 석사논문을 준비하면서 갈등하던 때였어요. 마침 일본에 대한 관심도 있었고요. 그해 5월 이대 대학원 여성학과에서 노태우 전 대통령의 방일을 즈음해서 성명서를 준비했는데, 그 과정을 기웃거려보다가 그후 윤정옥 선생님과 이대 여성학과 학생들이 중심이 된 저희 연구소 전신인 정신대연구반에 들어갔지요.

여 저도 혜란 언니하고 비슷해요. 같은 시기에 저는 여성학과에 재학중이었어요. 저희 세미나에서 이 문제가 제기됐어요. 저는 대학원 입학 전까지는 이것에 대한 공식적인 역사에 대해 전혀 정보를 얻은 게 없기 때문에, 일단 김일면 씨의 책이나 신문에 연재된 글을 통해서 알게 되고, 충격, 굉장히 큰 충격을 받았어요. 김일면 씨의 책은 그 문제를 굉장히 상업적으로 접근하고 있는 느낌도 들어서 화도 났지요.

신 그러니까 충격을 받고 이 문제에 대해 어떻게든 공부해야겠다 생각했다는 거죠?

여 예. 그 부분에 대해서는 윤정옥 선생님의 공이 크다고 해야겠죠.

고 제가 이 문제에 대해서 알기 시작한 것은 1977년 겨울쯤이었어요. 우연히 청계천 헌책방을 지나다가 센다 가코의 책을 발견했어요. 대학 1학년이었던 내가 그걸 읽었을 때의 충격은 이루 말할 수가 없었어요. 그 책이 특히나 우리가 할머니들을 직접 만나서 들을 때와는 또 다르게 더 충격적이고 더 과장돼 있잖아요. 예를 들면 수백 명의 군인들이 줄을 서서 기다리고 여자들이 백여 명이 넘는 군인들을 하루에 상대했다든가 하는 식으로요. 어쨌든 그 전에도 8·15 즈음이면 신문에 정신대라는 말이 언뜻언뜻 등장하긴 했지만, 그 이야기를 분명하게 소개한 것을 접한 것은 그때가 처음이었어요. 학교에서 사회과학 공부를 하는 선배들이나 친구들도 그 사실에 대해서는 구체적으로 몰랐고 그걸 문제라고 생각하는 사람이 그 당시에는 거의 없었어요. 아, 이것은 굉장한 문제구나, 우리가 여러 사회문제에 대해서 공부하고 고민하고 해결하려 하고 있지만, 정말 이거야말로 언젠가는 풀어야 할 문제다라고 생각했지요. 이렇게 충격으로 간직하고 있었는데, 졸업하고 여성민우회에서 일할 때에 한국정신대대책협의회 창립대회에 참석을 했어요. 그때에는 어떻게 이 일을 시작하나 그 과정을 보고 싶은 생각이 굉장히 강했고, 그것에 관해 기사를 써서 ≪함께 가는 여성≫에 싣곤 했지요. 그러다 윤정옥 선생님을 만나고 본격적으로 일을 한 것은 할머니들이 막 신고를 하기 시작하셨을 때 정대협 임시사무실에서 신고전화를 받으면서부터였어요. 1992년 초인데요, 하루에 몇십 명씩 되는 피해자 신고전화를 받아 접수하고 문의전화 받고, 또 찾아오는 할머니들을 만나고, 그러면서 그냥 거의 의식도 못하면서 끌려들어간 거예요. 사실은 이 할머니들을 조사하겠다, 연구하겠다 그런 생각보다는 일단 할머니들의 경험, 얘기를 들어보자는 생각이었지요. 그리고 당시에는 단편적으로만 알려진 사실들을 제대로 정리하고 진실에 가장 접근하는 일이 필요하겠다는 소박한 생각이었어요. 그렇게 해서 할머니들을 만나고 인터뷰를 한 게 결국 지금에 이른 거죠. 사실 할머니들을 만나서 이야기를 들으면 굉장히 괴롭고 힘들잖아요, 우리 다들. 그럴 때마다 도망가고 싶은 생각도 솔직히 있었고 그랬는데, 그래도 차마 도망갈 수 없었던 게 정말 밀착된 관심이나 조사·연구가 안 돼 있는 상황에서 아무도 하지 않는데, 그래도 조금 발을 디딘 사람이 어떻게 발을 뺄 수 있을까 하는 그런 마음 약함, 그게 결국은 이렇게 시간이 흘러 지금까지 계속하게 하고 있는 거예요.

서 저 같은 경우에는 1992년 대학교 4학년 겨울방학 때, 방송국 취업을 준비하면서 앞으로 어떻게 살아가야 할지 고민이 많았어요. '과연 내가 밥벌이를 위한 일에만 매몰되지 않고, 올바르게 나의 가치관을 지키면서 이 사회에서 할 수 있는 일이 뭘까' 하는 의문이

들었어요. 그래서 취업준비를 하면서 한편으로는 뭔가 패배감에 빠져 있었어요. 그런 시기에 여성학을 공부하는 저희 언니가 일본군위안부 얘기를 제게 하는 거예요. 역사책에서 정신대 관련 부분은 봤지만, 그때는 그것을 지금의 문제, 나의 문제로 인식하지 못했거든요. 그런데 언니 얘기가 정신대 관련해서 일할 사람이 없다는 거예요. 그 얘기를 듣는 순간 내가 그 일에 적임자라는 생각을 했어요. 특히 대학 때 전공이 역사학이다 보니까 더욱더 관심이 많았어요. 그래서 정대협 자원봉사로 이 일에 관여하게 됐지요. 그후 1년 정도 정대협 간사를 했는데, 일을 하면서 보람도 있었지만 진로 문제로 고민도 많았어요. 앞으로 이 운동을 본업처럼 하면서 살 것인지, 아니면 내가 하고자 했던 방송 쪽 일을 시작할 것인지 생각을 많이 했어요. 결국 정대협 간사를 그만두고 방송일을 하면서 연구소 활동을 시작했죠. 연구소를 통해 더욱더 가까이서 할머니들을 만나고 이 문제를 공부할 수 있다고 생각했어요. 그런데 방송일을 하다보니까 연구소 활동을 제대로 못 하는 거예요. 그럴 때면 제 마음이 불편했어요. 뭔가 켕긴다고나 할까요. 제 나름대로 순수하게 시작했던 거라 그런지 '너 뭐하고 있냐' 하면서 뒤에서 나를 잡아끄는 느낌…… 여러분도 그런 거 아시죠? 우스갯소리로 우리들한테 정신대 귀신이 붙었다고 하잖아요? 지금은 이렇게 생각해요. '군위안부 운동은 내가 평생을 짊어지고 가야 하는 내 업보다'. 제가 무슨 일을 하든지 간에 이 운동은 계속해나가야 한다고 생각해요. 어린 왕자가 자신이 길들인 장미에 책임을 지듯이, 저도 제가 길들인 이 운동에 책임을 져야 한다고 생각해요.

신 저는 늦게 들어온 편인데요. 1993년경일 거예요. 사실 이 일을 처음 안 것은 아마도 역사공부를 시작한 1977년 전후였을 거예요. 자료를 수집할 때 간간이 보다가 책으로 임종국 씨의 『정신대 실록』

을 봤어요. 그때 그 참혹상에 분개하기는 했지만 다른 분들같이 그렇게 충격적이지는 않았어요. 그러다가 윤정옥 선생님의 한겨레신문 연재기사를 봤어요. 그걸 보고는 사실 윤정옥 선생님의 그런 노력이 제겐 충격이었어요. 역사학도라는 저의 게으름이 부끄러웠고 창피스럽기도 했던 거죠. 그러고도 이런저런 일로 미루다 결국 증언 1집이 나온 후에야 겨우 참여하게 됐습니다. 증언 2집부터 같이 공부도 하고 할머니들을 만나 증언도 받고 했지요. 기본적으로 저는 여성사 연구자로서 이 문제도 내가 해야 할 하나의 과제가 아닌가 생각하죠. 이것만이 내가 할 일이라고 생각하기보다는 지금도 내가 해야 할 일 중에 하나로 생각해 같이 활동을 하게 된 거죠. 때문에 특별한 동기보다는 내 삶의 한 과정으로 여기고 있어요. 또 지금 여러분들의 이야기를 들으며, 전에도 그랬지만 이 일의 종착역이 어딘가, 언제 이 일을 끝냈다 할 수 있을까 하는 염려가 더 크네요.

고 종착역이 있을까요?(웃음)

신 결국 이 문제는 역사적으로 오래 누적돼온 여성문제인데, 이 문제를 어떻게 풀어나갈 건가는 여전히 숙제로 남아 있고, 그 숙제를 푸는 데 우리가 조금이라도 힘을 모을 수 있다면 하는 거죠.

조최 아까 서은경 연구원의 목소리가 떨릴 때 저도 어찌나 가슴이 떨리던지요……. 그래도 저는 언젠가부터 낙관적인 생각이 듭니다. 저희 연구소로 말하면 증언집도 이미 세 권 냈고, 연구 업적도 냈습니다. 그런대로 독립된 사무실 겸 연구실도 마련했고요. 모든 것은 다 잘될 거예요(웃음).

우리는 이 문제를 어떻게 보고 있나

최 위안부 문제는 보통 일제하 식민지라는 특수한 민족적 상황과

가부장제적 성차별이 어우러져 만든 문제라고 보는 것 같은데요.

고 나는 계급문제, 민족문제, 여성문제, 무슨 문제…… 이런 식으로 틀을 지우는 것은 너무나 도식적인 것은 아닌가 생각해요. 갖가지 문제가 한 인간의 삶에 영향은 미치지만 예외적인 경우가 많아요. 예를 들면 피해자 할머니들이 교육도 못 받았다, 최하층이었다고 하는데 그것만은 아니었다는 거죠. 당시 상황에서는 교육을 받든 안 받든 하층이든 아니든 다 끌려갈 수 있었다는 거죠.

신 그래서 식민지 민족의 문제로 또 연결이 되겠지만, 해방 이후에도 할머니들의 삶이 더 불행할 수밖에 없었던 것은 계층문제의 영향도 상당히 있다고 봐요.

조최 그러나 저는 조금 다른 생각인데요. 사실 계급적으로 상층이라면 안 나타난 분도 계실 거예요. 우리의 공식적인 성문화가 폐쇄적이고 배타적이기 때문에 그럴 가능성은 충분히 있다는 생각이 들거든요. 따라서 현재 나오신 분들만을 근거로 계급적 구분을 하는 것은…….

신 구분한다기보다 그런 것도 염두에 두자는 의미죠.

고 사회 전반적인 인식의 차이가 사람들의 삶을 어떻게 다르게 하는가를 최근에 우리와는 극명하게 대비되는 사례를 보면서 생각해 봤어요. 얼마 전 <50년 간의 침묵>이라는 호주 영화를 봤어요. 2차대전 당시 네덜란드 출신 피해자 할머니 '안'의 증언을 영화로 만든 거예요. 안 할머니는 네덜란드인으로 인도네시아에 와서 가족과 함께 살았지요. 전쟁 중에 수용소에서 30여 명의 다른 여자들과 함께 일본군 위안부로 강제당한 거예요. 3개월 후에 돌아와 어머니에게 사실대로 얘기를 해요. 그러자 어머니는 굉장히 따뜻하게 감싸줬어요. 얼마 지나지 않아 남자를 만나고 그 남자가 자신에게 프로포즈 할 때에도 그 이야기를 했어요. 그래도 남자는 감싸주고 아무런 문제 없이 결혼을 했어요 그런데 임신이 안 됐어요 그래서 수술을 몇 번 거듭해서 아이를 낳았어요 그뒤로 그 일을 다른 사람들에게 얘기하지 않았고, 정상적인 결혼생활을 하는 데 장애물이나 걸림돌이 전혀 되지 않고 50년을 살아온 거예요 그러다 한국 할머니들의 증언에 자극받아서 이 할머니도 드디어 공개적으로 증언하기 시작했어요. 이 할머니가 앞서 말한 '컴포트 우먼'이라는 용어를 거부했다는 분이에요. 이 할머니의 삶을 보면서, 우리 할머니들은 이후에 이걸 떳떳이 이야기할 수도 없었을 뿐더러 정상적인 결혼을 할 수도 없었고 그걸 얘기했을 때 우리 사회가 너그럽게 받아주고 감싸주었는가 생각해봤어요. 아직까지도 위안부 할머니였다고 하면 가족들에게도 은근히 따돌림을 당하고 창피하니까 얘기하지 말아라, 드러내지 말아라 하는 분위기예요. 그러니까 사실 우리 할머니들은 더욱 불행하고 비참하고, 그 한이 안으로 뭉쳐 50년의 삶이 왜곡돼 오늘에까지 이른 것이지요. 우리 할머니들이 증언할 때 한과 분노가 폭발돼 어쩔 줄 몰라 하는 것에 반해서 그 할머니는 굉장히 이성적으로 아주 당당하게 자신의 품위를 지키면서 조목조목 얘기하는 것이 대비가 되는 게 정말 가슴이 아프더라구요. 우리에게 이 문제는 50년 동안 아직도 해결되지 않고 계속되는 문제라는 데 그치는 것이 아니라, 여성에 대한 인식이나 성에 대한 인식이 이 문제를 계기로 해서 바뀌지 않는다면 진정한 의미에서의 문제 해결은 없다는 생각이 들어요.

신 그러나 호주에 거주하는 네덜란드 여성이 그렇게 할 수 있었던 것을 서양의 성에 대한 인식 때문으로 단순화시킬 수 있는지요? 오히려 그 여성 개인의 특별한 경우가 아닌가라는 생각도 드는데요.

고 그래서 좀더 말씀드리자면, 얀 할머니가 주도해서 30여 명이 함께 모임을 만들었대요 영화상으로도 10여 명이 둘러앉아서 이야기하는 게 나와요. 다른 할머니들도 그것 때문에 결혼을 못 했다던가 그런 할머니들은 없어요. 그리고 표정이나 분위기를 보면 알잖아요. 우리 할머니들의 시름에 잠긴, 한에 쌓인 그런 표정이 아니라 그냥 보통의 서양 할머니들이었어요. 물론 얘기하지 못하고 50년 동안 가 슴에 묻어둔 그런 것 때문에 울지요. 그렇지만 그것 때문에 결혼을 못 했다, 그 뒤에 삶이 굉장히 불행했다 그런 증언은 없었어요.

조최 감동적인데요. 근데 그분들은 수용소에 들어가기 전에 직업이 어떻게 되나요?

고 열다섯 살, 어린아이거나 학생이었어요. 당시 인도네시아는 네덜 란드령이었어요. 그러니까 그들은 식민지의 지배계급에 속했지요. 일본군이 인도네시아에 진주하면서 네덜란드 사람들을 따로 수용소 에 수용을 한 거예요. 거기에서 10대 여자아이들을 30여 명 차출해 서 일정한 곳에 가서 위안부로 하루에 10~20명 정도 받게 한 거예 요. 계속 거부를 한 거죠, 여자들은. 석 달 만에 가족이 있는 수용소 로 다시 돌아오게 되죠. 그들은 일본에 강력하게 항의를 해 일본군 중에 한 명이 사형당하고 두 명인가는 처벌을 당하게 했지요. 그런 데 그 여자들은 피해자라는 인식을 했고 가족들도 그들을 피해자로 서 감싸줘야 되고 그들의 아픔을 우리가 치유하지 않으면 안 되겠다 는 분위기였던 거죠. 우리의 여성에 대한 성 관념이나 순결이데올로 기와는 차이가 있는 거죠. 우리 같은 경우에는 식민지 상황에서 그 렇게 끌려갔는데도 피해자가 비난을 받았던 거죠. 역사적으로도 그 렇잖아요, 환향녀(還鄕女)를 보면. 나라에서 여자들을 중국으로 공물 로 보내놓고는 그들이 되돌아오면 화냥년이라고 손가락질했잖아요. 그런 역사적인 배경, 성에 대한 인식이 이미 여자가 한 번 그렇게 되 고 나면 손가락질을 받아야 하는 그런 게 지금까지 이어져 내려오고 있는 거지요.

신 네덜란드와 우리와는 상황이 너무도 다르다고 생각해요 우리 피해자 할머니들의 경우는 위안부로 끌려가지 않았어도 어쩌면 일제의 식민지적 상황에서 최하층의 한많은 여성이었을 거라는 느낌이 들거든요 그런 식민지 상황에 더하여 위안부가 된 것이 아니었는가, 그러니까 민족과 계급의 문제이면서 성만의 문제는 아니라는 생각이 많이 들어요

서 네덜란드는 지배 입장이 된 경험이 있기 때문에 피해를 인식할 수도 있었다고 보거든요 그러나 우리 피해자 할머니들은 거의 대부분이 항상 당하고만 살았기 때문에 자신을 피해자로서 인식하기보다는 내 팔자가 이래서 이렇다고 팔자로 넘겨버리잖아요 제 마음에는 그것이 걸리는데요

고 팔자로 넘길 수밖에 없는 건 현실적으로 어떻게 해볼 도리가 없으니까, 말을 해봐야 아무런 이득이 안 되니까, 팔자소관으로 여기면서 자기 스스로를 위안 삼는 게 아니겠어요?

조최 그러니까 팔자 탓, 그것은 살아가면서 스스로를 위안하기 위한 생존전략이라고도 보여지는군요 어쨌든 이 문제를 어떻게 볼 것인가는 계속 고민해야 할 우리의 과제인 것 같습니다.

할머니들을 만나면서

조최 이제까지 저희는 증언을 정리해서 출간하기까지 전 과정을 여럿이 모여 같이 해왔습니다. 한 할머니의 채록은 담당자 한 사람 혹은 두 사람이 할머니를 면담하여 이뤄졌지요 담당자의 일차 정리가 마무리·보고되면 저희는 연구소에 모여 의문사항들을 낱낱이 확인하고 또 확인했지요 그 작업은 사실 쉽지만은 않았습니다. 시간도 많이 걸렸고요 저희는 피해자 할머니들의 증언을 채록·정리하면서

할머니와 각별한 그 이상의 뭔가를 가지게 됐는데, 제가 힘들었던 것 중에 하나는, 혼자 사시는 할머니를 찾아가 그 할머니하고 잘 얘기하고 나서 그냥 뒤돌아서 나올 때였어요. 제가 탄 차가 보이지 않을 때까지 멀거니 쳐다보는 할머니도 계시고. 또 증언채록이 끝나고 난 후에 할머니들에게 어떻게 해야 하는지에 대해서도 적잖은 심리적인 부담, 죄의식이 느껴지기도 하고요.

고 그런 게 있더라고요. 이상한 게 사실 우리 엄마한테 가본 지 세 달도 넘었는데 엄마 생각을 하면서는 그렇게 짠하거나 하지 않는데, 할머니 생각하면 굉장히 마음이 무거워요.

여 할머니들이 증언하다 보면 당신이 피해를 당하셨다는 인식보다는 부끄럽다는 것이 사실 강하시고 자기가 오히려 죄인이라는 인식을 많이 하세요. 이런 얘기를 했을 때 상대방이 나를 어떻게 볼까, 나를 무시하지는 않을까 하는 두려움도 있고요. 그러다가 이 사람은 내가 얘기를 해도 그것 가지고 무시하거나 하지 않는구나 하는 신뢰를 하게 되는 것 같아요. 그리고 나면 저희에게 기대를 많이 하시게 되는 것 같아요.

고 이해를 해주는 사람이 있다는 것이 힘이 되죠. 특히 자신의 얘기를 많이 했던 사람에 대해서 할머니가 갖는 짝사랑, 그게 참 남다르거든요.

조최 이를테면 저에게 내 딸이라고 한 할머니도 계시지요. 어쩌다가 오랫동안 연락 없이 지내다가 막상 돌아가시면 마음이 너무 힘들어지지요.

서 제 경우에는 늘 마음에 걸리는 할머니 한 분이 계세요. 합천에 사셨던 최순남 할머니인데, 그분 성격이 내성적이라 사람들과 접촉하는 것을 그다지 좋아하시지 않았거든요. 이 분은 제가 처음 찾아뵌 피해자 할머니라서 남달랐는데요. 할머니 말씀이 "은경이한테 전화

오면 반가운데, 딴 사람 전화오면 하나도 안 반갑다, 니 전화만 기다린다, 니만 보고 싶다" 이러세요. 그럼 그게 굉장히 마음에 걸리는 거예요. 자주 찾아가 뵙고 싶지만 거리가 멀고 또 바쁘다는 핑계로 전화만 가끔 드렸거든요. 그런데 한동안 전화를 못 드렸다 싶었는데, 돌아가셨다는 거예요. 할머니께 죄스럽고 마음이 많이 아팠어요.

조최 저는 보건복지부를 통해 그 할머니가 돌아가셨다는 것을 알고서 서은경 연구원에게 그 사실을 알려줘야 한다는 생각이 당연히 드는 거예요. 그런 식으로 끈이 연결돼 있죠. 자신도 모르는 사이에 할머니들과 관계의 끈을 이렇게 맺고, 그런 관계에 대해서 연연해하는 저를 그때 제 스스로가 느꼈어요.

신 자, 또 다른 문제로 이야기를 돌려보죠. 할머니들이 때와 장소를 전혀 기억 못 하시는 것에 증언 정리의 어려움이 있죠. 어떤 구체적인 사실은 잘 기억하시는데, 대체로 지역이나 시간에 대한 기억을 잘 못 하셔서 할머니도 답답해하시고 저도 안타깝고요.

고 우리는 증언 1집에서 언제부터 언제까지였느냐, 어디였느냐를 밝혀내려고 굉장히 애를 썼어요. 이 할머니들이 애초에 알지도 못하거나, 50년 지나면서 잊혀진 사실들을 밝히려고 노력하면서 오히려 잃게 된 부분이 상당히 많았어요. 그래서 차라리 이 할머니가 가지고 있는 여러 가지 경험이나 정보, 이런 것을 고스란히 드러내자 하는 의도가 커졌죠. 도저히 기억해낼 수 없고 우리가 밝힐 수 없는 정보는 그대로 놔두고 이 할머니에게서 끌어낼 수 있는 것을 더욱 풍부하게 끌어내자 하는 의미……

조최 증언 정리는 한 할머니를 수없이 만나면서 감정적인 교류 속에서 이루어지지요. 그런데 할머니들의 증언이 반복되면서, 이번에 말했던 것이 전과 다르고 다음에 또 다르고 해서, 그것도 사실 힘들었죠. 달라지는 이유가 무엇일까로 고민하기도 했어요. 그렇기 때문에 또 더 많이 만났던 것이지요.

서 어떤 할머니를 만나면 이 일에 대한 제 의욕을 빼버리는 할머니가 있고, 또 어떤 할머니는 제게 힘을 주기도 하죠. 김은례 할머니에게서는 제가 힘을 많이 얻죠. 워낙 부지런하신데다가 또 일본 정부에 대해 할머니의 입장이 분명하셔요. 그 할머니는 '아멘 정대협!'이에요. 정대협의 의미가 바로 '진상 규명'의 뜻이거든요. 일본에서 돈이 위로금조로 나온다 했을 때 절대 안 받는다고 명확하게 얘기한 할머니들 중 한 분이죠. 또 얼마 전 정부에서 특별지원금이 나왔을 때 그 돈 중 얼마를 내어 정대협이든 어디든 고맙다고 성의 표시를 꼭 해야 한다고 생각하신 분이에요.

신 다른 할머니와 아주 다른 것 같은데요. 그런 경우 할머니의 타고난 성격일까요, 아니면 살아오시면서 그렇게 되신 것인지?

서 제가 볼 때 굉장히 어렵게 어렵게 사셨는데, 할머니 자신의 가치관인 것 같아요. 교육도 안 받으셨어요. 할머니가 정대협에 성의 표시하자고 하자, 다른 할머니들이 글자도 모르고 아무것도 모르는 니가 건방지게 나서가지고 그러냐고 그러더래요. 어쨌든 우리가 이 운동을 하는데 바른 문제의식을 우리 스스로도 가져야겠지만, 이런 할머니를 통해서 확실하게 더 힘을 얻고 더욱 정신차리게 되는 게 아닌가 하는 느낌도 받았어요. 전에 할머니와 같이 TV를 보는데, 마침 대한민국 다큐멘터리 시리즈로 나가는 것의 주제가 여성이었어요. 미스코리아도 나오고, 젊은 군위안부 여성들이 손잡고 찍은 사진 있잖아요. 그 사진이 나오자 할머니가 갑자기 TV 볼륨을 올리면서 '아 정대협!' 그러는 거예요. 보통 사람들은 봐도 잘 모를 텐데 할머니는 보자마자 "아, 정대협" 한 거죠. 그것이 더 이상 정신대가 아니고 대책을 모색하는 정대협인 거예요. 그것보고 저는 너무너무 기뻤어요. 그리고 어떤 할머니는 어린 시절 이야기를 너무너무 말씀 잘하시는

데 위안소 생활 부분에 들어가면 얼굴이 울긋불긋해지면서 막 힘들어하셔서 그런 경우 저도 너무 힘들었어요.

신 이제는 할머니들이 자신의 과거사를 비교적 수월하게 말하는 것을 보는데요, 이것은 처음 조사 때와는 많이 달라진 것 같죠. 이 문제에 대한 사회분위기가 그만큼 많이 바뀌었기 때문이라고도 생각되는데요. 이것은 우리 연구소가 노력해온 하나의 성과라고도 볼 수 있겠죠.

조최 그리고 성문화도 90년대 초기보다 많이 달라졌죠. 이제는 우리 사회가 성폭력 등 피해자를 비난하거나 주눅들게 하지는 않죠. 남녀에 대한 차별적 성문화가 조금씩 변화돼가고 있는 것이지요.

고 할머니들이 피해자라는 인식을 스스로 하게 된 것, 그것이 중요한 것 같아요. 벗어난 이야기일지도 모르지만 이렇게 많은 피해자가 있는데 가해자는 어디 있단 말인가, 그런 생각을 요새 많이 해요. 우리는 한국에서 늘 피해자를 만나서 관심을 갖고 피해자 문제에 초점을 맞춰왔는데 이제 이 문제를 해결하기 위해서는 가해자에게 눈을 돌려야 하지 않을까 이런 생각이 드네요. 막연하게 일본 정부다 그랬는데 구체적으로 이 정책을 입안하고 시행했던 전범자들, 그들에게 관심을 돌려야 이 문제를 적극적으로 해결할 수 있다는 거죠. 피해자들의 인권 회복뿐 아니라 더 나아가서 재발 방지라는 측면에서도 그래요. 이런 일이 인류사에 다시는 일어나지 않아야겠다는 생각이 들어요.

신 그런데도 현재 생존하신 152명 중 우리가 이렇게 이야기할 수 있는 할머니들은 여전히 소수가 아닌가, 그렇게라도 치유가 됐고 증언이 정말 사회적인 효과를 발휘한다면 모든 할머니들이 스스로 내가 증언할 테니까 날 찾아와라, 이런 단계에 이르러야 되지 않을까 하는 생각이 드는데, 어때요?

조최 소수라고 단정짓기에는…….

고 모든 할머니가 투사가 돼 앞장서서 증언을 하고 이러는 게…….

신 나서지 않더라도 이제라도 그런 심정이실까, 아니 그렇게 될 수 있었으면 하는 거지요

고 저는 오히려 누구에게 알리지 않기를 원하는 그런 할머니들은 그런 할머니대로 보호해야 한다는 생각이 들어요 사람마다 다 자기 치유의 방식은 다를 거예요 드러나면서 공개적으로 치유를 하는 경우와 그렇지 않은 경우가 있는데…….

증언 3집을 말한다

조최 이번 증언 3집에는 피해자 할머니 14명의 증언을 정리하여 실었는데요 이러기까지 2년여의 준비과정을 거쳤습니다. 5년 넘게 오랜 기간 면담을 계속했던 피해자 할머니도 계셨고요

여 이번에는 구어체를 많이 사용했습니다. 특히 사투리를 그대로 싣고 있어서 표준말에 익숙한 분들은 읽기가 어떠실지…….

조최 할머니 가운데는 여러 지방 말투를 한꺼번에 섞어 사용하는 분들도 계셨지요 경상도, 강원도, 전라도, 심지어는 이야기 도중 일본말을 더 자연스럽게 사용하는 분도 있고요 참, 일본말은 할머니들 발음 그대로 표기했어요 말에는 그 사람이 살아온 삶이 배어 있어서, 어투를 살리는 것은 중요하다고 봐요

고 제 경우는 할머니 이야기를 그대로 풀었어요 나는 할머니가 이야기한 문장이나 단어나 어미나 이런 것을 고치지 않고 되도록 그대로 살리려고 노력했어요 그랬을 때 할머니의 정서라든가 감정이 훨씬 더 잘 드러나고 전달된다, 그런 생각으로 말이지요 그리고 필요한 경우에는 지문도 사용했지요

여 괄호 열고 표준말을 쓰고 주도 달았지요

신 저는 2집 때와 같이 할머니의 말을 살리되 "……했다" 식으로 서술했어요

고 제가 만난 피해자할머니들을 돌이켜보면, 어떤 분은 이야기를 안 하고 뜸들이고, 어떤 분은 내가 묻기 전에 모든 것을 이야기하고 또는 어떤 분은 묻는 말에만 대답하는 그런 분들로 나눌 수 있어요 할머니의 눈짓, 태도, 손짓을 통해 할머니의 심경이나 정서를 알아내고, 그러면서 봤던 것을 풀어서 써야겠다는 생각을 했어요 그렇지 않으면 도저히 이 할머니의 상황이 그대로 드러나지 않으니까요 그것을 3집에서는 드러내려고 나름대로 고민했어요

여 최화선(가명) 할머니는 동원과정에서 지금까지의 경우와는 달라요 이 할머니는 동네 이장을 통해서 갔는데, 처음에 간 곳은 부산의 방직공장이었고 거기서 1년 정도 일을 했어요 그러다가 공장에서 뽑혀가 결국 위안부 노릇을 했지요 이 할머니는 공장을 통해서 동원된 것이지요 또 2집 준비할 때부터 만난 분인데요 근로정신대로 가서 위안부 생활을 했던 김유감(가명) 할머니예요 마산에 사시는 이 할머니는 도야마에 갔던 기억은 하는데, 공장에서 일은 안 하고 바로 배를 타고 이동해서 곧장 위안소 생활을 하셨어요

신 그러니까 공장노동을 조금도 안 하셨다는 거죠?

여 예, 안 하셨어요

신 2집에 실린 이영순 할머니도 비슷한 경우잖아요 일은 전혀 한 적이 없고 바로 옮겨다니며 위안부로 지냈다는 그런 사례가 자꾸 나오는군요 공장에서는 어떻게 동원됐나요?

여 어느날 갑자기 명단을 들고 와서는 누구누구 나와라, 이제 기술을 어느 정도 익혔으니까 일본의 큰 공장으로 이동한다, 이런 식으로 뽑아서 데리고 간 거예요

신 그렇게 뽑아간 사람이 공장 관계자였나요?

여 예, 공장 관계자예요. 그래서 일본으로 가서 배치를 받은 거예요. 그리고 배를 타고 간 거죠.

신 내가 만난 할머니들도 어디에 모여서 배치를 받아 갔다는 이야기는 해요.

여 일제가 조직적으로 여자들을 끌어낼 수 있는 방법 중 하나가 여자들이 많이 모여 있는 곳에서 데려가는 거지요.

신 그러니까 공장에서 데려갔다는 거죠. 조금 다른 문제인데, 나는 아까부터 기본적인 이야기가 자꾸 떠오르네요. 할머니들은 주인이니, 장사니 혹은 군인을 손님이라는 표현을 자주 하죠. 그 말을 듣다 보면 할머니가 있던 곳이 정말 군 위안소였는지 아니면 그냥 사창 같은 곳에서 군인을 상대했는지 하는 의문이 계속 들거든요. 내가 정리한 조남례 할머니도 그런 식으로 표현해서 할머니가 있던 곳이 사창은 아니었을까 하는 생각도 했지요. 그러나 자꾸 이야기를 하다 보니 실제 군 위안소가 틀림없었다고 확신하게 됐어요. 위에서 말한 배치받았다는 것하며, 심지어는 그곳의 한 여성이 물에 빠져 죽었는데, 그를 물에서 끌어내 화장까지의 전 과정을 군에서 다 처리해줬다는 거예요. 결국 할머니들이 쓰는 손님, 장사, 주인 이런 말들은 일제가 의도적으로 그렇게 주입시킨 결과가 아닌가 싶네요.

고 그래요. 할머니들의 이야기 중에 손님이라는 표현이 많아요. 이것은 당시에 위안부를 관리하거나 경영하는 사람들이 피해자들을 위안부라고 지칭하며, 오는 군인들을 손님이라고 이들에게 인식시킨 결과가 아닐까 생각해요. 군표라든가 이런 것을 통해서 여자들이 직접적으로 그것을 받지는 않았지만 어쨌든 돈을 받고 매춘을 하는 거라는 인식을 뿌리 깊이 갖게 한 것이죠. 할머니들 중에는 지금까지도, 아 내가 돈을 받고 매춘을 했구나, 손님을 받았구나 하는 인식과 그로 인한 죄책감, 부끄러운 일로 여기는 마음이 남아 있는 분이 있다는 생각이 들거든요. 일부 사람이 징용·징병이나 원폭문제의 배상요구에는 아무 소리도 안 하면서 일본군 위안부들이 일본 정부에 배상을 요구할 때면 그 요구가 곧 매춘을 인정하는 것이 아니냐 식의 이야기를 하죠. 그럴 때 할머니들은 그것에 대해서 제대로 대처하지 못하는데, 이것은 그 관리하던 사람들이 피해자 할머니들에게 피해자라는 입장보다는 오히려 그래서 자기들이 나쁜 짓을 했던 죄인이다, 그렇게 끌려 들어가서 그런 생활을 한 것이 자기 팔자라는 것으로 인식하게 만든 결과가 아닌가 생각해요. 그래서 이 할머니들이 손님이라는 용어를 쓰지만 사실 그것이 손님이라는 것을 인정하는 용어라기보다는, 주입되고 세뇌된 그런 역설적인 용어로 받아들여야 될 것 같아요. 이것 또한 이 문제의 심각한 측면이지요.

조최 할머니들이 이 문제를 얼마만큼 자신의 인권문제로 여기고 있는가 하는 의문이 들기도 하는데요. 할머니들이 자연스럽게 관리자 중심의 용어를 사용하지 않는 때가 오기만을 기대해야겠습니다.

신 아까 계급얘기를 왜 했냐 하면 조남례 할머니의 주변 여성들까지 며느리도 빨치산 남편을 잃고 애를 셋인가 데리고 이집 아들한테 자기가 낳은 아들은 아니지만 결혼한 집 아들한테 시집을 온 거예요. 그래가지고 며느리, 시아버지, 시어머니, 아들 네 사람이 돈 때문에 하루도 편할 날이 없이 싸움질을 하고 살았는데 이제 남편 죽고 아들도 죽고 지금은 며느리만 남았어요. 그런데 이 할머니의 조카딸도 최근에 이혼을 해가지고 이 할머니 혼자 사시는 데 와서 보름인가 있다 갔다는 거예요. 그런 식으로 그 주변 여성들도 하나같이 일상적인 부부관계라든가 가족을 유지 못하는 것을 봤거든요. 그 할머니 딸 하나만 결혼해서 애도 낳고 그런대로 소위 일상적인 삶을 사는 것 같더라구요.

여 우리나라 가족이 해체되는 부분이 계층에 따라서 굉장히 다르다는 거죠.

신 내가 본 하영이 할머니하고 조남례 할머니하고는 둘 다 거기서 사귄 남편하고 살다가 오래 가지 못하고 금방 끝나고 다른 남자하고 살았어요. 조남례 할머니가 한 세 남자, 네 남자 이런 식으로 옮겨다니면서 산 거예요. 조남례 할머니는 '손님'으로 온 군속 같은 남자를 만나서 같이 포로수용소에 수용돼 있다가 돌아와서 살았는데 이 남자도 영 때리고 그랬대요. 그래서 못 살고 할머니가 도망간 거예요.

조최 신영숙 선생님이 방금 남자를 세 번이나 옮겨다니고라고 하시면서 애잔하게 표현하시는 듯하지만, 오히려 저는 기존 성의식이 깨어졌다는 좀더 적극적인 의미로 이해가 되는데요. 그러니까 스스로의 삶을 선택해나갔다는 것이지요. 그것이 좋은 의미든 어떻든…….

신 적극적으로 산 것은 맞아요. 처음에 시집가서도 스스로 나온 거고 그러니까 힘든 생활을 참고 살지는 않았지요. 그후에도 계속 남자가 할머니한테 못할 때는 나왔죠. 다시 들어가는 한이 있어도 일단은 나오는 것이지요. 그냥 죽어도 이집 귀신이 돼야 되겠다 이런 생각은 안 하고요.

서 또 뭐 조금 특이했던 피해자 할머니는 안 계셨어요?

조최 황순이 할머니는 몽고에 계셨는데, 몽고에 있었던 피해자의 증언은 이번이 처음이지요. 그리고 김옥주 할머니는 중국 해남도에서 미인대회에 참가해 '미스 재패니즈'로도 뽑혔다는군요.

여 위안부들끼리 미인대회가 있었다고요?

조최 군인들끼리 투표해서 미인을 뽑고, 또 뽑힌 여자들은 제일 높은 군인한테 가서 인사해야 했대요.

여 애틋한 사랑 이야기도 있지요. 최화선 할머니는 매독·성병 때문에 병원에 입원한 상태로 해방을 맞았는데, 할머니를 그 병원까지 찾아온 남자가 있었어요. 할머니가 있던 근처로 끌려와서 잡일하던 한국인 남자였는데, 할머니가 위안소에 있을 때 근처 개울로 빨래하러 나가면 가끔 마주치고, 그럴 때면 서로 고생한다고 다독거려주던 사이였대요. 그 사람하고 어렵게 어렵게 같이 귀국했고 남자가 자기 집으로 할머니를 데려갔어요. 결혼을 하겠다고. 고향이 이북인데, 그런데 남자 집에서는 결혼을 반대했지요. 그런데도 남자는 할머니와 남하했어요. 이남으로 와서 아이도 하나 낳고…….

고 할아버지가 지금도 살아 계세요?

여 6·25가 원수지요. 인민군에 끌려가서 소식이 없는 거예요. 아직도 이 할머니는 가슴에 그대로 할아버지를 품고 있어요.

서 역사 자료에 등장했던 그런 할머니는 안 계셨어요?

조최 강정숙 연구원이 정리한 할머니인데, 일제 패전 후 미군이 필리핀에서 수용한 포로 가운데에는 우리나라 여성들도 있었어요. 그 포로 명단을 저희 연구소에서 확보하여 생존자 한 분을 확인했지요. 그분이 김소란(가명) 할머니인데, 언니와 함께 끌려갔던 분이기도 하지요.

여 또 지난 1997년 고국을 찾아오신 훈 할머니로 알려진 이남이 할머니 이야기도 이번에 실었어요. 할머니가 사시던 캄보디아에 갔다 온 이상화 연구원이 정리하고 있지요.

좌담회를 마치며

조최 우리는 '신정신대'라는 말을 한 적이 있었지요. 위안부 문제를 정신대 문제라고 부르던 90년대 초기에. 이것은 요즘의 세계정세하에서 성 산업에 희생되는 여성의 문제를 일제하에서의 그것과 비교해서 일컬었던 말이었지요.

고 그러니까 이 위안부 문제는 단순히 과거사만이 아니라 현재도 계속 진행중인 문제지요.

신 우리가 계속 풀어가야 할 근본적인 숙제인 것이지요.

고 저는 이 문제가 풀리는 것이 여성문제가 풀리는 것과 동의어가 아닌가 하는 그런 생각까지 들어요.

조최 할머니들이 신고하기 시작한 후 벌써 수십 명이 세상을 떠나셨습니다. 그 가운데는 저희가 미처 만나보지 못한 분들도 계시는데, 아직도 저희에게는 많은 할머니들의 증언을 듣고 정리해야 하는 과제가 남아 있는 것 같습니다. 오랜 시간 수고하셨습니다.

아직도 못 다한 이야기*

이정선 우리가 흔히 정신대 할머니라고 부르는 위안부 피해자들에 대해 이야기할 적마다, 저는 내 어머니를 대신해서 끌려간 사람들이라는 생각을 지울 수가 없습니다. 실제로 제 어머니와 동갑인 피해자 할머니가 대구에 살고 계실 뿐만 아니라 당시에 어머니도 처녀공출을 피해 18살에 시집을 가셨으며, 마을 공터에서 처녀들을 줄 세워 모아 놓고 인원 점검을 한 뒤 정신대로 데려가곤 했다는 이야기를 어머니한테서 들은 적이 있기 때문입니다. 만약 그때 어머니가 그 대열에 끼여 있었더라면 한 여성의 그 이후 인생이 얼마나 달라졌을 것인가, 내가 이 세상에 태어나기라도 했을까 하는 단순하면서도 근본적인 물음이 제 자신을 이 문제에서 놓여나지 못하게 단단히 붙들고 있습니다.

남존여비사상이 여전히 뿌리 깊기로 유명한 대구에서 여성운동단체에 발을 들여놓으면서 저와 위안부 문제의 만남은 필연적인 것이

---

* 이 내용은 좌담회에 참여하지 못했던 이정선 연구원이 쓴 글로서, 여기에 첨가했다. ─편집자 주

었다고 해야 할 것 같습니다. 창간된 지 얼마 안 된 한겨레신문에 실린 윤정옥 선생님의 연재기사를 아주 인상 깊게 읽었으며 정대협에서 시작한 정신대 할머니 신고 전화를 저희 대구여성회에서도 당시에 개설한 바 있습니다. 그때부터 저는 개인적으로 이 문제에 관심을 가지기 시작했는데, 당시엔 아직 국내에 알려진 자료가 거의 없을 때였지요. 일월서각에서 나온 『정신대』라는 책 정도였던 것 같아요.

그러던 중에 1993년 10월에 일본에서 열린 제2차 아시아연대회의에 참가했을 때 저는 아주 놀라운 경험을 했습니다. 일본군 위안부 문제를 주제로 일본 전국에서 150여 개나 되는 여성단체들이 모인 것도 놀라웠지만, 거기에서 대구에 계신 문옥주 할머니에 관한 자료집을 발견했기 때문입니다. 할머니의 서툰 한글 글씨로 쓰여진 '내 저금 내놔라'가 제목으로 붙은 그 책자는 '문옥주 씨의 군사우편저금의 지불을 요구하는 모임'에서 펴낸 활동보고서였습니다.

문옥주 할머니께서 일찍이 정대협에 신고를 하신 줄 알고 그 동안 몇 번 만나기는 했지만 우리는 할머니가 군사우편저금을 하셨던 사실조차도 모르고 있었는데, 일본의 시민단체에서는 그 저금 찾아주기운동을 벌이고 있었다니! 부끄럽기도 하고 그것은 제게 정말 충격이었습니다.

그때 만난 모리카와(森川) 씨는 그 이후에도 문옥주 할머니를 만나러 대구를 수없이 드나들며 할머니의 증언을 녹음하여 1996년에 할머니의 구술 자서전을 출판했지요. 출판사를 찾지 못해 한글판은 여지껏 나오지 못한 점도 안타깝구요. 이는 정부에 신고하신 할머니들의 증언의 필요성과 자료로서의 중요성을 다시 한 번 깨닫게 해준 계기가 되기도 했습니다.

또한 할머니들의 증언을 듣고 정리하는 작업은 몇십 년 전의 과거사를 풀어내는 것인 만큼 할머니와 인간적인 친밀감과 신뢰감을 쌓는 외에 당시의 사회문화와 배경에 대한 기본적인 이해가 필수적이라는 느낌을 많이 받았습니다. 한창 감수성이 예민할 젊은 시절을 일제시대에 전쟁을 치르면서 보낸 그분들의 증언을, 한 세대를 건너뛴 6·25 이후 세대들이 정리해내는 데는 분명히 한계가 있다는 것이지요. 지금까지 나온 위안부 피해자 할머니들의 개인 자서전 두 권(배봉기 할머니에 관한 『빨간 기와집』과 문옥주 할머니의 『버마 전선 다테 사단의 위안부였던 나』)이 모두 일본인 여성의 손에 의해 쓰여진 것은 이러한 사정과도 무관하지가 않은 것 같습니다.

그 이후 1995년 2월에 대구여성회 안에 정신대문제대책위원회를 만들면서 대구지역에 계신 할머니들께서 제일 힘들어하시는 부분이 몸이 불편하신 점 그리고 약값이 많이 드는 것이라는 사실에 착안하여 평생무료진료를 받으실 수 있도록 의료후원단을 꾸리고 백화점에서 바자회를 열어 현금을 지원해드리기도 했지요.

제가 정신대연구소와 인연을 맺게 된 것은 96년 10월에 돌아가신 문옥주 할머니의 장례식을 저희 단체가 치른 게 계기가 됐습니다. 증언집 1집에서 문옥주 할머니의 증언을 정리했던 조최혜란 씨와 함께 야마시타 영애 씨가 그때 대구까지 문상을 오셨지요. 그때 진행중이던 증언 2집에 대해 이야기를 하다가 그 전 해에 제가 대구의 김끝순(가명) 할머니의 증언을 받아 정리해둔 게 있다는 이야기가 나오게 돼 그 이후에 같이 참여를 하게 된 것이지요. 이번 3집에 대구 할머니 두 분의 증언이 실림으로써 이제 대구시에 신고하신 할머니들은 모두 증언을 마치신 셈인데 경북에 계신 분들은 아직 거의 증언을 안 하셨어요.

다른 지방의 분들도 비슷하겠지만 대구에 계신 분들은 모두가 고향 근처에서 지금껏 살고 계신 점을 지적해야 할 것 같아요. 그래서 사투리가 아주 심하세요. 위안부 생활을 하시느라 만주나 대만, 인도네시아 등으로 끌려갔던 몇 년을 제외하고는 줄곧 이 지역에서만 살아오신 때문이지요 다행히도 제가 부산 출신에다 부모님이 모두 경북 출신이라 이곳 사투리와 억양을 알아듣는 데 별 무리가 없어서 큰 도움이 됐습니다.

할머니들의 사투리를 그대로 살려서 녹취해간 저의 원고를 검토할 때가 생각나네요 분명히 한글로 정리돼 있는데도 그 뜻이 잘 와닿지 않는다고들 하여 결국 제가 그 원고를 읽게 됐지요 그때 이상화 씨가 "아 오디오 효과라는 게 이렇게 큰 거구나" 해서 모두들 한바탕 웃으며 책만 낼 게 아니라 카세트테이프를 함께 만들자, CD를 제작하자 등의 의견도 나왔지요 결국 괄호 안에 표준말을 넣어서 독자들의 이해를 돕는 걸로 정리가 됐지만요 할머니들의 증언은 지금까지 억눌려 감춰져온 그 마음과 느낌까지도 중요한 것이기 때문에 중간중간의 긴 한숨과 침묵에도 사실은 의미가 다 있는 거지요

그런 점에서 보면 글로서 정리하면서 독자들을 위해 앞뒤의 줄거리와 논리까지도 생각하다 보면 많은 부분이 편집(?)될 수밖에 없어서 참 안타깝기도 했습니다. 할머니들이 살아오신 이야기를 듣다 보면 정말 한국의 여성문제의 실체를 눈앞에 보는 것 같아서 마음이 아려온 적이 한두 번이 아닙니다.

이번에 제가 정리한 두 분은 특히 소설 같은 기구한 삶을 사셨는데, 싱가포르에서 만나 거기서 동거하다가 함께 귀국하여 자식을 낳고 살았는데도 과거를 꼬투리잡아 결국 처자를 버리고 젊은 여자와 새살림을 차린 김끝순 할머니의 남편을 생각하면, 이것이 곧 한국 남성들의 평균의식이 아닌가 싶어요 그런 만큼 할머니들이 지금까지 이 세상을 어렵게 헤쳐나올 수밖에 없었지요 반 세기가 지난 지금도 가부장제도에 안주하여 살아가는 남성들의 인식은 오십보백보지만요

어린 나이에 너무나 충격을 받아 정신착란 증세로 오래 고생하신

심달연 할머니의 경우, 마음의 안정을 찾고 정신도 돌아오게 해준 것이 '남묘호랭겟교'를 외는 일본의 종교라는 점은 아이러니로 느껴지기도 하지만, 그 덕분에 지금은 누구보다도 편안한 모습으로 지내시게 되어 참 다행스럽게 생각합니다. 이제는 할머니들께서 더 이상 고통스러워하시지 않도록, 여생을 여유 있게 보내실 수 있도록 도와드리는 것이 우리가 할 일인 것 같습니다.

나의 증언

홍종태

이 글을 쓰게 된 동기는 지금까지 일본군 위안부 문제를
TV나 신문으로 볼 때마다 주로 피해자 할머니들의 이야기만
나오는 것을 보고서였다. 나는 한국인이지만 당시
가해자측인 일본군이었기에 내가 보고 듣고 경험한
그대로를 증언하고 싶었다.

* 이 글을 작성해주신 홍종태 님께 감사드린다. 홍종태 님은 현재 충청남도 태
안에서 거주하고 있다. 여기에서는 가급적 홍종태 님이 작성해준 그대로를 싣
고자 했다. 따라서 고어체 문장이나 어투를 표준어로 고친 것 외에는 일본이
나 남양군도의 지명 등은 홍종태 님의 말 그대로 따르고 있다. 또한 이후의
주들은 홍종태 님의 작성문 외에 사항을 편집자가 추가 질문하거나 보충한
것들임을 밝힌다. 한편 일제시기 중국 해남도로 징용당했던 장달웅 님도 위안
소에 대해 증언해준 바 있다. 해남도 석록(石錄)에는 하천을 따라 위안소가 늘
어서 있었다고 한다. 앞으로도 위안소나 위안부를 직접 목격했던 분들의 많은
참여 있기를 바라마지 않는다. ─편집자 주

육군지원병 정책의 적격자

나는 1926년 3월 25일 충남 연기군 서면의 한 농가에서 9남매 중 4남으로 태어났다. 조부님은 한학자로 명성이 높으셨고 반일사상이 투철하신 분이었다. 그래서 우리는 창씨도 하지 않았고, 9남매 중 막내만 학교에 보냈고 나머지는 서당공부를 했다. 조부님은 같은 마을에서 무보수로 서당을 운영하셨고 글 배우는 사람은 어린이로부터 어른까지 평균 10여 명 내외였는데 나도 여덟 살 때 서당에 들어가서 천자문을 배우기 시작하여 소학까지 배웠다. 근처에 순사나 양복쟁이(그 당시는 양복 입은 사람은 전부가 공무원으로서 양복쟁이로 통했다)가 나타나면 서당꾼들은 신발을 전부 감추고 글 읽는 것을 멈추고 조용히 하다가 그들이 돌아간 후 글 배우는 것을 계속했다 그 당시는 일본이 조선문화를 말살하려고 서당을 폐쇄하고 서당 선생을 잡아갈 때였다.

단발령이 내려 하룻밤 자고 나면 동네 어느 집 사랑방에서는 누구누구가 순사에게 상투가 잘렸다고 하여 남자 어른들이 상투를 감추려고 수건을 쓰고 다니기도 했다. 어른들은 흰옷을 입고 장에 갔다가는 단속반들이 쏜 검정색 물총을 옷에 맞고 오기도 했다. 같은 마을에 사는 종조부 댁 아들의 혼사가 있었을 때 일이다. 많은 하객이 몰린 마당에서 혼례식이 막 끝났을 때 지나가던 칼 찬 주재소 순사가 상투한 종조부님을 보고 경사집을 불문하고 쫓아 들어와서 여러 축하객과 집안식구가 보는 자리에서 상투를 잡아 흔들며, "너 내일 상투 깎고 모레 주재소로 오라"고 했다. 모든 사람들이 해도 너무한다고 했다. 어찌할 수 없는 때였다.

나는 서당에 다니다가 학교 들어갈 기회를 놓쳤다. 학교 다니는 친구들이 부러워서 뒤늦게 10km나 되는 산간오지에 있는 간이학교

2년을 졸업하고 동생이 5학년에 올라갈 무렵 같은 학교 5년에 편입하여 소학교를 졸업했다. 불행하게도 어릴 때부터 심한 말더듬이여서 6학년 여름방학 때 일본 동경에 있는 정음(正音)학원에 가서 교정받고 왔다. 내가 학교를 졸업할 때는 열일곱 살 때였는데 체구가 건대하고 제법 어른 같았다. 애 아버지 같다는 놀림을 받기도 했다. 학교에는 과년한 여학생도 있었다.

그때는 일본대본영에서는 태평양전쟁에서 싱가포르를 함락했다는 등 일본의 승전보만 과장되게 발표하거나 홍보하여 머지않아 전쟁은 일본의 승리로 끝날 것 같았다. 학교에서 어느 선생은 공공연하게 학생들에게 앞으로 남자는 군인으로 갔다 와야 성공길이 빠르고 여자도 정신대로 나가 부상병들을 간호하는 등 국가에 충성할 수 있고 출세에 성공할 수 있으니 희망자는 가보라고 권유했다. 그러나 누가 정신대로 갔다는 말은 듣지 못했다. 각 마을에는 처녀공출 소문이 퍼져 있어 처녀는 외출을 삼가하고 머리에 수건을 쓰고 다니는 것을 봤다. 조기 출가를 서두르기도 했다. 그때는 국민총동원령이 하령된 때라 관에서 지시하거나 권유하는 일에 거역하면 비국민이라 하고 압박과 불이익을 받았기 때문에 모든 것이 강제였다고 보면 된다. 농사는 죽도록 해서 공출당하고 콩깻묵(콩기름 짠 덩어리로, 대두박이라고도 한다)을 사다 목숨을 연명했다. 우리집은 중농가였는데 아버지가 쑥 먹으면 부황나지 않는다고 마당 한켠에 쑥을 재배하신 것이 기억난다. 놋그릇류인 식기와 수저 등은 전부 헌납하고 개발된 사기 수저와 버드나무 수저를 사용할 때다.

주재소(현 경찰지서)에서는 순사가 '이인석 상등병'이라는 제목의 가미시바이(9인치 크기의 그림 카드로 이인석 상등병의 훌륭한 일생을 엮은 것)를 학교 또는 마을 공회당을 순회하며 청소년을 모아놓고 대사를 읽어가며 보여주었다. 내용인즉 충북 출신 이인석은 농부의 아들로 태어나 가난하게 살다가 천황과 나라를 위하여 몸바치겠다는 정신으로 육군에 지원하여 지나사변에 출정하여 큰 공을 세우고 적탄에 쓰러질 때 '천황폐하 만세, 대일본제국 만세'를 외치고 장렬하게 전사하여 조선청년의 귀감이 되고 많은 포상을 받았다는 것이다.

이는 많은 조선청년을 군에 지원·입대케 하고 징병제도가 실시되면 조선청년들이 군에 입대하는 것을 피하지 않고 명예로운 마음으로 입대할 수 있도록 홍보한 술책으로 생각한다. 나이 먹은 청년들은 보국대란 명칭으로 징용하여 탄광 또는 국영공사관에 끌려가기도 했다.

어느날이었다. 이때가 나에게는 어마어마한 생사의 시련이 시작되는 날이었다. 동네 이장님이 와서 말하기를 주재소 주임과 면장이 말하는데 "우리 면에서 육군지원병을 서너 명은 내보내야 하는데 종태(증언자)가 제일 적격자라고 한다. 주재소로 내보내라고 하니 내일 주재소에 가보라"고 했다. 나는 다음날 약 2km 떨어진 같은 면 신대리에 있는 주재소에 갔다. 주재소 주임과 순사는 반갑게 대하며 신체가 건재하다는 등 공부도 잘했다 하더라는 등 나를 칭찬하며 육군지원병에 지원할 것을 권유했다. 나는 거역할 수 없어서 그 자리에서 지원서를 썼다. 아마도 면별로 인원할당이 있었던 것으로 추측된다. 나는 군내 많은 지원자들과 같이 5, 6회 전형을 거쳐 최종적으로 대전중학교 강당에서 갑종 합격판정(모병관은 육군 좌관)을 받았다. 같은 면에서 다른 두 사람도 합격했다.

나는 1943년 6월 10일 평양 신양정에 있는 육군 제2 지원병훈련소에 입소했다. 출발에 앞서 모교인 연서국민학교에서 환송행사가 있었는데 관에서 많은 면민을 동원해서 너무도 성대한 환송행사를 해주어서 청년들로 하여금 호기심을 유발케 할 정도였다. 일본 정부의 모병정책이었다. 평양훈련소는 서양 선교사가 우리나라에 처음 들어와서 선교하던 건물로서 넓은 부지에다 적벽돌로 지은 3층 건물이었다. 훈련생은 약 1천여 명이었고 소장은 육군 대좌 우에조미로 우기치(上住良吉)였으며 우리 충남 출신은 별동인 4생도대 건물에서 훈련을 받았다.

같은 해 11월 20일 동 훈련소를 수료했는데 1944년 1월 5일 용산 육군 제23부대에 집결하라는 현역병 증서를 받았다. 훈련기간에는 기합이 너무 심하여 자살할 생각과 도망갈 생각도 여러 번 했으나 도망하면 경찰과 헌병대에 신고하여 몇 분 만에 체포돼 총살당하게 된다고 겁을 주기도 하고 나를 성대히 환송해준 면장과 주재소 주임들 체면을 생각해서 좌절하고 말았다. 나뿐만 아니라 모든 훈련생이 그런 생각을 했을 것이다. 잘해도 못해도 매일같이 모든 생활이 연대기합으로 시작해서 연대기합으로 끝났다. 특히 연병장에 두 줄로 마주보게 세우고 지카다비(농구화 같은 신발)를 한 짝씩 벗어들게 하고 그 신발로 서로 양 뺨을 왕복 후려치는 '지카다비다이코뻰타'라는 비인간적인 기합을 주었다. 지금도 생각하면 몸서리 처진다. 기타 각종 기합받은 사실은 일일이 열거할 수 없다.

어느날 초저녁에 세면장에서 한 사람이 수돗물을 마셨다고 하며 숨어서 보던 위생병인 가도 일등병이 세면장에 있던 네다섯 명을 엎드려 뻗쳐놓고 지름 15cm 가량의 몽둥이로 궁둥이를 사정없이 때려서 나는 3층 내무반까지 기어올라갔다. 그후 소변에 피가 섞여 나오기도 했는데 신고하면 또 기합받을 것이 두려워서 사오 일간 참고 지냈더니 피가 멈췄다. 아마도 방광에 손상을 입었던 것 같다. 비인간적인 모진 훈련을 받느라 몸이 가죽과 뼈만 남을 정도로 굶주린 나는 친구 대여섯 명과 같이 평양 시내에 나와 음식을 사 먹으려 했으나 음식 파는 데가 없어 노점에서 가죽을 파서 만든 묵 같은 것

한 그릇씩 사 먹고 집으로 올 수 있었다.

나는 1944년 1월 5일 조치원 경찰서 경찰관의 인솔로 서울 용산에 있는 육군 제23부대에 집결하여 조선지원병 출신 약 60여 명과 같이 외지요원으로 약 1주일 간 머물러 있다가 만주에서 온 군조(軍曹)의 인솔로 우리 일행은 만주 삐양으로 가게 됐다. 우리 부대는 관동군 독립수비대 제12대대로 부대장은 도이(土井) 중좌였다. 나는 극산(克山)에 있는 그 중대로 배속되어 극산으로 갔다. 날씨는 춥고 눈도 많이 왔다. 나는 포 소대였는데 포의 종류는 연대포로 칭하는 7.5cm 산포였다. 초년병인 나는 포 기초훈련을 주로 연병장과 부대 주변에서 받았다. 훈련 중에 고참과 상관 들이 동상 예방에 마음써 준 것이 인상에 남는다. 식사와 피복 지급에 대한 대우는 매우 좋은 편이었다.

매주 일요일에는 가정에 편지 쓰는 날이었다. 서신왕래는 잘 되고 있었다. 부모님이 같이 앉아 찍은 사진을 부쳐와서 '데바코'(개인별 손 상자) 안에 붙여놓고 봤다. 센닝바리(千人針. 겹으로 된 광목천에 붉은 실로 한 사람이 한 바늘씩 뜬 것)를 보내주시기도 했다. 이 센닝바리는 일본 군인들이 전쟁에 나갈 때 몸에 두르고 가면 많은 사람의 정성으로 총알이 비켜간다는 것으로서 어머니께서 면민들 천 사람으로 하여금 한 바늘씩을 뜨도록 부탁해서 만들어 보내신 정성 어린 것으로 어머니께 무한한 감사를 드렸다. 이 글을 쓰는 이 순간에도 어머니께 다시 한 번 감사를 드리고 있다.

남양군도를 향해 떠나다

1944년 4월 중순경의 어느 일요일이었다. 아침식사 후 중대장실에서 긴급장교회의가 벌어지고 있다고 고참병들이 말했다. 이 장교회의에는 평소와 달리 하사관들까지 참석했다고 하며 무슨 일이 있는 것 같다고 고참병들이 수군댔다. 장교회의가 끝나고 돌아온 내무반장은 부대가 이동하게 됐으니 편지를 쓰지 말고 대기하라고 했다.

모두들 동요하는 기색이었다. 조금 있다가 작전명령이 하달되어 "우리 부대는 ㅇㅇ방면으로 이동한다. 각 사병들은 ㅇㅇ시까지 개인 장구를 갖추고 삐앙부대 본부까지 가서 집결하라"고 했다. 그날 저녁때 삐앙에 집결한 예하 부대원들은 상부 명령에 따라 부대 근처 철로에 있는 기차화물차에 무기, 탄약 등 군수물자 일체를 싣고 군인들도 소속별로 화차에 탔다. 밤에 정차하는 역에서 철로에 내려가 용변을 보려 하면 고참병들이 꼭 따라와 감시했다. 도망 등 사고 방지를 하는 것 같았다.

어느날 천안역에 당도하여 홈에 내려 가벼운 운동을 했는데 벚꽃이 피어 있었다. 고향인 조치원역을 통과할 때는 잘못되면 이곳 고향에 있는 부모형제와 고향산천을 다시 보지 못하리라는 생각이 들어서 마음이 매우 서글펐다. 우리집 쪽을 향하여 부모와 형제자매에게 마음속으로 인사를 했다. 내가 남양군도 방면으로 간다는 사실을 고향사람들에게 알릴 방법은 없었다. 화차 문 쪽은 고참병들이 타고 우리 초년병들은 안 쪽에 앉도록 했다. 부산까지 가는 화차 안에서 우리 부대는 목적지가 '야프 도'라는 것을 알았고 가는 도중 적의 공격으로 배가 침몰될 경우 바다에 뛰어내려 살 수 있는 방법을 교육받으며 갔다. 같은 해 4월 하순경이었다.

부산에서 만주로부터 실어온 군수물자를 큰 화물선에 옮겨 싣고 일본 오사카까지 가서 좀더 큰 화물선 2천 톤 급에 갈아타고 각종 군수물자도 실었다. 배가 떠날 때까지 선적 작업할 때에도 고참병 1명과 초년병 1명씩으로 조를 편성하여 자유를 주지 않았다. 내가 탄 배는 고철에 가까운 철선인데 명치(明治)제로 시속 9노트의 느린 배라고 했다. 오사카에서 다시 요코하마로 이동하여 이삼 일간 정박하면서 수송선 10척과 호위선인 구축함·군함 5, 6척으로 선단을 이루어 남방으로 항해를 시작했다. 어느 하사관이, 승선인원이 약 2천 명으로 추산된다고 했는데 수송선 전부의 인원을 말한 것 같다. 내가 탄 배에는 여자는 승선하지 않았고 빽빽이 탄 군인이 3교대로 대공 또는 대선 경계를 하며 갔다. 요코하마를 떠나 수일이 지나자 기후는 몹시 덥고 식수가 부족하여 갈증이 심했으며 몸에 이가 하도 많이 생겨서 매일 이 잡는 시간을 배정해주기도 했다. 멀미는 하지 않았으나 항해가 지루해서 육지가 몹시 그리웠다.

10여 일 만에 사이판에 도착했다. 그곳까지 오는 도중 수송선 한 척이 미군 어뢰공격으로 격파됐으나 침몰되지는 않았다고 했다. 사이판에 정박중인 우리 선단은 서너 척씩 그곳을 떠나 어느 섬인가를 향하여 갔는데 가는 도중 미군 공격으로 전멸당했다는 상황을 알려 줬다. 맨 나중에 떠나게 된 우리 부대의 운명도 풍전등화 격이었다.

우리가 사이판을 떠나던 날 일석 점호 행사를 할 때는 평소 같으면 주번 사령관이 지휘하는데 그날은 도이 부대장이 나서서 오늘 지휘는 내가 직접 하겠다고 하더니 그 당시 전황을 설명하고 각 장병들은 최후까지 분발해달라고 한 후 오늘 궁성예배(일본군에서는 일조 점호와 일석 점호 때 궁성예배와 고향예배를 꼭 했다)는 최후가 될는지도 모른다고 하며 슬픈 어조로 '궁성예배……' 하고 외쳤다. 죽음에는 장사가 없다. 먼저 떠난 선단이 전멸한 불리한 전황을 알고 있는 전 장병들은 순간적으로 닥쳐올 죽음의 그 절박함 속에서 침울했다. 그때는 미군이 사이판 섬 밖으로 일본군이 탄 배를 유도하여 전멸시킬 때다.

마지막으로 사이판을 떠난 우리는 수송선 3척과 군함 2척으로 선단을 이루어 출항했는데 다음날 저녁 8시경 괌 섬 남방 130마일 위치에서 미군 잠수함 공격을 받아 수송선 3척 전부가 침몰했다. 호위선인 군함 피해상황은 알 수 없었다. 내가 탄 배는 약 15분 만에 침몰했다. 나는 수영을 전혀 하지 못했으나 다음날 오후 2시경까지 약 18시간을 한 쪽의 나무판에 몸을 끈으로 잡아 매고 버티다가 해군 군함에 의하여 기적적으로 구조되어 사이판으로 후송됐다. 생존자는 얼마 되지 않았다. 배가 격침된 후 구조될 때까지 장시간을 산과 같은 높은 파도 위에서 살려고 몸부림쳤던 상황은 이루 다 기술할 수 없다.

사이판으로 후송된 우리 생존자들은 그곳 다라호호 초등학교 마당에 천막을 치고 휴양하고 있었다. 군의관 중위 한 사람은 위생교육시간에 말하기를 열대지방은 병균이 악성이기 때문에 성병에 걸리면 음경이 양초에 불 붙여 놓은 것처럼 썩어들어 가게 되니 성관계는 누구와도 할 생각을 말라고 했다. 사이판에서 조선사람은 보지 못했다. 약 40여 일 만에 부대를 재편성하여 어느날 초저녁에 규모가 크지 않은 수송선(화물선) 3척과 군함 2척으로 선단을 이루어 사이판을 출항했다.

다음날 낮 10시경 우리 선단 앞 방향 먼 곳에서 비행기 여러 대의 폭음소리가 들려오기 시작했다. 모두가 궁금히 생각하며 주시하고 있던 중 맨 위 갑판에서 망원경으로 보던 선원이 "적기다, 적기가 한 대, 두 대…… 40대다"라고 외쳤다. 어느새 적기는 우리 선단에 다가와 기총사격을 퍼붓고는 멀리 사라져갔으며 우리 선단 중 군함에는 폭탄이 투하되어 화재가 나고 화염으로 배가 불덩이가 됐다. 기총사격을 받는 순간 전 장병은 소총으로 응사하기도 했다. 멀리 사라져간 미군기가 다시 와서 공격할 줄 알고 선창에서 실탄상자를 올려와 사격 대비를 했으나 다시 오지 않았다. 다행이었다. 갑판 위에는 기총을 맞고 쓰러진 시체가 15, 16구가 여기저기 나뒹굴고 있었으며 갑판은 피로 물들어 있었다.

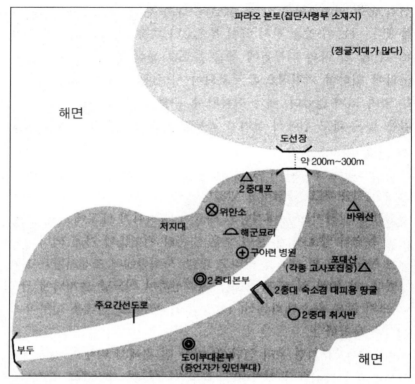

파라오 본토(집단사령부 소재지)

(정글지대가 많다)

해면

도선장

약 200m~300m

2중대포

위안소

저지대

해군묘리

바워산

구아련 병원

포대산
(각종 고사포집중)

2중대본부

2중대 숙소겸 대피용 땅굴

주요간선도로

2중대 취사반

부두

도이부대본부
(증언자가 있던부대)

해면

지도 1

　후에 고참병들은 우리 선단이 사이판을 떠난 다음날 새벽부터 미군이 사이판에 상륙작전을 시작했고 우리 선단을 공격한 미군기는 사이판 섬 상륙작전과 관련된 함대기로서 우리가 등을 돌리고 도망하는 것으로 판단하고 적극적인 공격을 하지 않은 것 같다. 오후 2시경 희생된 시체를 거적에 둘둘 말아 새끼줄로 묶어서 묵념 등 간단한 의식을 거쳐 바다에 던져 수장했다. 바다에 던진 시체는 파도를 타고 둥실대다가 사라지곤 했다. 아마도 고기밥이 됐겠지.

　우리 선단은 작전상 목적지인 야프 섬으로 가지 못하고 파라오로 갔다. 초저녁에 도착했는데 마침 공습경보가 하령중이라 부두로 들어가지 못하고 고로루 섬 뒤쪽 나무가 우거진 기슭에 배를 대고 대기하다가 부두로 들어가서 상륙했다.

근처 해역에는 군함과 여러 선박이 침몰되어 배 일부가 물 위로 보이기도 했다. 우리 부대가 가기 얼마 전에 미군이 대공습을 하여 섬 주변에 있던 선박과 고로루 섬에 있는 모든 시설과 건물 대부분을 폭격하여 성한 집은 한 채도 남아 있지 않다는 것이다. 파라오는 육해공군을 통괄하는 집단사령부가 있고 남양청 등 중요 기관의 소재지라고 했다.

우리 2중대는 고로루 시가지에서 본섬으로 가는 '남양개발' 건물(폭격으로 붕괴) 부근에 위치했다. 부근에는 야전병원과 해군 묘지가 있었다. 야전병원은 1945년 초 다른 곳으로 이동했다. 도이 부대 본부는 우리 중대 본부로부터 시가지 쪽으로 약 1km 떨어진 곳에 있었다(지도 1 참조).

중대장 이름은 기억나지 않으나 병사했고, 중대 인사계 다나카(田中) 중위와 선임하사 남부 소죠(南部曹長), 소대장 마키야마(牧山) 소위 등의 이름이 기억난다. 다나카 중위는 인간성이 좋은 편이었다.

1944년 말경에는 재고 식량으로 밥을 먹고 살았으나 보급이 중단되고 재고 식량 적치소인 야전창고 등을 빈틈없는 폭격으로 전부 소모되어 1945년 초부터는 초근목피로 연명하기 시작했다. 자급자족하라는 상부 명령으로 밭에 고구마를 심고 공지를 파 일궈서 밭을 만들기도 했다. 고구마를 심어서 고구마 잎과 줄거리를 주식으로 먹었다. 나뭇잎과 나무 순, 나무 뿌리 등도 많이 먹고 살았다. 군인들은 영양실조로 많이 죽어나가고 병력은 점점 줄어들었다. 일조 점호가 끝난 후 전원이 달팽이를 잡아 모아 환자로 부대에 남아 있는 사병이 이를 조리하여 식사 때 전원이 맛있게 나눠 먹기도 했다.

미군 폭격은 정기적으로 또는 부정기적으로 수시로 이루어졌다. 어느 때는 전날 삐라로 내일 몇 시 몇 분에 중폭격이 있으니 민간인은 피신하라고 예고하고, 그 시간이 오면 어김없이 맹폭격을 가하기도 했다. 우리 중대로부터 약 1km 떨어진 곳에 고사포가 집중해 있는 포대산이 있었는데 어느날 맹폭격으로 산 형태를 알아볼 수 없게 되고 그곳 군인들은 거의 다 죽었다. 미군이 파라오에서 멀지 않은 배리류 도를 점령한 후에는 파라오의 대공권을 완전장악하고 밤낮으로 비행하여 유류 또는 탄약창고 등 기타 지상에 있는 모든 시설물을 폭격하고 불태웠다. 배리류 도에는 조선인 징용자가 건설한 비행장이 있었는데 일본군이 한 번도 사용해보지 못하고 미군에게 점령당했다고 했다.

화연판이란 것이 투하되어 드럼통 크기만한 것이 떨어져서 터지면 일대가 불바다가 되어 타들어 가는 무서운 무기였다. 지상에는 사람이 살고 있는 건물이 거의 없고 모든 군인은 방공호를 대대적으로 파서 그 안에서 생활했다. 잘 때에는 천장에서 물이 떨어지고 모기가 극성을 부려서 고통이 심했다. 일과는 포 사격 훈련과 특공대 훈련(화약상자를 메고 탱크로 뛰어드는 훈련)을 했고 진지 구축 작업이나 고구마 농사일을 했다.

조선인 여성들이 있는 삐야(위안소)가 있었다

고참병 몇 놈이 쉬는시간에 엽서 크기의 등사로 표기한 종이쪽을 보여주며 "너희들 이것이 무엇인지 아느냐? 고참들에게 나오는 '삐야'가는 표다"라고 자랑을 했다(만주에서 온 군인들에게 위안소는 삐야)로 통했다). 그래서 나는 근처에 그런 곳이 있다는 사실을 알았다. 어느날 초저녁에 소대원 전원이 방공호에서 잠자리에 들었을 때다. 같은 분대원인 조선인 전우 요시하라(황씨)가 나보고 방공호 밖으로 나가자고 해서 따라갔더니 우리 언제 죽을지 모르니 좋은 데나 가보자고 하며 조선 여자들이 있는 '삐야'에 가자는 것이었다. 자기는 한 번 갔다 온 적이 있다면서 따라오기만 하면 된다고 했다. 자기가 몰래 감추고 있는 미도리 담배(당시는 담배 구경을 못할 정도로 담배가 귀할 때였다) 한 갑이면 만사가 통한다고 나를 꾀었다.

헌병이 와 있을 때가 있는데 헌병만 주의하면 된다고 했다. 나는 숫총각 때라 갑자기 여자관계를 생각하니 얼떨떨하고 사이판에서 군의관 중위가 강조한 성병에 대한 공포감과 헌병에게 들켜 죽도록 매맞을 생각을 하니 용기가 나지 않았다. 그러나 요시하라에게 끌려 따라갔다. 희미한 달밤이었다. 우리 부대에서 해군묘지 방면으로 약 800여미터 떨어진 지점으로 초원 벌판에 반파된 독립 가옥인 민가였다. 이집이 삐야(위안소)인데 밤이고 해서 위안소 간판 유무는 보지 못했다(지도 2 참조).

그집 주변의 밭 같은 공지에는 군인이 삼삼오오로 약 사오십 명이 앉거나 서 있었고, 마루 입구에는 나이 들어 보이는 남자 한 명이 표를 받으며 한 명씩 들여보내고 있었다. 표 받는 입구에서부터 약 30명 가량의 군인이 줄 서서 차례를 기다리고 있었다. 요시하라는 먼저 헌병 유무를 살피고 나서 표 받는 사람에게 다가가 뭐라고 하자 안내하는 애띤 여자 한 명이 우리 두 사람을 첫 방으로 안내했다. 그 방은 위안부가 사용하는 방이 아니고 종사원이 사용하는 방 같았다.

그 여자는 우리를 보고 조선 병장님들 반갑다고 하며 자기는 열일곱 살로 그곳에 있는 여자들 중 제일 어리다고 했다. 부상병을 간호해주고 돈을 많이 벌 수 있는 곳에 보내준다는 꾐에 넘어가서 친언

---

1) 홍종태 님은 '삐'가 중국말로 여자 성기를 뜻한다고 알고 있다.

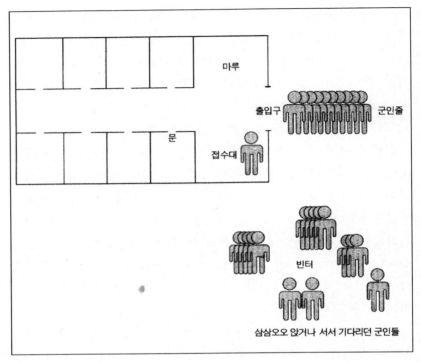

마루

출입구　　　군인줄

접수대

문

빈터

삼삼오오 앉거나 서서 기다리던 군인들

지도 2

니와 같이 와 있다고 하며 언니는 지금 손님을 받고 있다고 했다. 가
지 말라는 엄마의 말을 들었으면 이런 고생을 하지 않았을 것을 하
고 탄식하며 후회했다. 그곳은 조선인 여자만 8, 9명이 있다고 했다.
잠시 후 나는 그 여자의 안내로 오른쪽 중간 방에 들어갔다. 다다미
한 장 크기의 방인데 머리맡에는 야자유 심지 등잔불이 켜 있었다.
그러나 등잔불 위를 덮어서 공습에 대비하고 있었다. 상대방 얼굴도
잘 보이지 않을 정도로 컴컴했다. 방바닥은 딱딱했는데 군용 담요가
깔려 있었던 것 같다.[2]

처음 있는 일이고 불안한 환경 속에 잠깐 동안 일을 마치고 난 후 그 여자는 내가 조선 군인이라고 반갑다며 이야기 좀 하다 가라고 하여 몇 분 있노라니까 노크를 하며 빨리 나오라고 해서 나왔다. 그곳 위안소는 위치상으로 볼 때 우리 부대와 근처에 있는 고사포 부대 군인들이 이용했을 것으로 추측된다.

우리들이 갔던 그곳은 그후 야간에 폭격으로 군인과 여자 들이 여러 사람 죽고 폐쇄됐다고 들었다. 아마도 불빛이 밖으로 내비쳤던 것 같다. 그곳에 있던 위안부들이 지옥 같은 생활 속에서 죽는 순간까지 그 일을 당하다가 폭격으로 죽었을 것을 생각하니 너무도 불쌍하고 가슴이 아팠다.[3]

그때부터 한두 달 후인 1945년 봄쯤이었다. 본부 중대원들에 의하면 도이 부대장은 거처하는 방공호를 호텔같이 꾸며놓고 부하들은 굶어죽고 있는 판에 당번이란 명칭을 붙여서 미모의 여자를 두고 호화로운 생활을 하고 있다는 것이다. 군인들은, 이것은 머지않아 일본이 패망할 징후라고 불만을 드러냈다. 나는 부대 본부 근처에서 간혹 스무 살 전후의 비교적 예쁜 여자 한 명을 볼 수 있었는데 일본 여자 같았다. 햇빛을 많이 쪼이지 않아서인지 그곳 사람치고는 얼굴이 보기 드물게 희고 옷도 깨끗이 입고 다녔다. 그 여자를 부대장 것이라고 하며 모두들 백안시했다.

어느날 소문에 누군가가 부대장 방공호 입구에 수류탄을 던져서 야단이라고 했다. 그러나 부대장은 건재했다. 부대장 여자는 어떻게

---

2) 이외에도 기억나는 것으로는 그 여자가 단발머리였고 방이 지저분했다는 것이다. 콘돔은 사용하지 않았다.

3) 증언하는 이곳에서 위안소가 있었다는 것과 고참병들에게 군에서 주었던 삐야 가는 표를 생각하면, 위안소가 일본군의 관여 없이는 불가능했다고 본다. 그 여자들을 생각하면 지금도 불쌍하다. 일본 정부는 이 여자들을 위해 사실대로 밝히고 보상조치를 해야 한다.

됐는지 모른다. 그로부터 약 일주일이 지났을 때다. 본부 중대원인 우리 조선인 일등병 가네모도 쇼후쿠(金本鐘福)가 방공호 안에서 수류탄으로 자살했다는 말이 들려왔다. 나와 요시하라는 '가네모도가 자살할 이유가 없다. 아마도 가네모도가 부대장 숙소인 방공호에 수류탄을 던지고 체포되어서 총살당했거나, 자신이 거사 후 자폭한 것이 아닌가' 하고 의심했다. 그러나 확인할 방법은 없었다. 가네모도는 충남 서천군 사람인데 내가 귀향하여 소식을 전했더니 늙은 아버지가 비통해하면서 늦게 둔 외아들이라고 했다.

우리 포 진지 근처에는 이와야마(岩山)라는 바위로 된 산이 있었는데 거기에는 징용으로 끌려온 조선인 청년 약 20명이 굴 파는 작업을 하고 있었다. 모두가 쇠약하고 같이 온 사람이 여럿 죽었다고 했다. 파라오 본섬 오지에는 주로 경상도와 전라도 사람들이 가족을 이끌고 이민 와서 농사짓는 것을 봤다.

그곳은 일본군이 장악하고 조선인을 집단으로 동원했다. 수확하면 농작물은 군에서 가져가고 약간씩 배급을 주었다. 다비오까(나무뿌리 같은 감자류) 농사가 주된 농사였다. 밭마다 노아라시(농작물 훔치는 것)하는 자는 총살에 처한다고 표찰이 서 있었다. 제1 농장은 오키나와 사람촌이고 제2 농장은 조선인촌이었는데 농산대인 군에서 군인을 배치하여 자급자족의 일환으로 농사일을 했다. 나는 통역 관계로 한때 조선인촌에 배속되기도 했다. 조선인은 약 30세대였다. 그곳에서는 위안부라는 말은 듣지 못했다.

만주를 떠날 때 우리 조선사람 군인은 17명이었으나 거의 죽고 요시하라와 나 둘만이 남았다. 요시하라는 나보다 두 살 위였는데 성품이 교활했으며 입대할 때부터 나와 같은 부대원이었다. 나무도 잘 타고 수영도 잘 하며 요령이 좋은 친구였다. 한 번은 요시하라와 같이 앞바다에 있는 미군 선박으로 투항하려고 탈영하여 어느 해변까지 간 적도 있다. 그러나 실패하고 자수하여 총살은 겨우 면했다. 종전 2개월 전에 요시하라는 배리류 도에 있는 미군에 투항한다고 다시 탈영을 했다. 그리고 이제까지 그의 소식을 알 수가 없다. 아마 죽었을 것이다.

종전 후에는 미군측에서 파라오 섬 정글 등지에 일본군이 숨겨둔 무기 탄약 등 전부를 포구까지 내놔야 귀향시킨다고 해서 그 일을 힘들게 마쳐야 했다. 나는 1946년 2월경 구사일생으로 일본 요코즈카를 경유하여 귀향했다. 집에서는 내가 죽은 것으로 체념하고 있었다고 한다.

나는 지금도 머나먼 남양군도의 바다 또는 섬에서 명분 없이 불쌍하게 죽어간 옛친구들의 헛된 죽음을 마음속으로 위로하고 있다. 동시에 내가 천우신조로 구사일생한 모든 것을 생각하면 어떠한 역경도 이겨낼 수 있는 힘이 솟는다. 그래서인지 나는 아직까지도 건전한 몸으로 여생을 보내고 있다.

이 글을 쓰게 된 동기는 지금까지 강제로 끌려간 일본군 위안부 문제를 TV나 신문으로 볼 때마다 주로 피해자 할머니들의 이야기만 나오는 것을 보고서였다. 나는 한국인이지만 당시 가해자측인 일본군이었기에 내가 보고 듣고 경험한 그대로를 증언하고 싶었다. 이로써 위안부 문제를 연구하고 해결책을 찾는 데 다소나마 참고가 됐으면 한다. 이제까지 순서 없이 생각나는 대로 기술해봤다. 널리 양해 바란다.

조사지침

조사자의 사전준비 및 자세

1. 조사자가 조사 목적을 숙지할 것(성차별극복운동, 식민지잔재 청산운동, 계급차별 철폐운동, 피해배상운동, 역사적 진실의 해명과 교육 등).
2. 만주사변(1931)으로부터 제2차 세계대전의 종결(1945. 8.)에 이르기까지의 한국 및 일본 근대사와 일본군 위안부사를 개략적으로나마 학습할 것. 이를 위해서는 한국근대사와 일본군 위안부사의 연표를 각각 작성하여 학습하는 것이 편리하다. (일본군의 전쟁일지와 이동경로 및 배치도를 입수하면 크게 참고가 될 것이다.)
3. 조사자는 피조사자에게 사실에 관하여 질문하고, 피조사자의 진술을 최대한으로 존중해야 한다. 피조사자의 감정을 충동하거나 대답을 어떤 방향으로 유도하지 않도록 유의해야 한다.
4. 조사자는 피조사자의 인간적 신뢰감을 획득해야 한다. 조사사항이 피조사자의 인격에 관한 것이므로 이는 정확한 조사를 위해서 필수적이다.

---

* 한국정신대연구소에서는 증언 1집을 채록할 때부터 이 조사지침서를 기준으로 했다.ー편집자 주

피조사자에 대한 주지사항

1. 조사자는 이 조사가 단순한 학술목적의 조사가 아니라, 피조사자의 한을 풀어주고 피해를 배상해주기 위한 운동의 일환임을 피조사자에게 주지시켜야 한다.
2. 이 조사는 비밀이 엄격히 지켜질 것이라는 사실을 확약해야 한다. 그리고 자료로서 발표하는 경우에는 본인의 동의가 없는 한 가명을 사용할 것을 주지시켜야 한다.

조사사항

- 반드시 녹음을 한다.
- 가능하면 사진을 찍는다.
- 기타 자료(어린 시절, 위안부 시절 사진이나 소지품)도 가능하면 모은다.

1. 기초사항
   - 이름, 생년월일, 본적, 학력(학교이름)
   - 현주소, 동거가족, 주택 형태(자가 또는 차가, 대지면적, 건평 등)
   - 생업
   - 신고날짜, 신고동기, 어느 정도 공개 가능한가
2. 성장배경
   - 집안 사정 : 경제상황, 가족상황 등 자세히
   - 본인 상황 : 학교, 취업상황, 집안에서의 위치 등
3. 연행 당시의 사항
   - 연행 연월일
   - 연행 당시의 나이, 학력
   - 연행 당시의 가정사정, 가족상황
4. 연행방법에 관한 사항

- 강제연행인가, 금전적 매수인가, 사기적 방법인가
- 무슨 명목이었나(정신대, 처녀공출, 위안부)
- 매수를 당했다면 대금은 얼마나 받았나
- 독자적인가, 집단적인가
- 연행자나 매수자는 경찰관, 행정직원, 직업소개소원, 혹은 뚜쟁이 중 어느 쪽인가

5. 행선지로 출발하기 전의 사항
- 어디에 집합했는가
- 집합장소에는 몇 명이나 있었는가
- 출발식 같은 것이 있었나
- 의복은 입은 채였는가, 다른 것으로 갈아입었는가

6. 행선지로 가는 과정에 대한 사항
- 교통수단(군용 열차, 일반 여객선 등)
- 행선지까지 얼마나 걸렸나
- 가는 동안의 대우(식사 등)
- 감시상황, 피해상황(강간 등)

7. 행선지에 관한 사항
- 행선지는 어디였나
- 행선지에 주둔한 부대 : 이름, 규모, 위치, 구조, 계급구조 등 될 수 있는 대로 자세히. 이동했으면 그때마다의 자세한 상황
- 행선지의 이동경로
- 행선지에는 위안소가 몇 개 있었나, 위안부는 몇 명 있었나, 위안부의 국적 및 나이

8. 위안소에 관한 사항
- 위안소에는 간판이 있었나, 있었다면 무엇이라 쓰여 있었나
- 위안소는 군영 내에 있었나, 밖에 있었나

- 위안소는 군에서 특별히 지은 것이었나, 민가를 개조한 것이었나
- 방의 넓이, 내부구주조, 다다미였나 침대였나
- 방 안의 가재도구는 어떤 것이 있었나
- 같이 있었던 위안부 : 몇 명, 국적, 나이, 건강상태, 오기 전의 직업, 오게 된 경위 등

9. 위안소의 경영자에 관한 사항
- 군이었나, 민간업자였나
- 민간업자인 경우, 국적
- 업자와의 수입배분
- 업자의 공급품은 어떠한 것이 있었나

10. 위안소의 생활에 관한 사항
- 무슨 명칭으로 불렀나
- 위안소에서의 식생활
- 일용품의 보급
- 기타 대우 : 수면시간, 휴식, 휴가 등
- 하루에 몇 명 상대했나(보통, 적은 경우, 많은 경우)
- 상대자는 장교, 병사, 군속 중 누구였나
- 상대자는 일본인이었나 한국인이었나
- 상대시간
- 콘돔을 사용했는가
- 성병 검사는 있었나, 있었다면 누가, 어떤 방법으로 했나
- 급료는 : 돈, 군표, 저축은 가능했나, 고향으로 송금했나, 쇼핑도 가능했나
- 특정인과 장기적으로 상대한 일이 있는가
- 위안소 밖으로의 외출은 가능했나
- 감시 상황은, 도주 또는 자살을 기도한 적이 있나

11. 위안소에서 받은 특별 피해에 관한 사항
- 업자와의 관계는 어떠했나
- 군인과의 관계는 어떠했나
- 군표는 얼마나 가지고 있었나
- 특별히 피해받은 일이 있는가
- 병에 걸린 적이 있는가, 임신한 적은

12. 귀향에 관한 사항
- 언제 위안소를 떠났나
- 무슨 사유로
- 어떻게 : 자유롭게, 군인과 같이 이동, 유기, 사살
- 교통수단 등 돌아온 경로 자세히
- 일본 군대의 배려, 처우
- 떠날 때 위안소의 상황
- 고향으로 돌아올 수 있었나, 없었나

13. 귀향 후의 생활
- 돌아왔을 때의 가족들의 반응, 주위의 반응
- 결혼한 일이 있는가, 있다면 가족은
- 생업, 경제상황
- 건강상태 : 병, 심리상태
- 현재의 가족관계

14. 원하는 바에 관한 사항
- 일본 정부에게
- 한국 정부에게
- 운동단체들에게

함께한다는 마음을 전해드립니다

할머니!

"뭐 들을 게 있어야지." 처음 할머니를 찾아 뵙던 때가 기억납니다. 저희 연구소에서 낸 증언집들을 보여드리며 말씀을 듣고 싶다고 청했을 때 할머니는 이렇게 시작하셨지요. 그리고 할머니는 제가 여쭙기도 전에 살아오신 세월들을 말씀해주셨지요. 어디로 끌려갔고, 얼마나 오래 있었고, 또 '하도 억울해서' 종교에 심취해 당신의 삶이 왜 그렇게 기구한가를 알아보려 했거나, 정신병원에 가셨던 사실들에 대해서도 덤덤하게 말씀하셨지요.

그러나 위안소 생활에 대해서 여쭙기 시작하자 할머니는 그때부터 마른침만 삼키거나 침묵하시며 텔레비전에만 눈길을 주시곤 했지요. 때로는 눈물만 흘리기도 하셨구요.

가끔 저 자신에게 물어봅니다. '이제 세상에 사실 날이 많지 않을 할머니들에게 너무 잔인한 것은 아닌가', '왜 나는 이 문제에 그리도 관심을 기울이게 됐는가' 하구요.

과연 얼마만큼 할머니의 눈물과 외로움을 맞들 수 있을지 모르겠습니다. 지금 이 순간 어느 시인의 <함께 가자 우리 이 길을>이란 노래가 떠오릅니다. 그래요, 할머니. 다만 함께한다는 마음을 전해드릴 뿐입니다.

요즘 할머니는 저를 보시면 웃으시면서 농담도 하시지요 할머니가 즐거워 보이면 저도 기분이 가볍고, 할머니가 아프거나 우울해 보이면 저도 한없이 가라앉아 버리곤 합니다.

　할머니.
　몸이 많이 편찮으시다는 소식 들었습니다. 부디 살아 계시는 동안 내내 건강하시고, 행복하시고, 그리고 모든 것으로부터 편안한 마음이 되어 자유로워지세요

1999년 9월
조최혜란

● 한국정신대연구소

우리나라에서 유일하게 일본군 위안부 문제를 조사·연구하는 모임이다. 1990년 7월 정신대연구회로 발족하고, 1997년 한국정신대연구소로 개칭했다. 위안부 관계자료를 발굴·조사하고, 피해자의 면담조사와 연구작업 그리고 교육·홍보작업을 계속해오고 있다. 군위안부 증언집인 『강제로 끌려간 조선인 군위안부들 1, 2, 3』(1993, 1997, 1999), 중국 무한지역 할머니들의 증언을 담은 『중국으로 끌려간 조선인 군위안부들 1, 2』(1995, 2003)를 책으로 펴냈다. 또한 1997년에는 광복 50주년 기념 학술대회를 개최했으며('한일간의 미청산과제'), 1998년에는 피해자를 돌보는 공무원들을 대상으로 교육을 실시한 바 있다. 일제시기 징병·징용당했던 분들의 위안소나 위안부에 관한 증언을 기다리고 있으며, 본 연구소의 연구원 또는 후원회원도 모집하고 있다.
(전화: 02-2672-3304, 이메일: ianfu1990@hanmail.net).

증언집

강제로 끌려간 조선인 군위안부들 3

ⓒ 한국정신대연구소, 1999

엮은이 | 한국정신대연구소, 한국정신대문제대책협의회
펴낸이 | 김종수
펴낸곳 | 한울엠플러스(주)

초판 1쇄 발행 | 1999년 10월 25일
초판 3쇄 발행 | 2018년 7월 20일

주소 | 10881 경기도 파주시 광인사길 153 한울시소빌딩 3층
전화 | 031-955-0655
팩스 | 031-955-0656
홈페이지 | www.hanulmplus.kr
등록번호 | 제406-2015-000143호

Printed in Korea.
ISBN 978-89-460-6473-7 03910